신시대 중국 특색 사회주의 정치경제학 구축

"13.5"국가 중점 출판물 출판계획 프로젝트

시진핑 신시대 중국 특색 사회주의 사상 학습 총서

명예 총괄 편집 | 왕웨이광 王偉光
총괄 편집 | 셰푸잔 謝伏瞻
편집 | 왕징칭 王京清 차이팡 蔡昉

총괄 기획 | 자오젠잉 趙劍英

시진핑 신시대
중국 특색
사회주의 사상
학습 총서

신시대 중국 특색 사회주의 정치경제학 구축

차이팡(蔡昉)·장쇼우징(張曉晶) 지음
김애화(金愛華)·김민정(金敏貞) 옮김

역락

**GOU JIAN XIN SHI DAI ZHONG GUO TE SE SHE HUI ZHU YI
ZHENG ZHI JINGJI XUE**

构建新時代中國特色社會主義政治經濟學

by 蔡昉, 張曉晶

CAI FANG and ZHANG XIAO JING

시대정신의 정수
위대한 실천의 지침

———

셰푸잔(謝伏瞻)[1]

시진핑 총서기는 "마르크스주의는 끊임없이 발전하고 있는 개방적인 이론으로 항상 시대의 선두에 있다"고 지적했다.[2] 시진핑 신시대 중국 특색 사회주의 사상은 시대와 함께 나아가는 마르크스주의의 품격을 더욱 확대·발전시켰을 뿐 아니라 시대의 발전에 순응하고, 시대의 관심에 호응함으로써 '새로운 시대에 어떠한 중국 특색 사회주의를 어떻게 유지·발전시킬 것인가'라는 중대한 시대적 과제에 과학적으로 답을 했으며, 마르크스주의 중국화에서 새로운 비약을 실현했다. 시진핑 신시대 중국 특색 사회주의 사상은 마르크스주의, 중국 특색 사회주의, 국정운영 및

———

[1] 저자는 중국사회과학원 원장, 당조 서기이자 학부주석단 주석직을 맡고 있다.

[2] 시진핑, 「마르크스 탄생 200주년 기념 대회 연설」(2018년 5월 4일), 인민출판사, 2018년판, 9면.

당 통치와 관리에 있어 새로운 지평을 연 현대 중국 마르크스주의이자 21세기 마르크스주의이며, 시대정신의 본질이자 위대한 실천지침이라 할 수 있다.

1. 시대와 인민의 질문에 과학적으로 답을 했다

마르크스는 "문제는 시대의 격언이고, 시대가 스스로의 내면 상태를 가장 실질적으로 나타내는 목소리이다."라고 언급한 바 있다.[3] 시진핑 총서기 역시 "시대에 입각해 특정한 시대적 문제를 해결해야만 시대의 사회 진보를 추진할 수 있고, 시대에 따라 그 시대의 구체적인 목소리에 귀를 기울여야만 사회 조화를 촉진하는 시대의 호각을 불 수 있다"는 심오한 의견을 피력했다.[4] 시진핑 신시대 중국 특색 사회주의 사상은 시대의 질문과 인민의 물음에 과학적으로 답을 했고, 시대와 인민이 제기한 중대한 이론과 현실 문제에 답을 하고 해결하는 가운데 마르크스주의 중국화의 최신 성과를 형성하여 신시대 중국 특색 사회주의의 위대한 승리를 쟁취하는 과학적 지침이 되었다.

3　『마르크스엥겔스 전집』, 제1권, 인민출판사, 1995년판, 203면.

4　『지강신어』에 실린 시진핑의 「문제는 시대의 슬로건이다」(2006년 11월 24일), 저장(浙江)인민출판사, 2007년판, 235면.

(1) 현 시대의 본질과 특징을 깊이 분석해 '인류가 어디로 나아가야 하는가'라는 중요한 문제에 과학적으로 답을 했다

시진핑 총서기는 "지금 우리가 처한 시대는 마르크스의 시대에 비해 심오한 변화를 보이고 있지만, 500년 세계 사회주의의 관점에서 보면 우리는 여전히 마르크스가 규정한 역사적 시대에 처해 있다."[5]라고 지적했다. 자본주의의 기본적인 모순에 대한 마르크스와 엥겔스의 분석과 자본주의는 반드시 소멸하고 사회주의가 승리한다는 역사유물론은 구시대적인 관점이 아니다. 이는 마르크스주의에 대한 우리의 굳건한 믿음이고, 사회주의는 반드시 승리한다는 신념에 대한 과학적인 근거이다.

시대의 본질은 바뀌지 않았지만 당대 자본주의는 새로운 특징을 보여주고 있다. 한편으로 자본주의의 생산성 수준은 오늘날에도 여전히 세계에서 앞서가고 있고, 계층 갈등 완화, 자체 조정 및 체제 복구 능력이 여전히 강하며, 위기를 넘기고 극복할 수 있는 능력과 공간을 가지고 세계 경제와 정치 질서에 대해서도 여전히 강한 통제력을 가지고 있다. 반면 현재 자본주의에도 새로운 변화들이 많이 일어나면서 새로운 문제들이 많이 생겼다. 시진핑 총서기가 지적했듯이 "많은 서방 국가 경제의 지속적인 침체, 양극화 및 사회 갈등 심화는 자본주의의 고유한 생산 사회화와 생산 수단의 사적 소유 사이의 갈등이 여전히 존재하지만 그 표현 형태와 특성은 다소 다르다."[6] 현 시대의 본질과 단계별 특성으로 인해 일련의 중대한 세계적인 문제가 나타났다. 세계적으로 빈부 격차가 점점 심각해지고 있고,

---

5   『시진핑, 국정운영을 논하다』, 제2권, 외문출판사, 2017년판, 66면.
6   시진핑, 「철학과 사회과학업무 간담회 연설」(2016년 5월 17일), 인민출판사, 2016년판, 14면.

글로벌 경제 성장의 모멘텀이 심각하게 부족하다. 패권주의와 강권정치가 여전히 존재하고 있고, 지역의 핫 이슈들이 잇달아 발생하고 있으며, 테러, 사이버 안보, 심각한 전염성 질병, 기후변화와 같은 비전통적 안보 위협이 계속 만연해 세계 평화와 발전에 위협이 되고 있다. 이와 함께 세계 다극화, 경제 글로벌화, 사회 정보화와 문화적 다양성이 더욱 발전함에 따라 패권주의와 강권정치에 반대하는 평화세력이 빠르게 발전했으며, 세계 거버넌스 체계와 국제 질서의 변혁이 가속화되고 있다. 비합리적인 세계 경제 정치 질서가 지속되기는 어려워지면서 인류 사회는 대변혁과 발전 및 중요한 조정의 시기로 들어서며 '백 년에 한 번 있을까 말까 한 미증유의 대변혁'에 직면하게 된다. 새로운 시대적 조건에서 인류가 직면한 중대한 글로벌 도전에 어떻게 대처하고, 인류를 어두운 전망을 가진 미래가 아닌 밝은 미래로 어떻게 이끌어 가야 하는가라는 중대한 문제에 대해 과학적으로 답을 해야 한다. 이는 '인류가 어디로 나아가야 하는가'와 관련된 중요한 시대적 과제이다. 시진핑 총서기는 전 인류의 입장에 서서 이 중요한 질문에 과학적으로 답을 하고, 새로운 사상과 새로운 관점을 제시하며, 인류 사회의 발전 법칙에 대한 이해를 심화시키고, '세상에 어떤 문제가 있고, 우리가 어떻게 해야 하는가'라는 해결이 시급한 현실적인 문제에 대하여 구체적인 답을 내놓았다.

(2) 세계 사회주의 운동의 새로운 상황과 특징에 대한 분석을 통해 '사회주의가 어디로 나아가야 하는가'에 대한 중대한 문제에 과학적으로 답을 했다

시진핑 총서기는 다음과 같은 깊이 있는 관점을 내놓았다. "사회주의는 처음 등장한 후 현재에 이르기까지 500여 년의 역사를 가지고 있다. 공상에서 과학으로, 이론에서 실천으로, 한 나라에서 여러 나라로의 발전을 이룩했다". 특히 10월혁명의 위대한 승리는 과학적 사회주의를 이론에서 실천으로, 이상에서 현실로 이끌어 인류 역사 발전의 신기원을 열었다. 제2차 세계대전 이후 많은 사회주의 국가들이 나타났으며, 세계 사회주의 운동이 왕성하게 발전했다. 그러나 1980년대 말 90년대 초 소련과 동유럽에 급격한 변화가 발생하면서 세계 사회주의 운동은 심각한 좌절을 맛보며 침체에 빠졌다.

21세기 들어 서구 자본주의 국가들이 심각한 위기를 겪으면서 세계에서의 영향력이 계속 감소했다. 반면, 중국 특색 사회주의는 눈부신 성과를 거두었고, 다른 국가와 지역의 사회주의 운동과 진보 역량들도 다소 발전했다. 하지만, 당분간 두 시스템이 협력하고 경쟁하는 상황은 오랫동안 존재할 것이기 때문에 세계 사회주의 발전은 여전히 갈 길이 멀다. 이런 배경과 조건에서 세계 사회주의 운동이 수렁에서 벗어나 발전하고 활성화할 수 있을 것인지, '서양은 지고 동양이 떠오르고', 사회주의가 약화되고 자본주의가 강세를 띠는 전반적인 상황을 바꿀 수 있을 것인가에 대한 중대한 질문에 반드시 답을 해야 한다. 이는 '사회주의가 어디로 나아가야 하는가'와 관련된 중대한 문제이기 때문이다. 시진핑 총서기는 역사와 현실 그리고 미래에 대한 철저한 이해를 통해 이러한 중대한 질문에 과학적으로 답하고, 사회주의 발전 법칙에 대한 이해를 심화시켰으며, 과학적 사회주의 발전을 강화했다. 신시대 중국 특색 사회주의의 발전은 세계 사회주의의 새로운 발전을 이끄는 기치이자 중요한 기둥이 되었다.

(3) 당대 중국의 새로운 역사적 위치와 새로운 문제에 대한 심층 분석을 통해 '중국이 어디로 나아가야 하는가'라는 문제에 과학적으로 답을 했다

세계 사회주의 운동이 심각한 도전에 직면하고, 침체된 상황에서 중국은 중국 특색 사회주의 노선을 따라 흔들림없이 개척해 나가면서 오랜 노력 끝에 경제, 과학기술, 국방 등 분야에서 세계 선두로 올라서며 국제적 위상을 드높이는 새로운 모습으로 세계 민족의 숲에 우뚝 서게 되었다. 중국 특색 사회주의가 신시대에 들어선 것은 '중화인민공화국 발전사와 중화민족 발전사에서 중요한 의미를 가지고, 세계 사회주의 발전 및 인류사회의 발전 역사에서도 큰 의의를 가진다'.[7]

중국 특색 사회주의는 새로운 시대로 접어 들었고, 중국은 점점 더 세계무대의 중심에 다가가고 있으며 그 영향력과 호소력 및 지도력이 끊임없이 향상되어 마르크스주의와 사회주의를 믿는 사람들이 많아지고 있다. 이렇게 두 사회제도의 세력 균형 또한 마르크스주의와 사회주의에 유리한 방향으로 심오한 변화가 일고 있다. 때문에 서구 자본주의 국가들이 중국에 대한 침투와 공격을 계속 늘리고 있으며, 중국 내 '화평연변(Peaceful Evolution)'[8]과 '색깔혁명'[9]과 같은 위험도 끊임없이 커지고 있다. 따라서 새로운 시대에 어떻게 새로운 역사적 특징을 갖는 위대한 투쟁을 전개할지,

---

7   시진핑, 「샤오캉사회 전면실현의 결정적인 승리를 이룩하고 신시대 중국 특색 사회주의의 위대한 승리를 거두자-중국공산당 제19차 전국대표대회(이하 19차 당대회라고 약칭함) 보고」(2017년 10월 18일), 인민출판사, 2017년판, 12면.

8   옮긴이 주: 서방 국가들이 비폭력적 수단과 방법으로 변화를 유도하여 사회주의국가를 와해시키는 전략.

9   옮긴이 주: 비폭력 형식으로 정권교체를 실현하는 사회운동.

새로운 시대에서 나타날 수 있는 국내의 주요 사회 갈등을 어떻게 잘 해결할지, 국제적으로 국가 안보와 주권 그리고 발전 이익을 어떻게 수호하고, 새로운 시대 중국 특색 사회주의의 승리를 쟁취해 중화민족의 위대한 부흥을 실현할지와 같은 문제에 대해 과학적인 사고로 답을 해야 할 필요가 있다. 이는 '중국이 어디로 나아가야 하는가'와 직결된 중대한 문제이다. 시진핑 총서기는 새로운 역사적 입장을 바탕으로 과학적으로 이 중요한 질문에 답을 함으로써 중국 특색 사회주의 건설 법칙에 대한 인식을 심화시켰다. 아울러 이는 마르크스주의 중국화의 역사적 진전에 있어서 이정표적 의미를 갖는다.

(4) 새로운 시대 중국공산당이 직면한 리스크와 도전을 깊이 분석해 '중국공산당이 어디로 나아가야 하는가'라는 중대한 문제에 과학적으로 답을 했다

중국공산당은 중국 노동자계급의 선구자이자 중화민족과 중국 인민의 선봉대로써 위대한 자아혁명과 사회혁명을 끊임없이 추진해왔다. 중화민족은 일떠서고 부유해지고 강해지기까지의 위대한 비약을 했고, 중화민족의 위대한 부흥이라는 밝은 미래를 맞이하였다. 그러나 장기집권과 개혁개방이 지속적으로 심화되고, 외부 환경이 복잡하게 변화하고 있는 새로운 역사 여건 속에서 당에도 큰 변화가 일어났다. 장기집권, 개혁개방, 시장경제 및 외부환경으로부터의 '4가지 시련'은 오랫동안 복잡하게 변했고, 해이한 정신, 능력부족, 민심이반, 부패만연과 같은 '4가지 위험'이 극심해졌다. "우리 당은 복잡한 집권 환경에 직면해있다. 뿐만 아니라 당의 진보성에 영향을 주고 당의 순수성을 약화시키는 요소들도 복잡하게 얽혀 있으며, 당내 존재하는 불순한 사상과 조직, 불순한 작태와 같은 두드러진 문제들이 아직 해결되지 않고 있다"[10]고 지적한 시진핑 총서기의 말처럼 중국 공산당이 전대미문의 시련과 위험을 견디고 자신의 진보성과 순수성을 항상 유지할 수 있는지, 시대의 최전선에서 인민의 중추로써 항상 강한 지도 핵심 역량이 될 수 있는지 여부와 관련된 중요한 문제에 대해 과학적으로 답을 해야 한다. 이는 '중국 공산당이 어디로 나아가야 하는가'와 관련된 중요한 문제이다. 도전과 위험을 충분히 감당할 용기를 가진 시진핑 총서기는 이 중요한 질문에 과학적으로 대답하고, 공산당 집권법칙에 대한 이해의 깊이를 더함으로써 마르크스주의 집권당 건설을 새로운 차원으로 추진했다.

요컨대 인류가 어디로 나아가고, 사회주의가 어디로 나아가며, 당대 중국이 어디로 나아가고, 중국공산당이 어디로 나아가야하는지와 같은 시대적 질문과 인민의 질문, 이러한 중대한 이론과 현실적인 문제가 하나로 집중된 것이 바로 시대의 중요한 과제인 '새로운 시대에 어떠한 중국 특색 사회주의를 어떻게 견지하고 발전시킬 것인가'라는 문제이다. 시진핑 동지를 대표로 하는 중국공산당은 이론과 실천의 결합을 통해 이러한 중요한 시대적 과제에 대해 체계적으로 답하면서 시진핑 신시대 중국 특색 사회주의 사상을 창안했다. 이러한 마르크스주의 중국화의 최신 성과는 중국의 것일 뿐 아니라 세계의 것이며, 중국 인민의 행동 지침이자 전 인류의 사상적 공동 자산이다.

---

10   시진핑, 「샤오캉사회 전면실현의 결정적인 승리를 이룩하고 신시대 중국 특색 사회주의의 위대한 승리를 거두자-19차 당대회 보고」(2017년 10월 18일), 인민출판사, 2017년판, 61면.

2. 풍부한 이념적 의미, 엄격한 이론적 체계

시진핑 신시대 중국 특색 사회주의 사상은 이념적 의미가 풍부하고, 개혁, 발전, 안정, 내정, 외교, 국방, 당과 국가 관리 및 군 관리와 같은 모든 분야를 총망라한 체계가 완전하고 논리적으로 치밀하고 상호 연계된 사상 이론 체계를 구축했다.

(1) 신시대 중국 특색 사회주의의 고수와 발전은 시진핑 신시대 중국 특색 사회주의 사상의 핵심 요지이다

중국 특색 사회주의는 우리 당이 중국의 현실과 긴밀하게 연계하고, 심층적인 탐구와 혁신을 통해 거둔 근본적인 성과이자, 개혁개방 이후 당의 모든 이론과 실천의 주제이다. 중화인민공화국 수립 후, 마오쩌둥(毛澤東) 동지를 중심으로 한 1세대 중앙 지도부는 당 전체와 인민의 단합을 이끌며 중국 정세에 적합한 사회주의 건설의 길을 모색하기 시작했다. 개혁개방 이후, 덩샤오핑(鄧小平) 동지를 핵심으로 한 2세대 중앙 지도부, 장쩌민(江澤民) 동지를 위시한 3세대 중앙 지도부, 후진타오(胡錦濤) 동지가 총서기로 있을 당시의 당 중앙은 중국 특색 사회주의 견지와 발전이라는 주제를 중심으로 '사회주의가 무엇이며 어떻게 사회주의를 건설할 것인가', '어떤 당을 어떻게 건설할 것인가', '어떤 발전을 어떻게 이룰 것인가'와 같은 중대한 문제를 깊이 분석하고, 과학적으로 답을 하고 중국 특색 사회주의 건설에 대한 인식을 끊임없이 심화시켜 덩샤오핑 이론, '3개 대표론[三個代表]'[11]

---

11 옮긴이 주: 선진 생산력(자본가), 선진문화 발전(지식인), 광대한 인민(노동자·농민)의 근본 이익을 대표해야 한다는 이론.

이라는 중요한 사상과 과학발전관을 확립함으로써 중국 특색 사회주의 이론 체계를 끊임없이 풍부하게 만들었다.

18차 당대회 이후 시진핑 동지를 핵심으로 한 당중앙은 일관되게 이 주제를 고수하고, 새로운 시대적 여건과 새로운 실천 요구를 긴밀하게 결합하여 새로운 비전을 가지고 '새로운 시대에 어떠한 중국 특색 사회주의를 어떻게 고수하고 발전시켜야 하는가'라는 중요한 시대적 과제를 둘러싸고 과학적으로 답을 하여 시진핑 신시대 중국 특색 사회주의 사상을 창시함으로써 신시대 중국 특색 사회주의의 본질적인 특징, 발전 법칙과 건설 경로를 심도 있게 명시하고 신시대에 중국 특색 사회주의를 고수하고 발전시키기 위한 과학적인 지침과 기본적인 준수사항을 제시했다.

(2) '명확하게 해야 하는 8가지[八個明確]"[12]는 시진핑의 신시대 중국 특색 사회주의 사상의 주요 내용이다

시진핑 총서기는 마르크스주의의 기본 원리와 당대 중국의 구체적

12 　옮긴이 주: ①사회주의 현대화와 중화민족의 위대한 부흥을 실현하기 위해 중국 특색 사회주의를 고수하고 발전시키는 것을 명확하게 한다. ②새로운 시대의 중국 사회의 주요 갈등은 아름다운 생활에 대한 늘어나는 인민들의 수요와 불균형하고 충분치 못한 발전 사이의 갈등임을 명확하게 한다. ③중국 특색 사회주의는 '오위일체'를 일반적인 배치로 삼고, '4가지 전면'을 전략적 배치로 삼을 것을 명확하게 한다. ④전면적인 개혁 심화의 목표는 개발도상국의 사회주의 제도를 완비하고 발전시키고, 국정 운영 체계와 운영 능력의 현대화를 추진하는 것임을 명확하게 한다. ⑤법치 추진의 목표는 중국 특색 사회주의 법치 체계와 사회주의 법치국가를 건설하는 것임을 명확하게 한다. ⑥새로운 시대 강군에 대한 당의 목표는 당의 지휘에 따라 싸움에서 승리하고, 우수한 기풍의 인민군대를 건설해 세계 최고 군대로 만드는 것임을 명확하게 한다. ⑦중국 특색의 대국 외교가 새로운 국제관계와 인류 운명공동체 구축을 추진하는 것임을 명확하게 한다. ⑧중국공산당 지도가 중국 특색 사회주의의 가장 중요한 특징을 명확하게 한다.

실천을 창의적으로 통합하여 새로운 시대에 중국 특색 사회주의를 고수하고 발전시키기 위한 일반 목표와 임무, 전반적인 배치와 전략적 포석 및 발전 방향, 발전 방식, 발전 동력, 전략적 절차, 외부조건, 정치적 보장과 같은 일련의 기본적인 문제를 체계적으로 구체화했다. 아울러 '명확하게 해야 하는 8가지'를 상세하게 요약함으로써 시진핑 신시대 중국 특색 사회주의 사상의 주요 내용을 구성했다. 첫 번째, 국가 발전의 관점에서 중국 특색 사회주의를 유지하고 발전시키는 전반적인 목표와 과제 및 전략적 단계를 분명하게 했다. 두 번째, 인간과 사회 발전의 관점에서 새로운 시대 중국 사회의 주요 모순을 분명히 하고 해결함으로써 사람의 전면적인 발전과 모두가 함께 부유해질 수 있는 사회적 이상을 명확하게 했다. 세 번째, 총체적인 배치와 전략적 포석의 관점에서 새로운 시대 중국 특색 사회주의 사업의 발전 방향과 정신 상태를 명확하게 했다. 네 번째에서 일곱 번째까지는 개혁, 법치, 군대, 외교 분야로 각각 나누어 새로운 시대 중국 특색 사회주의 고수와 발전을 위한 개혁의 모멘텀, 법치 보장, 군사 안보 보장 및 외부 환경 보장 등을 명확하게 했다. 여덟번째, 가장 본질적인 특징과 최대의 장점, 최고 정치 지도력의 관점에서 새로운 시대에 중국 특색 사회주의를 유지하고 발전시키기 위한 근본적인 정치적 보장을 명확하게 했다.

'명확하게 해야 하는 8가지'는 새로운 시대에 중국 특색 사회주의를 고수하고 발전시키기 위한 가장 핵심적이고 중요한 이론과 함께 실천 문제를 포함하고 있다. 즉, 중국 특색 사회주의의 가장 본질적인 특성뿐 아니라 당과 국가의 앞날과 운명을 결정하는 근본적인 힘을 포함한다. 중국이 시대를 따라 잡기 위한 법보와 함께 중국의 모든 문제를 해결할 수 있는 기반과 열쇠도 포함되어 있다. 사회주의 정치 발전의 필연적인 요구뿐 아니라 중국 특색 사회주의의 본질적인 요구와 중요한 보장도 담겨있다. 국가와 민족 발전을 위한 깊이 있고 근본적이며 지속적인 힘과 공동 발전이라는 근본적인 목적도 포함하고 있다. 중화민족의 영속적인 발전을 위한 천년대계뿐 아니라 우리 당의 국정운영에 대한 중요한 원칙도 포함되어 있다. '두 개 100년' 분투목표 실현을 위한 전략적 지지와 함께 중화민족의 위대한 부흥 실현을 위한 필연적인 요구사항도 포함하고 있다. 중국몽(中國夢) 실현을 위한 국제환경과 안정적인 국제 질서를 포함하고, 우리 당의 가장 뚜렷한 품격이 담겨 있다. 이런 내용들은 논리적인 단계성을 갖추고, 내용적으로 상호보완을 이루어 시진핑 신시대 중국 특색 사회주의 사상의 체계성, 과학성, 혁신력을 중점적으로 보여주었다.

(3) '견지해야 하는 14가지[十四個堅持]'는 새로운 시대에서 중국 특색 사회주의를 고수하고 발전시키기 위한 기본 방략이다

'견지해야 하는 14가지'는 시진핑 신시대 중국 특색 사회주의사상의 중요한 구성 부분으로 신시대 중국 특색 사회주의를 고수하고 발전시키기 위한 기본적인 방략이다. 주요 내용은 다음과 같다. 모든 일에 대한 당의 지도력, 인민 중심의 입장, 전면적인 개혁 심화, 새로운 발전 이념, 인민의 주인 역할, 전면적인 법치, 사회주의 핵심 가치 체계, 발전 중 민생 보장과 개선, 인간과 자연의 조화로운 공존, 전반적인 국가 안보관, 인민군에 대한 당의 절대적인 지도력, '일국양제(一國兩制)'와 조국 통일 추진, 인류 운명공동체 구축 추진, 전면적인 종엄치당 등을 견지해야 한다.

'견지해야 하는 14가지'의 기본 방략은 전방위적 발전 요구를 포함한 중국 특색 사회주의 실천 요구를 바탕으로 공산당 집권 법칙, 사회주의 건설 법칙, 인류사회의 발전 법칙에 대한 이해를 심화시켰다. 모든 업무에 대한 당의 지도를 견지하고, 전면적인 종엄치당의 최고의 중요성을 구현하면서 중국공산당이 현재 중국의 최고 정치 지도 역량이라는 것을 단단히 틀어쥐고 각별히 초점을 맞추었다는 것을 보여주었다. 인민 중심의 기본 입장을 고수하고 전면적인 개혁 심화를 견지하는 기본 방법을 충분히 구현했다. 중국 특색 사회주의 '오위일체'라는 전반적인 포석과 '4가지 전면'이라는 전략적 배치의 기본 요구를 포함하고, 핵심적이고 특수한 분야에서의 기본적인 요구를 강조했다. 즉, 전반적인 국가 안보관의 견지를 통해 국가 안보 분야의 기본적인 요구를 구현했다. 인민군에 대한 당의 절대적인 리더십 견지를 통해 군대와 국방 건설 분야에서의 기본적인 요구를 구현했다. '일국양제'의 견지와 조국 통일 추진을 통해 홍콩, 마카오, 타이완 업무에 대한 기본 요구 사항을 구현했다. 인류 운명공동체 구축 추진에 대한 견지를 통해 외교 업무 분야의 기본적인 요구사항을 구현했다. 전반적으로 '견지해야 하는 14가지'라는 기본 방략은 행동 강령과 중요한 대책 조치의 측면에서 볼 때, 경제, 정치, 법치, 과학기술, 문화, 교육, 민생, 민족, 종교, 사회, 생태문명, 국가안보, 국방과 군대, '일국양제'와 조국 통일, 통일 전선, 외교, 당 건설 등 모든 분야에 걸쳐 과학적으로 답을 하고, 전략적인 배치를 하여 실천성과 운영성을 가진 근본적인 요구를 이루었다. 이는 '두 개 100년'분투목표와 중화민족의 위대한 부흥인 중국몽 실현을 위한 '로드맵'과 '방법론'이고 과학적인 행동 강령과 실천지침이다.

(4) 시진핑 신시대 중국 특색 사회주의 사상은 엄격한 이론 체계이다

시진핑 신시대 중국 특색 사회주의 사상은 마르크스주의의 기본 입장과 관점 및 방법을 고수하며 중국 특색 사회주의의 생생한 실천에 뿌리를 두고 있다. 시대적 과제에 초점을 맞추고, 시대를 위한 청사진을 그리며, 시대의 악장을 연주함으로써 체계가 완벽하고 논리가 치밀하고 내재적으로 통일된 과학적 이론 체계를 구축했다. 시진핑 신시대 중국 특색 사회주의사상은 인민의 입장과 과학적인 논리가 뚜렷하고, 풍부한 사고와 함께 이행 방법들을 담고 있다. 아울러 마르크스주의를 견지하고 발전시키는 변증법적 통일을 구현하고 사물 발전의 객관적 법칙성을 파악하고 인간의 주관적 능동성을 발휘하는 변증법적인 통일을 구현했으며, 중국 국정에 입각하는 것과 세계 발전 대세를 파악하는 것과의 변증법적인 통일을 보여줌으로써 마르크스주의 발전의 새로운 장을 열었다.

풍부한 내용을 담고 있는 시진핑 신시대 중국 특색 사회주의 사상은 과학적인 이론 지침이자 근본적인 행동 강령이다. '명확히 해야 하는 8가지'는 새로운 시대에 어떠한 중국 특색 사회주의를 고수하고 발전시켜 나갈 것인가에 대한 문제에 초점을 맞추어 신시대 중국 특색 사회주의 발전에서의 생산력과 생산 관계, 경제 기초와 상부 구조, 발전 목표와 실천 프로세스 등의 변증법적 관계를 과학적으로 설명했고, 경제건설, 정치건설, 문화건설, 사회건설, 생태문명 건설 및 국방, 외교, 당 건설의 각 분야를 망라한 것으로 이 과학 이론체계 구축을 위한 기본 골자라 할 수 있다. '견지해야 하는 14가지'는 새로운 시대에 중국 특색 사회주의를 어떻게 유지하고 발전시킬 것인가에 대한 문제에 편중하고, 새로운 시대의 실천 요구에 따라 리더십, 발전 사상과 근본 경로, 발전이념과 정치제도, 국정운영, 사상문화, 사회민생, 녹색발전, 국가 안보, 군대 건설, 조국통일, 국제관계, 당 건설 등 분야에 대해 이론적 분석의 깊이를 더하고, 정책적 지도를 명확하게 했다. 이는 시진핑 신시대 중국 특색 사회주의 사상의 이론적 정수와 핵심 요지를 구체적으로 펼친 것으로써 당의 기본 이론 및 노선과 함께 당과 인민사업 발전에서 근본적으로 따라야 하는 사항이다.

　　한마디로 시진핑 신시대 중국 특색 사회주의 사상은 역사와 현실, 미래를 관통하고, 중국 땅에 뿌리를 내리고, 인민의 염원을 반영하고 시대의 진보와 발전 요구에 부응하는 과학 이론 체계이다. '현실에 입각한 실사구시'를 견지하고, '문제 지향적 원칙'을 고수하며, '시대의 목소리'에 귀를 기울이고, 우리가 지금 하고 있는 일을 중심으로 인민이 가장 관심을 가지는 직접적이고 현실적인 이익 문제 해결에 주안점을 두고, 중국 특색 사회주의의 대업을 순조롭게 추진했다. 항상 당과 국가사업의 장기적인 발전에 맞춰 전면적인 샤오캉사회 건설에서 기본적인 현대화 실현을 거쳐 전면적인 사회주의 현대화 강국을 건설하는 전략적 포석을 이루었고, 중화민족의 위대한 부흥인 중국몽을 실현하기 위한 가장 강한 목소리를 냈다.

3. 마르크스주의 발전에 독창적인 공헌을 했다

　　시진핑 총서기는 "신중국 창건 이후, 특히 개혁개방 이후 중국에는 심각한 변화가 일어났다. 이러한 거대한 역사 변화속에서 중국인은 그 속에 내포되어 있는 역사 경험과 발전 법칙을 더 잘 보여줄 수 있는 능력과 자격을 갖추었고, 중국은 마르크스주의 발전을 위해 독창적인 기여를 했다"[13]고 지적했다. 시진핑 신시대 중국 특색 사회주의 사상은 마르크스주의를 혁신적으로 발전시킨 모델이다. 마르크스주의 철학, 정치경제학, 과학적 사회주의에 대한 철저한 이해를 통해 마르크스주의의 기본 원리와 당대 중국의 구체적 현실과의 유기적인 결합을 구현했고, 우수한 중화 전통문화와 인류문명의 성과에 대한 계승과 발전을 보여주었으며, 마르크스주의에 실천적, 이론적, 민족적, 시대적 특성을 부여했다. 이는 당대 중국 마르크스주의와 21세기 마르크스주의이며 마르크스주의의 융성한 발전을 위해 중국은 독창적인 공헌을 했다.

(1) 변증법적 유물론과 역사유물론에 새로운 의미를 부여했다

시진핑 총서기는 "변증법적 유물론과 역사유물론은 마르크스주의의 세계관이고 방법론이며, 모든 마르크스주의 이론의 초석이다. 마르크스 철학은 공산주의의 비장의 무기이다. 마르크스주의의 철학적 지혜의 자양분을 끊임없이 받아들여야 한다"고 강조했다.[14] 시진핑 신시대 중국 특색 사회주의 사상은 변증법적 유물론과 역사유물론을 당과 국가의 모든 업무에 창조적으로 운용함으로써 마르크스주의 철학을 풍부히 하고 발전시켰다. 예를 들어 시진핑 총서기는 인류 사회 발전 법칙과 관련한 사상을 배우고 실천해야 한다고 강조하고, 공산주의의 원대한 이상과 신념이 공산당원들의 정치적 영혼이자 정신적 지주이고, 공산주의의 실현은 단계적 목표를 하나하나 이루는 역사적 과정이며 "지금 우리의 노력과 미래 세대의

---

13   『시진핑, 국정운영을 논하다』, 제2권, 외문출판사, 2017년판, 66면.

14   시진핑, 「변증법적 유물론은 중국공산당의 세계관이자 방법론이다」, 구시, 2019년 제1기.

지속적인 노력은 모두 공산주의 실현이라는 위대한 목표를 향해 나아간다”,[15] 공산주의의 원대한 이상을 중국 특색 사회주의의 공통된 이상과 통합시키고, 우리가 하고 있는 일과 통일시켜야 한다고 제기했다. 인민의 입장을 고수하는 것과 관련한 사상을 배우고 실천해야 한다고 강조하고, 항상 인민의 입장을 근본 입장으로 삼고, 인민을 위한 행복 도모를 근본 사명으로 삼아 성심성의껏 인민을 섬기는 근본 취지를 유지하고, 대중 노선을 관철하고, 인민의 주체 지위와 개척 정신을 존중하고, 항상 인민들과 깊은 연대 관계를 유지하고, 일치단결하는 위대한 힘을 모으고, 인민을 이끌고 단합시켜 역사적 위업을 창조하고, 사람과 사회의 포괄적인 발전과 진보를 끊임없이 추진해야 한다고 제기했다. 생산력과 생산관계와 관련한 사상을 배우고 실천해야 한다고 강조하고, 사회 진보를 추진하는 가장 활동적이고 혁명적인 요소는 생산력이고, 사회주의의 근본적인 임무는 생산력을 해방하고 발전시키는 것이기 때문에 발전을 최우선으로 두고, 생산관계 조정을 통해 사회 생산력 발전을 위한 활력을 자극하고, 상부구조를 완비함으로써 경제기초 발전의 요구를 만족시켜 중국 특색 사회주의가 보다 규칙적으로 발전해 나갈 수 있도록 해야 한다고 제기했다. 새로운 시대 중국 사회의 주요 갈등은 날로 증가하는 더 나은 삶에 대한 인민들의 수요와 불균형하고 불충분한 발전 사이의 모순임을 밝혔다. 사회 모순 운동 이론의 적용을 강조하고, 유물변증법의 기본 방법을 배우고 숙지하고, 마르크스주의 방법론을 풍부하게 만들고 발전시켜야 한다고 강조하고, 전략적

---

15 『18대 이후 중요 문헌 선집』(상)에 실린 시진핑 「중국 특색 사회주의를 견지하고 발전시키는데 대한 몇 가지 문제」(2013년 1월 5일), 중앙문헌출판사, 2014년판, 115면.

사고와 역사적 사고, 변증적 사고와 혁신적 사고, 법적 사고력과 마지노선 사유[16]의 능력을 강화했다. 이러한 새로운 사상과 관점, 새로운 방법은 새로운 시대의 여건에서 변증법적 유물론과 역사유물론의 기본 원리와 방법론에 새로운 시대적 의미를 부여함으로써 마르크스주의 철학의 실천적 품격을 빛내고, 마르크스주의 철학의 창조적 운용을 새로운 경지로 끌어올렸을 뿐 아니라, 중국 인민이 세계를 이해하고 변화시키는데 강한 정신적인 힘을 제공하고, 세계를 변화시키는 진리의 위대한 힘을 발휘시켰다.

(2) 마르크스주의 정치 경제학의 새로운 장을 열었다

시진핑 총서기는 "마르크스주의 정치경제학의 기본 원리와 방법론을 잘 배우면 과학적인 경제 분석 방법을 익히고 경제 운영 과정을 이해하고, 경제와 사회의 발전 법칙을 파악하고 사회주의 시장 경제를 제어하는 능력을 향상하고, 중국 경제 발전의 이론과 실천 문제에 답하는데 도움이 된다"고 지적했다.[17] 시진핑 총서기는 중국 국정과 발전 관행을 바탕으로 세계와 중국 경제가 직면한 새로운 상황과 문제에 대한 심층적인 연구를 통해 마르크스주의 정치경제학의 기본 원리를 새로운 시대 중국 경제 및 사회 발전 현실과 결합하여 중국 경제 발전을 위한 실천의 규칙적인 성과를 다듬고 요약했으며, 실천 경험을 체계화된 경제학 이론으로 승화시켜 시진핑 신시대 중국 특색 사회주의 경제 사상을 이루었다. 예를 들어 발

---

16 옮긴이 주: 최악을 상정하고 준비하여 최고의 결과를 얻어내자는 사고방식.

17 시진핑, 『전면적인 개혁 심화 견지를 논한다』에 실린 「시진핑, 당대 중국 마르크스주의 정치경제학의 새로운 경지를 끊임없이 열자」(2015년 11월 23일), 중앙문헌출판사, 2018년판, 187면.

전은 인민을 위한 것이라는 마르크스주의 정치경제학의 기본 입장을 견지하고, 인민 중심의 발전 사상을 고수하고 모두가 잘 사는 공동 번영의 길을 향해 변함없이 나아가고, 전 인민이 함께 누리고, 포괄적으로 공유하며, 함께 만들고 공유하고, 점진적으로 공유하는 것을 추진함으로써 전 인민의 공동 번영을 실현할 것을 제기하여 사회주의 생산 본질과 목적에 관한 마르스크주의 이론을 발전시켰다. 중국 경제와 사회 발전의 법칙에 대한 우리 당의 이해가 깊어졌음을 반영하는 혁신, 조정, 녹색, 개방, 공유의 새로운 발전 개념을 창의적으로 제시하고 실천하여 마르크스주의 발전관을 혁신했다. 중국 사회주의의 기본적인 경제제도와 분배제도를 유지하고 보완하고, 공유제 경제를 확고하게 다지고 발전시키고, 비공유제 경제의 발전을 적극적으로 장려하고 지원하고 유도하고, 노동에 따른 분배를 주체로 여러 분배 방식이 병존하는 분배제도를 완비하고, 이를 통해 개혁 발전의 성과를 모든 인민들에게 공평하게 돌아가게 만들고, 효율성과 공정성의 유기적인 통일을 실현할 것을 제기함으로써 마르크스주의 소유제이론과 분배이론을 발전시켰다. 사회주의 시장경제 체제 완비를 통해 자원 분배에서 시장이 결정적 역할을 하도록 하고, 정부의 역할이 더욱 잘 발휘될 수 있도록 함으로써 중국 특색 사회주의 건설 법칙에 대한 우리 당의 인식에 혁신적인 진전을 가져오고, 사회주의 시장경제 발전이 새로운 단계로 진입했음을 상징적으로 보여주었다. 고속 성장 단계에서 질적 발전 단계로 전환하는 중국 경제의 중대한 변화에 착안하여 경제발전의 뉴노멀에 능동적으로 적응을 하고, 파악하고 이를 이끌고, 품질제일, 효율과 이익 우선을 위해 공급측 구조 개혁을 메인으로 경제 발전의 질적·효율적 변혁과 함께 원동력의 변혁을 추진하고, 현대화 경제체계를 구축하여 사회주의 경제 건설 이론을 발전시켰다. 전면적인 샤오캉사회 실현과 중화민족의 위대한 부흥인 중국몽 실현을 위한 전략적 측면에서 빈곤퇴치 난관돌파를 국정운영에서 중요한 위치에 두고, 정확한 빈곤구제와 정확한 빈곤퇴치와 같은 중요한 사상을 내놓아 중국이 추진한 빈곤감소 사업은 큰 성과를 거두고 세계 빈곤 감소에 중대한 공헌을 했다. 대외개방의 기본 국가 정책을 유지하면서 더 고차원적인 개방형 경제를 발전시키고, 적극적인 글로벌 경제 거버넌스 참여와 함께 '일대일로' 건설 추진을 제기하여 사회주의 대외개방 이론을 심화시켰다. 이러한 일련의 새로운 사상과 이념, 새로운 논단은 마르크스주의 정치경제학의 기본 원리와 방법론을 창조적으로 발전시키고 유지함으로써 중국 특색 사회주의 정치경제학의 학술 체계, 담론 체계, 방법론 체계에 대한 혁신적인 발전을 실현했다. 아울러 당대 중국 사회주의 정치경제학, 21세기 마르크스주의 정치경제학의 새로운 장을 펼쳤을 뿐 아니라 국제경제학 분야에서 교조적인 서구 경제학 이론과 개념, 방법과 담론을 깨뜨려 마르크스사회주의 정치 경제학 발전에 큰 기여를 했다.

(3) 과학적 사회주의의 새로운 경지를 열었다

시진핑 총서기는 "과학적 사회주의의 기본원칙을 잃어버려서는 안 된다. 잃어버린다면 사회주의가 아니다"[18]라고 지적했다. 과학적 사회주의에 대한 이론적 사고와 경험에 대한 요약, 중국 특색 사회주의 견지와 발전에 대한 책임과 탐구는 시진핑 신시대 중국 특색 사회주의 사상이 형성되

---

18 『18차 당대회 이후 중요 문헌 선집』(상)에 실린 시진핑 「중국 특색 사회주의를 견지하고 발전시키는데 대한 몇 가지 문제」(2013년 1월 5일), 중앙문헌출판사, 2014년판, 109면.

신시대 중국 특색 사회주의 정치경제학 구축

고 발전하는 모든 과정에서 나타났다. 시진핑 신시대 중국 특색 사회주의 사상은 과학적 사회주의의 기본원칙에 입각해 이론과 실천, 제도와 문화를 비롯한 각 분야의 혁신을 추진하고, 과학적 사회주의에 관한 일련의 새로운 사상을 제시했다. 예를 들어 과학적 사회주의의 기본원칙을 중국의 구체적인 현실, 역사와 문화 전통, 시대적 요구와 결합해 '중국 특색 사회주의는 그 어떤 다른 주의가 아닌 사회주의이다'[19]를 제시했는데, 이는 과학적 사회주의 이론 논리와 중국 사회 발전과 역사 논리와의 변증법적인 통일이고, 중국에 뿌리를 두고, 중국 인민의 염원을 반영하며, 중국과 시대의 발전진보 요구에 부응하는 과학적 사회주의이다. 중국 특색 사회주의 사업의 총체적 배치는 '오위일체'이고, 전략적 배치는 '4가지 전면'임을 확인하고, 확고한 '4가지 자신감[四個自信]'[20]을 강조하고 전면적인 개혁 심화가 중국 특색 사회주의를 유지하고 발전시키는 근본적인 원동력임을 확인한 것은 사회주의의 포괄적 발전에 관한 마르크스주의 인식을 풍부히 하고 발전시켰다. 과학적 사회주의의 기본원리를 적용해 당대 중국의 실질적 문제를 해결하고 중국 특색 사회주가 새로운 시대에 들어섬과 동시에 사회주의 현대화 강국을 건설할 데 관한 사상을 창조적으로 제시하여 사회주의 발전단계 이론을 풍부히 하고 발전시켰다. 중국 특색 사회주의 제도 유지와 보완, 지속적인 국가 통치 체계와 통치 능력의 현대화 추진에 관한 사상을 창조적으로 제시함으로써 국가 통치 체계와 통치 능력 현대

---

19 『18차 당대회 이후 중요 문헌 선집』(상)에 실린 시진핑, 「중국 특색 사회주의를 견지하고 발전시키는데 대한 몇가지 문제」(2013년 1월 5일), 중앙문헌출판사, 2014년판, 109면.

20 옮긴이 주: 노선 자신감(道路自信), 이론 자신감(理論自信), 제도 자신감(制度自信), 문화 자신감(文化自信).

화에 대한 참신한 과학적 사회주의 이론을 창안했고, 마르크스주의 국가 이론과 사회 통치 이론을 풍부히 하고 발전시켰다. 인류 역사 발전의 관점에서 국제 정세의 심오한 변화를 정확하게 파악하고, 평화와 발전, 협력과 상생의 시대 조류에 따라, 미래에 대한 비전을 가지고 인류 운명공동체 구축에 관한 중요한 사상을 제시했다. 즉, 평화가 지속되고 보편적으로 안전하며, 공동으로 번영하고 개방적이고 포용적이며 깨끗하고 아름다운 세계를 구축함으로써 미래 사회 발전에 관한 마르크스주의 이론을 풍부히 하고 발전시켰다. 중국 특색 사회주의의 가장 본질적인 특징과 중국 특색 사회주의제도의 최대 장점은 중국 공산당의 지도력이고, 당은 최고 정치 지도 역량이며, 새로운 시대 당 건설에 대한 총체적인 요구와 새로운 시대 당의 조직 노선, 당 건설에서 정치 건설의 중요함을 부각시키고, 전면적인 종엄치당을 항상 견지하는 등 중대한 사상을 창조적으로 제기하여 마르크스주의 집권당이 장기 집권에서 직면하게 되는 일련의 중대한 문제들에 대해 과학적으로 답을 하고, 공산당 집권 법칙에 대한 이해를 심화함으로써 마르크스주의 정당 건설 이론을 풍부히 하고 발전시켰다. 이러한 중요한 이론적 관점은 세계 사회주의 500여 년의 역사, 과학적 사회주의의 170여 년의 역사, 특히 근 70년 동안의 중화인민공화국 사회주의 건설에서의 긍정적인 경험과 부정적인 경험에 대한 총결산을 통해 얻은 중요한 결론으로써 21세기에 어떻게 과학적 사회주의를 견지하고 발전시킬 것인가와 같은 중대한 이론과 실천에 대한 질문에 답하고, 과학적 사회주의의 기본 원리를 풍부히 하고 발전시켰으며 과학적 사회주의의 살아있는 생명력을 충분히 보여주고, 사회주의의 위대한 기치를 중국 대지에 높이 휘날리게 하고 과학적 사회주의를 새로운 발전 단계로 끌어올렸다.

실천은 끝이 없고, 이론 혁신에도 끝이 없다. 시진핑 총서기는 "세계는 시시각각으로 변하고 있고, 중국도 마찬가지로 시시각각 변화하고 있다. 우리는 이론적으로 시대에 발맞추어 끊임없이 법칙을 이해하고, 이론적 혁신, 실천적 혁신, 제도적 혁신과 문화적 혁신을 포함한 모든 분야의 혁신을 지속적으로 추진해야 한다"고 지적했다.[21] 오늘날의 시대 변화, 중국 발전의 폭과 깊이는 마르크스주의 고전작가들의 당시의 상상을 훨씬 능가한다. 이는 우리들에게 마르크스주의로 시대를 살피고, 이해하고 이끌어 가고, 생생하고 풍부한 당대 중국의 실천을 통해 마르크스주의의 발전을 추진할 것을 요구하고 있다. 이는 보다 넓은 안목으로 당대 발전을 위한 마르크스주의의 현실적인 기초와 실천적 필요를 살펴가면서 21세기 마르크스주의를 계속 발전시키며, 마르크스주의 발전의 새로운 경지를 끊임없이 열어 마르크스주의가 더 찬란한 진리의 빛을 발산하게 해야 한다.

4. 시진핑 신시대 중국 특색 사회주의 사상으로 철학과 사회과학 업무를 이끌어야 한다

시진핑 총서기는 "마르크스주의의 지침을 따르는 것은 당대 중국 철학과 사회 과학이 다른 철학 및 사회과학과 구분되는 근본적인 지표로써

---

21 시진핑, 「샤오캉사회 전면실현에서 결정적인 승리를 이룩하고 신시대 중국 특색 사회주의의 위대한 승리를 거두자-19차 당대회 보고」(2017년 10월 18일), 인민출판사, 2017년판, 26면.

반드시 기치 명확하게 견지해야 한다"[22]고 지적했다. 마르크스주의 지침을 따르지 않게 되면 철학과 사회과학이 영혼과 방향을 잃고 궁극적으로 해야 할 역할을 발휘할 수 없게 된다. 시진핑 신시대 중국 특색 사회주의 사상은 진리를 빛내고 시대의 정수를 응축한 당대 중국 마르크스주의로써 새로운 시대 철학과 사회과학의 최대 성과이다. 시진핑 신시대 중국 특색 사회주의 사상을 고수하는 것이 마르크스주의를 진정으로 유지하고 발전시키는 것이다. 시진핑 신시대 중국 특색 사회주의 사상으로 정신을 무장하고, 실천을 지도하며, 업무를 추진하는 것은 모든 일을 잘 하기 위한 중요한 전제 조건이다. 시진핑 신시대 중국 특색 사회주의 사상의 지도를 견지하면 중국 철학과 사회과학은 기준과 근간을 가지게 되고 철학과 사회과학 연구는 올바른 정치 방향과 학술적 지향점 및 가치관을 보장할 수 있고, 시대와 보조를 맞추어 사람들과 함께 분발정진하며 철학과 사회과학의 번영과 발전을 실현할 수 있다.

(1) 시진핑 신시대 중국 특색 사회주의 사상을 철저히 배우고 이해하고 이행해야 한다

시진핑 신시대 중국 특색 사회주의 사상을 배우고, 홍보하고 실천하는 것은 철학과 사회과학계의 첫 번째 정치적·이론적 과제이다. 새로운 시대가 부여한 중국 특색을 가진 철학과 사회과학을 구축하는 숭고한 사명을 가지고 다음과 같이 행동해야 한다. 첫째, 배우고 익혀야 한다. 이 사상이 내포하고 있는 핵심 요지, 풍부한 의미와 중대한 가치를 깊이 배우고 이

---

22   시진핑, 「철학과 사회과학 업무 간담회 연설」(2016년 5월 17일), 인민출판사, 2016년판, 8면.

해하며, 마르크스주의 이론의 보물 창고를 풍부히 하고 발전시키는데 기여한 독창성을 깊이 깨닫고, 철학과 사회과학 업무에 대한 지도적 의미를 잘 파악해야 한다. 둘째, 정통해야 한다. 시진핑 신시대 중국 특색 사회주의 사상에 일관된 입장과 관점 및 방법을 배워야 하고 철저하게 이행하려면 왜 그러한지 알아야할 뿐 아니라 그러한 까닭도 알아야 한다. 시진핑 총서기가 그렇게 언급한 이유가 무엇이며 어떤 시각에서 그것을 언급했는지를 깨달아야 한다. 셋째, 이행해야 한다. 철학과 사회과학업무간담회에서 시진핑 총서기의 중요한 연설과 중국 사회과학원 창립 40주년 및 중국사회과학원 역사연구원 설립 축전 정신을 철저하게 이행하고, 시진핑 신시대 중국 특색 사회주의 사상을 철학과 사회과학의 모든 분야와 부분에서 실행해야 한다. 학술 연구, 교실 수업, 성과 평가, 인재양성 등 모든 부분에 걸쳐 당의 혁신 이론을 다양한 학문과 개념, 범주에서의 통합을 촉진함으로써 당의 중요한 이론과 혁신 성과를 철학과 사회과학에 잘 융합되도록 해야 한다. 그리하여 체계성과 학리성을 함께 중시하고, 투철한 이론과 활발한 문체를 겸비한 높은 수준의 연구 성과를 내놓고, 당대 중국 마르크스주의와 21세기 마르크스주를 연구하고 해석하는 학술경전을 펴내어 마르크스주의 중국화·현대화·대중화를 촉진하기 위해 새로운 기여를 하여야 한다.

(2) 새로운 시대 중대한 이론과 현실적 문제를 연구하고 답을 찾는 것을 주요 공략 방향으로 삼아야 한다

문제는 시대의 목소리이다. 시진핑 총서기는 "당대 중국의 위대한 사회 변혁은 단순하게 중국 역사 문화를 이어가는 마더보드가 아니고, 마르크스주의 고전 작가의 생각을 원용한 것이 아니며, 다른 나라의 사회주의 실천을 재판하거나 국외 현대화 발전의 복사판도 아니기 때문에 기성의 교과서를 찾는 것은 불가능하다"고 재차 강조했다.[23] 중국의 특색과 풍격, 중국의 기개를 갖춘 철학과 사회과학을 구축하기 위해서는 중국의 현실에 기반을 두고, 우리가 하고 있는 일에 중점을 두어야 한다. 문제 지향적으로 당과 국가의 전반적인 사업에 주안점을 두고, 새로운 시대에서의 중대한 이론과 현실적 문제, 대중이 주목하는 관심사와 어려운 문제, 당 중앙이 관심을 두는 전략과 전술 문제에 초점을 맞추어야 한다. 특히 시진핑 총서기가 언급한 일련의 중대한 문제에 초점을 맞추어야 한다. 예를 들어 사상적으로 마르크스주의의 지도적 입장을 다지고, 사회주의의 핵심 가치관을 육성하고 실천하며, 당 전체와 전국의 모든 민족과 인민이 단결해 노력할 수 있는 공통의 사상적 기반을 다지는 방법, 새로운 발전 이념을 이행하고 공급측 구조 개혁을 가속화하며 경제 발전 모드 전환을 통한 발전의 질과 효율성 제고 방법, 보다 나은 민생 보장과 향상을 통한 사회 공정성과 정의를 증진시키는 방법, 개혁 정책 결정의 수준을 높이고 국가 거버넌스 체계와 능력의 현대화를 추진하는 방법, 사회주의 문화 강국 건설을 가속화하고, 문화 소프트파워를 증강시키며 국제적으로 중국의 발언권을 향상시키는 방법, 당의 지도력과 지배력을 향상시키고 반부패와 변화 및 리스트 저항 능력 강화 방안 등 이러한 문제들에 대한 연구에 크게 이바지해야 한다. 이를 통해 중앙의 의사 결정에 중요한 참고가 되고, 사업 발전에 중요한 추진 역할을 할 수 있는 우수한 성과를 내며, 중국의 사회발전과 인류 사회

---

23   시진핑, 「철학과 사회과학업무 간담회 연설」(2016년 5월 17일), 인민출판사, 2016년판, 21면.

발전의 위대한 논리 흐름을 밝힘으로써 중화민족의 위대한 부흥이라는 중국몽 실현을 위한 지적인 지원을 제공해야 한다.

(3) 중국 특색 철학과 사회과학의 학과·학술·담론 체계 구축에 박차를 가해야 한다

철학과 사회과학의 특징과 스타일, 기개는 일정한 단계까지의 발전에 의해 만들어진 결과로써 성숙도의 지표이자 실력의 상징이며 자신감의 발현이다. 중국 특색 철학과 사회과학 구축은 새로운 시대에 중국 철학과 사회과학의 번영과 발전을 위한 고귀한 사명이며, 많은 철학과 사회과학자들의 신성한 의무이다. 철학과 사회과학 학계는 높은 정치·학술적 의식을 가지고, 강한 책임감과 절박함과 담당정신으로 '3대 체계' 건설 가속화를 위해 더 강한 조치를 취하고, 실질적인 진전과 함께 큰 성과를 거두어야 한다. 시진핑 총서기의 철학과 사회과학 업무 간담회 연설에서 제시한 요구에 따라 중국에 기반을 두고 외국으로부터 배우고, 역사 발굴을 통해 현 시대를 파악하고, 인류를 생각하고 미래를 향한 사고를 가지고 민족성과 계승성을 보여주고, 창조력과 시대정신, 체계성과 전문성을 구현해야 한다. 이를 바탕으로 중국 철학과 사회과학의 학과 체계, 학술 체계, 담론 체계를 구축함으로써 모든 분야와 요소를 아우르는 포괄적인 철학과 사회과학 체계를 이루어 중국 특색과 풍격, 중국의 기개를 담은 철학과 사회과학 건설을 위한 토대를 마련해야 한다. 아울러 중국 철학과 사회과학연구의 국제적인 영향력을 강화하고, 국가 문화의 소프트파워를 향상시켜 '학술 속의 중국', '이론 속의 중국', '철학과 사회과학 속의 중국'을 전 세계에 알려야 한다.

(4) 이론과 실제가 연계된 마르크스주의 학풍을 발양해야 한다

중국 철학과 사회과학의 번영과 발전을 위해 학풍 문제를 잘 해결하고 학풍 건설을 강화해야 한다. 시진핑 총서기는 "실천에서 벗어난 이론은 경직된 도그마가 되어 그 생명력과 활력을 잃게 된다"고 지적했다.[24] 철학 및 사회과학 종사자들은 이론과 실제를 연계해야 한다. 수작을 숭상하고, 신중하게 학문에 임하고, 성실함과 책임을 추구하는 우수한 학풍을 적극 발양하기 위해 노력함으로써 바르고 공정하고, 서로를 배우면서 긍정적으로 발전할 수 있는 학술 생태를 조성해야 한다. 좋은 학문 윤리를 확립하고, 의식적으로 학문 규범을 준수하여 널리 배우고 자세히 묻고, 신중하게 생각하고 판단하며 성실하게 이행하는 것에 주의를 기울여야 한다. '학자로서 도를 넓히'는 가치에 대한 추구를 통해 사람됨과 일, 학문을 진정으로 통일해야 한다. '학문을 하는데 있어서는 오로지 진리만을 추구하고, 글을 쓰는데 있어서는 반드시 근거가 있고 절대로 빈말을 해서는 안 된다'는 신념을 고수하고, 외로움과 유혹을 견디고, 마지노선을 지킴으로써 큰 학문과 진정한 학문에 뜻을 세워야 한다. 사회 책임을 최우선으로 두고, 학술 연구의 사회적 영향을 진지하게 고려하고, 사회주의 핵심 가치관을 의식적으로 실천해야 한다. 선과 아름다움, 진실을 추구하고 전하는 사람으로서 깊은 학문적 수양을 통해 존중을 얻고, 고매한 인격과 매력으로 분위기를 이끌어야 한다. 조국과 인민을 위해 덕을 세우고, 입언(立言)을 하는 가운데에 자아 성취를 하고 가치를 실현함으로써 선진 사상의 옹호자이자

---

24 시진핑, 「변증법적 유물론은 중국공산자의 세계관이자 방법론이다」, 구시, 2019년 제1기.

학술 연구의 개척자, 사회 풍조의 선도자, 중국공산당 집권의 확고한 지지
자가 되어야 한다.

(5) 철학과 사회과학에 대한 당의 전면적인 리더십을 유지하고 강화해야 한다

철학과 사회과학 사업은 당과 인민의 중요한 사업이고, 철학과 사회
과학 전선은 당과 인민의 중요한 전선이다. 철학과 사회과학 사업에 대한
당의 전반적인 리더십을 강화하고 개선하는 것은 수준 높은 성과를 내고
우수한 인재를 배출하고 '3대 체계' 구축에 박차를 가하는 근본적인 정치
적 보장이다. '4가지 의식(四個意識)'[25]을 확고하게 수립하고, '4가지 자신감'
을 확고히 하고, '수호해야 할 두 가지[兩個維護][26]를 꿋꿋하게 지켜내야
한다. 사상적, 정치적, 행동적으로 시진핑 동지를 위시로 한 당 중앙과의
고도의 일치를 흔들림 없이 유지하고, 당 중앙과 전체 당에서 시진핑 총서
기의 핵심 지위를 확고부동하게 수호하며, 당 중앙의 권위와 중앙 집중화
된 통합 리더십을 흔들림 없이 수호함으로써 철학과 사회과학이 항상 중
심에 초점을 맞추고, 전반적인 상황에 부합하도록 보장해야 한다. 정치적
리더십과 업무 지도를 강화하고, 철학과 사회과학 발전 법칙을 존중하며,
철학과 사회과학을 지도하는 업무 능력을 향상시키고 번영과 발전, 유도
와 관리라는 두 마리 토끼를 모두 꽉 잡아야 한다. 지식인에 대한 당의 정
책을 성실하게 이행해야 한다. 노동, 지식, 인재 및 창조를 존중하며, 정치

---

25   옮긴이 주: 정치의식, 대국 의식, 핵심 의식, 일치의식.
26   옮긴이 주: 당 중앙과 당 전체에서의 총 서기의 핵심적 지위 수호, 당 중앙의 권위와 중앙
     집중 통일 지도 수호.

적으로 충분히 신뢰하고 사상적으로 적극적으로 이끌며, 업무적으로 여건을 마련하고, 생활적으로 관심을 가지고 보살피며 그들을 위해 실질적이고 좋은 일을 하고, 그들의 어려움을 해결해 주어야 한다. 평등하고 건전하고 충분히 이치를 말할수 있는 학술적 논쟁을 활기차게 펼치고, 학술적 관점과 스타일이 다른 학파들이 함께 연구하고 평등하게 토론하는 백화제방과 백가쟁명의 방침을 확실하게 이행해야 한다. 학문적 문제와 정치적 문제를 정확히 구분하되 일반적인 학술 문제를 정치 문제로 삼아서는 안 되고, 정치 문제를 일반적인 학술 문제로 취급해서도 안 된다. 학술연구를 내세워 학문적 도덕 및 헌법과 법률에 위배되는 가짜 학술행위를 하는 것과 학술 문제와 정치 문제를 혼동하고 학문적 문제를 정치적 문제에 대한 해결책으로 처리하는 단순한 관행도 반대한다.

이백의 시구 중에 '여러 인재들이 아름답고 밝은 시대에 속하게 되어 시운을 타고 함께 도약하였다[群才屬休明, 乘運共躍鱗]'라는 말이 있다. 중국 특색 사회주의는 새로운 시대로 접어들었다. 지금은 철학 및 사회과학의 번영과 발전의 시대이자 철학과 사회과학 종사자들의 전도가 유망한 시대이기도 하다. 많은 철학 및 사회과학 종사자들은 시진핑 신시대 중국 특색 사회주의 사상에 관한 지침을 고수하며 분발하여 신시대의 철학 및 사회과학 발전을 위한 새로운 장을 써내려감으로써 '두 개 100년' 분투 목표와 중화민족의 위대한 부흥인 중국몽 실현을 위해 새로운 큰 공헌을 해야 한다.

    18차 당 대회 이후 시진핑 동지를 대표로 하는 중국공산당은 시대의 발전에 따라 당과 국가사업 발전 전반에 걸쳐 중국 특색 사회주의의 유지 및 발전을 둘러싸고 이론과 실제를 결합하여 '새로운 시대에 어떠한 중국 특색 사회주의를 어떻게 유지하고 발전시킬 것인가'라는 중대한 시대적 과제에 대해 체계적인 답을 함으로써 시진핑 신시대 중국 특색 사회주의 사상을 확립했다. 풍부한 내용과 심오한 사상을 가지고 있는 시진핑 신시대 중국 특색 사회주의 사상은 생산력과 생산 관계, 경제 기반과 상부구조의 모든 부분과 연관되어 있고, 경제 건설, 정치 건설, 문화 건설, 생태문명 건설, 당 건설 및 국방과 군대 건설, 외교 업무 등 분야를 포함함으로써 완벽한 체계와 논리 정연한 과학 이론 체계를 형성했다. 시진핑 신시대 중국 특색 사회주의 사상은 마르크스-레닌주의, 마오쩌뚱 사상,

덩샤오핑 이론, '3개 대표'의 중요 사상, 과학발전관을 계승하고 발전시킨 마르크스주의 중국화의 최신 성과일 뿐 아니라 당대 중국의 마르크스주의, 21세기의 마르크스주의이며, '두 개 100년'이라는 분투 목표와 중화민족의 위대한 부흥을 실현하기 위해 전체 당과 인민들이 따라야 하는 행동 지침이다. 시진핑 신시대 중국 특색 사회주의 사상에 대해 깊이 배우고 열심히 연구하고 과학적으로 해석하는 것은 새로운 시대가 중국 철학과 사회과학 종사자들에게 부여한 숭고한 사명이자 책임이다.

2015년 말, 시진핑 총서기의 일련의 중요 연설의 정신과 국정운영에 대한 새로운 이념과 사상, 새로운 전략을 깊이 배우고, 철저하게 이행하기 위해 중국사회과학출판사 자오젠잉(趙劍英)사장은 「시진핑 총서기의 일련의 중요 연설 정신 및 국정운영에 대한 새로운 이념과 사상 및 새로운 전략 학습 총서」를 집필하고 출판하는 사업을 조직하고 계획했다. 중국사회과학원 당조는 강한 정치의식, 대국의식, 핵심의식, 일치의식으로 이 작업에 큰 중요성을 부여하고, 중앙의 관련 배치와 요구에 따라 우수하고 유능한 과학 연구팀을 꾸려 시진핑 총서기의 일련의 중요 연설 정신과 국정운영에 대한 새로운 이념과 사상, 새로운 전략과 관련하여 집중적인 공부와 심층적인 연구, 과학적인 해석을 하면서 총서 집필 작업에 매진했다.

2016년 7월, 전국철학사회과학업무판공실의 비준을 거쳐 「시진핑 총서기의 일련의 중요 연설 정신 및 국정운영에 대한 새로운 이념과 사상 및 새로운 전략 학습 총서」의 집필과 출판은 18차 당 대회 이후 국정운영에 대한 당 중앙의 새로운 이론과 사상, 새로운 전략 연구를 위한 국가사회과학기금의 특별 프로젝트 중 하나로 정립되었고, 당시 중국사회과학원 원장 겸 당조 서기였던 왕웨이광(王偉光) 동지가 수석 전문가를 맡았다. 2016

년 4월에 설립된, 18차 당 대회 이후 국정운영에 대한 당 중앙의 새로운 이론과 사상, 새로운 전략 연구를 위한 국가사회과학기금 특별 프로젝트는 정치, 경제, 문화, 군사 등 13개 중점 연구 방향을 포함하고 있다. 이 과제는 특별 프로젝트에서 군사학과를 제외한 12개의 연구 방향에 대해 유일하게 다방면에 걸쳐 진행된 다각적인 학제 간 연구 과제로써 그에 상응하는 12개의 하위 프로젝트팀을 구성했다.

연구팀은 19차 당 대회를 앞두고 19차 당 대회를 위한 헌정 프로젝트로 1차 원고를 완성해 중앙선전부에 제출하여 승인을 받았다. 19차 당 대회 이후, 연구팀은 시진핑 총서기의 최신 중요 연설과 19차 당 대회 정신을 바탕으로 중앙선전부의 검토 의견에 따라 여러 차례 수정해 다듬고, 책명을 「시진핑 신시대 중국 특색 사회주의 사상 학습 총서」로 정했다.

중국사회과학원 원장 겸 당조 서기인 셰푸잔 동지가 본 프로젝트에 대한 연구와 총서 저작과 수정 사항을 명확하게 지시하고, 서문을 작성했다. 왕웨이광 동지는 연구팀의 수석 전문가로서 전체 연구 과제와 서브 연구 과제의 기본 틀과 요구사항 및 실시 계획 수립을 총괄했다. 중국사회과학원 부원장 겸 당조 부서기 왕징칭(王京清) 동지는 본 총서의 연구와 집필에 항상 지대한 관심을 가지고 출판 작업을 지도했으며, 중국사회과학원 부원장 차이팡(蔡昉) 동지가 과제 연구와 글쓰기에 대한 구체적인 조율 및 지도 책임을 담당했다. 중국사회과학원 과학연구국 국장 마위엔(馬援) 등 동지들의 프로젝트 보고와 경비 관리 분야에 대한 강력한 지원이 뒷받침되었다. 중국사회과학원출판사는 프로젝트 책임부서로써 본 총서를 총괄 기획하고, 당 위원회 서기 겸 사장인 자오젠잉(趙劍英) 동지의 지도하에 높은 정치 책임 의식을 가지고 사회과학원의 당조와 연구팀 전문가들이 과제 연구 관리, 프로젝트 운영 및 편집 출판 업무에 성실하게 임할 수 있도록 협조를 아끼지 않았다. 중국사회과학출판사 총편집 보조 왕인(王茵) 동지, 중대 프로젝트 출판센터 주임 보조 쑨핑(孫萍) 동지가 프로젝트 관리와 운영에 많은 노력을 보태주었다.

　　3년이 넘는 기간 동안 100명에 가까운 연구팀의 전문가와 학자들이 시진핑 동지가 부동한 역사시기에 발표했던 중요 연설과 저술을 깊이 학습하고, 깊이 연구한 후 정성들여 원고를 집필했다. 수십 차례의 이론 세미나, 전문가의 원고 심사 회의를 거치면서 여러 차례 수정을 거쳤다. 시진핑 신시대 중국 특색 사회주의 사상의 시대적 배경, 이론적 기원, 실천적 기반, 주제, 주요 관점 및 핵심 요지에 대한 체계적인 해석을 시도했고, 시진핑 신시대 중국 특색 사회주의 사상이 내재하고 있는 이론적 논리와 정신적 본질을 전체적으로 파악하고, 당대 중국 마르크스주의 및 21세기 마르크스주의의 이론적 형태와 위대한 이론 및 실천적 의미를 완전하게 보여주기 위해 노력한 결과 전체 약 300만 자로 이루어진 「시진핑 신시대 중국 특색 사회주의 사상 학습 총서」 12권이 탄생하게 되었다.

　　⑴ 『당대 마르크스주의 철학의 새로운 경지를 열다』
　　⑵ 『새롭고 위대한 신시대 당 건설 프로젝트 심층 추진』
　　⑶ 『인민 중심의 새로운 발전 이념 고수』
　　⑷ 『신시대 중국 특색 사회주의 정치경제학 구축』
　　⑸ 『전면적인 법치를 통한 법치중국 건설』
　　⑹ 『신시대 사회주의 문화강국 건설』
　　⑺ 『신시대 중국 특색 사회주의 문예 역사적 사명 실현』

(8)『생태문명 건설 이론 확립 및 실천 모색』

(9)『중국 특색 사회주의 농촌 활성화의 길로 나아가다』

(10)『시진핑 신시대 중국 특색 사회주의 외교사상 연구』

(11)『시진핑 신시대 국정운영의 역사관』

(12)『전면적인 종엄치당에는 마침표가 없다』

시진핑 신시대 중국 특색 사회주의 사상은 심오하고 광범위하며, 풍부한 내용을 담고 있습니다. 집필진이 최대한의 노력을 기울였으나, 수준의 한계로 아직 배우고 체득하지 못한 부분이 있을 수 있기 때문에 연구와 해석에서 누락된 부분이 있을 수 있다. 개선과 보완을 위해 독자 여러분들의 귀중한 의견과 함께 지도 편달을 부탁드린다.

마지막으로 총서 집필과 출판 작업에 참여해주신 전문가 및 학자, 각급 지도자, 편집, 교정, 인쇄 등 모든 실무자들께 진심으로 감사의 뜻을 전한다.

「시진핑 신시대 중국 특색 사회주의 사상 학습 총서」연구팀

수석전문가 왕웨이광

중국사회과학출판사

2019년 3월

제1장

개론: 신시대 중국 특색
사회주의 정치경제학의 구축

시진핑(習近平) 중국 공산당 중앙위원회 총서기는 공산당 18대 이후 지금까지 여러 중요 담화문들을 발표하며 '중국 특색 사회주의 정치경제학의 구축'이라는 역사적 임무를 제시해왔다. 또한 '마르크스주의 정치경제학의 발전'이라는 토대 위에서 중국 특색 사회주의 정치경제학을 구축하고 발전시키는 것에 대한 중요 의미와 지도 원칙, 중심 내용들에 대해 명확히 밝혔다. 그리고 이어진 공산당 19대에서는 정치적, 이념적, 실천적 측면에서 여러 가지 중대한 성과들을 거두었다. 신시대 중국 특색 사회주의를 견지하고 발전시키기 위해, 중대한 이론적, 실천적 문제들에 관한 국정 방침을 명확히 밝혔고, 당과 국가 각 영역의 업무를 전략적으로 배치했다. 이는 새로운 시대에 새 길을 열고, 새 페이지를 써내려 가겠다는 중국 공산당의 정치 선언이자 행동 강령이라고 할 수 있다.

중국 공산당 19대의 가장 중요한 이론적 성과는 시진핑의 신시대 중국 특색 사회주의 사상이 공산당 지도 사상으로서 확실히 자리매김했다는 것이다. 이 사상은 2017년 말 공산당 중앙경제업무회의에서 최초로 제기되었는데, 회의에서는 "우리는 지난 5년 동안 총체적으로 추세와 국면을 살피고, 실천해 오면서 중국 경제 발전의 총체적인 흐름을 성공적으로 컨트롤했다. 이러한 실천 과정 중에서 신발전이념을 주요 내용으로 하는 시진핑의 신시대 중국 특색 사회주의 경제 사상이 형성되었다"고 말했다.

시진핑의 신시대 중국 특색 사회주의 경제 사상은 시진핑의 신시대 중국 특색 사회주의 사상의 중요한 구성 부분으로, 그 함축적 의미는 다음의 '7개 견지(堅持)'에 포함된다. 첫째, 공산당의 집중적이고 통일된 지도를 '견지'한다. 이는 중국 경제가 정확한 방향을 따라 발전할 수 있도록 한다. 둘째, 중국 인민 중심의 발전 사상을 '견지'한다. '오위일체(五位一體: 경제 건설, 정치 건설, 문화 건설, 사회 건설, 생태 문명 건설)'의 전면적 배치를 총체적으로 추진하고, '4개 전면(四個全面)'¹의 전략적 배치를 조화롭게 추진한다. 셋째, 총체적인 국면에 입각해 법칙을 장악한다. 즉 중국 경제 발전의 뉴노멀(New Normal, 新常態)에 적응하고, 시대적 특징에 입각해 뉴노멀을 이끌어가는 것을 '견지'한다. 넷째, 자원 배치에 대한 시장의 결정 작용을 '견지'한다. 정부의 역할을 더욱 진전시켜, 경제 발전에 대한 체제 메커니즘적 장애를 확실하게 제거한다. 다섯째, 중국 경제 발전 과정에서 주요 모순의 변화에 따르는 거시적 조정을 '견지'한다. 자유재량에 맡기면서도 정확한 처방을 내려 공급측 구조 개혁(供給側結構性改革)²의 추진을 경제 업무의 골자로 삼는다. 여섯째, 문제 지향성을 견지한다. 이에 따라 경제 발전 신 전략을 배치하여, 중국 경제·사회의 발전과 변혁에 대해 장기적이고도 광범위한 영향력을 발생시킨다. 일곱째, 정확한 업무 전략과 방법을 '견지'한다. 안정 속에서도 진보를 추구하고, 전략적 초점을 유지하고, 마지노선을 사

---

1 옮긴이 주: 전면적 샤오캉(小康)사회 건설, 전면적 개혁심화, 전면적 의법치국(依法治國), 전면적 종엄치당(從嚴治黨: 당 기강 강화) 등 4가지 전략을 포함한다.

2 옮긴이 주: 경제 구조 조정 시 노동력, 토지, 자본, 제도 신설, 혁신 등의 공급측 요인들을 최적화하여 배치시켜, 양질의 경제 성장을 도모함을 뜻한다.

　　신시대 중국 특색 사회주의 정치경제학 구축

수하며 한 발 한 발 앞으로 나아간다. 시진핑의 신시대 중국 특색 사회주의 경제 사상은 지난 5년 간 중국의 경제 발전을 추진시킨 이론적 결정체이자, 중국 특색 사회주의 정치경제학의 가장 새로운 성과이다. 이는 반드시 장기적으로 견지하고 부단히 발전시켜야 하는, 중국 정부는 물론 공산당의 매우 소중한 정신적 자산이라고 할 수 있다.

시진핑의 신시대 중국 특색 사회주의 경제 사상은 그 주요 취지가 뚜렷하고, 함의가 풍부하며, 역사를 관통하는, 시대에 부응하는 과학적인 이론 체계이다. 시진핑의 신시대 중국 특색 사회주의 경제 사상은 마르크스주의 정치경제학의 기본 원리와 중국 경제 건설의 실제를 결부시킨 가장 새로운 이론적 성과이자, 중국 특색 사회주의 경제 건설을 이끌어 나아가는 이론적 기초이다. 또한, 신시대 중국 특색 사회주의 정치경제학의 중요한 구성 부분이자, 마르크스주의 정치경제학에 대한 승화와 발전이기도 하다.

중국은 경제 발전 과정에서 엄청난 기세로 거대한 규모를 형성하며 전 세계가 주목할 만한 성과를 거두었고, 국제 학계는 이를 '중국 기적'이라고 칭송했다. 그 안에는 이론 창조의 거대한 동력, 활력, 잠재력이 내재되어 있다. 시진핑 총서기는 '마르크스주의 정치경제학의 계승과 발전'이라는 토대 위에서 중국 경제 개혁과 발전의 실제를 결부시켜 계승성, 창의성, 시대성을 갖춘 중국 특색 사회주의 정치경제학을 등장시켰다. 이러한 배경하에 이론 분야 종사자들 중, 특히 경제학자들은 중국 국가 정세 및 발전의 실천에 입각하여 시진핑의 중국 특색 사회주의 정치경제학을 연구해야 할 것이다. 경제 운행의 새로운 특징과 새로운 법칙을 밝혀내고, 법칙성을 갖는 발전의 실질적인 성과들을 도출하고 종합하여, 실천적 경험을 체계화된 경제학설로 발전시켜야 한다. 또한, 중국 특색 사회주의 정치경제학의 이론 체계를 부단히 보완함으로써 '중국 특색', '중국 품격', '중국 패기'를 충분히 구현한 경제학과(學科)를 적극적으로 구축해야 한다.

제1절 중국 특색 사회주의의 새로운 시대

시진핑 총서기는 공산당 19대 보고문을 통해 "중국 특색 사회주의는 장기적인 노력을 거쳐 새로운 시대에 접어들었는데, 이는 중국의 새로운 역사적 발전 방향"이라고 밝혔다. 중국 특색 사회주의가 새로운 시대로 진입했다는 이 중대한 정치적 판단은 근거 없이 나온 것이 아니고, 간단한 신개념에 대한 서술은 더욱 아니며, 오히려 풍부하고 깊은 사상적 함의를 담고 있다.

중국 공산당 19대 보고문은 새로운 시대의 함의를 다섯 가지로 설명한다. 첫째, 과거의 전통을 이어받아 미래를 개척·창조하고, 새로운 역사적 여건 아래 중국 특색 사회주의가 지속적으로 위대한 승리를 거두는 시대이다. 이는 새로운 시대와 역사의 관계에 대한 설명이다. 새로운 시대는 주로 중국 공산당과 국가 사업 발전의 시각에서 제기된 개념이지, 역사학적 시대 구분의 개념이 아니다. 더구나 역사를 분리시켜 새롭게 시작한다는 의미도 아니다. 선인들의 노력을 발판으로 삼아, 계속해서 전진해야 한다는 의미이다. 둘째, 전면적인 샤오캉사회 건설, 나아가 사회주의 현대화 강국을 전면적으로 건설하는 시대이다. 이는 새로운 시대의 역사적 임무에 대한 설명이고, 새로운 시대는 바로 이러한 임무를 중심으로 새로운 길을 개척해 나아가야 한다. 셋째, 중국 전역의 각 민족이 단결하고 분발하여, '아름다운 생활(美好生活)' 환경을 끊임없이 만들어내고, 전체 인민이 다함께 잘 사는 공동부유(共同富裕)의 시대를 점진적으로 실현하는 시대이다. 이는 새로운 시대와 인민의 관계에 대한 설명이다. 새로운 시대는 인민에 의해 창조되고, 인민이 누려야 한다는 의미이다. 넷째, 중국인 전체가 한마음 한뜻으로 협력하고 분발하여 중화민족의 위대한 부흥이라고 할 수 있는 '중국몽(中國夢)'을 실현하는 시대이다. 이는 새로운 시대와 중화민족의 관계에 대한 설명이다. 새로운 시대의 목표는 바로 중화 민족의 위대한 부흥을 실현한다는 의미이다. 다섯째, 중국이 날로 세계 무대의 중심으로 나아가고, 인류를 위해 보다 많은 공헌을 할 수 있는 시대이다. 이는 새로운 시대와 세계의 관계에 대한 설명이다. 새로운 시대에 중국의 국제적 지위는 점점 더 중요해지고, 보다 큰 역할을 발휘해야 한다는 의미이다.

중국 공산당 19대 보고문에 따르면, 중국 특색 사회주의는 새로운 시대에 진입했다. 이는 근대 이래로 오랜 고난과 역경 속에서 중화민족이 '굴기'에서 시작해 '부흥'을 거쳐 '강성'의 길로 접어든 위대한 도약이고, 중화민족의 위대한 부흥이 밝은 전망을 맞이했음을 의미한다. 또한, 과학적 사회주의가 21세기의 중국에서 왕성한 생기와 활력으로 세계를 향해 중국 특색 사회주의의 위대한 깃발을 높이 치켜들었음을 의미한다. 그리고 중국 특색 사회주의의 길, 이론, 제도, 문화를 부단히 발전시키고, 개발도상국이 현대화로 나아가는 길을 개척하였다. 이는 좀 더 빠른 발전과 동시에 자신의 독립성도 유지하길 희망하는 세계 여러 국가와 민족에게 새로운 선택지를 제공했다. 이는 '중국 지혜'와 '중국 방안'이 인류 문제의 해결에 기여하게 되었음을 의미한다.

1. 중국 발전의 새로운 역사적 방향

중국 특색 사회주의는 새로운 시대에 진입했다. 이는 중국 공산당 19대가 내린 중대한 정치적 판단이다. 이러한 판단은 중국 발전의 새로운 역사적 방향을 명확히 한 것이고, 공산당의 '역사적 사명', '이론적 준수', '목표와 임무'에 새로운 시대적 함의를 부여한 것이다. 또한, 당대 중국의 발전과 변혁이 갖는 새로운 특징을 깊이 있게 파악하고, 시진핑의 신시대 중국 특색 사회주의 사상을 자각적으로 확고하게 관철하고 실천하기 위한 시대적 좌표와 과학적 근거를 마련한 것이다.

중국 공산당은 시대적 조류에 순응하여 탄생했고, 또 시대적 변화를 잘 파악해 역사적 진척을 이뤄, 발전하고, 강화하며, 성숙해갔다. 따라서 당대의 중국이 중국 특색 사회주의를 견지하고 발전시키려면, 반드시 시대적 특징을 잘 파악하고, 시대적 과제에 직면해야 한다. 시대성을 구현하고, 법칙성을 장악하고, 창조성을 높이는 과정에서 왕성한 생기와 활력을 끊임없이 드러내야 한다. 중국 특색 사회주의가 새로운 시대에 진입했다는 이러한 중대한 정치적 판단은 중국의 발전이 새로운 역사적 방향으로 향하고 있음을 정확하게 파악하고 내려진 판단으로, 충분한 역사적, 이론적, 실천적 근거를 갖고 있다고 할 수 있다.

이러한 판단은 우선 중국 특색 사회주의가 새로운 발전 단계에 진입했음을 근거로 한다. 공산당 18대 이래 시진핑 총서기를 중심으로 하는 공산당 중앙위원회는 중국 국내외 발전 추세를 과학적으로 파악하고, 실천적 요구 및 인민의 기대에 순응해왔다. 거대한 정치적 용기와 강한 책임과 임무를 지닌 채 깃발을 들어 방향을 정하고, 구도를 구상하고 계획하고, 난관에 굴복하지 않고 전진하고, 개척하고 향상하며 노력해왔다. '개혁·개방'과 '사회주의 현대화 건설'이라는 역사적 성과를 거두고, 중국 공산당과 국가 사업의 역사적 변혁을 추진해왔다. 이토록 강도 높고, 광범위하고, 효과가 뚜렷한 변혁은 중국 공산당 역사에 있어서도, 신중국 발전사에 있어서도, 중화민족의 발전사에 있어서도 모두 창조적 의의를 지닌다고 할 수 있다. 이는 신중국 성립 이래, 특히 개혁·개방 이후 중국이 이룩한 중대한 성과들을 토대로, 중국의 발전이 새로운 역사적 기점에 서게 되었음을 의미한다. 즉, 중국 특색 사회주의가 새로운 발전 단계에 진입한 것이다. 이러한 새로운 발전 단계는 개혁·개방 40년 이래의 발전과 일맥상통하는 한편, 시대의 변화에 따라 끊임없이 발전하는 과정에서 많은 새로운 특징들을 나타내고 있다. 이를테면, 공산당 이론 혁신의 새로운 도약, 공산당 집권 방식과 집권 전략의 중대한 혁신, 공산당이 발전을 추진하는 이념 및 방식의 중대한 전환, 중국의 발전 환경 및 여건의 중대한 변화, 발전 수준과 질에 대한 더 높은 요구 등이 이에 속한다. 따라서, 중국 특색 사회주의의 새로운 발전 단계를 과학적으로 인식하고, 전면적으로 파악하려면, 새로운 역사적 방향과 새로운 시대적 좌표에 따라 사고하고 계획할 수 있어야 한다.

중국 특색 사회주의가 새로운 시대에 진입했다는 판단은 중국 사회주의의 주요 모순에 새로운 변화가 발생했음을 근거로 한다. 시진핑 총서기는 공산당 19대 보고문에서 "중국 사회주의의 주요 모순은 이미 날로 높아져 가는 물질 문화에 대한 인민의 수요와 낙후된 사회 생산력 사이의 모순에서, 날로 높아져 가는 '아름다운 생활'에 대한 인민의 수요와 불균형적이고 불충분한 발전 사이의 모순으로 변화했다."고 했다. 이러한 판단은 중국 발전의 실제 상황을 반영한 것이고, 중국 발전을 제약하는 문제의 핵심을 드러낸 것이며, 당대 중국 발전에 존재하는 문제들의 근본적인 착안점을 명확히 지적한 것이다. 개혁·개방 40년의 노력을 거쳐 중국은 이미 십 수 억 인구의 '원바오(溫飽)' 문제를 안정적으로 해결했고, 대체적으로 '샤오캉(小康)'을 실현했으며, 머지 않아 '전면적인 샤오캉사회'를 건설하게 될 것이다. '아름다운 생활'에 대한 중국인들의 수요가 갈수록 광범해짐에 따라 물질 문화 생활에 대한 요구도 더욱 높아질 뿐만 아니라, 민주, 법치, 공평, 정의, 안전, 환경 등 영역에서의 요구 역시 날로 높아질 것이다. 동시에, 중국 사회 생산력의 수준은 눈에 띄게 제고되었고, 사회 생산력은 다양한 측면에서 세계의 선두 대열에 들어서게 되었다. 현재와 미래에 맞닥뜨리게 될 두드러지는 문제점은 바로 불균형적이고, 불충분한 발전이다. 불균형적인 발전이라 함은 주로 지역간, 분야간 발전의 불균형을 가리키는데, 이는 중국의 전반적인 발전 수준을 높이는 데에 불리하게 작용한다. 불충분한 발전이라 함은 주로 일부 지역, 일부 분야, 일부 영역에서 여전히 발전이 이루어지고 있지 않는 문제를 가리키는데, 이 역시 '발전'이 중요한 임무임을 의미한다. 그리고 이는 '아름다운 생활'에 대한 중국인들의 수요를 충족시키는 데에 있어서 이미 주요한 제약 요인이 되었다. 중국 사회의 주요 모순의 변화로 인해 중국은 발전의 전반적인 국면에서 깊고도 장기적인 영향을 받게 될 것이 분명하다. 따라서, 중국 사회주의에서 나타나는 주요 모순의 변화를 과학적으로 인식하고 전면적으로 파악하려면, 새로운 역사적 방향과 새로운 시대 좌표로부터 사고하여, 계획을 도모할 필요가 있다.

위의 판단을 근거로, 공산당의 목표에도 새로운 요구가 제기되었다. 공산당 19대에서 20대로 넘어가는 시기는 '두 개 100년'이라는 공산당의 목표가 역사적으로 맞물리는 시기로, 이 시기에 중국은 전면적인 샤오캉 사회 건설이라는 '첫 번째 100년'의 목표를 실현해야 한다. 동시에 사회주의 현대화 국가를 전면적으로 건설하기 위한 새로운 길을 개척해야 한다. '두 번째 100년'의 목표로 진입하는 시기에는, 영광스러운 사명과 중대한 책임을 지녀야 하고, 더 나아가 최상위 설계와 심혈을 기울인 전략을 필요로 한다. 공산당 19대는 중국 국내외 정세와 중국의 발전 여건을 종합적으로 분석하여, '전면적인 샤오캉사회 건설'라는 목표를 실현하기 위한 명확한 요구를 제시하고, '두 번째 100년'의 목표를 다음 두 단계로 나누었다. 우선 2020년부터 2035년까지는 샤오캉사회를 전면적으로 건설하고, 그를 기반으로 15년간 더 노력해, 사회주의 현대화를 기본적으로 실현하는 것이다. 다음으로, 기본적인 현대화를 실현한 것을 토대로 다시 15년을 노력해, 21세기 중반에는 중국을 부강하고, 민주적이며, 문명이 조화를 이룬 아름다운 사회주의 현대화 강국으로 건설해내는 것이다. 이는 신시대 중국 특색 사회주의 의 발전에 대한 전략적 배치로, '두 개 100년' 목표의 노선도와 시간표가 더욱 명확해졌을 뿐만 아니라, 기존에 정했던 '중국의 현대화를 기본적으로 실현한다'는 목표가 15년 앞당겨져 완성될 것임을 의미한다. '두 번째 100년'의 목표는 바로 '중국을 부강하고 민주적이고 문명이 조화를 이룬 아름다운 사회주의 현대화 강국으로 건설하는 것'을 부단히 보완하고 승화하는 것이다. 이러한 고무적이면서도 실행 가능한 목표와 새롭고도 웅장한 청사진을 과학적으로 인식하고 파악할 필요가 있다. 즉, 새로운 역사적 방향과 새로운 시대 좌표에서부터 사고하여 계획하고, 도모해야 한다.

중국 특색 사회주의가 새로운 시대에 진입했다는 판단은 중국이 직면한 국제 환경의 새로운 변화를 근거로 한다. 세계가 처한 대 발전과 대변혁의 조정기에, 중국은 여전히 중요한 전략적 시기에 처해 있으며, 전망이 매우 밝지만, 동시에 매우 험난한 도전적 상황에 처해 있다. 중국은 대국에서 강국으로 나아가는 중요한 시기에 놓여 있고, '수대초풍(樹大招風)'[3]의 효과가 날로 두드러지고 외부 환경도 더욱더 복잡해졌다. 일부 국가 및 국제 세력이 중국에 가하는 억압, 우려, 압박은 상당한 수준으로 커지고 있는데, 이는 중국이 직면해야 하는 중대한 문제이기도 하다. 현재, 중국은 자국 발전과 외부 세계와의 융합성, 관련성, 상호성을 부단히 강화하고 있으며, 나날이 세계 무대의 중앙으로 나아가고 있다. 중국 특색 사회주의가 새로운 시대에 진입했다는 것은 국제적 정세와 주변 환경의 새로운 변화를 충분히 고려하여 내려진 판단이라고 할 수 있다.

종합적으로, 중국 특색 사회주의가 새로운 시대에 진입했다는 이러한 중대한 정치적 판단은, 시대적 추세와 중국 국내외 정세의 중대한 변화를 과학적으로 파악하여 내려진 판단이다. '두 개 100년' 목표가 역사적으로 맞물리는 시기에 이미 부딪혔거나, 혹은 앞으로 부딪히게 되거나, 어쩌면 부딪힐 수 있는 예측하기 어려운 새로운 상황에 직면해, 새로운 문제, 새로운 모순을 근거로 하여 내려진 판단이다. 중국 특색 사회주의의 실제 상황과도 부합하는 이러한 판단은, 개혁·개방 이래 중국 사회 발전 및 진보의 필연적인 결과이자, 중국 사회의 주요 모순이 영향을 미친 필연적인 결과이기도 하다. 더욱이 이는 공산당 18대 이후 5년 동안 공산당과 인민

---

3   옮긴이 주: 나무가 크면 바람이 세다는 뜻으로, '명성이 높을수록 공격을 많이 받음'을 의미한다.

전체가 공산당과 국가 사업에 있어 역사상 대변혁을 추진한 필연적인 결과이다. 동시에, 중국 공산당이 단결하여 중국 전역에 있는 각 민족의 밝은 미래를 개척하기 위한 필연적인 요구이기도 하다.

2. '굴기'와 '부흥' 그리고 '강성'

중국 특색 사회주의가 새로운 시대에 진입했다는 것은 중화민족이 근대 이래 오랜 시간 동안 시련을 견디며, '굴기'에서 '부흥'을 거쳐 '강성'에 이르기까지 엄청난 도약을 이룩했고, 중화민족이 위대한 부흥을 실현하는 밝은 미래가 다가왔음을 의미한다.

신 중국 성립 이래 사회주의 정치경제학은 1956년에 '중국 사회주의 경제 제도의 확립'을 상징하는 정치경제학 '굴기'의 시기를 맞이했다. 1978년에는 공산당 11기 3중전회를 기점으로, 정치경제학 '부흥'의 시기를 거쳤다. 그리고 2012년 이래로 공산당 18대 이후 제기된 '중화민족의 위대한 부흥과 중국몽'이라는 목표의 실현을 계표(界標)로 삼고, 정치경제학 '강성'의 시기를 거치며 발전해왔다.

1956년에 열린 공산당 18대는 "선진 공업국 건설에 대한 인민의 요구와 낙후된 농업 국가의 현실 사이에서의 모순, 그리고 경제·문화의 신속한 발전에 대한 인민의 수요와 현재의 경제·문화로는 그것을 충족시킬 수 없는 상황 사이에서의 모순이 이미 중국 국내의 주요 모순으로 자리잡았다. 역량을 집중시켜 이러한 주요 모순을 해결하는 것이 공산당과 인민 전체가 당면한 주요한 임무"라고 말했다. 이러한 주요 모순이 존재함에 따라 기본적인 인민 경제 체계를 건설하고, '굴기'의 경제 기반을 확립하는 것이 중국 경제·사회 발전의 주요 임무로 대두되었다.

1981년에 열린 공산당 11기 6중전회는 "중국이 해결해야 할 주요 모순은 물질 문화에 대해 날로 높아져가는 인민의 수요와 낙후된 사회 생산력 사이의 모순이다. 중국 공산당과 국가 업무에 있어 반드시 경제 건설 위주의 사회주의 현대화 건설로 중점을 옮겨야 하고, 사회 생산력을 대대적으로 발전시켜야 한다. 이를 기반으로 인민의 물질 문화 생활을 점진적으로 개선해야 한다"라고 말했다. 그 밖에 1987년 공산당 13대는 '3단계' 경제 발전 전략을 제정하고 '부흥'이라는 전략적 방향을 드러낸 바 있다.

공산당 18대 이래 중국 특색 사회주의는 새로운 시대에 진입했다. 그리고 이어진 공산당 19대는 "중국 사회의 주요 모순은 이미 날로 높아져가는 '아름다운 생활'에 대한 인민의 수요와 불균형적이고, 불충분한 발전 사이의 갈등으로 변화했다"는 판단을 내렸다. 새로운 시대 사회주의 주요 모순의 변화는 전반적인 국면에 관계되는 역사적인 변화이다. 이러한 모순의 해결은 신시대 중국 특색 사회주의 의 주요 임무가 되었고, 이에 따라 중국 공산당과 국가 업무 각 측면에 대한 새로운 요구들이 제기되었다. '강성'이라는 주제에 걸맞게 공산당 19대는 다음과 같이 '강성'의 전반적인 전략 및 전략적 절차를 계획했다. 중국 공산당 성립 100주년까지, 경제·사회의 전반적인 발전에 있어 '더욱 발전된 경제, 더욱 건강한 민주, 더욱 진보한 과학 교육, 더욱 번영한 문화, 더욱 조화로운 사회, 더욱 부유한 인민 생활'이라는 샤오캉사회를 전면적으로 건설하겠다는 목표를 실현하는 것이다. 그리고 이를 두 단계로 나누어, 21세기 중반 무렵 중화인민공화국 성립 100주년이 되었을 때 현대화를 기본적으로 실현하는 것이다. 첫 번째 단계는 2020년부터 2035년까지로, 샤오캉사회를 전면적으로 실현한 토대 위에서 사회주의 현대화를 기본적으로 실현하는 것이고, 두 번째 단계는 2035년부터 21세기 중반까지로, 현대화를 기본적으로 실현한 토대 위에서 중국을 부강하고, 민주적이고, 문명적이고, 조화롭고, 아름다운 사회주의 현대화 강국으로 거듭나게 하는 것이다.

3. 생기와 활력이 넘치는 과학적 사회주의

중국 특색 사회주의가 새로운 시대에 접어 들었음은 과학적 사회주의가 21세기의 중국에서 왕성한 생기와 활력을 발산하고 세계 무대에서 중국 특색 사회주의의 위대한 깃발을 높이 치켜들었음을 의미한다.

사회주의와 시장경제 사이의 내재적 연결 관계를 밝혀내고, 그 둘을 유기적으로 결합시킨 것은 중국 공산당원들이 마르크스주의 정치경제학을 발전시키고 이론적으로 기여한 성과이다. 1979년 덩샤오핑(邓小平)은 "시장경제는 자본주의 사회에만 존재하고, 자본주의 시장경제만 존재한다고 말하는데, 이는 명백히 잘못된 것이다. 사회주의가 왜 시장경제를 다룰 수 없다는 것인가? 이를 자본주의라고 말할 수 없다"[4]고 했다. 그 이후에도 수 차례에 걸쳐 "사회주의와 시장경제 사이에는 근본적 모순이 존재하

---

4   「사회주의도 시장경제를 다룰 수 있다(社會主義也可以搞市場經濟)」, 『덩샤오핑문선』, 제2권, 인민출판사, 1994년판, 236면.

지 않는다"[5], "사회주의 역시 시장경제를 다룰 수 있다"[6], "이는 사회주의가 사회 생산력을 발전시키는 방법이다. 이를 수단으로 삼으면, 전체 사회주의에 영향을 미치지 않으며, 다시 자본주의로 돌아가지도 않을 것이다"[7]라고 강조했다. 특히, 1992년 중국 남방 경제특구를 순시할 때 발표했던 담화문에서, 덩샤오핑은 더 나아가 "계획경제가 곧 사회주의와 같은 것이 아니고, 자본주의 역시 계획이 존재한다. 시장경제가 곧 자본주의와 같은 것이 아니고, 사회주의 역시 시장이 존재한다"라고 논했다. 또 "사회주의의 본질은 생산력을 해방시키고, 생산력을 발전시키고, 착취를 없애고, 양극분화(兩極分化)를 해소하고, 최종적으로 공동부유(共同富裕)에 도달하는 것"[8]이라고 명확히 밝혔다.

만약 중국이 생산력의 해방 및 발전, 공동부유의 실현을 사회주의의 본질로 삼는다면 사회주의와 시장경제 사이에는 근본적인 모순이 존재하지 않는다. 우선 사회 생산력의 해방 및 발전의 시각에서 보면, 시장경제는 사람들이 각기 다른 다양한 방향으로 자유롭게 탐구하는 것을 장려함으로써 수많은 인민의 총명함과 재능과 지혜를 동원한다. 이로부터 생산의 효율과 자본 배치의 효율을 제고하고, 부를 끊임없이 창조하며, 생산력의 발전을 추진하게 된다. 이는 시진핑 총서기가 "이론과 실천에서 모두 증명되

---

5 「사회주의와 시장경제에 근본적인 모순은 존재하지 않는다(社會主義和市場經濟不存在根本矛盾)」, 『덩샤오핑문선』, 제3권, 인민출판사, 1993년판, 148면.

6 「사회주의도 시장경제를 다룰 수 있다(社會主義也可以搞市場經濟)」, 『덩샤오핑문선』, 제2권, 인민출판사, 1994년판, 231-236면.

7 위의 책, 236면.

8 「우창, 선전, 주하이, 상하이 등지에서의 담화 요점(在武昌、深圳、珠海、上海等地的談話要點)」, 1992년 1월 18일부터 2월 21일까지), 『덩샤오핑문선』, 제3권, 인민출판사, 1993년판, 373면.

우수한 전통문화이다. 이는 중국 특색 철학·사회과학의 발전에 있어 더없이 소중한 재산이자 보물이다. 세 번째 자산은 외국의 철학·사회과학이다. 세계 각국의 철학·사회과학이 거둔 긍정적인 성과들은 중국 특색 철학·사회과학에 유익한 자양분이 될 수 있다.[13]

중국 특색 사회주의 정치경제학의 구축에 있어서 현재 중국은 선인들이 이룩한 성과를 학문적 기초로 삼고, 이를 이어받아 계속 발전해 나아가야 하는 매우 중요한 시기에 있다. 이러한 상황에서 중국 특색 사회주의 정치경제학 발전의 지도 원칙을 명확하게 세우는 것은 매우 중요한 일이 아닐 수 없다. 시진핑 총서기는 "중국 특색 사회주의 정치경제학을 견지하고 발전시키려면, 마르크스주의 정치경제학을 지침으로 삼아야 한다. 중국의 개혁·개방과 사회주의 현대화 건설에서 얻은 위대한 실천적 경험들을 종합해보고, 이 안에서 얻은 교훈과 서양 경제학의 유익한 요소들을 벤치마킹해야 한다. 중국 특색 사회주의 정치경제학은 오직 실천 속에서만 왕성하게 발전시킬 수 있다. 또한, 실천 속에서 검증을 받고, 다시 실천을 이끌 수 있어야 한다. 더 열심히 연구하고 탐구해야 하고, 법칙성을 찾아내는데 더욱 몰두해야 한다. 중국 특색 사회주의 정치경제학의 이론 체계를 끊임없이 보완하고, '중국 특색', '중국 품격', '중국 패기'를 충분히 구현한 경제학을 구축해야 한다"[14]고 말했다.

---

13 시진핑, 「철학·사회과학 업무좌담회에서의 연설(在哲學社會科學工作座談會上的講話)」, 『인민일보』, 2016년 5월 19일, 2면.

14 시진핑, 「시진핑 주최 경제추세 전문가좌담회에서 "자신감을 굳히고 정력을 높여 공급측 구조개혁을 확고부동하게 추진할 것" 강조(習近平主持召開經濟形勢專家座談會強調 堅定信心增強定力 堅定不移推進供給側結構性改革)」, 『인민일보』, 2016년 7월 9일, 1면.

이를 통해, 중국 특색 사회주의 정치경제학 이론 체계는 강한 포용력을 지닌 포괄적이고, 개방적인 체계라는 것을 알 수 있다. 또한, 동서고금 문명들의 우수한 성과들을 충분히 흡수해서, 중국의 실정에 적절히 활용했음을 알 수 있다. 그렇다면, 중국 특색 사회주의 정치경제학이 여타 경제학 체계와 다른 요소로는 어떠한 것들이 있을까? 시진핑 총서기의 연설문에 나타난 신시대 중국 특색 사회주의 정치경제학의 지도 원칙들을 다음 네 가지 측면으로 나누어 살펴보고자 한다. '마르크스주의 정치경제학을 지침으로 삼다', '중화 5000년 문명사를 발판으로 삼다', '개혁·개방 발전의 실천적 경험을 교훈으로 삼다', '서양 경제학의 유익한 요소를 거울로 삼다' 등이 주된 내용이다.

1. 마르크스주의 정치경제학

중국 특색 사회주의의 길은 반드시 마르크스주의의 이론적 지침을 견지해야 한다. 중국 특색 사회주의 정치경제학 이론 체계는 또한 반드시 마르크스주의의 기본 원리와 방법론을 지침으로 삼고 있다. 마르크스주의 정치경제학은 심도 있고, 포괄적이며, 변증적이고, 개방적인 이론 체계이다. 이는 협소하고, 폐쇄적이며, 세부적이고, 정교함이 주요 특징인 서양 주류 경제학설과는 비교할 수 없는 장점이다. 이를 기반으로 중국은 구체적인 문제 분석과 일부 연구 방법 측면에서 서양경제학이 갖고 있는 장점 또한 흡수해야 한다. 그리고 이러한 장점들을 중국의 실제와 결부시켜 마르크스주의 이론을 계승하고 발전시켜야 한다. 이를 통해 더욱 전면적이고, 과학적이고, 심도 있게 경제 현상을 해석해야 하며, 경제 운동 과정에서의 기본 법칙을 밝혀내야 한다.

마르크스주의 정치경제학의 이론적 핵심을 정확하게 인식하는 데에 있어서 기본 전제는 마르크스주의 이론이 형성된 역사적 배경을 이해하는 것이다. 시진핑 총서기는 "인류 사회가 중대한 도약을 맞이하고, 인류 문명이 중대한 비약을 이루는 시기와 철학·사회과학 지식의 변혁 및 사상적 인도는 분리시켜서 생각할 수 없다"라고 말한 바 있다. 마르크스주의 정치경제학의 탄생과 발전은 인류 문명의 진보 및 철학·사회과학 발전의 역사적 배경과 분리시켜서 생각할 수 없다. 18, 19세기 유럽 철학·사회과학의 발전이 없었다면 마르크스주의의 형성과 발전은 없었을 것이다.[15]

서양 철학·사회과학 발전의 역사를 보면, 고대 그리스, 고대 로마 시기에 소크라테스, 플라톤, 아리스토텔레스, 키케로 등 인물들의 사상과 학설이 등장했다. 르네상스 시기에는 단테, 보카치오, 레오나르도 다 빈치, 르바엘, 코페르니쿠스, 브루노, 갈릴레이, 셰익스피어, 토마스 모어, 캄파넬라 등 문화 및 사상적 대가들이 대거 등장했다. 그들 중 다수는 위대한 과학자 혹은 문예 거장이었다. 그러나, 그들의 작품에는 사회 구축에 대한 사상과 인식이 심도 있게 반영되어 있다. 영국 부르주아혁명, 프랑스 부르주아혁명, 미국 독립전쟁 전후로 홉스, 존 로크, 볼테르, 몽테스키외, 루소, 디드로, 엘베시우스, 토마스 페인, 제퍼슨, 해밀턴 등 부르주아 계층의 사상가들이 대거 등장했고, 신흥 부르주아 계급의 정치적 요구를 반영하는 사

---

15 시진핑, 「철학·사회과학 업무좌담회에서의 연설(在哲學社會科學工作座談會上的講話)」, 『인민일보』, 2016년 5월 19일, 2면.

상과 관점들이 형성되었다.

마르크스주의의 탄생은 인류 사상사에서 위대한 사건이다. 마르크스는 칸트, 헤겔, 포이어바흐 등 인물들의 철학 사상과 생시몽, 푸피에, 오언 등 인물들의 공상사회주의 사상, 애덤 스미스, 데이비드 리카도 등 인물들의 고전정치경제학 사상을 비판적으로 흡수했다. 당시 처한 시대와 세계에 대한 심도 있는 고찰과 인류 사회 발전 법칙에 대한 깊이 있는 이해를 기반으로 하여, 최종적으로는 마르크스주의로 승화되었다.[16]

마르크스주의 정치경제학은 마르크스주의의 중요한 구성 부분이며, 중국이 마르크스주의를 견지하고 발전시키는 과정에서의 '필수 과목'이다. 매우 복잡한 중국 국내외 경제와 복잡하고 다양한 경제 현상들에 직면한 가운데, 마르크스주의 정치경제학의 기본 원리와 방법론을 배우는 목적은 아래와 같다. 과학적으로 중국 경제를 분석하는 방법을 제대로 배우고, 경제 운동 과정을 제대로 인식하고, 사회·경제의 발전 법칙을 제대로 파악하여 사회주의 시장경제를 다스리는 능력을 제고하는 데에 있다. 이에 더해, 중국 경제 발전의 이론적·실천적 문제들에 더 좋은 답안을 제시해, 중국 경제 발전을 이끄는 능력과 수준을 끌어올리는 데에 유리하게 작용하도록 하기 위함이다. 마르크스주의 정치경제학을 공부하는 것은 중국 경제 발전의 실천 과정을 이끌어 가기 위한 것이다. 따라서 그 기본 원리와 방법론을 견지해야 할 뿐만 아니라, 중국 경제 발전의 실제와 결부시켜 새로운 이론적 성과들을 끊임없이 거두어야 한다.[17]

---

16 시진핑, 「마르크스 탄생 200주년 기념대회에서의 연설(在紀念馬克思誕辰200周年大會上的講話)」, 『인민일보』, 2018년 5월 5일, 2면.

17 「시진핑, 중공 중앙 정치국 제28차 집체학습에서 "중국 국가 정세·발전에서의 당대 중국

마르크스주의 정치경제학을 집대성한 작품이 바로 『자본론』이다. 『자본론』은 마르크스주의 정치경제학이 체계적이고, 과학적인 이론으로 자리매김했다는 중요한 지표이다. 『자본론』을 공부하는 것은 사회주의 시장경제 건설에 있어서 중요한 지도적 의의를 갖는다. '정치경제학 비판'을 부제로 하는 이 훌륭한 저서에서 마르크스는 변증법적 유물주의와 역사적 유물주의의 과학적 세계관과 방법론을 활용했다. 또한 선인들의 경제 사상적 성과를 과학적으로 종합·정리하고, 비판적으로 계승했다. 그 기초 위에서 자본주의 생산에 대하여 심도 있게 분석했고, 자본주의 경제 발전의 내재적 법칙과 인류 경제·사회 발전의 보편적 추세를 밝혀냈다. 책에서 설명한 한 세기 남짓한 사회적 실천과 경험들을 받아들인 일련의 이론들은, 그 이후부터 현재에 이르러서도 여전히 진리의 빛을 반짝이고 있다.[18]

글로벌 금융위기 시기를 살펴보면, 많은 서양 국가들에서 경제가 지속적으로 하락하고, 양극 분화가 극심해지고, 사회 갈등이 더욱 깊어졌었다. 이는 자본주의 고유의 생산의 사회적 성격과 사유제 생산 방식 간 모순이 여전히 존재함을 설명한다. 그러나 글로벌 금융위기가 발생한 이후, 그 형식과 존재의 특징에 있어서는 약간의 차이점이 보인다. 적지 않은 서양 학자들 역시 마르크스주의 정치경제학을 다시 연구하고, 『자본론』을 깊이 연구함으로써 자본주의의 폐단을 돌이켜보고 있다.[19]

마르크스주의 정치경제학의 발전"강조(習近平在中共中央政治局第二十八次集體學習時強調 立足我國國情和我國發展實踐發展當代中國馬克思主義政治經濟學)」, 『인민일보』, 2015년 11월 25일, 1면.

18 시진핑, 「사회주의 시장경제와 마르크스주의 경제학의 발전 및 완비(社會主義市場經濟和馬克思主義經濟學的發展與完善)」, 경제학동태, 1998년 7호.

19 시진핑, 「철학·사회과학 업무좌담회에서의 연설(在哲學社會科學工作座談會上的講話)」, 『인민일보』, 2016년 5월 19일, 2면.

마르크스는 『자본론』 제1권의 서문에서 단도직입적으로 "이 책에서 논하고자 하는 것은 자본주의 생산 방식 및 이에 상응하는 생산 관계와 교환 관계이다" 라고 말했다.[20] 마르크스는 더 나아가 『자본론』 제1권 제1편에서 "자본주의 생산 방식에서 지배적인 위치를 차지하고 있는 사회적 부는 '방대한 상품 축적'으로 나타나며, 개개의 상품이 그러한 부의 요소적 형식으로 나타난다. 따라서, 본 연구는 상품을 분석하는 것에서부터 시작된다"고 했다.[21] 이어서 마르크스는 『자본론』 제3권에서 "상품들 중에는, 특히 자본 투입에 의한 제품으로서의 상품에는 이미 사회적 생산으로 인해 물질화되고, 생산의 물질적 기초가 주체가 되는 전반적인 자본주의 생산 방식의 특징이 내포되어 있다"[22] 라고 결론을 내렸다.

학계는 '자본주의 생산 방식'의 함의에 대해 확고한 인식을 갖고 있다. 일각에서는 마르크스가 말한 자본주의 생산 방식이 생산력과 생산 관계 두 측면의 내용을 포함하고 있다고 한다. 또 자본주의 생산 관계를 전문적으로 가리키는 것이라고 여기기도 한다. 또 다른 일각에서는 생산 관계와 교환 관계의 통합이라고 여긴다. 마르크스는 『자본론』 전 권에 걸쳐서 '시장경제'라는 단어를 단 한 번도 거론하지 않았다. 그러나, 그의 저술을 통해 마르크스 『자본론』의 주요 연구 대상이 '시장경제를 기초로 하는 자본주의적 생산'임이 여실히 드러난다. 마르크스는 이미 명확하게 "『자본론』의 연구 대상은 자본주의 생산 방식 및 그에 상응하는 생산 관계와 교

---

20 마르크스, 『자본론』, 제1권, 중공중앙 마르크스 · 엥겔스 · 레닌 · 스탈린 저작물 편역국 역(著作編譯局 譯), 인민출판사, 2004년판, 8면.
21 위의 책, 47면.
22 위의 책, 996-997면.

환 관계이다. 이는 하나의 종합체로, 결코 어느 한 분야에만 국한된 것이 아니다. 그 중에는 사회 생산력 및 그 발전 패러다임이 일정 단계를 그 자체의 존재 및 발전의 역사적 조건으로 삼는 것과 같은 내용 역시 포함된다. 이러한 내용을 전면적으로 포괄할 수 있는 것은 '자본주의 생산' 밖에 없다"라고 명확히 밝혔다.

사실상 마르크스는 이후에 수정을 통해서 실제로 자본주의 생산 방식과 관련된 다양한 서술을 '자본주의 생산'이라는 단어로 바꾸었다. 동시에 마르크스는 또한 상품 유통은 자본의 시작점이라고 했고, "현재 새로운 자본은 초기에 화폐로써 무대 위에 등장한다. 이는 다시 말해, 화폐가 상품 시장, 노동 시장, 혹은 화폐 시장이라는 각각의 시장에서 일정한 과정을 거치면 자본으로 전환된다"[23]라고 명확히 말했다. 마르크스는 시장화 된 상품경제가 바로 시장경제이고, 고도의 자본화 된 시장경제가 바로 자본주의 시장경제라고 밝혔다.

마르크스는 『자본론』에서 유물변증법을 응용하고 상품과 화폐의 연구에 착안하여, 사회 자본의 재생산 및 모든 과정을 심도 있게 고찰했다. 미시적, 거시적 두 측면에서 인류의 경제 활동, 특히 자본주의 경제 활동의 내재적이고, 본질적인 연결 관계와 그 발전 추세를 전면적이고 심도 있게 인식했다. 또한 자본주의 생산의 일련의 기본 원리와 운행 법칙을 명확하게 밝혀냈다. 예를 들면, 가치 및 사용가치 원리, 노동의 이중성 원리, 잉여가치 이론, 분배 이론, 소비 원리, 사회생산의 2대 부문 원리(생산재 생산부문

---

23   마르크스, 『자본론』, 제1권, 중공중앙 마르크스 · 엥겔스 · 레닌 · 스탈린 저작물 편역국 역(著作編譯局 譯), 인민출판사, 2004년판, 172면.

과 소비재 생산부문), 가치 법칙, 수요와 공급 법칙, 경쟁 법칙, 자본 부가가치 법칙, 축적 법칙, 사회자본의 확대재생산 과정에서 총 생산물의 실현 법칙 등이 있다. 이들 원리와 법칙들은 마르크스주의 정치경제학의 골자와 혈맥을 구성하고, 하나의 완전하고 체계적인 과학적 이론 체계를 이루었다.

마르크스가 『자본론』에서 밝혀낸 원리와 법칙들은 과학적인 것으로, 주로 연구의 시각과 방법론적인 측면에서 중국에게 지침이 된다. 그러나 그 중 일부 원리와 법칙들은 또한 일정한 사회적 공통성을 지닌다. 예를 들면, 노동의 이중성 원리, 사회생산 2대 부문 원리(생산재 생산부문과 소비재 생산부문), 수요와 공급 원리, 생산 관계가 생산력 발전에 적응해야 한다는 원리 등이 그러하다. 다시 말해, 자본주의 시장경제에 적용되면서도 사회주의 시장경제에도 적용되는 것이다. 그러나, 마르크스의 자본론은 결국 자본주의 생산력을 연구 대상으로 한다. 그것이 밝혀낸 여러 원리들은 한편으로는 자본주의 생산의 실제에 부합되고, 또 한편으로는 불가피하게 뚜렷한 적용 범위를 갖고 있다.

예를 들어, 제품경제를 기초로 하는 사회주의 계획 경제에 『자본론』이 논하고 밝혀낸 여러 원리와 법칙을 그대로 옮겨와서 응용할 수는 없다. 개혁·개방 이전의 경제학자들은 마르크스가 『자본론』에서 밝힌 자본주의 생산에 관한 이론과 법칙들이 보편적인 진리라고 굳게 믿었다. 그래서 '어느 곳에 놓아도 모두 꼭 들어맞는' 진리를 가지고, 사회주의 계획 경제의 실천 과정을 이끌어 갈 때에는, 몹시 난처함을 느끼지 않을 수 없었다.

이러한 '진퇴양난'의 상황에서 벗어나기 위해, 계획경제 이론가들은 자본주의 생산에 대한 마르크스의 경제 이론과 기본 개념을 자신의 수요에 따라 기계적으로 개조해야 했다. 예를 들면, '상품경제'를 '제품경제'로 바꾸고, '자본'을 '자금'으로 바꾸며, '잉여가치'를 '이윤'으로 변화시켰다. 그리고 이를 이용해 계획경제의 실천 과정을 이끄는 소위 '사회주의 경제 이론'을 형성해야 했다. 마르크스가 시장경제의 자발성, 무질서 등 폐단에 대해 분석할 때, 공산주의 사회에서는 "일부 산업 부문에 얼마만큼의 노동력, 생산재와 소비재를 투입해 놓아야 그 어떠한 손해도 입지 않을 수 있는지를, 반드시 사전에 잘 계산해야 한다"고 제기한 바 있다. 사회주의 생산에 대한 계획적인 구상을 제기했음을 인정해야 한다. 이는 공산주의 사회의 사정이지, 결코 사회주의 초급 단계에서 그렇게 해야 함을 의미하지는 않는다. 게다가 마르크스는 일종의 구상을 제시했을 뿐, 결코 체계적인 이론을 완성하지는 못했다.

이렇듯, 소위 '사회주의 계획경제 이론'은 실질적으로 후세 사람들이 자신의 사상과 인식을 억지로 마르크스 사상에 가져다 붙인 것이라고 할 수 있다. 마르크스 사상이 아닌 것을 마르크스의 것이라고 말하고, 혹은 실제 발전 단계를 벗어난 더욱 높은 사회주의 단계의 마르크스의 구상을 그대로 적용한 것이다. 그를 통해 사회주의 경제 건설을 효과적으로 이끌 수 없는 것은 당연한 일이 아닌가?

마르크스가 『자본론』에서 밝힌 자본주의 생산에 관한 기본 원리와 법칙들, 그리고 사회주의 경제에 대한 마르크스의 일부 구상들이 사회주의 계획 경제를 해석하거나 실천을 이끄는 과정에서 예상했던 효과를 거두지는 못했다. 하지만, 시장경제의 특징과 운행 법칙에 관한 마르크스의 논술은, 중국이 현재 대대적으로 발전시키고 있는 사회주의 시장경제에 대해 매우 중요한 지도적 의의를 갖는다.

왜냐하면 이는 사유제 시장경제든, 아니면 공유제가 주체인 시장경제든, 시장경제는 일종의 경제 운행 메커니즘 또는 경제 관리 체제로써 작동하고 있기 때문이고, 시장경제의 보편적인 원리 및 내재적 발전 법칙이 모두 공통점을 지니고 있기 때문이다. 예를 들면, 가치 법칙, 경쟁 법칙, 수요와 공급 법칙, 축적 법칙, 사회자본의 확대재생산 과정에서 총 생산물의 실현 법칙 및 이윤 최대화 원리, 이윤율과 축적률 제고 방법, 경쟁과 독점 이론, 경제 위기 이론 등 모두 사회주의 시장경제의 실천 과정에도 적용할 수 있는 보편성을 갖고 있다.

마르크스가 『자본론』에서 밝힌 과학적 원리는 당대 자본주의 경제에 대한 인식으로서 절대로 시대에 뒤처진 내용이 아니다. 이와 동시에 사회주의 시장경제 발전의 실천 과정 중, 중국은 반드시 『자본론』에서 논한 과학적 원리를 잘 흡수해 사회주의 시장경제 발전의 위대한 실천에 잘 활용해야 한다.[24] 바로 이러한 맥락에서 시진핑 총서기가 "마르크스주의 정치경제학 이론 체계는 여전히 진리의 빛을 발산하고 있다"라고 말한 것이다.

특히 강조하고 싶은 것은, 마르크스는 단지 당시까지의 자본주의 시장경제의 실천에 대해서만 밝혀내고 비판할 수 있었을 뿐이라는 것이다. 이러한 의미에서 말하자면, 『자본론』은 진리를 끝까지 탐구하지 못했고, 단지 진리로 통하는 길을 열었을 뿐이다. 100여 년 동안 인류의 과학기술 수준은 날이 갈수록 새롭게 발전해가고 있다. 사회주의 실천은 전 세계적으로 전개되고 있으며, 자본주의의 제도적 결함 역시 상당한 정도로 보완되었다. 시장제도의 각종 구체적인 매커니즘 역시 세부적이고, 복잡하며,

---

24   시진핑, 「사회주의 시장경제 발전에 대한 재인식(對發展社會主義市場經濟的再認識)」, 동남학술, 2001년 4호.

다양한 양상을 보이고 있다. 케인스, 슘페터, 새뮤얼슨, 프리드만, 루카스 등 서양 경제학자들은 이러한 영역에서의 이론적 골자의 탐구 및 정책 방안의 설계에 있어 중요한 공헌을 했다. 특히 주목해야 할 것은 당대의 서양 마르크스주의자들이 생산 과정과 재생산 과정 중의 이익 모순에서 출발해, 자본주의 경제를 고찰하려 힘썼다는 점이다. 그들 경제학자들은 '엄밀하고 탄탄한 논증', '풍부한 자료 확보', '창의적인 주장' 면에서 모두 남다른 성과를 이룩했다.

마르크스주의 정치경제학은 멈추어 있는 학설이 아니다. 20세기와 21세기 현실과 시대의 변화에 따라 끊임없이 발전했고, 종적 횡적으로 장족의 발전을 거두었다. 새로운 시대적 배경 아래, 마르크스주의 정치경제학은 여전히 다음과 같이 강한 생명력과 독특한 이론적 우위를 드러내고 있다.

첫째, 마르크스주의 정치경제학은 사회주의 근본 입장을 확립해주었다. 마르크스주의 정치경제학은 사회주의 정치적 주장 및 근본적인 입장과 가치관을 나타냈다. 중국 특색 사회주의 정치경제학의 구축은 반드시 정치적 지향점이 명확해야 하며, 근본적 입장이 명확하고 뚜렷해야 한다. 중국 인민을 중심으로 하는 경제·사회 발전에 도움이 되어야 하고, 중국 특색 사회주의의 길과 중화민족의 위대한 부흥의 길을 탐색하는 데 도움이 되어야 한다. 정치경제학이라는 학문적 개념을 사용하는 것은 경제와 정치의 관계를 강조하기 위함이다.

겉으로 보면, 많은 서양경제학자들은 이데올로기나 가치관을 거의 논하지 않는 것 같지만, 사실상 서양 국가들에서 경제와 정치, 경제학과 정치학은 서로 단절된 적이 없다. 이론적인 측면에서 보면, 제도의 중요성을 강조하는 정치학과 개체의 선택법을 강조하는 서양 주류 경제학이 새롭게 정치경제학으로 통합되고 있다. 경제학의 연구 방법들도 이미 정치 현상에 대한 연구에 전면적으로 활용되고 있다. 현실적 측면에서 보면, 경제학이 정치학을 위해 존재하고 있는 경향이 매우 뚜렷하다.

예를 들어, 경제의 세계화 진척 속에서 개발도상국들이 동등하고 충분한 이익을 얻지 못했다는 호소는 산업화 국가 정치인들의 관심을 끌지 못했다. 중국 국내 중산층과 저소득층은 손해를 입은 후에 강력하게 불만을 표출했다. 심지어 반(反)이민, 반(反)무역·투자 협정, 일체화 메커니즘 퇴출 등이 정치인들의 선거 투표에 위협을 가할 지경에 이르렀을 때, 산업화 국가 정치인들은 종종 반(反)세계화의 정치적 경향을 표출한다. 이에 일부 경제 이론가들 역시 즉각 반응하여 즉시 이론적 근거를 제공하기도 한다. 바로 이러한 이유로 프랑스 경제학자 피케티는 "'경제과학'이라는 표현보다는 '정치경제학'이라는 표현을 더 선호한다. 왜냐하면, '정치경제학'은 경제학 및 기타 사회과학이 갖는 유일한 차이를 말한다. 즉, 그것의 정치, 규범, 도덕적 목적이다"[25]라고 밝힌 바 있다.

둘째, 마르크스주의는 경제 현상을 통하여 사물의 본질적인 목적성을 꿰뚫어 보려고 노력한다. 주로 사람과 자연 사이의 배후에 숨겨진 기본적인 경제 요소를 분석하는 데에 주력함으로써 시장경제에서의 특수한 사람과 사람 사이의 관계를 밝히고자 한다. 이는 기본적인 관계, 운행메커니즘과 현상 사이의 유대관계를 탐구한다. 주로 '희소자원의 배치를 어떻게 최적화할 것인가?'와 같은 구체적인 문제에 치중해 연구하는 서양 주류 경

---

25   [프랑스] 피케티, 『21세기 자본론』, 중신출판사, 2014년판, 592면.

(梁啓超), 손중산(孫中山), 노신(魯迅) 등 사상적 대가들이 대거 등장하여 헤아릴 수 없을 정도로 많은 문화 유산을 남겼다. 중국 고대의 방대한 대작들에는 풍부한 철학·사회과학의 내용과 국정운영(治國理政)의 지혜가 담겨 있다. 그러한 대작들은 고대 사람들이 세계를 인식하고 개조하는 데에 중요한 근거를 제공해주었다. 또한, 중화 문명의 중요한 내용이 되었으며, 인류 문명에 중대한 공헌을 했다"[29]라고 말한 바 있다.

한편 경제학자들은, 5000년의 유구한 문명사를 지나오며 중화 민족 지식인들 역시 다양하고 방대한 저술을 통해 심도 있고도 풍부한 경제 사상을 축적해왔다. 중국의 경제 사상은 서양 세계의 고대 그리스, 고대 로마의 경제 사상과 서로 어깨를 견주며 각자의 특징을 지니면서 찬란하게 빛을 발했다는 것을 일찍이 인식하고 있었다. 공자(孔子), 맹자(孟子), 관자(管子), 묵자(墨子) 등 선진제자(先秦諸子), 사마천(司馬遷) 등 사학가, 범려(範蠡)와 상홍양(桑弘羊) 등 이재(理財)의 능수(能手), 엄복(嚴復), 양계초(梁啓超) 등 근대 사상가들 모두 소중한 경제 사상의 유산을 남겨 오늘날에 이르러서도 빛을 발하고 있다. 이러한 점은 국제 학계에서도 보편적으로 인정받고 있는 부분이다.

일례로, 20세기 서양 경제학의 대가 슘페터는 그의 방대한 대작 『경제분석사(經濟分析史)』에서 인류가 경제 분석 측면에서 노력한 최초의 흔적은 고대 중국에서 찾아볼 수 있으며, 공자와 맹자의 저술에서 경제 정책의 완전한 체계를 구성해낸 것을 발견했다. 실제로 많은 중국 경제사 연구

---

29 시진핑, 「철학·사회과학 업무좌담회에서의 연설(在哲學社會科學工作座談會上的講話)」, 『인민일보』, 2016년 5월 19일, 2면.

자들은 중국 고대 경제 사상이 서양 각국에서 상당히 큰 영향력을 발휘했다고 말했다. 그 영향력은 로마 학설, 기독교 사상, 『성경』 등에 비해 훨씬 더 막강했다. 특히, 프랑스 중농학파(重農學派)에 대한 영향력이 가장 뚜렷했다.[30] 프랑스 중농학파는 또한 애덤 스미스를 대표로 하는 현대적 의미를 갖춘 경제학의 중요한 원천으로 인정받았다. 20세기 상반기 중국의 일부 진지한 경제학 저서들 중, 예를 들면 리자오이(李肇義)의 『중국 기원전 3세기 주류 경제 사상 및 중농학설에 대한 영향(中國公元前 Ⅹ世紀的主流經濟思想及其對重農學說的影響)』과 천환장(陳煥章)의 『공문이재학(孔門理財學)』 등은 더욱 분명하게 중국 고대 경제 사상의 학술적 가치와 현실적 의의를 밝혔다.

중국 고대 경제 사상은 서양과는 크게 다르며, 그것만의 독특한 이론적 스타일을 갖고 있다. '경제'라는 단어 하나에 대한 중국과 서양 각각의 의미 차이만 보아도 '관중규표(管中窺豹)'[31] 할 수 있다. 서양에서 '경제'라는 단어의 함의는 비교적 미시적이고, 연구 범위가 매우 협소하다. 슘페터는 그의 고증에 따라 "유럽 사람들의 문화적 조상인 고대 그리스 사람들이 남긴 유산 중, 초보적인 경제 분석은 미약한 부분이며, 심지어 매우 미미한 성분에 불과하다. ……그들의 경제학은 독립적인 지위를 얻지 못했고, 심지어 다른 학문들과 구별되는 '표식'을 갖지도 못했다. 그들이 말하는 소위 '경제'란 가정을 관리하는 실질적인 지혜를 의미할 뿐이었다. ……그들은 경제 논리를 그와 관련된 국가 및 사회의 보편적인 철학사상과 융합시켰고, 경제 과제 자체를 위한 경제 연구 역시 매우 드물었다. ……우리에게

---

30   탕칭정(唐慶增), 『중국경제사상사(中國經濟思想史)』, 상무인서관, 2010년판, 참조.

31   옮긴이 주: 대롱 한가운데로 표범을 엿본다는 뜻으로, 식견이 좁은 것을 이르는 말이지만, 여기에서는 사물의 일부를 보고 전체 모습을 예측할 수 있다는 의미로 쓰였다.

       신시대 중국 특색 사회주의 정치경제학 구축

남겨진 그리스 경제 사상은 아마도 플라톤과 아리스토텔레스의 저서들 중에서 극히 드물게 한 두 군데에서만 발견할 수 있다"[32]고 말했다. 이렇듯, 서양인들이 사용하는 '경제'라는 개념은 주로 가정의 재테크 차원에 국한되었고, 국가 번영 차원의 함의를 전혀 지니고 있지 않았다. 어쩌면 서양에서는 정부가 먼저 생기고, 국가가 형성되었으며, '국가'라는 관념이 비교적 늦게 형성된 것과도 관련이 있는 것 같다.

중국에서는 선진(先秦) 시기에 이미 천하위공(天下爲公)의 국가천하관(家國天下觀)과 민위방본(民爲邦本)의 국가정치경제관이 형성되었고, '국가'라는 관념이 형성된 것도 서양보다 앞섰다. 따라서, 중국 고대 경제 사상가들에게도 국가의 부를 창조하거나 분배하는 것이 관심의 초점이었다. '경제'라는 단어에도 역시 경세제민(經世濟民)의 함의가 부여되었다. 중국 경제 사상사 전문가들의 고증에 따르면, 일찍이 4세기 초의 서진(西晉)은 이미 정식으로 '경제'라는 개념을 사용했고, 『진서(晉書)』에서 그 기록을 찾아볼 수 있다, 송(宋)대 이래로 '경제'라는 단어는 보편적으로 사용되었을 뿐 아니라 서적의 제목으로도 적지 않게 사용되었다. '경제'의 함의는 기본적으로 '경국제민(經國濟民)' 등 전통적 함의를 벗어나지는 못했다. 또, 다수는 과거시험 문제 출제에 사용되었는데, 이는 입사(入仕)[33]하려면 '경제'라는 단어를 잘 이해해야 했음을 알 수 있다.

비록 중국에는 일찍이 '식화(食貨)', '화식(貨殖)', '이재(理財)', '부국(富國)' 등 '경제'보다 훨씬 더 구체적인 단어들이 존재했지만, '휘언재리(諱言

---

32 [미국] 조지프 슘페터, 『경제분석사(經濟分析史)』, 제1권, 상무인서관, 1996년판, 91면.
33 옮긴이 주: '과거시험에 합격한 뒤 관직에 진출하는 것'을 뜻한다.

財利)'의 시대에서 그것의 '거시성', '완정성', '정치성' 등의 특징들은 '경제'가 '재리(財利)'보다 훨씬 더 중요한 의미를 지니도록 했다. '경제지학(經濟之學)'이라는 단어는 송(宋)대 『주자어류(朱子語類)』에서 최초로 등장했고, 청(清)대에 이르러서 '경제'는 '학(學)'의 이름 뿐 만 아니라 '학(學)'의 실질까지 갖게 되었다. 학교의 교육 과목이 되었고, 게다가 과거 제도의 특과(特科)에 영입되었다.[34]

물론, 경제학이 과학적인 학문으로 자리잡은 것은 중국이 '서학(西學)'을 받아들인 이후의 일이다. 하지만 결코 이 학문이 완전히 혹은 단지 '서학'에서 유래했다고 말할 수는 없다. 앞서 언급했듯이, 중국 고대의 경제 사상에는 아시아 문명의 낙인이 또렷이 각인되어 있고, 여기에 새겨진 것은 중국인의 세계관, 가치관과 행동 패턴이다.

더 나아가, 중국의 문화와 역사, 철학 전통은 서양과 현저한 차이가 존재하며, 바로 이 때문에 중국과 서양은 사회·경제 활동의 몇몇 기본적인 문제들에 대한 인식에서 뚜렷한 차이를 보인다. 중국은 자고로 '천인합일(天人合一)'이라는 오래된 철학적 명제를 갖고 있으며, 이 명제의 중심 문제는 '천(天)'과 '인(人)'의 관계이다. 일부 학자들은 '천(天)'은 대자연이고, 또한 서양 철학에서 논하는 물질 세계와 그 내재적 운행 법칙이라고 여긴다. '천인합일'은 대자연과 인간이 하나의 몸으로 결합되는 것을 의미하며, 또한 곧 인간과 자연의 조화로움을 강조하는 것이다. '천인합일'의 사상은 동양 사상을 나타내는 보편적이고 기본적인 표현으로서, 서양의 분석적 사

---

34   예탄(葉坦), 「"중국경제학"의 뿌리를 찾아("中國經濟學" 尋根)」, 중국사회과학, 1998년 4호.

대가에서 얻은 교훈들을 정리해보고 중국 특색 사회주의 정치경제학의 체계를 끊임없이 왕성하게 발전시켜야 한다. 앞서 서술한 바와 같이, 중국은 일부 영역에서 이미 중국 특색 사회주의 정치경제학의 실천적 기초를 마련했다. 공산당 18대 이래로 시진핑을 중심으로 하는 공산당 중앙정부는 과거의 경험과 교훈들을 부단히 종합하여, 새로운 인식의 눈높이에 도달했으며, 세계 경제학의 발전에도 중국 특색의 독특한 공헌을 했다.

시진핑 총서기는 "반드시 마르크스주의의 발전 관점을 견지해야 한다. 실천이 진리를 검증하는 유일한 기준이다. 세계 정세, 국가 정세, 공산당 정세의 '변화' 및 '불변'을 명확히 인식하고, 단호하게 앞으로 나아가고, 대담하게 탐구하고, 끊임없이 발견하고, 창조하며, 전진하여, 마르크스주의의 '중국화'라는 새로운 경지를 끊임없이 개척해야 한다. 21세기 중국의 마르크스주의와 당대 중국의 마르크스주의가 더욱 찬란한 진리의 빛을 반짝이도록 해야 한다"[40]라고 말한 바 있다. 중국은 이러한 사상을 심도 있게 깨닫고, 확고하게 이행해야 한다. 개혁·개방의 위대한 실천적 경험으로부터 끊임없이 영양분을 흡수하여 중국 특색 사회주의 정치경제학을 발전시키고 보완해야 하며, 중국의 경제학설과 경제학자들이 세계에서 중국의 목소리를 전할 수 있도록 노력해야 한다.

중국 경제학자들은 개혁·개방 발전의 실제 상황에 입각하여 이론적으로 유익한 탐구를 진행했다. 중국의 경제 개혁의 길은 매우 독특한데, 이는 중국이 개발도상국이자 시장경제로 전환 중인 국가인 것과 관련이 있

---

40 중공중앙 선전부, 『시진핑 총서기 시리즈 중요 연설문 독본(習近平總書記系列重要講話讀本) 2016년판』, 학습출판사·인민출판사, 2016년판, 37면.

다. 이른바 경제 개혁 및 경제 발전 추진의 과정에서 중국의 개혁은 아래 두 가지 측면에서 중요한 변화를 이룩했기 때문이다.

첫째, 이원경제구조의 변화이다. 개혁 과정에서의 경제발전은 곧 이원경제구조의 특징이 점차 약화되어가는 과정이다. 노동력의 무한 공급이라는 특징이 완전히 사라질 때에 루이스 전환점을 맞이하고 경제 발전은 새로운 단계에 진입하게 된다. 신고전경제학은 경제 발전이 균질(勻質)적이거나 일원적인 것이라고 가정했다. 이 때문에 루이스 모형 자체보다도 더욱 전형적인 중국의 이원 경제를 해석하고 이해할 때마다 항상 곤란한 상황에 처하게 된다. 따라서 중국 국정 및 실제 상황에 입각해, 기존의 발전 이념의 유익한 요소를 벤치마킹하여 중국 특색의 발전경제학을 창설한다면, 더욱 큰 성과를 이룩할 것이다.

둘째, 계획경제에서 시장경제로의 체제 변화이다. 세계 주류를 차지하는 서양 경제학 이론에 입각해 보면, 경제 체제의 변화는 통상적으로 소위 '워싱턴 컨센서스'와 같은 일부 고정적인 법칙들을 따른다. 스티글리츠는 '워싱턴 컨센서스'가 개혁 목표로서 갖는 진정한 함의를 밝혀냈다. 사유화, 자유화, 거시 경제 안정(주로 가격 안정)을 주요 내용으로 하는 발전 전략이다. 또 이는 자유시장에 대한 굳건한 신념에 근거하여 정부 역할을 약화시키는 데에 목적을 두고 있으며, 심지어 정부 역할을 최소화하는 일련의 정책이라고 할 수 있다.[41] 이러한 개혁 이전에 선험적으로 청사진을 그렸던 국가들은 모두 소위 '워싱턴 컨센서스'의 영향 하에 각종 급진적이거나

---

41   조셉 스티글리츠, 『포스트 워싱턴 컨센서스 컨센서스』, 자이황핑(載黃平), 추이즈위안(崔之元), 『중국과 세계화: 워싱턴 컨센서스 또는 베이징 컨센서스(中國與全球化 : 華盛頓共識還是北京共識)』, 사회과학문헌출판사, 2005년판, 참조.

'충격요법'식 개혁 방안과 노선을 형성하지 않을 수 없었다.[42]

한편 점점 더 많은 이론과 경험을 통해 밝혀진 바와 같이, '워싱턴 컨센서스'는 많은 국가들의 각기 다른 정세에 똑같이 적용할 수 없다. 때로는 개혁과 발전을 잘못 인도하는 결과를 낳기도 했다. 라틴아메리카와 동유럽에서 그 유명한 '충격요법'을 추진한 삭스 본인 역시 중국의 점진적 개혁이 훨씬 더 성공적이라고 인정했다. 2003년 11월 그는 브라질 상파울루에서 개최한 강연에서 "중국을 비롯한 동아시아 경제 발전의 성과는 라틴아메리카와 비교했을 때 그 우위가 마치 천양지차와 같다"[43]고 말한 바 있다.

개혁 초기 중국에는 개혁의 청사진과 타임테이블이 형성되어 있지 않았다. 따라서 초기의 개혁은 고위 정책결정자들로부터 정치적 지지를 얻는 것 외에는 완전히 '위에서 아래로' 추진된 개혁이라고 할 수는 없다. 그러나, 바로 그러한 특징으로 인해 중국의 개혁은 실질적인 효과를 중시하는 점진적 성격을 띠게 되었다. 중국 개혁의 길은 또한 단순하게 '아래에서 위로'의 추진방식만으로 정리할 수도 없다. 1978년 중국 공산당 지도층과 학계에서 진행된 진리표준대토론(真理標準大討論) 및 공산당 11기 3중 전회에서 재차 확립된 사상 해방 및 실사구시적 사상 노선은 개혁추진을 위한 강력한 정치적 지지 기반이 되었다. 일각에서는 중국의 성공적인 개혁을 표준경제학을 정확하게 운용했기 때문으로 귀결한다.[44] 그 원인은 첫째,

---

42 　이러한 신념 하에 진행된 '충격요법'식 개혁의 실천은 다음을 참조: Lipton, David and J. Sachs, "Privatization in Eastern Europe: The Case of Poland", *Brookings Papers on Economic Activities*, No.2, 1990, pp.293-341.

43 　Sachs, Jeffrey, *Lessons for Brazil from China's Success*, transcript, São Paulo, November 5, 2003, 참조.

44 　야오양(姚洋), 『제도 재정비 과정으로서의 경제 개혁(作為制度重新過程的經濟改革)』, 격치출판

중국이 개혁 기간에 기본적으로 거시경제의 안정을 유지했기 때문이다. 이는 많은 동유럽 및 라틴아메리카 국가들이 이루지 못한 일이다. 그러나, 이러한 결론을 도출한 논리와는 상반되게 중국이 개혁 기간에 거시경제의 안정을 이루게 된 것은 중국의 특수한 국정에서 출발하여 뚜렷한 거시경제 조정을 형성했기 때문이다.

중국 정부 경제 관리기능의 전환 역시 독특하다. 중국의 개혁 기간은 바로 현대 경제학 중 경제 정책 영역에서 자유주의가 가장 떠들썩하게 논의됐던 시기이다. 만약 현재 유행하는 이론적 예측에 따르면, 중국의 개혁·개방 및 발전 과정에서 중앙정부와 지방정부가 발휘한 적극적인 작용은 분명히 '재난' 수준의 결과를 초래할 것이 분명하다. 그러나, 중국의 현실은 지방정부가 경제 성장 측면에 영향을 미치고 그 효과를 촉진하든, 중앙정부가 기획 제정, 거시적 조정, 지방과 부서의 이익 조정, 중대한 발전 전략의 실시 등 측면에 영향을 미치고 그 효과를 촉진하든, 여기에 성공적이지 못한 부분과 폐단이 존재하더라도, 전반적으로는 그 어떤 '컨센서스' 또는 교리의 패턴과는 다른 결과를 도출해냈다. 또한, 감탄을 자아내는 수많은 새로운 이론을 사용해 이와 같은 현실과 이론의 차이에 대한 재해석을 시도할 수 있게 했다.[45]

전환경제(transition economy)는 통상적으로 항상성(Homeostasis)을 가지는 시장경제와는 일부 차이점을 갖는다. 이는 정부의 경제 관리기능에 특수

사(格致出版社)·상해인민출판사, 2008년판, 1면.

45   Oi, Jean C., "Local State Corporatism", in Oi, Jean C. (eds.), *Rural China Takes off: Institutional Foundations of Economic Reform*, Berkeley: University of California Press, 1999, 참조.

라, 얼마든지 사상을 탄생시킬 수 있는 시대이다"[48]라고 말한 바 있다.

　　마르크스주의 정치경제학은 생명력을 갖고 있으며, 반드시 시대의 변화에 따라 끊임없이 발전해야 한다. 중국의 경제학자들은 개혁·개방 발전이라는 성공적인 실천에 입각하여, 다양한 영역에서 중국 특색 사회주의 정치경제학의 이론 구조를 구축할 수 있다. 다음 세 가지 측면에서의 경제 실천과 이론적 논술을 통해, 중국 특색 사회주의 정치경제학이 서양의 주류인 신고전경제학과는 달리 중국의 경험과 중국의 이야기를 해석하는 데에 더욱 잘 부합하며, 개발도상국들이 본받을 만한 특징들을 갖고 있음을 알 수 있다.

　　첫째, 추격형 산업화 이론이다. 산업화는 인류 역사에서 매우 중요한 경제 과정 중 하나이다. 적지 않은 서양 학자들은 산업혁명이 영국에서 제일 먼저 발생한 것은 비폭력 '명예혁명' 이후 헌정이 실행됐고, 계몽운동의 발전이 봉건적 이데올로기를 타파한 것 등의 공이 컸다고 여긴다. 그러나, 많은 개발도상국들은 같은 길을 따랐지만 기대만큼 성공을 거두지 못했을 뿐만 아니라 오히려 반대로 빈곤의 함정이나 중진국 함정에 빠졌다.

　　국제 표준에 따르면 중국의 산업화 프로세스는 이미 기본적으로 완성되었다. 하지만 중국은 영국을 비롯한 서양 국가들과는 분명 전혀 다른 길을 걸어왔다. 중국 공산당의 지도 하의 폭력혁명을 통해 반봉건·반식민지의 과거 중국을 뒤바꾸었다. 구 민주주의혁명에서 신 민주주의혁명으로, 사회주의 혁명과 사회주의 건설을 거쳐 개혁·개방 발전의 오늘날에 이르

48　시진핑, 「철학·사회과학 업무좌담회에서의 연설(在哲學社會科學工作座談會上的講話)」, 『인민일보』, 2016년 5월 19일, 2면.

렀다. 중국의 산업화 과정에서 정부의 적극적인 역할, 인민의 자주적 창조, 국유 경제의 효과적 전환, 새롭게 탄생한 비공유제경제, 세계화의 심화 등 모두 중국 산업화의 중요한 동력이 되었다. 중국의 성공적인 경험들을 종합하고, 그 성공 요소 및 내재적 논리를 추상적으로 개괄하여 시스템화 된 이론 체계를 형성한다면, 반드시 세계 경제학 발전에 공헌할 수 있는 중국 요소가 형성될 것이다.

둘째, 인구보너스 이론이다. 계획경제 시기와 개혁·개방 초기에는 방대한 인구 수와 인구 구조의 저령화가 중국 경제 발전의 부담으로 인식됐다. 이는 경제 성장 잠재력이 아직 충분히 개발되지 못한 상황에서 이토록 많은 인구의 취업 문제와 먹고 사는 문제를 해결해주는 것이 매우 쉽지 않았기 때문이다. 그러나 개혁·개방 시기에는 이원경제 발전이 잠재적인 인구보너스를 충분히 보상해주었고, 인구변화 요소들은 과거 수십 년간 중국 경제의 압축성장을 지탱해온 중요한 원천이기도 했다. 과거의 부담을 어떻게 오늘날의 보너스로 전환할 지에 대해서 시대 배경의 전환, 결정적인 요소, 관건적인 일환 및 내재적 논리 등은 엄청난 발굴 가치를 지닌다. 이로부터 형성된 시스템적 이론 체계는 경제학 이론의 발전에 중요한 공헌을 할 것이며, 개발도상국들에게 중요한 시사점과 시범적인 의미를 갖게 할 것이다.

셋째, 경제 발전 중의 정부 역할에 관한 이론이다. 기존의 서양 경제학 체계에서 정부는 작을수록 좋고, 그 기능은 기껏해야 '경야(經夜)' 정도여야 한다. 이와 비교해 중국의 경제 발전은 예로부터 정부의 적극적 역할과 분리시킬 수 없다. 따라서 중국에서 지속적이고도 건강한 경제 발전에 필요한 것은 작은 정부가 아니고 유망한 정부이다. 각급 정부가 적극적인 역할을 하고 정부 관료들의 기업가적 재능을 충분히 발휘시켜야만 시장 경제 발전을 추진할 수 있는데, 이것이 바로 중국 경제 기적의 '비밀 키'이다. 따라서 중국 5000년 국정운영(治國理政)과 40년 개혁·개방의 독특한 경험들을 전면적으로 종합·정리하고, 체제 메커니즘의 시각에서 중국 정부가 추진한 경제 발전의 내재적 메커니즘 속에 담겨있는 풍부한 이론적 의미를 분석해야 한다. 중국 특색의 정치경제학에는 '전반적인 이익에서 출발하여 바람직한 정부(良治社會, Good Governance)가 갖는 기능과 행위 규범을 설명하는, 정부, 기업, 주민의 분업 및 협력 메커니즘을 논하는' 이론 모형을 포함해야 한다.[49]

4. 서양경제학의 유익한 요소

일찍이 1944년, 마오쩌둥(毛澤東)은 "우리는 중국의 역사적 유산과 외국의 사상을 비판적으로 받아들이는 것이다. 우리는 그 어떤 사상에 대해서도 맹목적으로 받아들이는 것을 반대할 뿐만 아니라, 그 어떤 사상에 대해서도 맹목적으로 억제하는 것을 반대해야 한다. 중국인은 반드시 자신의 두뇌로 사고하고, 어떠한 것이 우리에게 적합한 지를 결정해야 한다."[50]

---

49 「마르크스주의를 견지하고, 중국의 실천을 총결산하다—리양 중국사회과학원 학부위원 겸 중국 국가금융·발전실험실 이사장 특별 인터뷰 (堅持馬克思主義總結中國實踐——專訪中國社會科學院學部委員, 國家金融與發展實驗室理事長李揚)」, 『중국사회과학보』, 2016년 8월 30일, 1면.

50 「영국 기자 스테인과의 담화(同英國記者斯坦因的談話)」, 1944년 7월 14일, 『마오쩌둥 문집』, 제3권, 인민출판사, 1996년판, 192면.

라고 말한 적이 있다.

　　문제는 시대의 목소리와 실천의 시작점이다. 당대 중국의 마르크스주의를 왕성하게 발전시키려면 '실사구시'를 견지해야 한다. 이론을 실제와 연결시켜 마르크스주의 학풍을 견지하고, 문제 지향성을 견지하며, 사람들이 보편적으로 관심을 갖는 문제들에 답해야 한다. 사상적인 측면에서 간부와 군중 간에 존재하는 '사상적 응어리'에 즉시 해답을 제시하도록 해야 한다.[51] 이론적 혁신은 문제에서만 출발해야 한다. 어떤 의미에서는 이론 혁신의 과정은 문제의 발견, 선별, 연구, 해결의 과정이기도 하다. 마르크스는 진지하게 "주된 어려움은 답안이 아니고 문제다. 문제는 시대의 슬로건이고 자신의 정신 상태를 표현하는 가장 실질적인 목소리이다"라고 한 바 있다.

　　시진핑 총서기는 애덤 스미스의 『국부론』, 맬서스의 『인구론』, 케인스의 『고용·이자 및 화폐의 일반 이론』, 조지프 슘페터의 『경제 발전 이론』, 사무엘슨의 『경제학』, 프리드먼의 『자본주의와 자유』, 사이먼 쿠즈네츠의 『각국의 경제 성장』등 서양 경제학의 대표적인 저서들을 거론했다. 또한 이 저서들이 모두 시대적 산물이며, 모두 당시 해당 지역 사회에서 두드러졌던 모순 및 문제에 대한 사고와 연구 결과물"[52]이라고 말했다.

　　경제 발전의 시각에서 보면, 서양 신고전경제학이 현재 주류 지위를 차지하는 경제학으로 부상한 것은 서양 경제의 현실과 일치하는 해석과

51　중공중앙 선전부, 『시진핑 총서기 시리즈 중요 연설문 독본(習近平總書記系列重要講話讀本) 2016년판』, 학습출판사·인민출판사, 2016년판, 34면.

52　시진핑, 「철학·사회과학 업무좌담회에서의 연설(在哲學社會科學工作座談會上的講話)」, 『인민일보』, 2016년 5월 19일, 2면.

　　　　　　　　　　　　　　　신시대 중국 특색 사회주의 정치경제학 구축

예측을 내놓았기 때문이다. 산업혁명 이래로의 경험들은 서양만이 성공적으로 산업화와 경제 발전을 이루었음을 나타낸다. 중국 경험의 중요성이 날이 갈수록 부각되고 있는 오늘날, 우리는 당대 중국 경제 개혁 발전의 위대한 실천 과정에서 영양분을 흡수해야 할 뿐만 아니라, 서양 선진국의 역사적 경험과 교훈에도 유의해야 한다. 서양 선진 경제권이 과거 수백 년간 걸어온 경제 발전의 길을 열심히 연구하고, 그 이론적 성과와 경험적 교훈을 종합하고 정리하여 '후발주자 우위'를 형성해야 한다. 중국의 발전 단계를 냉정하게 판단하고 그들의 성공적인 경험을 거울로 삼아 그들이 멀리 돌아온 길을 그대로 다시 걸어가서는 안 된다. 이러한 의미에서, 서양 경제학의 유익한 요소를 거울로 삼는 것은 '중국 특색 사회주의 정치경제학을 구축한다'는 주제에 관해 마땅히 다루어야 하는 도리이다.

이에 대해 시진핑 총서기는 "타산지석(他山之石), 가이공옥(可以攻玉)"이라는 깊고 예리한 논술을 언급한 바 있다. 타인의 경험을 배우고 거울로 삼는 것은 효율적인 자아 발전을 실현하는 '지름길'이다. 어떤 의미에서 보면, 이론은 실천적 경험을 고도로 개괄하고 승화시킨 것이다. 또, 성공의 비결과 실패의 교훈을 응집시킨 결정체이다. 누구든 이 '지름길'을 능숙하게 이용할수록 더 빨리 성공의 '피안(彼岸)'에 도착할 수 있다. 그렇지 않으면 자업자득하고, 사방이 벽으로 가로막혀 출구를 찾지 못할 것이다. 자본주의의 발전이 그러하듯이 사회주의의 발전 역시 그러하다. 덩샤오핑(鄧小平)이 남방(南方) 연설에서 "사회주의가 자본주의와 비교해서 우위를 차지하려면 인류가 창조한 모든 문명의 결과물들을 적극적으로 흡수하고 본받아야 한다. 자본주의 선진국을 포함한 현재 세계 각국의 현대 사회화 생산 법칙을 반영하는 모든 선진적인 경영 방식과 관리 방법을 흡수하고 거울

가 경제 운행 중에서 일으키는 결정적인 작용을 부인했다. 또한, 자본주의 사유제의 경제 관계로 인한 무정부 상태와 경제 순환 및 위기 사이의 내재적 관계를 부인했으며, 자본주의 유효 수요 부족의 근원이 자본주의 사유제에 있음을 부인했다. 따라서 자본주의 시장경제에 대한 마르크스의 연구에 비해 뚜렷한 결함을 갖고 있다.

이상의 3대 이론 체계는 모두 시장경제에 관한 과학적 논술을 포함하고 있지만, 각각의 이론 모두 자신만의 기본 패러다임을 갖고 있다. 또한, 상호간에는 본질적인 차이와 우열 구분 역시 존재한다. 특히, 사회주의에 대해 신고전주의 경제학이든 케인스 주류 경제학이든, 기타 서양경제학 이론이든, 모두 마르크스주의 경제학과 한데 섞어 논할 수 없다. 당연히, 서로 뒤섞인 '잡탕'식 이론 체계를 형성할 수도 없다. 반드시 가장 과학적이고 사회주의 시장경제의 요구에 잘 적응할 수 있는 기본 패러다임을 갖춘 마르크스주의 경제학이 기초가 되고, 주체가 되어 서양경제학의 우수한 성과를 모두 받아들여야 한다.[56]

종합해보면, 서양 경제학 이론 저서들과 자본주의 경제 발전의 경험들을 다룰 때에는 그 안의 유익한 요소를 분석하고, 연구하고, 벤치마킹하는 것에 유의하여야 한다. 중국의 구체적인 실제 상황을 벗어나 맹목적으로 모방해서는 절대로 안된다.[57] 당대 중국의 위대한 사회 변혁은 중국 역사·문화의 모판(母版)을 단순하게 연장한 것이 아니다. 마르크스주의의 권위 있는 저작들이 제기한 가설의 모판(模板)을 단순하게 그대로 가져다 쓴

---

56   위의 책.

57   시진핑, 「'실사구시'의 사상노선을 견지하다(堅持實事求是的思想路線)」, 『학습시보(學習時報)』, 2012년 5월 28일, 1면.

것도 아니다. 더구나 기타 국가의 사회주의 실천의 재판(再版)도 아니며, 국외 현대화 발전의 번판(翻版)도 아니다. 그렇다고 이미 나와 있는 '교과서'를 찾아낼 수 있는 것도 아니다.[58] 따라서, 다른 사람의 뒤를 맹목적으로 따라 가서는 중국 특색의 철학·사회과학을 형성하기 어려울 뿐만 아니라 중국의 실질적인 문제를 해결할 수도 없다.

이상의 결론을 종합해보면, 중국 특색 사회주의 정치경제학을 구축하려면 마땅히 마르크스주의를 지침으로 삼고, 중국 개혁·개방의 위대한 실천을 연구 대상으로 삼아야 한다. 새로운 추세 하의 새로운 문제를 분석하고, 새로운 사상과 새로운 인식을 개괄해야 한다. 동시에 중화 5000년 문명의 우수한 성과들 속의 영양분을 흡수하고 서양 경제학의 유익한 요소를 거울로 삼아야 한다.

제3절 신시대 중국 특색 사회주의 사상의 주요 구성 요소

프롤로그: 시진핑의 신시대 중국 특색 사회주의 사상이란?

중국 공산당 18대 이래로 지금까지 시진핑을 중심으로 하는 공산당

---

58 시진핑, 「철학·사회과학 업무좌담회에서의 연설(在哲學社會科學工作座談會上的講話)」, 『인민일보』, 2016년 5월 19일, 2면.

중앙정부는 마르크스-레닌주의, 마오쩌둥 사상, 덩샤오핑 이론, '3개 대표' 중요 사상, 과학발전관 등을 지침으로 삼아 왔다. 사상 해방, 실사구시, 위시구진(與時俱進)[59], 구진무실(求真務實)[60]을 견지했고, 변증법적 유물론과 역사적 유물론을 견지했다. 또한, 새로운 시대적 여건과 실천적 요구를 긴밀하게 결부시켜, 완전히 새로운 시각에서 공산당 집권 법칙, 사회주의 건설 법칙, 인류 사회 발전 법칙을 더욱 깊이 이론적으로 탐구했다. 이를 통해, 이론적 혁신에 있어 큰 성과를 거두었고, 시진핑의 신시대 중국 특색 사회주의 사상이 탄생되었다.

시진핑의 신시대 중국 특색 사회주의 사상은 마르크스-레닌주의, 마오쩌둥 사상, 덩샤오핑 이론, '3개 대표' 중요 사상, 과학발전관의 계승이자 발전이다. 또한, 마르크스주의 중국화의 새로운 성과이고, 중국 공산당과 인민의 실천적 경험과 집단지성의 결정체이다. 동시에, 중국 특색 사회주의 이론 체계의 중요한 구성 요소이자, 전체 중국 공산당과 인민이 중화민족의 위대한 부흥을 실현하기 위해 노력해야 하는 행동 지침이다.

시진핑의 신시대 중국 특색 사회주의 사상은 '실천'에서 시작하여 '실천'을 이끈다. 또한, 새로운 시대에서 중국 특색 사회주의를 지속적으로 발전시키기 위해 당과 국가 사업을 추진하는 기본 준칙으로서 21세기 마

---

59 옮긴이 주: '시대의 변화에 따라 끊임없이 발전해 나아간다'는 의미로, 중국 고서들에서 등장했던 '위시해행(與時偕行)', '위시구화(與時俱化)', '위시구신(與時俱新)' 등의 표현들을, 1910년 중국의 사상가이자 교육자 차이위안페이(蔡元培)가 그의 저서 『중국 윤리학사(中國倫理學史)』에서 '위시구진'이라는 말로 종합했다.

60 옮긴이 주: '진리를 추구하고 실효를 강조한다'는 의미로, 마르크스주의 철학 중 특히 그 인식론에 대한 정신적인 실질을 핵심적으로 요약한 표현이다.

신시대 중국 특색 사회주의 정치경제학 구축

르크스주의와 당대 중국의 마르크스주의의 발전에 역사적인 공헌을 했다.

시진핑의 신시대 중국 특색 사회주의 사상을 실행하고 실천하는 것에 관해 공산당 19대 보고문은 "새로운 시대는 중국 특색 사회주의의 기본 계획을 견지하고 발전시킬 것"이라 언급했고, 기본 계획을 다음의 '14개 견지(堅持)'로 간단히 요약했다.

바로, '전체 업무에 대한 공산당 지도 견지', '인민 중심의 발전 사상 견지', '전면적 개혁심화 견지', '신발전이념 견지', '인민이 주인인 사상 견지', '전면적 의법치국(依法治國) 견지', '사회주의 핵심 가치 체계 견지', '발전 중 민생 보장 및 개선 견지', '사람과 자연의 조화로운 상생 견지', '총체적 안보관 견지', '인민군대에 대한 당의 절대적 지도 견지', '일국양제(一國兩制) 및 조국통일 사업 추진 견지', '인류 운명공동체 사업 추진 견지', '전면적 종엄치당(從嚴治黨) 견지' 등이다. 이러한 '14개 견지'는 공산당 국정운영(治國理政)의 중요한 방침과 원칙을 새롭게 요약한 것이다. 이는 이론과 실천을 통일하고, 전략과 전술을 상호 결합하여, '두 개 100년'이라는 목표를 달성하고 중화민족의 위대한 부흥을 위한 중국몽의 '노선도'와 '방법론'을 구현한 것이다. '14개 견지'는 시진핑의 신시대 중국 특색 사회주의 사상의 중요한 구성 요소이자, 시진핑의 신시대 중국 특색 사회주의 사상의 실천을 위한 요구이기도 하다.

이 중, 신발전이념은 중국 특색 사회주의 정치경제학의 중대한 혁신이다. 중국의 발전 문제를 해결하고 현대적 경제 체계를 확립하기 위한 전략적 지도 및 행동 지침이자, 시진핑의 신시대 중국 특색 사회주의 경제 사상의 중심이 되는 내용이다.[61, 62] 그 밖에, '전체 업무에 대한 공산당 지도 견지', '인민 중심의 발전 사상 견지', '전면적 개혁심화 견지', '발전 과정에서 민생 보장 및 개선 견지', '사람과 자연의 조화로운 상생 견지', '총체적 안보관 견지', '인류 운명공동체 사업 추진 견지' 등의 내용 역시 시진핑의 신시대 중국 특색 사회주의 경제 사상의 풍부한 함의를 생생하게 보여주고 있다.

공산당 18대 이래로 지금까지 시진핑 총서기는 중국 국내외 경제 추세를 심도 있게 분석하여 중국 경제 발전이 뉴노멀 시대에 진입했다는 중대한 판단을 내렸다. 그는 인민 중심의 발전 사상을 확립하고, '혁신, 조화, 녹색, 개방, 공유'의 신발전이념을 제시했다. 또한, '공급측 구조개혁의 강화'라는 중대한 정책적 결정을 내렸고, 온중구진(穩中求進)의 업무 총 기조를 확립했다. 동시에, 중국 경제 발전 과정에 직면한 일련의 난제들을 해결했고, 마르크스주의 정치경제학의 새로운 경지를 개척했다. 이와 같은 사상은 시진핑의 신시대 중국 특색 사회주의 경제 사상의 핵심을 구성하고 있다.

시진핑의 신시대 중국 특색 사회주의 사상을 지침으로 삼아 중국 특

---

61 웨이샤오둥(魏曉東), 「신발전이념은 시진핑 경제 사상의 영혼이다―'당대 중국 정치경제학―신발전이념의 논리메커니즘과 실현 경로'를 읽고 나서((新發展理念是習近平經濟思想的靈魂―讀〈當代中國政治經濟學―新發展理念的邏輯機理和實現路徑〉有感)」, 『학습시보(學習時報)』, 2018년 6월 13일, 5면.

62 바이바오리(白暴力)·팡펑링(方鳳玲), 「신발전이념을 확고하게 수립하고 철저히 시행하다(시진핑의 신시대 중국 특색 사회주의 사상을 깊이 학습하다―〈시진핑 국정운영을 논하다〉제2권, 신발전이념에 관한 중요 논술(牢固樹立和深入貫徹新發展理念(深入學習貫徹習近平新時代中國特色社會主義思想)―深入學習貫徹〈習近平談治國理政〉第二卷關於新發展理念的重要論述)」, 『인민일보』, 2017년 12월 29일, 7면.

색 사회주의 정치경제학을 발전시키고 보완하려면, 반드시 경제 발전 및 개혁·개방의 경험에서부터 출발해야만 한다. 사회 생산력을 해방 및 발전시키고, 사회주의 시장경제 개혁의 방향을 견지하여, 시장이 자원 배치에서 결정적인 역할을 하도록 하고, 경제 체제 개혁을 심화하는 것을 골자로 삼아야 한다. 또한, 각 측면의 적극성을 불러 일으켜야 한다. 사람들의 적극성을 충분히 결집하고, 공산당 중앙과 지방 두 정부의 적극성을 충분히 동원하며, 기업가, 혁신 인재, 각급 간부의 적극성, 자주성, 창조성을 자극해야 한다.[63]

본 절에서는 '인민 중심의 발전 사상', '새로운 시대 사회 주요 모순의 변화', '사회주의의 근본 임무: 생산력의 해방 및 발전', '사회주의와 시장경제의 유기적 결합', '정부와 시장의 관계를 정확하게 처리하고 시장의 결정적 작용을 하다', '이익 모순을 조정하고 각 측의 적극성을 동원하다', '공평정의(公平正義)를 촉진하고 공동부유(共同富裕)를 실현하다' 등 7개 측면에서 중국 특색 사회주의 정치경제학의 중심 내용에 대해 설명하고자 한다.

1. 인민 중심의 발전 사상

인민 중심의 발전 사상은 마르크스주의 정치경제학의 기본 관점이고, 중국 특색 사회주의 정치경제학의 사상적 초석이기도 하다.

---

63 「중앙 경제 업무회의 베이징에서 개최, 시진핑·리커창 중요 연설문 발표, 장더장·위정성·류원산·왕치산·장가오리 회의 참석(中央經濟工作會議在北京舉行 習近平李克強作重要講話張德江俞正聲劉雲山王岐山張高麗出席會議)」, 『인민일보』, 2015년 12월 22일, 1면.

인민 중심의 발전 사상은 '중국 공산당이 전심전력으로 인민을 위하여 봉사한다'는 근본적 취지를 보여준다. "치국유상(治國有常), 이이민위본(而利民為本)"[64]이라는 말이 있다. 공산당은 인민으로부터 탄생되었고, 인민을 위해 봉사해야 하며, 공산당의 모든 업무는 반드시 '대다수 인민의 근본적인 이익'을 최고 기준으로 삼아야 한다.

민중은 발전의 주체이자, 발전의 최대 수혜자이기도 하다. 인민 중심의 발전 사상을 견지한다는 것은 바로 인민의 복지 증진과 사람들의 전면적 발전을 촉진하는 것을 출발점과 지향점으로 삼는 것이다. 인민 민주주의를 발전시키는 것은 사회 공평정의를 수호하고, 인민의 평등한 참여와 평등한 발전의 권리를 보장하는 것이다.

인민 중심의 발전 사상은 '인민이 발전을 추진하는 근본적인 힘'이라는 유물사관의 구현이다. 민중을 사회 생산, 사회 생활, 사회 역사의 주체로 삼는 것은 마르크스주의 유물사관의 기본적 관점이다. 이를 지침으로 삼아, 중국 공산당은 '전심전력으로 인민을 위해 봉사한다'는 근본적인 취지와 '인민을 위해 발전하고, 인민에 의지하여 발전하고, 인민과 발전의 성과를 공유한다'는 집권 요구를 공산당 규약에 명기했다. 중국 경제·사회 발전의 실천, 특히 개혁·개방 이래로 창조한 발전의 기적들은 소중한 경험들을 통해 '인민에 의지하고, 인민을 위한 것이 곧 위대한 성과를 거두는 것'임을 거듭 증명했다.

마르크스-레닌주의의 권위 있는 저작들과 중국 공산당 역대 지도자

---

64 옮긴이 주: "나라를 잘 다스리는 데는 불변의 법칙이 있다. 그러나, 근본적인 것은 백성을 이롭게 하는 것이다"라는 뜻이다.

신시대 중국 특색 사회주의 정치경제학 구축

들은 인민대중의 지위와 역할을 매우 중시했다. 레닌은 "한 국가의 역량은 민중의 각성에 있다. 민중이 모든 것을 알고, 모든 것을 판단할 수 있고, 스스로 모든 일을 할 수 있을 때 국가가 역량을 가질 수 있다"[65]고 말했다. 마오쩌둥은 "공산당원은 씨앗과 같고, 인민은 토지와 같다. 어느 지역에 가든 그 지역 인민들과 잘 단합하여 인민들 속에 뿌리를 내리고 꽃을 피워야 한다"[66]고 말했다. 덩샤오핑은 인민의 역사 창조 활동 속에서 '사상적 영양분'과 '전진의 역량'을 흡수해야 한다고 지적하며, "개혁·개방 중의 많은 것들이 모두 군중이 실천 중에서 제기한 것이다. 이는 절대로 한 사람의 머리로 연구해낼 수 있는 것이 아니다. 이는 민중의 지혜이고, 집단적 지성이다"라고 말했다. 그는 "'인민이 지지하는지 아닌지, 찬성하는지 아닌지, 즐거운지 아닌지, 승낙하는지 아닌지'를 방침 및 정책으로 제정하고 결단을 내리는 출발점 및 귀착점으로 삼아야 한다"[67]고 거듭 강조했다. 덩샤오핑은 시종일관 인민의 이익을 최고 준칙으로 삼고 지도 업무를 전개했다. 장쩌민(江澤民)이 제시한 '3개 대표' 중요 사상과 후진타오(胡錦濤)가 제시한 '과학발전관' 역시 민중이 역사의 창조자라는 마르크스주의 기본 원리를 실현하고 승화시킨 것이다.

공산당 18기 5중전회에서는 이 같은 사상과 일맥상통하는 인민 중심

---

65 「러시아 전체 공병 대표 소비에트 제2차 대표대회 문헌(全俄工兵代表蘇埃第二次代表大會文獻)」, 『레닌선집(列寧選集)』, 제3권, 중공중앙 마르크스·엥겔스·레닌·스탈린 저작물 편역국 역(著作編譯局 譯), 인민출판사, 2012년판, 347면.

66 「충칭 담판에 관하여(關於重慶談判)」, 『마오쩌둥 문선(文選)』, 제4권, 인민출판사, 1991년판, 1162면.

67 시진핑, 「덩샤오핑 탄생 110주년 기념 대회에서의 연설(在紀念鄧小平同誌誕辰110周年座談會上的講話)」, 『인민일보』, 2014년 8월 21일, 2면, 참조.

의 발전 사상을 처음으로 명시했다. 시진핑 총서기는 공산당 19대 보고문을 통해 더 나아가 이와 같이 말했다. 그는 "인민은 역사의 창조자이고, 중국 공산당과 국가 앞날의 운명을 결정하는 근본적인 힘이다. 반드시 '인민이 주체가 되고, 당을 세워 공익(公益)에 이바지하고, 인민을 위해 집권하며, 전심전력으로 인민을 위해 봉사한다'는 근본 취지를 실현해야 한다. 국정운영의 모든 활동에서 당의 군중 노선을 실현시키고, '아름다운 생활'에 대한 인민의 열망을 목표로 삼아야 하고, 인민에 의지하여 위대한 역사적 위업을 창조해야 한다"고 말했다. 이는 중대한 이론적 문제이자 중대한 실천적 문제이기도 하다. 이는 공산당의 집권 법칙, 사회주의 건설 법칙, 인류 사회 발전 법칙이라는 객관적인 법칙들을 충분히 반영했다. 또한, 이는 시진핑 총서기가 기술한 "경제 규칙을 따르는 과학적 발전, 자연 법칙을 따르는 지속가능한 발전, 사회 법칙을 따르는 포용적 발전"이라는 본질적 요지를 구체화한 것이다. 이는 마르크스주의 인민관과 발전관의 새로운 도약이자 새로운 경지이며, 마르크스주의 정치경제학이 기타 경제학 체계와 구별되는 본질적인 규정이다. 그러므로, 이는 또한 중국 특색 사회주의 정치경제학의 근본적 출발점이 되어야 한다.

인민 중심의 발전 사상은 '인민이 주체가 된다'는 내재적 요구를 반영했고, 인민지상(人民至上)의 가치 기준을 확실히 드러냈다. 또한, 신발전 이념을 항상 견지해야 한다는 기본 원칙을 확립했다. 중국은 반드시 인민 중심의 발전 사상을 실천하는 데에 주력하고 인민의 행복을 실현하는 것을 발전의 목적지이자 귀착지로 삼아야 한다. 또한, '인민을 위해 발전하고, 인민에 의지해 발전하고, 인민과 발전 성과를 공유'해야 한다. 그래야만, 중국 특색 사회주의 정치경제학을 다양한 기타 경제학들과 구분할 수

신시대 중국 특색 사회주의 정치경제학 구축

있다.

'2020년에 전면적인 샤오캉사회를 건설한다'는 목표를 실현하기 위해 '13.5' 계획 강령은 '인민의 주체적 지위 견지'를 반드시 준수해야 하는 원칙의 하나로 삼았다. 공산당 18대 이후 중국이 거둔 일련의 경제·사회적 발전 성과들은 모두 인민 중심의 발전 사상을 실현한 결과물이라고 할 수 있다. 이러한 성과들은 사람들의 적극성, 자주성, 창조성을 전면적으로 동원시키고, 각계 각층의 노동자, 기업가, 혁신 인재, 각급 간부들이 제 역할을 할 수 있도록 무대와 환경을 조성해준 것과 관련이 있다.

인민 중심의 발전 사상은 점진적 '공동부유'를 실현한다는 목표에 따른 요구 사항들을 반영했다. '공동부유'는 마르크스주의의 기본 목표로, 예로부터 수천 수백만 중국 인민이 추구해온 기본적 이상이다. 마르크스와 엥겔스의 구상에 따르면 공산주의 사회는 계급간, 도시와 농촌 간, 정신 노동과 육체 노동 간의 대립과 차별을 철저하게 없애야 한다. 또한 각자가 능력에 따라 일하고, 수요에 따라 분배하며 진정한 사회 공유라는 목표를 실현하고, 개개인이 모두 자유롭게 전면적인 발전을 이루어야 한다. 물론, 이러한 목표를 실현하려면 기나긴 역사의 여정이 필요하다.

중국은 현재 사회주의 초급 단계에 진입했으며, 장기적으로 사회주의 초급 단계에 머물 것이다. 물론 우리가 이 단계를 넘어서는 일을 할 수는 없지만, 현 단계에서 '공동부유'를 추진할 수 없다고 해서 할 일이 없는 것은 아니다. 오히려, 현재 중국이 처한 여건에 따라 할 수 있는 일을 최대한 시작해, 인민 중심의 발전을 점차 실행해 나가야 한다. 작은 승리를 축적해서 큰 승리로 만들고, '전체 인민의 공동부유'라는 목표를 향해 끊임없이 전진해야 한다.

18기 중공중앙 정치국 상무위원들이 중국 국내 및 외신 기자들과 만나는 자리에서 시진핑 총서기는 공산당 중앙정부를 대표하여 다음과 같이 엄숙한 약속을 했다. 그는 "우리의 책임은 공산당 및 중국 전역의 각 민족, 인민들을 단결시키고 인도하여, 사상을 해방하고, 개혁·개방을 지속하며, 사회 생산력을 끊임없이 해방하고 발전시키는 것이다. 또한 민중의 생산 생활의 어려움을 해결하고, 확고부동하게 '공동부유'의 길로 나아가는 것이다"[68]라고 말했다. 공산당 18대 이래로 인민 중심의 발전 사상은 중국 발전의 실현 과정 속에서 한층 더 철저히 실행에 옮겨졌고, 중국의 경제 성장은 '공유'와 '포용'이라는 특징을 더욱 갖추게 되었다. 특히 민생 영역에서 일련의 새로운 성과를 거두었다.

일례로, '12.5' 시기가 그러했다. 도시와 농촌 주민의 1인당 평균 소득의 증가가 전체적으로 GDP성장을 '아웃퍼폼'했다. 동시에 도시와 농촌 주민의 소득 격차와 중국 전체 지니계수가 동반 하락했으며, 고용이 안정되고 확대되었다. 또한, 사회 보장 수준이 지속적으로 높아졌고, 보장 범위도 확대되었으며, 도시와 농촌의 발전을 통일적으로 계획하는 수준도 한 단계 성장했다. 중국은 개혁·개방 40년의 압축성장이라는 토대에서 '공동부유' 실현을 위한 힘찬 발걸음을 내딛었다.

19기 중공중앙 정치국 상무위원들이 중국 국내 및 외신 기자들과 만나는 자리에서 시진핑 총서기는 "역사는 인민이 쓰는 것이고, 모든 성과는

---

68 「시진핑, 18기 중공중앙 정치국 상무위원들과 중국 국내 및 외신 기자들과 만나 "아름다운 생활에 대한 인민의 추구가 곧 우리의 목표"라고 강조.
(習近平在十八屆中共中央政治局常同中外記者見面時強調人民對美好生活的嚮往就是我們的奮鬥目標)」, 『인민일보』, 2012년 11월 16일, 4면.

인민에게 있다. 우리가 인민 속에 깊게 뿌리를 내리고, 인민에게 의지하기만 한다면, 무궁무진한 힘을 얻을 수 있고, 비바람이 몰아쳐도 용감하게 나아갈 수 있을 것이다"라고 강조했다.

인민 중심의 발전 사상은 구두적, 사상적 측면에만 머물러서는 안 되고, 경제·사회 발전 곳곳에 구현되어야 한다.[69] '아름다운 생활'에 대한 민중의 열망에 부응하려면, '가장 많은 인민의 근본적인 이익'을 끊임없이 실현하고, 지키고, 발전시켜야 한다. 개혁의 심화와 혁신적 추진을 통하여 경제 발전의 질과 효익을 향상시켜야 하며, 더 많고 좋은 물질·정신적 산물을 생산하여 물질 문화에 대해 점차 늘어나는 인민의 수요를 끊임없이 충족시켜야 한다. 각종 유리한 조건을 제공하여 각계 각층의 노동자, 기업가, 혁신 인재, 각급 간부들이 제 역할을 할 수 있는 무대와 환경을 조성해야 한다. 또한, 사회주의 기본 경제 제도와 분배 제도를 견지하고, 소득 분배 구조를 조정하며, 세수, 사회보장, 이전지불 등을 주요 수단으로 하는 재분배 조정 메커니즘을 보완해야 한다. 그 밖에, 사회 '공평정의'를 유지하고, 소득 격차 문제를 해결하여 발전 성과의 수혜를 더욱 많은 인민이, 더욱 공정하게 받도록 해야 한다.[70]

'중국몽'을 실현하려면, 결국 인민 모두가 부지런히 노동해야 한다. "공숭유지(功崇惟誌), 업광유근(業廣惟勤)"[71]이라는 말이 있다. 노동은 부의

---

69 중공중앙 선전부, 『시진핑 총서기 시리즈 중요 연설문 독본(習近平總書記系列重要講話讀本) 2016년판』, 학습출판사·인민출판사, 2016년판, 129면.

70 중공중앙 선전부, 『시진핑 총서기 시리즈 중요 연설문 독본(習近平總書記系列重要講話讀本) 2016년판』, 학습출판사·인민출판사, 2016년판, 129-130면.

71 옮긴이 주: 『향서·주서(尚書·周書)』 중 『주관(周官)』편에 나오는 구절로, "숭고한 업적을 쌓으려면 높은 포부부터 세워야 하고, 많은 업적을 달성하려면 열심히 꾸준하게 노력해야

원천이고, 또한 행복의 원천이다. 인간 세상의 아름다운 꿈은 성실한 노동을 통해서만 이룰 수 있다. 발전 중의 여러가지 난제들은 성실한 노동을 통해서만 돌파할 수 있다. 모든 눈부신 생명력은 성실한 노동을 통해서만 주조해낼 수 있다. 노동은 중화민족을 창조했고, 중화민족의 찬란한 역사를 만들었다. 또한 중화민족의 밝은 미래를 창조할 것이다. 노동이 가장 영광스럽고, 가장 숭고하며, 가장 위대하고, 가장 아름답다는 관념을 확고히 수립하여야 한다. 이를 통해, 전체 인민이 노동의 열정을 진작시키고, 잠재력을 방출하고, 부지런한 노동, 성실한 노동, 창조적 노동에 기대어 더욱 아름다운 생활을 영위하도록 해야 한다.[72]

2. 새로운 시대 사회 주요 모순의 변화

서로 다른 발전 단계나 시대에서 인민의 수요는 다소 차이를 보이고, 사회 생산의 발전 상태 역시 다소 차이를 보인다. 따라서, 인민의 수요와 사회 생산 사이의 모순에도 서로 다른 특징이 나타나면서 사회 주요 모순에 변화가 발생할 수 있다. 신중국 성립 이래로 중국 사회주의 건설이라는 70년에 달하는 경험적 교훈이 증명하듯, 사회주의 주요 모순에 대해 적시에 정확한 과학적 판단을 내려야만, 발전 방향을 더욱 명확히 할 수 있고, 생산력 발전에 부합하는 노선·방침·정책을 제정할 수 있다.

한다"는 의미이다.

72 중공중앙 선전부, 『시진핑 총서기 시리즈 중요 연설문 독본(習近平總書記系列重要講話讀本) 2016년판』, 학습출판사·인민출판사, 2016년판, 14면.

1956년에 열린 공산당 8대는 중국 국내의 주요 모순에 대해 "선진 공업국 건설에 대한 인민의 요구와 낙후된 농업국이라는 현실 사이의 모순"과 "경제·문화의 급속한 발전에 대한 인민의 수요와 경제·문화 발전 수준이 점차 증가하는 인민의 수요를 충족시키지 못하는 현실 사이의 모순"이라고 지적했다. 역량을 집중해 이와 같은 주요 모순을 해결하는 것이 '공산당과 전체 인민이 당면한 주요 임무'가 되었다. 이러한 주요 모순으로 인해 기본적인 인민경제 체계를 구축하여, '굴기'의 경제 기반을 확립하는 것이 필연적으로 경제·사회 발전의 주요 임무가 되었다.

　　1981년에 개최된 공산당 11기 6중전회는 "중국이 해결해야 하는 주요 모순은 물질 문화에 대해 날로 늘어나는 인민의 수요와 낙후된 사회 생산력 사이의 모순"이라고 제기했다. 또한 "중국 공산당과 국가 업무의 중점은 반드시 경제 건설을 중심으로 하는 사회주의 현대화 건설로 옮겨가야 한다. 사회 생산력을 대폭 발전시키고, 이를 기반으로 인민의 물질 문화 생활을 점진적으로 개선해야 한다"라고 강조했다. 1987년 공산당 13대는 '3단계' 경제 발전 전략을 제정하고 '부흥'이라는 전략적 목표를 확실히 드러냈다.

　　공산당 18대 이래로 중국 특색 사회주의는 새로운 시대에 접어들었다. 공산당 19대는 "중국 사회의 주요 모순은 이미 아름다운 생활에 대해 날로 늘어나는 인민의 수요와 불균형적이고 불충분한 발전 사이의 모순으로 변화했다"는 판단을 내렸다. 새로운 시대 사회 주요 모순의 변화는 전반적인 국면에 관계되는 역사적인 변화이다.

　　수요의 시각에서 보면, 중국은 십 수 억 인구의 원바오(溫飽) 문제를 안정적으로 해결했고, 전반적으로 샤오캉을 실현했으며, 머지 않아 전면적으로 샤오캉사회를 건설할 것이다. 또한, 인민의 아름다운 생활에 대한 수요가 갈수록 다양해지고 수요의 차원도 갈수록 높아져, 물질 문화 생활에 대해 더 높은 요구를 제기할 뿐만 아니라 민주, 법치, 공평, 정의, 안보, 환경 등 영역에서의 수요도 점차 늘어날 것이다.

공급의 시각에서 보면, 중국의 사회 생산력의 수준은 전반적으로 현저히 상승했고, 사회 생산 능력이 다방면에서 세계 선두 대열에 진입했으며, 사회 생산의 낙후가 근본적으로 전환됐다. 그러나, 더욱 두드러지는 문제는 불균형적이고 불충분한 발전이다. 발전 수준이 세계 경제 강국들과는 여전히 거리가 있고, 구조적 모순이 비교적 두드러진다. 이는 '아름다운 생활'에 대해 날로 늘어나는 인민의 수요를 충족시키는 데에 있어 주된 제약 요소가 되고 있다.

전반적으로, '물질 문화에 대한 수요'에서 '아름다운 생활에 대한 수요'로 변화했고, '낙후된 사회 생산' 문제의 해결에서 '불균형적이고 불충분한 발전' 문제의 해결로 변화했다. 이는 중국 사회 생산력 발전의 거대한 진보를 반영했고, 발전의 단계적 요구를 반영했으며, 중국 공산당과 국가 발전 이념의 변화를 반영한 것이다.

따라서, 시진핑 총서기는 공산당 19대 보고문을 통해 "중국 사회주의 주요 모순의 변화는 중국 공산당 및 국가 업무에 수많은 새로운 요구들을 제기했다. 우리는 지속적으로 발전을 추진하는 기반 위에서, 불균형적이고 불충분한 발전 문제의 해결에 주력하고, 발전의 질과 효익을 대대적으로 높여야 한다. 또한, 경제, 정치, 문화, 사회, 생태 등 영역에서 점차 늘어나는 인민의 수요를 충족시키고, 사람들의 전면적인 발전과 사회의 전면적인 진보를 추진해야 한다"고 말했다.

사회 주요 모순의 새로운 변화에 적응하고, 더 나아가 '불균형적이고 불충분한 발전'이라는 새로운 요구를 해결하려면, 사회 주요 모순의 새로운 변화 속에 내재된 '불변'적 요소를 보아야 한다. 즉, 중국이 여전히 사회주의 초급 단계에 있으며, 장기적으로도 사회주의 초급 단계에 머물 것이라는 기본 국정에는 큰 변화가 없다는 것이다. 이는 세계 최대 개발도상국이라는 중국의 국제적 지위에는 변함이 없다는 의미이기도 하다. 이러한 '불변'적 요소는 새로운 시대 사회 주요 모순의 '변화'를 잘 해결하는 전제이자 기초이다. '변화'만 알고 '불변'을 잊어서는 안 된다. 시진핑 총서기가 공산당 19대 보고문을 통해 언급했던 것처럼, 전체 공산당원은 '사회주의 초급 단계'라는 기본 국정을 제대로 파악해야 한다. '사회주의 초급 단계'라는 사실에 입각하여, '공산당 기본 노선'이라는 중국 공산당과 국가의 생명 선, 인민의 행복 선을 추구해야 한다. 또한, 중국 각 민족과 인민을 지도하고 단결시켜, 경제 건설을 중심으로 '4가지 기본 원칙'을 견지하고, '개혁·개방', '자력갱생', '간난신고(艱難辛苦)의 창업'을 견지해야 한다. 중국을 부강하고, 민주적이고, 문명적이고, 조화롭고, 아름다운 사회주의 현대화 강국으로 건설하기 위해 노력해야 한다.

경제 건설의 시각에서 보면, 새로운 시대 사회주의 주요 모순의 주요한 측면은 향후 일정 시기 동안의 중국 경제 정책의 기본 방향을 결정한다. 즉, 경제 건설을 중심으로 하는 정책을 견지하고, 불균형적이고 불충분한 발전 문제를 해결하는 데에 주력하고, 공급측 구조개혁을 골자로 하는 건설에 주력하는 것이다. 또한, '실물경제, 과학기술 혁신, 현대적 금융, 인력 자원을 공동으로 발전시키는 산업 체계'를 버팀목으로 삼아야 한다. 그 밖에, '효율적인 시장메커니즘, 활력 있는 미시적 경제 주체, 정도를 지키는 거시적 조정'의 경제 체제를 구축하고, 그러한 체제를 동력으로 삼아 현대화된 경제 체계를 건설해야 한다.

3. 생산력의 해방 및 발전

시진핑 총서기는 '생산력의 해방 및 발전을 견지한다'는 원칙을 일관되게 강조했고, 이는 '마르크스 역사적 유물론과 변증적 유물론의 기본 방법이자 역사관의 기본 요구이다'라고 지적했다. 생산력은 사회 진보를 가장 활발하고, 혁명적으로 이끄는 요소이다. 사회주의의 근본적인 임무는 사회 생산력을 해방하고 발전시키는 것이다. 중국은 사회 생산력을 해방하고 발전시킴으로써 자본주의 국가의 경제·사회 발전 수준을 점진적으로 뛰어넘어야만 비로소 중국 특색 사회주의 제도의 우위를 진정으로 보여줄 수 있다. 그러므로 중국은 '발전이 여전히 중국의 모든 문제를 해결하는 중요한 열쇠'라는 이 중대한 전략적 판단을 견지해야 한다. 건설에 정신을 집중하고, 전심전력으로 발전을 도모하여, 중국의 사회 생산력을 끊임없이 발전시켜야 한다. 끊임없는 물질적 풍요로움과 인간의 전면적 발전 사이의 통일을 추진해야 한다.[73]

공산당 19대 보고문을 통해 시진핑 총서기는 사회 생산력을 해방하고 발전시키는 것이 사회주의의 본질적인 요구라고 재차 강조했다. 중국은

---

73 중공중앙 선전부, 『시진핑 총서기 시리즈 중요 연설문 독본(習近平總書記系列重要講話讀本) 2016년판』, 학습출판사·인민출판사, 2016년판, 282면.

사회 전체의 창조력과 발전의 활력을 불러일으켜야 한다. 또한, 더욱 질 높고, 효율적이고, 공평하고, 지속 가능한 발전을 이루기 위해 노력해야 한다.

　장기적인 발전의 시각에서 보면, 2020년에 전면적인 샤오캉사회를 건설하고, 21세기 중반까지 사회주의 현대화를 기본적으로 실현하고 중화민족의 위대한 부흥을 실현해야 한다. 이를 위해서 가장 근본적이고 가장 시급한 임무는 역시 사회 생산력을 한층 더 해방하고 발전시키는 것이다. 사상 및 사회 활력을 해방하고 강화하는 것은 사회 생산력을 한층 더 해방하고 발전시키기 위한 것이다. 덩샤오핑은 "혁명은 생산력을 해방하는 것이며, 개혁 역시 생산력을 해방시키는 것"이라며 "사회주의 기본제도가 확립된 이후, 근본적으로 생산력의 발전을 속박하는 경제 체제를 탈바꿈해야 하고 생기와 활력이 넘치는 사회주의 경제 체제를 건설하여 생산력의 발전시켜야 한다"고 말했다.[74] 1992년 초 덩샤오핑은 남방 담화에서 "사회주의의 본질은 생산력을 해방시키고 생산력을 발전시키는 것이다. 착취를 없애고 양극화를 없애며 최종적으로 공동부유에 도달하는 것이다"[75]라고 말했다. 중국은 개혁을 심화함으로써 모든 노동, 지식, 기술, 관리, 자본과 같은 요소들이 사회적 부를 창출할 수 있게끔 모든 원천들에 활력을 충분히 불러일으켜야 한다.

　바로 이러한 이유로, '생산력을 해방하고 발전시킨다'는 원칙을 견지하는 것은 중국 개혁의 실천을 정확하게 인식하는 핵심이며, 개혁 효과를 평가하는 근본적인 기준이다. 〈전면적 개혁심화에 대한 몇 가지 중대한 문

74　「우창, 선전, 주하이, 상하이 등지에서의 담화 요점(在武昌, 深圳, 珠海, 上海等地的談話要點)」 1992년 1월 18일부터 2월 21일까지), 『덩샤오핑문선』, 제3권, 인민출판사, 1993년판, 370면.

75　위의 책, 373면.

제에 관한 중공중앙의 결정(中共中央關於全面深化改革若幹重大問題的決定)〉은 "한층 더 사상을 해방하고, 사회 생산력을 해방하고 발전시키며, 사회적 활력을 더 높여주어야 한다"[76]라고 지적했다. 이는 개혁의 목적이자 동시에 개혁의 조건이다. 중국 개혁의 성과를 평가할 때는 반드시 생산력을 해방하고 발전시킨 성과가 근본적인 척도가 되어야 한다. 소위 말하는 서양의 주류 가치관이나 전통적이고 보수적인 이론 교조로 개혁의 성패를 판단해서는 절대로 안 된다는 것을 명심해야 한다.

보다 이론적인 측면에서 분석하자면, 물질 생산은 사회 역사 발전의 결정적인 요소이지만, 상부 구조 역시 경제 기초인 하부 구조에 반작용을 할 수 있다. 생산력과 생산 관계, 하부 구조와 상부 구조 사이에 작용과 반작용은 결코 단선적으로 간단하게 결정하고, 또 결정되는 논리가 아니다. 공산당 18기 3중전회는 전면적 개혁심화 방안을 제시했는데, 바로 중국이 직면하고 있는 두드러지는 모순과 문제들을 해결해야 한다는 것이다. 따라서, 단일한 분야, 단일한 차원에 의한 개혁에 기대서는 효과를 거둘 수 없으며, 반드시 정층 설계와 전반적인 계획을 강화해야 한다. 또한 개혁 간의 연관성, 체계성, 협동성을 강화해야 한다. 생산 관계에서의 부적응 문제를 잘 해결하고, 상부 구조에서의 부적응 문제 역시 잘 해결할 수 있어야만 종합적인 효과를 낼 수 있다. 동시에, 발전이라는 가장 중요한 과제를 둘러싸고 각 영역의 개혁을 배치하고, 사회 생산력의 해방 및 발전을 통해 개혁에 강한 견인력을 제공할 때에만, 생산 관계가 생산력에, 상부 구조가 하부

---

76 시진핑, 「〈전면적 개혁심화에 대한 몇 가지 중대한 문제에 관한 중공중앙의 결정〉에 관한 설명(關於〈中共中央關於全面深化改革若幹重大問題的決定〉的說明)」, 『인민일보』, 2013년 11월 16일, 1면.

신시대 중국 특색 사회주의 정치경제학 구축

구조에 더욱 잘 적응하도록 촉진할 수 있다.

전면적인 샤오캉사회를 건설하는 '13.5' 기간에 중국은 '혁신, 균형, 녹색, 개방, 공유'의 발전 이념을 확고하게 수립하고 확실하게 실천하여 경제 발전 뉴노멀에 적응해야 한다. '온중구진(穩中求進)'을 견지하고, '개혁·개방'을 견지하고, 안정적인 거시 정책, 정확한 산업 정책, 탄력적인 미시 정책, 실질적인 개혁 정책, 보장성 사회 정책을 실시해야 한다. 또한 전략적으로는 지구전을 고수하고 전술적으로는 섬멸전에 대비할 각오로 총체적인 수요를 확대함과 동시에 공급측면의 구조개혁을 강화해야 한다. 또한 공급 체계의 질적 수준과 효율을 향상에 주력하여 경제의 지속적인 성장 동력을 강화해야 한다. 그래야만 중국 사회 생산력의 수준이 진정으로 전반적인 도약을 실현할 수 있다.[77]

사회 생산력 발전의 중요한 원천은 바로 과학 기술임을 알아야 한다. 과학적 혁신이 역사의 수레바퀴를 빠르게 회전시켰으며, 인류 문명의 진보에 무궁무진한 동력의 원천을 제공했다. 과학 기술은 인류를 '미개'에서 '문명'으로, 유목문명에서 농업문명, 공업문명을 거쳐 정보화 시대로 향하도록 이끌었다.

21세기에 들어서서 새로운 과학 기술 혁명과 산업 변혁이 태동하고 있다. 글로벌 과학기술 혁신은 새로운 발전 추세와 특징을 보이고 있다. 전통적인 의미에서의 기초 연구, 응용 연구, 기술 개발, 산업화는 그 경계가

---

77 「시진핑, 중공중앙 경제 지도소조 제11차 회의 주최, 당 18기 5중전회 사상 시행, "전면적인 발전 이념 시행, 경제 구조 개혁 추진" 강조, 리커창·류윈산·장가오리 참석(習近平主持召開中央財經領導小組第十一次會議強調全面貫徹黨的十八屆五中全會精神落實發展理念推進經濟結構性改革 李克強劉雲山張高麗出席)」, 『인민일보』, 2015년 11월 11일, 1면.

점점 모호해지고 있으며, 과학 기술 혁신 체인이 더욱 기민해지고 있다. 또한, 기술 업데이트 및 성과들의 상용화도 더욱 빨라지고, 산업 업그레이드 및 세대 교체 속도가 끊임없이 가속화되고 있다. 과학 기술 혁신 활동은 끊임없이 지역, 조직, 기술의 한계를 넘어, 새로운 체계적인 경쟁으로 진화하고 있으며, 혁신 전략이 종합 국력 경쟁에서 차지하는 지위가 갈수록 중요해지고 있다. 과학 기술의 혁신 및 발전의 새로운 추세에 직면하여, 세계 주요 국가들 모두 과학 기술 혁신의 돌파구를 찾아 미래의 경제 과학 기술 발전을 선점하려 하고 있다. 중국은 이러한 과학 기술 혁신의 경쟁에서 뒤처져서는 안되며, 반드시 노력하여 선두를 따라잡고, 분발하여 뒤를 바짝 쫓고, 힘을 내 추월해야 한다. 따라서, 혁신적 발전을 실현하는 것은 생산력을 해방하고 발전시키기 위해 반드시 걸어야 하는 길이자, 중요한 전략적 배치이다.

생태환경 보호 또한 경제 발전 과정에서 주의를 기울여야 할 영역이다. 생태문명 건설은 중화민족의 영속적인 발전과 '2개 100년'이라는 목표의 실현과 밀접한 관련이 있다. 생태환경을 보호하는 것이 바로 생산력을 보호하는 것이며, 생태환경을 개선하는 것이 곧 생산력을 발전시키는 것이다. 생태환경 문제는 결국 경제 패러다임의 문제다. 경제 발전과 생태 환경 보호의 관계를 정확하게 처리하고, 녹색발전 이념을 경제·사회 발전의 각 영역에 확실하게 융합시켜야 한다. 또한, 녹색발전 패러다임 및 생활 패러다임을 형성하고, '부유한 인민', '부강한 국가', '아름다운 중국'을 협동적으로 추진해야 한다.

서양의 발전 이론이 자원, 환경, 생태 문제 영역에서 시종일관 돌파구를 찾지 못한 원인은, 그 인식의 최고점이 생태 환경 보호를 발전 목표

자체가 아니라, 여전히 발전의 수단으로 삼고 있다는 점에 있다. 한편, 중국 공산당의 생태문명 건설 임무 배치와 녹색발전 이념은 그 눈높이를 자원, 환경, 생태가 바로 생산력임을 인정하고 중시하는 것에 두었다. 동시에 '아름다운 생활에 대한 인민의 욕구'를 발전 목적에 포함시킴으로써 수단과 목표의 눈높이가 고도로 일치하는 사상 체계를 형성하였다.

시진핑 총서기가 저장(浙江)에서 근무했을 때 이미 언급하고 실천에 옮긴 '녹수청산(綠水青山)'과 '금산은산(金山銀山)' 관계 이론 역시 중국 공산당을 이러한 문제에서 새로운 눈높이에 도달하게 했다는 점을 보여준다. 2016년 1월 18일 '성부급(省部級) 주요 지도자 간부 대상 공산당 18기 5중전회 사상 학습·관철 특별 세미나'에서 시진핑 총서기는 "환경이 곧 민생이고, 청산이 곧 아름다움이고, 푸른 하늘이 곧 행복이고, '녹수청산'이 곧 '금산인산'이다. 환경 보호는 곧 생산력을 보호하는 것이고, 환경의 개선이 곧 생산력을 발전시키는 것이다"라고 했다.

이러한 사상을 배우고 확실하게 실현하려면, 중국은 발전 중인 대국으로서, 현대화된 국가를 건설해야 하고, 구미(歐美)의 '선 오염 후 관리'라는 낡은 길은 더이상 통하지 않는다. 오직 경제 발전과 환경 오염과의 관계를 정확하게 처리하여 환경 보호라는 새로운 길을 모색해야 함을 충분히 인식해야 한다. 또한, 녹색발전, 순환발전, 저탄소발전을 더욱 자발적으로 추진해야 하며, 절대 환경과 자원 낭비를 대가로 일시적인 경제 성장을 거두어서는 안 된다. 신형 산업화·정보화·도시화·농업 현대화·친환경화를 조화롭게 추진하여, 경제 발전과 생태 문명이 상부상조하며 서로 시너지 효과를 낼 수 있는 새로운 발전의 길을 마련해야 한다. 또한, 양호한 생태 환경이 인민 삶의 질을 개선하는 새로운 성장 분야가 되고, 중국의 양호한 이미지를 구축하는 착안점이 되어야 한다. 동시에, 일반 대중들이 경제 발전이 가져온 실질적인 환경적 효익을 확실히 느끼도록 해야 하고, 후대 자손들에게 지속 가능한 발전의 '경제림'을 남겨주어야 한다.[78]

4. 사회주의와 시장경제의 유기적 결합

마르크스주의의 권위 있는 저작들과 서양 주류 경제학자들은 모두 사회주의와 시장경제가 서로 첨예하게 대립하는 것으로 여긴다. 마르크스주의자들은 사회주의 생산은 계획적인 생산이고, 계획성은 사회주의 경제의 본질적인 특징이라고 생각한다. 한편, 서양 주류 경제학자들은 사유제가 없으면 시장 운행이 필요로 하는 충분한 정보와 인센티브 메커니즘을 가질 수 없고, 자원의 희소성이 그대로 반영된 시장 가격을 형성할 수 없다고 여긴다. 따라서, 이 둘은 물과 불이 섞일 수 없는 것처럼 "사회주의, 아니면 시장경제"라는 근본적인 대립을 이루었다.[79] 오스카르 랑게 등은 사회주의 경제 이론 중 시장메커니즘 역할을 시뮬레이션 해보려 시도했지만, 그 논증 과정은 미시적 기초가 결여되어 있었다. 이때문에 사회주의 국유제 기업 내부의 기업가 인센티브 메커니즘과 행동 모델에 대한 충분한 고찰이 이루어질 수 없었고, 이러한 이유로 사회주의와 시장경제의 '호환'

---

78 중공중앙 선전부, 『시진핑 총서기 시리즈 중요 연설문 독본(習近平總書記系列重要講話讀本) 2016년판』, 학습출판사·인민출판사, 2016년판, 233-236면.

79 [오스트리아] 루드비히·폰·미제스, 『사회주의(社會主義)』, 중국사회과학출판사, 2008년판, 107면.

신시대 중국 특색 사회주의 정치경제학 구축

문제를 해결하지 못했다.

사회주의와 시장경제 사이의 내재적 연관성을 밝히고 양자를 유기적으로 결합시킨 것은 중국 공상당원들이 마르크스주의 정치경제학의 발전에 대해 이론적인 공헌을 한 것이라고 할 수 있다. 1979년 덩샤오핑은 "시장경제는 자본주의 사회에만 존재하고, 자본주의 시장경제만 존재한다고 말하는 것은 옳지 않다. 사회주의라고 왜 시장경제를 다룰 수 없는가? 이는 자본주의라고 할 수 없다"[80]고 했다. 그 후에도 수 차례에 걸쳐 "사회주의와 시장경제 사이에는 근본적 모순이 존재하지 않는다"[81], "사회주의 역시 시장경제를 다룰 수 있다"[82], "이는 사회주의가 사회 생산력을 발전시키는 방법이다. 이를 방법으로 삼는 것이 전체 사회주의에 영향을 미치지 않으며, 다시 자본주의로 돌아가지도 않을 것이다"[83]라고 강조했다. 특히, 1992년 남방 담화에서 덩샤오핑은 "계획경제가 곧 사회주의라고 할 수 없으며, 자본주의 역시 계획이 존재한다. 시장경제가 곧 자본주의라고 할 수 없으며, 사회주의 역시 시장이 존재한다"라고 지적했다. 또한 "사회주의의 본질은 생산력을 해방시키고, 생산력을 발전시키고, 착취를 없애고, 양극화를 해소하고, 최종적으로 '공동부유'라는 목표에 도달하는 것"[84]이라고

---

80 「사회주의도 시장경제를 다룰 수 있다(社會主義也可以搞市場經濟)」, 『덩샤오핑문선』, 제2권, 인민출판사, 1994년판, 236면.

81 「사회주의와 시장경제에 근본적인 모순은 존재하지 않는다(社會主義和市場經濟不存在根本矛盾)」, 『덩샤오핑문선』, 제3권 , 인민출판사, 1993년판, 148면.

82 「사회주의도 시장경제를 다룰 수 있다(社會主義也可以搞市場經濟)」, 『덩샤오핑문선』, 제2권, 인민출판사, 1994년판, 231-236면.

83 위의 책, 236면.

84 「우창, 선전, 주하이, 상하이 등지에서의 담화 요점(在武昌, 深圳, 珠海, 上海等地的談話要點)」

명확히 밝혔다.

만약 중국이 생산력을 해방하고 발전시켜 '공동부유'를 실현하는 것을 사회주의의 본질로 삼는다면, 사회주의와 시장경제 사이에 근본적인 모순이 존재하지 않는다. 사회 생산력의 해방 및 발전이라는 측면에서 보면, 시장 경제는 사람들이 각자 다양한 방향으로 탐구하도록 장려함으로써 무수한 인민의 총명함과 재능, 지혜를 자극시켜 생산 효율과 자원 배치 효율을 제고하고, 끊임없이 부를 창출하며, 생산력의 발전시킨다. 마치 시진핑 총서기가 "이론과 실천이 증명하듯, 시장의 자원 배치는 가장 효율적인 형식"이라고 말한 바와 같다. 한편, 점진적인 '공동부유'의 실현이라는 측면에서 보면, 시장메커니즘은 자본의 축적과 기술의 진보를 통해 고용 확대 및 주민 소득 증가를 끊임없이 추진하는데, 이것이 공동부유라는 목표의 실현에 도움이 되는 것은 분명하다.

덩샤오핑의 연설에서 제기된 사상을 지침으로 삼아, 1992년에 열린 공산당 14대는 사회주의 시장경제 체제 건설의 확립을 경제 개혁의 목표로 삼았다. 시진핑 총서기는 "이는 중국 공산당이 중국 특색 사회주의를 건설하는 과정에서 이루어진 하나의 중대한 이론이자 실천적인 혁신이다. 세계의 여타 사회주의 국가들이 오랫동안 해결하지 못했던 하나의 중대한 문제를 해결한 것이다"[85]고 했다.

시진핑 총서기는 더 나아가 "20여 년 이래, 중국은 사회주의 시장경

1992년 1월 18일부터 2월 21일까지), 『덩샤오핑문선』, 제3권, 인민출판사, 1993년판, 373면.

85 시진핑, 「공산당 18기 3중전회 사상에 입각하여 확실하게 사상을 통일시키자(切實把思想統壹到黨的十八屆三中全會精神上來)」, 구시, 2014년 1호.

제 체제 건설이라는 목표를 둘러싸고, 경제 체제 및 기타 각 영역의 체체 개혁을 추진하여 '고도로 집중된 계획경제 체제'에서 '활력이 넘치는 사회주의 시장경제 체제'로, '봉건·반(≠)봉건'에서 '전방위적 개방'으로의 위대한 역사적 전환을 성공적으로 이뤄냈다. 또한, 인민의 생활이 '원바오'에서 '샤오캉'으로 역사적 도약을 이루었고, 경제총량이 세계 2위를 차지하는 역사적 도약을 이루었다. 또, 수억만 인민의 적극성을 자극해 사회 생산력의 발전을 크게 촉진하고 중국 공산당과 국가에 생기와 활력을 불어넣었다"[86]고 했다. 실천이 증명하듯이, 중국 국정에 따른 사회주의 시장경제 체제 건설의 방향은 매우 정확했다. 이로 인해, 사회주의 시장경제 이론은 중국 특색 사회주의 정치경제학의 중요한 부분이 되었고, 사회주의와 시장경제의 결합은 중국 특색 사회주의 정치경제학의 뼈대(主線)가 되었다.

이론적 측면에서 보면, 사회주의와 시장경제의 결합은 유기적인 통일을 이루어야 한다. 공유제는 주식제 등의 형식으로 우선 독립적인 시장경제 주체가 됨과 동시에 비공유제 경제의 존재와 발전을 수용·장려해야 한다. 이를 통해 충분한 경쟁을 이룰 수 있는 다원화된 시장 주체를 형성해야 한다. 한편으로는 시장경제의 발전은 사회주의 제도가 요구하는 '공평 정의'와 '공동부유'의 목표를 실현하는 데에 유리하게 작용해야 한다. 간단히 말해서, 사회주의 기본 제도와 시장경제 각자의 비교우위가 모두 충분히 발휘될 수 있어야 한다.

특히 강조해야 할 부분은, 사회주의와 시장경제 사이에 호환성을 갖는다고 해서 양자 간에 어떠한 모순도 존재하지 않는 것은 아니라는 점이

---

86 위의 책.

다. 시진핑 총서기는 이러한 문제에 대해 아래와 같이 심도 있게 분석했다. 그는 "객관 세계의 그 어떠한 것 과도 마찬가지로, 사회주의와 시장경제 역시 하나의 모순된 통일체이다. 서로가 통일되는 부분도 있고, 모순되는 부분도 있다. 시장경제는 뚜렷한 장점들을 갖고 있다. 자주적 경영, 점진적인 이윤의 극대화, 자원 배치의 최적화, 공정한 경쟁을 통한 경영주체의 사회 생산력 발전에 대한 적극성, 민감한 경제 신호를 활용해 생산과 수요의 적시에 조정하는 점 등이 그것이다. 이 때문에 계획경제 체제에 비해 더욱 빠르고 양호하게 사회 생산력을 발전시킬 수 있다. 그러나 동시에, 자발성, 맹목성, 투기성, 단기성, 정체성, 불완전성 및 독점 행위를 쉽게 초래하는 등 약점 역시 존재하며, 일부 새로운 모순들을 야기한다. 이를테면, 시장경제의 자주성, 이익 추구성, 투기성과 사회주의의 집단주의 원칙 사이에 모순이 발생한다. 그 밖에, 시장의 경쟁성이 경제 독점 현상을 초래하고, 일정한 정도 및 범위 내에서 빈부 격차의 확대를 초래하는 등의 모순들이 있다"[87]고 지적했다.

따라서 사회주의와 시장경제의 유기적 결합을 실현하는 데 존재하는 어려움을 과소 평가해서는 안 된다. 시진핑 총서기는 비록 중국 사회주의 시장경제 체제가 이미 초보적으로 구축되었다고 하더라도 시장 체계가 아직 완벽하지 못하다는 것을 명확히 인지하고 있다. 시장의 발전이 아직 불충분하고, 특히 정부와 시장 관계가 아직 정상화되지 않았고, 시장이 시장 배치에서 효율적인 역할을 하는 데 많은 제약이 따른다. 공산당 18대가 지

---

[87] 시진핑, 「사회주의 시장경제 발전에 대한 재인식(對發展社會主義市場經濟的再認識)」, 동남학술, 2001년 4호.

적한 사회주의 시장경제 체제의 보완을 가속화하는 전략적 임무에 대해서는 아직도 수많은 노력을 기울여야 할 것이다.[88] 구체적으로 보면, 정부와 시장의 관계를 어떻게 잘 처리하고, 사회주의 시장경제의 발전을 어떻게 '공동부유'의 목표를 실현하는 측면으로 이끌 것이며, 국유기업과 비국유기업이 공평하게 경쟁할 수 있는 환경을 어떻게 완비할 것인지 등의 문제들이 존재한다. 향후 중국은 이러한 문제들을 포함한 일련의 중대한 이론적 문제들에 대해서 실천 중에 부단히 답을 찾아내야 한다.

그 밖에, 서양 경제학계의 일부 관점들 역시 중국이 사회주의와 시장경제의 유기적 결합의 필요성을 인식하는 데에 도움이 된다. 애덤 스미스는 현대 서양 경제학의 선조로 여겨진다. 그가 '보이지 않는 손'을 숭상하는 전통에서 알 수 있듯, 서양 경제학의 주류는 자유방임적 시장경제를 주장하는 태생적 경향을 갖고 있다고 할 수 있다. 그럼에도 많은 권위 있는 경제학자들은 이론과 경험의 시각에서 광범위하게 존재하는 '시장 실패' 현상을 발견하고, 그 본질을 밝혀냈다. 즉, 독점, 외부성, 불충분한 정보, 거래 비용 등의 존재와, 취약 계층 보호 등 해결할 수 없는 문제들은 시장메커니즘에 존재하는 결함이라고 할 수 있다. 한편, 정부의 역할을 배제하고 시장메커니즘에 과도하게 의존하는 신자유주의 경제학이 바로 서양 국가들에서 경제 성장의 '평범(mediocre)', 소득 격차의 확대, 사회 모순의 격화를 초래했고, 더 나아가 정치 구조에 급격한 변화가 발생하는 나쁜 결과를 초래했다.

---

[88]　시진핑, 「공산당 18기 3중전회 사상에 입각하여 확실하게 사상을 통일시키자(切實把思想統壹到黨的十八屆三中全會精神上來)」, 구시, 2014년 1호.

바로 이러한 이유로, 시장메커니즘의 유효성과 한계성을 충분히 인식하고, 사회주의 제도의 우월성을 심화 시키며, 공유제의 주체적 지위를 견지해야만, 사회주의 시장경제가 사회 생산력의 발전과 '공동부유'라는 측면에 큰 역할을 할 수 있다. 중국의 실천 과정에서 볼 수 있듯, 중국의 정책결정자들이 '중국 특색', '사회주의'를 '시장경제'와 비교적 잘 결합시켰기 때문에, 세계가 모두 주목하는 중국 기적을 창조한 것이다.

일부 서양 경제학자들은 또한 사회주의와 시장경제의 결합이 이미 이론적으로만 가능한 것이 아니라, 현실적으로도 충분히 실천 가능성을 가진다고 여긴다. 예를 들어, 해외 학자들의 연구 결과에 따르면, 중국이 실시한 것은 중국 특색의 사회주의 시장경제이지 자본주의 제도가 아니다. '중국 특색'이라는 요소는 정부에 의한 경제 관리, 경제적 성과와 효과에 따른 관리들의 업무 수행 평가 등의 내용을 포함하고 있다. '사회주의'라는 요소는 국가 경제와 인민 생활에 관계되는 경제의 커맨딩 하이츠를 중국 공산당과 국가가 통제하는 것이다. 또한, 국유기업, 금융기구, 일부 비국유기업의 인사임면권 및 발전 전략 결정권을 소유하는 내용을 포함하고 있다. '시장경제' 요소는 주로 시장메커니즘에 의한 가격 조절과 각종 생산 요소의 배치를 가리킨다. 이 세 가지 요소의 공동 작용으로 중국 경제가 압축성장할 수 있는 체제적 기반이 마련된 것이다.[89]

서양 경제학자들의 이러한 분석의 엄밀성과 정확성에 관해서는 향후에 협의와 검토를 거칠 필요가 있다. 그러나, 이러한 연구를 통해 중국 경

---

[89] Fan, Joseph, Romdall Morck and Bernard Yeung, "Capitalizing China", *NBER Working Paper*, No. 17687, 2011.

신시대 중국 특색 사회주의 정치경제학 구축

제 발전의 실천 중에서 사회주의와 시장경제의 유기적 결합은 이미 경제학에서 피할 수 없는 중대한 이론적 문제가 되었음을 분명하게 알 수 있다. 서양 경제학이 하나의 전체로서 이러한 문제에 대해 태생적으로 갖고 있는 이데올로기적 고정관념과 이론적 편견을 감안한다면, 사회주의와 시장경제의 이론적 논리 측면의 호환성 및 실천 중에서의 결합 가능성을 탐구해야 한다. 특히 시장메커니즘의 내재적인 결함을 극복하고 억제하는 것에 대한 사회주의 제도의 의의를 탐구하는 것은 중국 특색 사회주의 정치경제학의 중대한 과제임에 틀림없다.

사회주의와 시장경제의 결합, 공유제와 시장경제의 결합은 사회주의 시장경제 발전의 핵심으로, 사회주의 시장경제 활동의 모든 측면을 관통한다. 사회주의 시장경제 체제는 바로 이러한 유기적 결합을 추진하는 과정에서 끊임없이 보완되고 성숙되었으며, 이러한 과정에서 경제·사회를 발전시킬 것이다. 따라서, 중국 특색 사회주의 정치경제학을 구축할 때, 일관되게 사회주의와 시장경제의 결합 및 공유제와 시장경제의 결합을 골자로 삼고, 치밀한 논리와 짜임새 있는 이론 체계를 형성해야 한다.[90]

5. 정부와 시장의 관계

정부와 시장의 관계는 경제학이 오랫동안 논의되어 온 주제이다. 중

---

[90] 장줘위안(張卓元), 「사회주의와 시장경제의 유기적 결합 실현: 중국 특색 사회주의 정치경제학의 구축을 주선으로(建構中國特色社會主義政治經濟學的主線)」, 『인민일보』, 2016년 11월 21일, 7면.

국의 개혁 및 발전 실천은 바로 정부와 시장 관계의 경계선을 끊임없이 탐구하는 위대한 실험이기도 하다. 그 중에는 성공한 경험도 있고, 실패한 교훈도 있다. 1978년 이전 사회주의 건설의 실천적 경험과 교훈에서 알 수 있듯이, 시장의 역할을 완전히 무시하고 정부가 경제 업무를 총괄하는 경제 체제는 생산 요소와 제품 가격을 왜곡하고, 자원 배치의 효율성을 저하시키며, 경제 구조의 심각한 불균형을 이루고, 인민 생활 수준 제고 속도의 둔화 등 일련의 폐단을 초래한다. 그래서 개혁 초기에 이러한 경제 운행 모델은 개혁의 주요한 대상이 되었다.

중국은 한동안 경제 개혁의 기본 방향에 있어서도 '국유제 + 계획경제'를 기본 특징으로 하는 전통적인 경제 체제에 시장화 요소를 적극적으로 주입함으로써, 시장 메커니즘의 강점을 발전시키도록 했다. 또한, 자원 배치의 효율성을 개선하고, 생산자의 적극성을 자극하며, 시장의 공급관계를 조절했다. 그 밖에, 이론계에서는 계획과 시장의 관계에 관한 연구에 집중했고, 판구조론, 유기적 결합론, 침투론 등 다양한 인식이 형성되었다.

1992년 10월에 개최된 공산당 14대는 사회주의 시장경제 체제를 건설한다는 개혁목표를 확립했다. 이어서 1993년 11월에 개최된 공산당 14기 3중전회에서는 '사회주의 시장경제 건립에 대한 몇 가지 문제에 관한 결정'이라는 제목의 시장화 개혁 마스터플랜이 통과되었다. 이로써 중국은 공식적으로 계획경제 모델을 포기했고, 중국의 개혁은 시장화를 발전 방향으로 하는 전반적인 추진 단계에 진입했다.

1994년부터 중국은 이러한 청사진에 따라 다음과 같은 각 영역에서의 개혁을 진행했다. 첫째, 상품 시장, 노동력 시장, 금융 시장을 포함한 시장 체계를 수립했다. 둘째, 경상항목에 있어서 관리가 가능한 위안화 태환을 실현하여 전면적인 대외개방을 추진했다. 셋째, '대형 국유기업을 집중 관리하고 소형 국유기업은 느슨하게 관리하여 활성화시킨다'라는 국유기업의 구조 조정을 통해, 국유경제의 전략적인 조정을 계속 추진했다. 또한, 백만 곳에 달하는 국유 소기업 및 향(鄕)·진(鎭) 정부 소속 소기업을 다양한 형식의 민영기업으로 구조 조정했다. 넷째, 간접적 조정을 위주로 거시경제 관리 체계를 세우고 보완했다. 다섯째, 새로운 사회보장 제도를 세우도록 했다. 여섯째, 정부 관리 기능을 전환시키고자 했다. 일곱째, 법률 및 제도적 건설을 강화하고자 했다.

중국은 시장지향적 개혁을 추진하는 과정에서 거시경제의 안정을 유지하고자 노력했다. 또 진보적인 무역·투자 정책을 실시하여, 경쟁을 장려하고, 독점에 반대하며, 비국유경제의 발전을 지지함으로써 국유기업을 개혁했다. 인적 자본과 교육을 중시하고, 재산권과 지적 재산권을 보호하며, 법치의 역할을 중시했다. 이러한 것들 모두 중국 경제가 성공할 수 있었던 체제적 기반이다.[91] 중국 정부가 성공한 요인은 경제 활동에 대한 깊은 개입이 아니라 국가 권력을 잘 운용하여 경제 발전을 저해하는 왜곡된 제도 구조를 점진적으로 개혁한 데에 있다. 시장 메커니즘을 도입하여 사람들의 인센티브 매커니즘을 개선함으로써, 인민 저축 및 투자를 증가시키고, 생산 효율과 자원 배치 효율을 제고하고, 이로부터 경제의 압축성장을 실현했다.

이와 동시에, 중국의 중앙 정부와 지방 정부는 경제 성장을 촉진하는

---

91   류허(劉鶴), 「'12.5' 규획 〈건의〉의 기본 논리("十二五"規劃〈建議〉的基本邏輯)」, 『비교』, 제54
      집, 중신출판사(中信出版社), 2011년판.

데에 특히 중요한 역할을 했다. 시장 교조주의 이념에 따르면, 중국 경제 발전에 있어서 정부의 이러한 역할은 비판 받아야 했다. 그러나, 일부 서양 경제학자들은 중국의 발전 성과를 관찰한 후 '발전형 정부'라는 말로 중국 정부의 역할을 요약했다. 특히 지방 정부 행위에 대한 개괄하는 과정에서 이러한 표현을 사용했다.

개혁 초기 정부와 시장의 합리적인 관계 형성에 있어 새로운 진전을 이루었음에도, 여전히 효과적으로 해결하지 못한 이론적, 실천적 문제들이 적지 않다. 정부와 시장의 관계가 완전히 조절되지 않아, 일부 심층적인 경제·사회 문제들이 야기되었고, 아직 근본적인 해결책을 찾지 못하고 있다. 또한, 각기 다른 발전 단계에 따라 정부 관리 기능 역시 달라져야 하며, 이론적으로나 실천적으로나 정부와 시장의 관계를 모색하는 것이 여전히 중국 특색 사회주의 정치경제학의 중요한 의제로 남아 있기도 하다. 이와 관련해 주요 경제 분야에 여전히 존재하는 문제들에 대해 다음과 같이 간단히 요약해 보았다.

자원 배치 효율 면에서 보면, 토지, 신용대출, 자연 자원과 일부 업스트림 제품 가격은 여전히 심각하게 저하되고 있고, 각급 정부는 여전히 일부 중요한 자원에 대한 배치권을 보유하고 있다. 이러한 체제적 요인은 자원 배치의 효율성이 한층 더 제고되는 것을 저해했고, 경제 패러다임이 투자 구동형에서 혁신 구동형으로 전환되는 것 역시 저해했다.

시장 경쟁 구도 면에서 보면, 국유경제의 전략적 조정이 아직 최종적으로 완료되지 않았다. 행정적 독점이 광범위하게 존재하고, 비국유경제는 가격, 세수, 융자, 시장 진입 등 면에서 여전히 소유제로부터 차별대우를 받고 있다. 시장에서 정부는 '선수인 동시에 심판'의 역할을 하는 현상이 여전히 존재하고 있다. 각종 경제 요소들이 국가의 통일된 산업 정책 아래 제각기 기능을 하며 공정 경쟁을 펼칠 수 있는 국면이 아직 형성되지 않은 것이다.

거시 경제 측면에서 보면, 금융, 기업, 정부 등 분야의 개혁이 제대로 이루어지지 않았다. 때문에 중국의 거시적 조정은 보다 시장화 된 정책 도구를 운용하여 효과적인 정책 신호를 제공할 방법이 없다. 따라서 어쩔 수 없이 직접적인 행정적 조정에 지나치게 의존할 수밖에 없다. 그로 인해 거시적 조정이 장기적으로 비교적 낮은 효율의 '차선(Theory of Second Best)' 상태에 묶여 있게 될 수도 있다.

사회적 측면에서 보면, 정부의 공공지출 구조에서 경제 건설은 여전히 중요한 위치를 차지하고 있다. 그 외에 사회적 지출은 여전히 부족하고 경제·사회의 발전이 조화를 이루기 힘들다. 또한, 정부가 과도한 자원 배치 권력을 장악하였기에 임대료 설정(rent-setting), 지대 추구(rent-seeking) 및 부패 현상이 만연하게 되었다. 빈부 격차가 확대됨에 따라 사회 모순이 격화되었고, '공동부유'라는 목표의 실현에 영향을 미쳤다.

이렇듯, 현재의 개혁 및 발전에서 나타나는 일부 심층적인 모순과 문제들은 대부분이 정부 관리 기능이 뒤바뀌거나, 본연의 지위를 넘어서거나 빈틈이 생기는 등의 현상과 관련이 있다. 또한 정부와 시장의 경계가 불분명한 상황과도 관련이 있다. 위와 같은 여러 가지 문제들을 해결하려면, 반드시 금융 체제, 재정세무 관리 체제, 수입 분배 체제, 독점 업종 등 개혁의 난제들을 해결해야 한다. 이러한 개혁을 확실하게 실행하고 추진하는 것은 정부의 자체적 개혁과 분리해서 생각할 수 없으며, 시장 제도의 끊임없는 성장 및 보완과 분리시킬 수 없다.

중국의 시장경제 이론 역시 실천의 변화에 따라 끊임없이 발전하고 있다. 공산당 15대는 "시장이 국가의 거시적 조정 하에서 자원 배치에 대한 기초적인 역할을 할 수 있도록 해야 한다"고 지적했다. 또한, 공산당 16대는 "자원 배치에 대한 시장의 기초적 역할을 더욱 크게 해야 한다"고 지적했다. 이어서 공산당 17대는 "제도적인 측면에서 자원 배치에 대한 시장의 기초적 역할을 더욱 진전시켜야 한다"고 했다. 그리고, 공산당 18대는 "자원 배치에서 시장의 기초적 역할을 더욱 광범하고 더욱 깊이 있게 해야 한다"고 했다.

2013년에 열린 공산당 18기 3중전회는 자원 배치에 있어서 시장의 '기초적 역할'을 '결정적 역할'로 수정했고, 동시에 "정부 역할을 더욱 잘 할 것"을 강조했다. 시진핑 총서기는 3중전회가 끝난 후 발표한 글에서 "사회주의 시장 경제 개혁의 방향을 견지하는 데 있어, 핵심적인 문제는 정부와 시장의 관계를 잘 처리하고, 자원 배치에서 시장의 결정적인 역할과 정부 역할을 더욱 잘 할 수 있도록 하는 것이다. 이는 공산당이 이론 및 실천 측면에서 이룬 또 하나의 중대한 진전이다"[92]라고 했다. 시진핑 총서기의 연설은 두 가지 시각에서 구체적으로 바라볼 수 있다. 이론적인 측면에서 보면, 이는 중국 특색 사회주의건설의 법칙에 대한 인식 면에서 공산당의 새로운 돌파구로, 사회주의 시장경제의 발전이 새로운 단계로 진입했음을 상징한다. 실천적인 측면에서 보면, 이 중요한 판단은 중국 공산당 전체와 사회 전체에 걸쳐 정부와 시장 관계에 관한 올바른 관념을 수립하

---

92 시진핑, 「공산당 18기 3중전회 사상에 입각하여 확실하게 사상을 통일시키자(切實把思想統壹到黨的十八屆三中全會精神上來)」, 구시, 2014년 1호.

신시대 중국 특색 사회주의 정치경제학 구축

는 데에 도움이 된다. 또한, 경제 패러다임의 전환과, 정부의 직무 기능의 전환, 부정부패 현상을 억제하는 데 유리하다.

앞서 서술한 시진핑 총서기의 연설에서 나타난 사상의 본질에 따르고, 경제 체제 개혁을 뼈대(主線)로 새로이 심화하는 것, 이것이 바로 18기 3중전회 결정의 주요 의미를 실현하고, 시장이 자원 배치에서 결정적 작용을 하도록 하는 것이다. 이는 생산력의 해방과 발전이고, 공급측 구조개혁이 성과를 거둘 수 있는지 여부를 가늠하는 중대한 원칙의 문제이다. 이밖에, 정부 역할에 대해서는 '더 많이 하는 것'이 아니라 '더 잘 하는 것'을 강조해야 한다. 시장에서 관리할 수 없거나 잘 관리하지 못하는 일들에 집중해야 한다.[93]

시장의 측면에서 보면, 시장이 자원 배치를 결정하는 것은 시장경제의 보편적인 법칙이다. 시장경제는 본질적으로 시장이 자원 배치를 결정한다. 이론과 실천이 모두 증명하듯이 시장의 자원배치는 가장 효율적인 형식이다. 반드시 시기를 놓치지 않고 개혁 강도를 높혀, 사회주의 시장의 경제 개혁 방향을 견지해야 한다. 사상 측면에서는, 시장이 자원 배치를 결정하는 이러한 시장경제의 보편적 규율을 더욱 존중해야 한다. 실천 측면에서는, 정부가 직접 자원을 배치하던 것을 대폭 줄이고, 시장 규칙, 시장 가격, 시장 경쟁에 의거하여 효익의 최대화와 효율의 최적화를 실현하도록 해야 한다. 기업과 개인이 활력 넘치는 모습으로 더 큰 공간에서 경제를

---

93 「공급측 구조 개혁에 대한 7가지 질문 ―권위 인사 '현재 경제를 어떻게 보고, 어떻게 대처하나'를 말하다(七問供給側結構性改革—權威人士談當前經濟怎麼看怎麼幹)」, 『인민일보』, 2016년 1월 4일, 2면.

발전시키고 부를 창조할 수 있도록 해야 한다.

이를 위해서는 현대화 시장 체계 완비와 재정 세무 체제 개혁, 금융 체제 개혁을 가속화해야 한다. 자원 배치를 최적화하고, 시장 통합을 유지하며, 사회공평을 촉진하는 데 필요한 제도적인 보장이 마련되어야 한다. 또한, 경제 세계화의 새로운 추세에 적응하려면, 국제 경제 협력과 경쟁에 참여하고, 선도 가능한 새로운 강점을 양성하는 데 박차를 가해야 한다. 또한, 자유무역지대 전략의 실시를 가속화하고, 개방을 통해 개혁을 촉진하며, 개방형 경제의 새로운 체제를 구축해야 한다.

정부 측면에서 보면, 시장이 자원 배치에서 결정적인 역할을 한다고 해서 모든 역할을 수행할 수 있는 것은 결코 아니다. 정부가 아무런 역할을 못하는 것이 아니라, 반드시 상황을 잘 살펴가며 취사 선택을 해야 하고, 거시적 조정 및 과학적 관리 수준의 제고에 주력해야 한다. 정부가 역할을 더 잘 한다는 것은 정부가 더 많은 역할을 해야 한다는 것이 아니다. 시장이 결정적인 역할을 할 수 있도록 보장한다는 전제 하에, 시장이 관리할 수 없거나 또는 잘 관리되지 않는 일들을 잘 관리해야 하는 것이다. 중국이 실시한 것은 사회주의 시장경제 체제로, 여전히 사회주의의 제도적 우위를 발휘해야 한다. 중국 공산당과 정부가 적극적인 역할을 해야 할 것이다. 과학적인 거시적 조정과 효율적인 정부 관리는 사회주의 시장경제 체제의 우월성을 발휘하는 내재적인 요구이다. 거시 경제 안정 유지, 공공 서비스 강화 및 최적화, 공평한 경쟁 보장, 시장 감독·관리 강화, 시장 질서 강화, 지속 가능한 발전 촉진, '공동부유' 촉진, 시장기능 상실의 보완 등이 정부의 주된 직책과 역할이다.

그러므로, 개혁이 심화되는 동안에 변증법과 양점론(兩點論)[94]을 시종일관 견지하여 '보이지 않는 손'과 '보이는 손'을 모두 잘 사용해야 한다. 시장 기능과 정부 행위 사이 최적의 접점을 정확하게 찾아서, 시장과 정부의 강점을 충분히 살려서 사회주의 시장경제 체제의 특색과 강점을 보다 잘 구현해야 한다. 시장과 정부 역할의 통합, 상호 보완, 상호 균형, 상호 촉진의 구도를 형성하도록 노력해야 한다.

정부와 시장의 역할은 상호 대립이 아니라 '상부상조'이다. 단순히 시장 역할을 확대하고, 정부 역할을 축소하는 문제가 아니라, 총체적으로 파악하고, 비교우위에 의한 상호 보완을 촉진하며, 유기적으로 결합하고, 힘을 합쳐야 하는 것이다. 정부와 시장의 경계를 명확히 하여야 하고, 시장이 역할을 할 수 있는 문제에 대해서 정부는 행정기구 간소화 및 권한 이양을 추진하여, 각종 규제를 풀어주고 관여하지 말아야 한다. 반대로 시장이 역할을 할 수 없는 문제에 대해서는 정부가 자주적으로 공백을 메워야 한다. 마땅히 관리해야 하는 것에 대해서는 단호하게, 제대로 관리하여 문제가 발생하지 않도록 해야 한다. 또한, 네거티브 리스트 관리 모델의 운용해 시장 진입 네거티브 리스트 제도를 실시하고, 시장 주체가 해서는 안 되는 일에 대해서만 명확하게 규정해야 한다. 그러나, 무엇을 할 수 있는 지와 무엇을 해야 하는 지에 대해서는 시장 주체가 시장 변화에 따라 자체적으로 판단을 내리도록 해야 한다.

1978년 이래, 중국 경제가 '굴기'를 실현한 역사적 진행과정은 끊임

---

94   옮긴이 주: '사물을 파악하려면 정면도 보아야 하고, 그 이면도 보아야 한다'는 유물 변증적 사고 방식에 대한 마오쩌둥의 주장이다.

없는 개혁으로 발전을 추진한 결과이다. 동시에 끊임없이 '발전'이라는 방법을 통해 개혁 과정에서 나타난 모순들을 해결한 동태적인 과정이다. 역사적 경험은 아래와 같은 믿음을 갖게 했다. 개혁이 완비되어 있지 않고, 정부와 시장의 경계가 불명확하여 초래된 현재의 각종 과도기적 문제들 역시 계속해서 '개혁'이라는 방법을 통해 근본적인 해결책을 얻을 수 있으며, 충분히 가능하다는 것을 알게 했다. 더욱 보완된 사회주의 시장경제의 체제적 틀 속에서 미래의 중국 경제는 전면적이고, 조화롭고, 지속 가능하고 균형적인 발전의 길을 충분히 걸을 수 있다. 또한, 더욱 분명하고 합리적인 정부와 시장의 경계 역시 형성될 것이다.

6. 각측 이익 모순의 조정

'사람'은 생산력에서 가장 활발한 요소이다. 반드시 사람들의 적극성을 충분히 동원해야 한다. 특히, 중앙과 지방 두 측면의 적극성을 충분히 동원해야 한다는 것은 개혁·개방 이래의 중요한 경험이다. 지금은 기업가, 혁신 인재, 각급 간부의 적극성, 자주성, 창조성을 동원하는 데 힘써야 한다. 기업가에게 여유 있는 환경을 조성해 주고, 투명한 법치 환경을 통해 예측가능성을 안정시켜, 그들을 안심시킬 수 있어야 한다. 혁신 인재에게는 보완된 인센티브 메커니즘을 마련해 주고, 그들의 적극성을 자극시켜야 한다. 각급 간부에게는 '인센티브'와 '제약'을 동시에 추진해, 반드시 지켜야 하는 공산당 규약과 국법의 '고압선'을 견지하는 동시에 긍정적인 인센티브 역시 중시해야 한다. 잘못을 수용하고 바로잡는 메커니즘을 보완하고, 분명한 정치적 태도로 심혈을 기울여 일하고 사적인 이익을 도모하지 않는 간부들을 지지하고 격려해야 한다.[95]

　　우리는 마르크스주의의 정치경제학 이론의 눈높이에서 앞서 서술한 내용을 이해해야 한다. 정치경제학 이론이 해결해야 하는 기본적인 문제는 "어떻게 가장 낮은 비용으로 다양한 경제적 이익 모순을 해소하고 각 분야의 적극성을 최대한 동원시키며, 생산력의 해방과 발전에 필요한 제도적 환경을 구축할 것인가?"이다. 중국 특색 사회주의 정치경제학은 바로 "어떻게 각 분야의 적극성을 동원시킴으로써 생산력을 해방하고 발전시킬 것인가?", "어떻게 긍정적인 요소들을 더 많이 발굴하여, 장애물이 점차 줄어들게 할 것인가?", "어떻게 더 나아가 사회주의 제도를 옹호하는 힘을 점점 더 강화할 것인가?"를 연구하는 학문이다.

　　이론적으로 말해서, 이익 모순을 조정하는 필수 조건 중 하나는 인센티브 메커니즘과 제약 메커니즘을 통합하는 것이다. 바로 개혁의 여정에서 책임, 권력, 이익 3자를 통합하는 것이다. 권력자들은 반드시 상응하는 리스크와 책임을 져야 한다. 만약 상응하는 책임(물질적인 것과 정신적인 것을 포함)을 졌다면, 상응하는 '인센티브'가 반드시 부여되어야 한다. 만약 권력이 책임의 구속력을 벗어나게 되면, 권력이 남용될 수 있고, 사회는 질서를 잃게 된다. 만약 책임이 이익의 인센티브를 벗어나게 되면 책임을 이행한다고 해도 효율성을 상실하게 된다.

　　동시에, 개혁 각 측면의 '저항 문제'를 해결하려면 개혁의 발전과 안

95　「공급측 구조 개혁에 대한 7가지 질문 −권위 인사 '현재 경제를 어떻게 보고, 어떻게 대처하나'를 말하다(七問供給側結構性改革―權威人士談當前經濟怎麼看怎麼幹)」, 『인민일보』, 2016년 1월 4일, 2면.

정을 잘 조절해야 한다. 개혁의 실행 타당성과 필요성 사이의 관계, 경제 정책의 장·단기 목표 사이의 관계, 제도 혁신과 의법 개혁 사이의 관계, 하부 조직의 인센티브 체제 구축과 정층 설계를 사이의 관계를 잘 처리하는 것을 의미한다. 총체적으로 말해서, 이러한 요소들은 '이쪽에서 잃으면 저쪽에서 얻는다' 또는 '이것이 아니면 저것이다'식의 이분법적 관계가 결코 아니며, 상호 촉진 및 상호 보완의 관계이다. 또한, 각기 다른 개혁 시기에 따라 치중하는 부분이 다르다. 새로운 시대 중국의 개혁 발전은 그 실천 과정에서 이미 많은 새로운 경험들을 제공했다. 그러한 경험들 모두 중국 개혁 발전의 독특한 특징을 형성했다. 중국 특색 사회주의 정치경제학을 풍부히 하고 발전시키는 데에 있어, 귀중하고도 실질적인 기초를 마련해주었고, 이론적 혁신의 원천을 제공했다.

구체적으로, 개혁의 강도, 발전 속도, 사회 수용 가능 정도를 통합시켰다. 민생 보장 및 개선을 각종 업무의 최종 목적 및 최고의 검증 표준으로 삼았다. 개혁·개방 및 발전으로 인민들이 즐겁게 생활할 수 있도록 했고, 사회 공정 및 조화와 안정을 촉진했다. 개혁, 발전, 안정의 3자가 각각 치중하는 부분이 달랐지만, 오히려 총체적으로는 '상호 조건' 및 '상호 촉진'의 관계였음을 알 수 있다.

또 다른 예로, 하부 조직 탐색과 정층 설계의 관계에 대해서 말할 수 있다. 일부 지역에서 농촌 가족도급제가 등장했을 때 11기 3중전회는 이에 대해 결코 어떠한 명확한 입장도 표명하지 않았다. 그러나, 가족도급제가 점진적으로 전개됨에 따라 중앙의 문건들 역시 전면적인 청부제를 점차 인정하기 시작했다. 1984년 농촌의 가족도급책임제는 이미 벌판에서 퍼져나가는 불길과 같이 무서운 기세로 중국 전역에서 확산됐다. 그 후 인민공사(人民公社)는 폐지되었고, 생산대대(生産大隊)와 생산대(生産隊)는 농민 자치 조직으로 복귀했다. 이러한 개혁 과정은 매우 빨라 '충격요법'을 실시한 것을 방불케 했다. 그러나 실제로 전체 개혁 중에서 나타난 것은 '돌을 더 들어 가며 강을 건너 듯 신중하게 일을 처리하면서 경험을 모색한다'는 사상이었다. 이는 농민의 창조 정신을 존중하고, 각 측의 적극성을 충분히 동원한 결과였다.

7. '공평정의'와 '공동부유'

'공동부유(共同富裕)'는 중국 특색 사회주의의 근본적인 원칙이자 본질적인 특징이다. 중국 공산당은 가장 많은 인민의 근본적 이익을 잘 실현하고, 잘 유지하고, 잘 발전시키는 것을 발전의 근본 목표로 삼고, '아름다운 생활'에 대한 인민의 열망을 목표로 삼았다. 공산당 18대 폐막 후, 시진핑 총서기는 공산당 중앙정부를 대표하여 진지하게 답변을 했다. 그는 "우리의 책임은 바로 전체 공산당과 중국 전역 각 민족의 인민을 단결시키고 인도하여 계속해서 사상을 해방하고 개혁·개방을 견지하며, 사회 생산력을 끊임없이 해방·발전시키고, 민중의 생산 생활의 어려움을 해결하고자 노력하며, 공동부유의 길을 확고부동히 걸어야 하는 것이다"[96]라고 했다.

---

96 「시진핑, 18기 중공중앙 정치국 상무위원들과 중국 국내 및 외신 기자들과 만나 "아름다운 생활에 대한 인민의 추구가 곧 우리의 목표"라고 강조(習近平在十八屆中共中央政治局常委同中外記者見面時強調人民對美好生活的嚮往就是我們的奮鬥目標)」, 『인민일보』, 2012년 11월 16일, 4면.

〈인민 경제 및 사회 발전 제13차 5개년 규획 제정에 관한 중공중앙의 건의 (中共中央關於制定國民經濟和社會發展第十三個五年規劃的建議)〉는 최초로 "발전 성과의 공유"를 5대 발전 이념 중 하나로서 명확하게 제기했고, 이것을 중국 발전의 새로운 실천 과정에서 따라야 하는 원칙으로 삼았다.[97] 공산당 19대 보고문은 더 나아가 "반드시 인민의 이익을 시종일관 최고 위치에 놓아야 한다. 개혁·발전의 성과로 인한 혜택이 더욱 많이, 더욱 공평하게 전체 인민에게 돌아가게 해야 한다. 전체 인민의 공동부유의 실현을 향해 끊임없이 매진해야 한다"고 했다.

개혁·개방 이후로, 중국 경제·사회 발전은 거대한 성공을 거두었고, 사회 '공평정의'을 촉진하기 위해 탄탄한 물질적 기초와 유리한 조건을 제공했다. 공산당 18대 이래로 인민 중심의 발전 사상은 중국 경제·사회 등 영역의 각종 발전 업무를 실천하는 과정에서 확실하게 실현되었다. 특히, 경제 성장에 있어 '공유성'과 '포용성'이라는 특징이 더욱 부각되었고, 도시와 농촌의 기본적인 공공서비스 공급의 균등화 정도가 눈에 띄게 제고되었다. 또한, 주민 소득 수준이 제고되었고, 다양한 업종 간 소득 격차가 축소되는 추세를 보였으며, 고용이 안정적으로 유지되고 확대되어 민생 영역에서 일련의 새로운 성과들을 거둔 것으로 나타났다.

물론, 중국 기존 경제·사회 발전 수준의 제약으로 인해 사회적으로 '공평정의' 원칙에 위배되는 현상이 여전히 존재한다. 또, 일반 대중의 기

---

97 「인민 경제 및 사회 발전의 '13.5'규획 제정에 관한 중공중앙의 건의(中共中央關於制定國民經濟和社會發展第十三個五年規劃的建議), 2015년 10월 29일, 중국 공산당 제18기 중앙위원회 제5차 전체회의에서 통과됨[2015年 10月 29日,中國共產黨第十八屆中央委員會第五次全體會議通過)]」, 『인민일보』, 2015년 11월 4일, 1면.

신시대 중국 특색 사회주의 정치경제학 구축

대와는 여전히 비교적 큰 격차를 보이고 있기는 하다. 동시에, 중국 경제·사회 발전 수준과 인민 생활 수준이 끊임없이 제고됨에 따라 인민 군중의 공평의식, 민주의식, 권리의식이 끊임없이 강화되었다. 그리고 사회 불공평 문제에 대한 반응이 점점 더 격렬해지고 있는 것, 역시 염두에 두어야 한다.

공산당 중앙정부는 중국 경제·사회 발전 현황과 형세를 전면적으로 주시하고 과학적으로 분석해야 한다. 이러한 문제를 확실하게 다잡지 않으면 개혁·개방에 대한 인민군중의 자신감에 영향을 미칠 뿐 아니라 사회의 조화로운 안정에도 영향을 미칠 것이다. 공산당 18대는 "공평정의는 중국 특색 사회주의의 내재적 요구이다. 전체 인민이 함께 노력하고, 경제·사회 발전의 기초 위에서 사회 공평정의를 보장하는 데에 중요한 역할을 하는 제도 건설에 박차를 가해야 한다. '공평한 권리, 공평한 기회, 공평한 규칙'을 주요 내용으로 하는 사회보장 체계를 점진적으로 확립해야 한다. 공평한 사회 환경을 조성하기 위해 노력하고, 인민의 평등한 참여와 평등한 권리의 발전을 보장해야 한다"라고 명확하게 말했다.

〈전면적 개혁심화에 대한 몇 가지 중대한 문제에 관한 중공중앙의 결정(中共中央關於全面深化改革若幹重大問題的決定)〉은 "전면적 개혁심화는 반드시 사회 공평정의를 촉진하고 인민의 복지 증진을 출발점이자 지향점으로 삼아야 한다. 이는 중국 공산당이 전심전력으로 인민을 위하여 봉사한다는 근본 취지를 견지하는 필연적인 요구이다. 개혁을 전면적으로 심화시키는 것은 반드시 더욱 공평하고 정의로운 사회 환경을 창조하는 데에 착안하여 공평정의에 위배되는 각종 현상을 끊임없이 극복해야 한다. 개혁 발전의 성과로 인한 혜택이 더욱 많이, 더욱 공평하게 전체 인민에게 돌아가도록 해야 한다. 만약 일반 대중에게 확실하게 이익을 줄 수 없고, 더욱 공평한 사회 환경을 조성하지 못한다면, 이는 더욱 많은 불공평을 초래할 것이다. 또한 개혁은 의미를 잃게 되며, 지속할 수도 없을 것이다"[98]라고 강조했다.

사회 공평정의의 실현은 다양한 요소에 의해 결정된다. 가장 주요한 것은 여전히 경제·사회의 발전 수준이다. 각기 다른 발전 수준에서, 각기 다른 역사적 시기에서, 각기 다른 사상과 인식을 가진 사람마다, 각기 다른 계층의 사람들마다, 사회 공평정의에 대한 인식과 요구는 제각각 다를 것이다. 중국이 사회 공평정의를 촉진하려면 무엇보다 '가장 많은 인민의 근본 이익'에서 출발하여, '사회 발전 수준, 사회 전체 국면, 전체 인민'의 시각에서 그러한 문제에 대처하고 처리해야 한다. 중국의 현 단계에 존재하는 공평정의에 위배되는 현상들 중 다수는 발전 중의 문제로서, 끊임없는 발전, 제도적 배치, 법률 규범, 정책 지원을 통해 해결할 수 있다. 중국은 반드시 '경제 건설'이라는 중심을 확실하게 견지하고, 지속적이고도 건강한 경제 발전을 추진하여야 한다. 더 나아가 '케이크'를 크게 만들어, 사회 공평정의 보장을 위한 더욱 단단한 물질적 토대를 다져야 한다.

시진핑 총서기가 이와 같이 강조한 것이 경제를 발전시킨 후에 사회 공평정의 문제를 해결하겠다는 것은 아니다. 시기마다 그 시기만의 문제를 갖고 있기 마련이다. 발전 수준이 높은 사회는 발전 수준이 높은 대로 문제가 있고, 발전 수준이 높지 않는 사회는 발전 수준이 높지 않은 대로

---

98   시진핑, 「공산당 18기 3중전회 사상에 입각하여 확실하게 사상을 통일시키자(切實把思想統壹到黨的十八屆三中全會精神上來)」, 구시, 2014년 1호.

신시대 중국 특색 사회주의 정치경제학 구축

문제가 있다. '케이크'를 끊임없이 크게 만들어야 하지만, 동시에 '케이크'를 잘 나누기도 해야 한다. 중국 사회는 예로부터 '불환과 이환불균(不患寡而患不均)'[99]이라는 관념을 갖고 있다. 중국은 끊임없는 발전을 토대로 사회 공평정의를 촉진하는 일을 최대한 실현해내야 하며, 전력을 다하면서도 능력의 범위 내에서 실행해야 한다. 이로부터, 전체 인민이 누구나 다 교육 받을 수 있고, 누구나 다 일한 만큼 소득을 증대할 수 있으며, 누구나 다 치료를 받을 수 있고, 누구나 다 양로가 보장되고, 누구나 다 주거를 보장 받을 수 있도록 하기 위한 사업 들에서 지속적으로 새로운 진전을 이룩해야 한다.[100]

중국은 앞으로도 계속해서 인민의 복지를 증진하고, 사람들의 전면적인 발전을 촉진하며, '공동부유'의 방향으로 한 걸음 한 걸음 침착하게 전진하는 것을 경제 발전의 출발점 및 지향점으로 삼을 것이다. 경제 업무의 배치, 경제 정책의 제정, 경제 발전의 추진 측면에서 모두 이러한 근본적인 입장을 뚜렷하게 견지해야 한다.[101] 혁신적 제도 배치를 통해 인위적 요소로 인해 초래되는 '공평정의'에 위배되는 현상들을 극복하도록 노력하고, 인민의 평등한 참여와 평등한 발전의 권리를 보장해야 한다. 사회 공평정의 촉진과 인민의 복지 증진을 거울로 삼고, 중국 각 영역의 체제 메

---

99 옮긴이 주: '적게 나눠 갖는 것이 걱정이 아니라, 평등하게 나눠 갖지 못하는 것이 걱정이다'라는 의미이다.

100 시진핑, 「공산당 18기 3중전회 사상에 입각하여 확실하게 사상을 통일시키자(切實把思想統壹到黨的十八屆三中全會精神上來)」, 구시, 2014년 1호.

101 「시진핑, 중공 중앙 정치국 제28차 집체학습에서 "중국 국가 정세·발전에서의 당대 중국 마르크스주의 정치경제학의 발전"강조(習近平在中共中央政治局第二十八次集體學習時強調 立足我國國情和我國發展實踐發展當代中國馬克思主義政治經濟學)」, 『인민일보』, 2015년 11월 25일, 1면.

커니즘과 정책 규정을 주시해야 한다. 어떠한 측면에서 사회 공평정의에 부합하지 않는 문제들이 존재하는지, 어떠한 측면에서 개혁이 필요한지를 주시해야 한다. 문제가 두드러지게 나타나는 분야와 부분이 개혁의 중점이 되어야 한다. 제도적 배치가 완전하지 않아 초래되는 '공평정의' 위배 문제를 다잡아 해결하여야 한다. 또한, 제도적 배치를 통해 사회주의 공평정의 원칙이 더욱 잘 구현되도록 하고, '가장 많은 인민의 근본 이익'을 잘 실현하고, 잘 수호하고, 잘 발전시켜야 한다.[102]

발전의 성과로 인한 혜택이 더 많이, 더 공평하게 전체 인민에게 돌아가게 하려면, 반드시 사회 사업의 개혁을 가속화해야 한다. 사회 사업의 개혁 및 혁신을 추진하여, 인민이 가장 관심을 갖고 있고, 가장 직접적이고, 가장 현실적인 이익 문제를 해결해야 한다. 또한, 사회에 다양한 서비스를 제공하도록 노력하고, 인민의 수요를 충족시켜야 한다. 동시에, 교육 분야의 종합적 개혁을 심화하고, 고용 및 창업 체제 메커니즘을 보완하고 촉진해야 하며, 합리적이고 질서 있는 소득 분배 구도를 형성하여야 한다. 이밖에, 더욱 공평하고 지속 가능한 사회 보장 제도를 설립하고, 의약 및 보건 체제의 개혁을 심화해야 한다.

법치 중국의 건설을 추진하는 것은 공평정의를 추진하는 데에 있어 중요한 제도적 보장이다. 법치 중국을 건설하려면, 반드시 '의법치국(依法治國)', '의법집정(依法執政)', '의법행정(依法行政)'을 공동으로 추진해야 하고, '법치국가', '법치정부', '법치사회'의 일체화된 건설을 견지해야 한다. 또

---

102 시진핑, 「공산당 18기 3중전회 사상에 입각하여 확실하게 사상을 통일시키자(切實把思想統壹到黨的十八屆三中全會精神上來)」, 구시, 2014년 1호.

신시대 중국 특색 사회주의 정치경제학 구축

한, 사법체제 개혁을 심화하려면 공정하고, 효율이 높고, 권위 있는 사회주의 사법제도의 건설을 가속화해야 한다. 인민의 권익을 수호하여 인민군중이 각각의 사법 안건을 처리할 때마다 모두 '공평정의'를 느낄 수 있어야 한다. 이밖에, 헌법 및 법률의 권위를 수호하려면, 행정 및 집법 체제의 개혁을 심화해야 한다. 또한 법에 근거하고, 독립적이고, 공정한 행사심판권과 검찰권을 확보하여 건전한 사법 권력 운행 메커니즘을 보완하고, 인권 사법 보장 제도를 보완해야 한다.[103]

---

103 시진핑, 「〈전면적 개혁심화에 대한 몇 가지 중대한 문제에 관한 중공중앙의 결정〉에 관한 설명(關於〈中共中央關於全面深化改革若幹重大問題的決定〉的說明)」, 『인민일보』, 2013년 11월 16일, 1면.

제2장

인식론 및 방법론

변화하는 경제 법칙을 파악하고 인식하기 위해서는, 개혁·개방 및 발전 중에 존재하는 기본적인 문제와 새롭게 나타나는 문제의 해결 능력을 제고해야 한다. 가장 중요한 것은 여전히 마르크스주의 정치경제학의 과학적 사상과 작동방법을 제대로 파악하는 것이다. 시진핑의 신시대 중국 특색 사회주의 경제 사상의 뚜렷한 특징은 경제의 개혁·발전 중 발생하는 실제 문제들을 해결하는 것에 있다. 이 사상은 주로 '강을 건넌다'[1]는 임무를 위해 과학적인 인식론과 방법론을 강조하며, '다리 또는 배'의 문제를 해결하도록 안배한다.

본 장에서는 마르크스주의 철학을 제대로 이해하기, '역사적 인내심'과 '전략적 신념' 유지하기, '온중구진'의 정부정책 총 기조 유지하기, '혁신적 사고' 제고하기, '마지노선 사유' 사수하기', '문제지향성'과 '목표지향성'의 결합 견지하기, 시범사업을 중요한 개혁 방법으로 삼다 등 7개의 측면에서, 시진핑의 신시대 중국 특색 사회주의 경제 사상 중 인식론과 방

---

1 옮긴이 주: 일찍이 1934년 마오쩌둥은 "우리의 임무는 강을 건너는 것이다. 그러나, 다리나 배가 없이는 건널 수 없다. 다리나 배의 문제를 해결하지 못하면, 강을 건너는 것은 공염불에 불과하다"라고 언급하며, 임무를 제기하는 것도 중요하지만, 임무를 완성하기 위한 방법적 문제를 해결하는 것 역시 중요함을 강조한 바 있다.

법론에 관해 구체적으로 설명하고자 한다. 또한 이런 인식론과 방법론을 통해 국내외 경제 형세와 각종 현실적인 경제 문제를 분석한다면, 과학적 사고방법과 작동방법을 제대로 파악하여, 경제 개혁·발전의 복잡한 국면을 다스리는 능력을 제고할 수 있다.

제1절 마르크스주의 철학

시진핑 총서기는 "마르크스주의 철학은 객관적 세계, 특히 인류 사회 발전에 관한 일반적 법칙들이 현 시대에서도 여전히 강한 생명력을 갖고 있고, 여전히 중국 공산당원들이 앞으로 나아가도록 이끄는 강력한 사상적 무기임을 심도 있게 밝혀냈다"[2]라고 언급했다. 마르크스주의 철학이 강한 생명력을 지닌 것은 마르크스주의가 시대의 변화에 따라 끊임없이 발전하는 수준 높은 이론이기 때문이다. 새로운 형세 하에서 마르크스 주의를 견지하는 데에 있어 가장 중요한 것은 마르크스주의의 기본 원리와 입장, 관점, 방법을 견지하는 것이다. 이는 마르크스주의의 정수이며 살아있는 영혼이다. 마르크스주의는 시대, 실천, 과학 발전에 따라 끊임없이 발전하는 개방적인 이론 체계이다. 이는 진리로서 끝나지 않고, 진리로 가는 길을 열어준다.[3]

2 　 중공중앙 선전부, 『시진핑 총서기 시리즈 중요 연설문 독본(習近平總書記系列重要講話讀本) 2016년판』, 학습출판사·인민출판사, 2016년판.

3 　 시진핑, 「철학·사회과학 업무좌담회에서의 연설(在哲學社會科學工作座談會上的講話)」, 『인민일보』, 2016년 5월 19일, 2면.

　　　　　　　　　신시대 중국 특색 사회주의 정치경제학 구축

1. 변증법적 유물론

변증법적 유물론은 마르크스주의 철학의 중요한 구성 성분이고, 중국 공산당이 따라야 하는 세계관이자 방법론이다. 경제 형세를 인식하고, 경제 현상을 분석하고, 경제 정책을 제정함에 있어 반드시 자각적으로 변증법적 유물론의 세계관과 방법론을 견지하고 활용해야 한다. 또한 변증법적 사유, 전략적 사유를 강화해야만, 더욱 정확하게 문제 배후에서 문제점을 찾아내고, 더욱 효과적으로 지도할 수 있다.

유물변증법에서 사물은 보편적으로 연관되어 있고, 사물 및 각 요소들은 서로 영향을 주고 서로 제약한다. 전 세계는 상호 연결된 단일체이며, 또한 상호 작용하는 체계를 이룬다. 유물변증법을 견지하려면 객관적 사물의 내재적 연관에서 사물을 파악하고, 문제를 인식하고 문제를 처리해야 한다. 마르크스주의의 권위 있는 저작들은 인류 사회 발전 중에 존재하는 모순의 운동법칙을 인식하고 탐색한다.

마르크스주의 정치경제학 역시 유물변증법을 분석의 도구로 삼고 있는 대표적인 케이스이다. 예를 들면, 마르크스는 사회 재생산을 생산재 생산과 소비재 생산이라는 두 부류로 나누었고, 이 양자는 반드시 일정한 비례 관계를 유지해야만 사회 재생산이 순조롭게 이루어 질 수 있다고 지적했다.[4]

실제 경제 업무 중에서 변증법을 견지하고 활용하려면, 결국 변증법

---

4   시진핑, 「성부급 주요 지도자 간부를 대상으로 공산당 18기 5중전회 사상 학습·관철 특별 세미나에서의 연설(在省部級主要領導幹部學習貫徹黨的十八屆五中全會精神專題研討班上的講話)」, 『인민일보』, 2016년 5월 10일, 2면.

적 사고 능력을 높여야 한다. 변증법적 사고 능력이란 모순을 인정하고, 모순을 분석하며, 모순을 해결하는 것이다. 또한 요점을 잘 포착하고, 요점을 정확히 찾아, 사물의 발전 법칙을 통찰하는 능력이다. 변증법적 사고 능력을 제고하려면 변증법적 유물론을 활용하여 사물을 관찰하고, 문제를 분석하며, 문제를 해결해야 한다. 또 모순되는 양측이 대립하고 통일되는 과정에서 사물의 발전 법칙을 파악하고, 극단화와 단편화를 극복해야 한다. 따라서, 발전과 개혁 두 시각에서 각각 변증법적 사고를 활용해 문제를 분석하고, 전략을 짜는 방법을 구체적으로 고찰해보고자 한다.

발전 전략을 세울 때, '중점을 확실히 파악하고 전반적인 업무를 이끌어 나가고, 사물의 발전을 불공평에서 공평으로 끊임없이 추진해야 한다'는 요구는 유물 변증법에 따른 것이다. 또한, 중국 공산당이 혁명, 건설, 개혁이라는 역사의 발전 과정에서 줄곧 견지해온 것이기도 하다. 시진핑 총서기가 직접 주관한 〈인민 경제 및 사회 발전 제13차 5개년 계획의 제정에 관한 중공중앙의 건의(中共中央關於制定國民經濟和社會發展第十三個五年規劃的建議)〉에서 언급된 공산당 중앙정부의 '5대 발전 이념'은 바로 변증법적 유물론을 활용해 중국 경제 발전의 대논리와 대추세를 분석한 가장 최신의 성과이다. 신발전이념의 제시는 변증법에 대한 운용이고, 신발전이념의 실천은 변증법의 지도를 떠날 수 없다. 체계적인 관점을 견지하고, 신발전이념의 '총체성'과 '관련성'에 근거해 체계적인 설계를 진행해야 한다. 서로 촉진하고, 함께 발전해야 한다. 홀로 싸우거나, 한쪽을 소홀히 하고, 어느 한쪽만 고집하거나 편중해서도 안 된다.

'양점론(兩點論)'과 '중점론(重點論)'의 통일을 견지하려면, 주요 모순과 부차적 모순, 모순의 주요 측면과 부차적 측면의 경중과 완급을 구분해

야 한다. 일반적 사안을 고려하는 동시에 주요 모순과 모순의 주요 측면을
확실히 파악해야 한다. 중점적인 돌파로부터 전체적인 추진을 이끌어내고,
전체적으로 추진하는 과정에서 중점적인 돌파를 실현해야 한다. 대립통
일 법칙, 질량호변(質量互變)의 법칙, 부정(否定)의 부정 법칙에 따르고, 발전
의 보편성과 특수성, 점진성과 도약성, 직진성과 굴절성을 파악해야 한다.
계승과 혁신의 통일을 견지한다는 것은 사실에 근거하여 실질적으로 일을
추진하며, 확실하게 일을 해 나감을 뜻한다. 또한, 시대와 함께 발전하고,
용감하게 부딪히고 과감하게 맞서는 것을 의미한다. 상황에 따라 그에 맞
는 원칙을 따라야 한다. "산에 들어가려면 나무꾼에게 묻고, 물에 들어가
려면 물고기에게 물어야 한다"는 말에 따라 행동해야 한다. 즉 시간, 장소,
조건에 따라 바꾸고, 비교하고, 반복적으로 진행하는 것에 능해야 하고, 일
의 '시간', '정도', '효과'를 파악하는 데에 능해야 한다.[5]

　　5대 발전 이념 중 '균형발전'은 변증법적 사고 분석 방법을 집중적으
로 구현했다. 시진핑 총서기는 '13.5' 시기 '전국 발전'이라는 '바둑판'에서
승리를 거두는 비결은 '균형발전'이라고 언급했다. 중국은 변증법적 운용
을 배우고, '열 손가락으로 피아노를 치듯' 능숙하게, 부분과 전체적인 국
면, 현재와 미래, 중점과 비중점 사이 관계를 잘 처리해야 한다. 이해득실
을 따져 보면서, 이익이 되는 것은 추구하고 해가 되는 것은 피하여 가장
유리한 전략적 선택을 해야 한다. 불균형, 부조화, 지속 불가능 등 현재 중
국의 발전 과정 중에서 두드러지게 나타나는 문제에서부터 출발해야 한

5　　시진핑, 「성부급 주요 지도자 간부를 대상으로 공산당 18기 5중전회 사상 학습·관철 특
　　별 세미나에서의 연설(在省部級主要領導幹部學習貫徹黨的十八屆五中全會精神專題硏討班上的講
　　話)」, 『인민일보』, 2016년 5월 10일, 2면.

다. 또한, 지역간, 도시와 농촌간, 물질 문명과 정신 문명 간의 균형발전에 주력하고, 경제 건설과 국방 건설의 융합 발전을 추진해야 한다. 이는 5중전회에서 '균형발전'을 제기할 때 중점적으로 강조한 부분이다.[6]

개혁 전략을 세울 때에는, 사회주의 시장경제 개혁의 방향을 견지하고, 변증법과 '양점론(兩點論)'을 견지하며, 사회주의 기본 제도와 시장 경제를 유기적으로 결합해 이 둘의 장점을 모두 발휘해야 한다.[7] 공급측 구조개혁은 공급과 수요가 시장 경제의 내재적 관계의 두 가지 기본적인 측면, 즉 '대립되면서도 통일되는' 변증관계임을 인식해야 한다. 양자는 서로 분리시킬 수 없는 '상호 의존' 및 '상호 조건'의 관계이다. 수요가 없으면 공급은 실현될 수 없고, 새로운 수요가 새로운 공급을 촉진할 수 있다. 공급이 없으면 수요는 충족될 수 없고, 새로운 공급은 새로운 수요를 창출한다.[8] 이러한 이유 때문에, 중국의 공급측 구조개혁은 본질적으로 서양 경제학의 공급학파와 구별된다.

좀 더 구체적인 예를 들어보자. 2015년 중앙경제공작회의는 '3거 1강

---

6   시진핑, 「성부급 주요 지도자 간부를 대상으로 공산당 18기 5중전회 사상 학습·관철 특별 세미나에서의 연설(在省部級主要領導幹部學習貫徹黨的十八屆五中全會精神專題研討班上的講話)」, 『인민일보』, 2016년 5월 10일, 2면.

7   「시진핑, 중공 중앙 정치국 제28차 집단학습에서 "중국 국가 정세·발전에서의 당대 중국 마르크스주의 정치경제학의 발전"강조(習近平在中共中央政治局第二十八次集體學習時強調 立足我國國情和我國發展實踐發展當代中國馬克思主義政治經濟學)」, 『인민일보』, 2015년 11월 25일, 1면.

8   시진핑, 「성부급 주요 지도자 간부를 대상으로 공산당 18기 5중전회 사상 학습·관철 특별 세미나에서의 연설(在省部級主要領導幹部學習貫徹黨的十八屆五中全會精神專題研討班上的講話)」, 『인민일보』, 2016년 5월 10일, 2면.

신시대 중국 특색 사회주의 정치경제학 구축

1보(三去一降一補)'[9]라는 임무를 배치했는데, 레버리지 제거는 공급측 개혁의 5대 임무에 포함됐다. 이러한 레버리지 제거전략을 세울 때는 '채무에 관해 레버리지 제거를 하는' 관례에만 국한되지 말고, 실물경제의 운행 태세와 결합해 레버리지 제거 문제를 고민해야 한다.

　　중국 경제가 뉴노멀 시대에 진입했다는 배경에서 경제 성장 속도의 하락은 실물경제 측면에서 생산 능력 과잉, 부동산 재고 증가, 기업 경영난 심화 등 일련의 리스크를 유발했다. 그리고 이러한 리스크들은 금융 측면에서 레버리지 비율 상승, 채무 부담 가중, 불량 자산 증가로 이어졌다. 따라서 '레버리지 제거, 과잉생산 능력 제거, 재고 제거'와 '좀비기업의 처리'는 동전의 양면이다. 정책의 실행 측면에서 '레버리지 제거'는 '좀비기업 청산', '국유기업 개혁', '경제 구조조정'과의 결합하여, 체제 메커니즘의 변혁을 통해 점진적으로 금융자원을 비효율 기업이나 업종에서 방출하는 역할을 해야 한다. 또한, 혁신 능력이 강하고 생산성이 높은 기업이나 업종에 레버리지 제거를 통해 공급 효율을 강화하고, 일정 속도의 경제 성장을 유지해야 한다. 그 밖에, 실물 경제의 성장속도는 채무 증가 속도를 앞질러야 한다. 그래야만 진정으로 '레버리지 제거'를 할 수 있다.

9　　옮긴이 주: '3거(三去)'는 '과잉생산, 재고, 레버리지'의 제거를 의미하고, '1강(一降)'은 '비용' 절감을 의미하며, '1보(一補)'는 '단점'의 보완을 의미한다.

2. 역사적 유물론

역사적 유물론은 마르크스주의 철학의 또 다른 중요한 구성 성분으로, 중국 공산당원들의 사회 역사관이자 가치관이다. 시진핑 총서기는 "역사와 현실이 모두 증명하듯이, 역사적 유물론을 견지해야만 중국 특색 사회주의 법칙에 대한 인식을 새로운 수준으로 끌어올릴 수 있고, 당대 중국 마르크스주의 발전의 새로운 경지를 끊임없이 개척할 수 있다. 새로운 형세하에 역사적 유물론을 배우고 운용하려면 사회 기본 모순의 분석 방법을 배우고 이해해야 한다. 또, 물질 생산이 사회 생활의 기본이라는 관점과 인민군중이 역사의 창조자라는 관점을 배우고 이해해야 한다"라고 지적했다.

실제 업무에서 역사적 유물론을 견지하려면 우선 역사적 사고 능력을 제고해야 한다. 소위 역사적 사고 능력이라 함은 역사를 거울로 삼고, 역사를 이해함으로써 이를 현재의 본보기로 삼는 것이다. 역사적 안목으로 발전 법칙을 이해하고, 발전의 방향을 파악하고, 현실 업무 지도에 활용해야 한다. 역사적 사고 능력을 강화하려면 중국의 역사, 즉, 중국 역사, 공산당사, 사회주의 발전사 및 세계사에 대한 학습을 강화해야 한다. 또 역사적 경험을 심층적으로 종합하고, 역사의 법칙을 파악하며, 역사의 추세를 이해하고, 역사에 대한 깊은 사고를 통해 현실 업무를 수행해야 한다.

경제 하방 압력이 뚜렷이 증대되는 시기에 경제 업무는 여러가지 어려움을 피하기 어렵다. 만약 중국이 비교적 좋은 역사적 사고 능력을 갖고 있다면 난관에 부딪힌다고 해서 쉽게 넘어지지는 않을 것이다. "집집마다 어려운 사정이 있기 마련"이라는 속담이 있다. 각 나라마다 자국만의 난관이 있기 마련이고, 각기 다른 시기에 각기 다른 난관에 부딪히게 되는 것은

신시대 중국 특색 사회주의 정치경제학 구축

정상이다. 문제의 핵심은 난관의 성격을 어떻게 정확히 판단하고, 정확한 조치를 취해 해결하느냐는 것이다. 개혁·개방 이래로 중국은 "정신만 무너지지 않으면, 방법이 난관보다는 많다"는 이념을 계승해오고 있다. 이에 따라 지금까지 난관을 당당히 직시하고, 적극적으로 극복하고, 용감하게 돌파해왔다. 또한, 비탈길을 오르고 산골짜기를 넘는 각고의 노력을 거쳐, 조금씩 난관을 극복해가며 새로운 국면을 열고, 한 해 한 해 발전하고 성장하면서, 한 걸음 한 걸음 차분히 걸어왔다.[10]

중국이 과거 거시경제 침체에서 벗어났던 경험을 예로 들 수 있다. 1997년부터 2002년 사이 중국 경제는 은행의 신용대출 축소와 유효 수요 부족에 직면했다. 44개월 간 지속된 통화긴축으로, 1998년 경제성장 목표치인 8%를 달성하지 못했다. 당시 국제적으로는 '중국 붕괴론'이 끊임없이 제기됐는데, 통화긴축과 은행 악성 부채가 중국 경제를 붕괴시킬 것이라는 전망이 주를 이루었다. 예를 들어, 중국의 재미교포 출신 베스트셀러 작가 고든 창(章家敦)은 중국에 존재하는 일련의 체제적 결함들로 인해 관료의 부패와 국유기업의 비효율과 같은 성장의 잠재적 위험요소가 존재한다고 진단했다. 또한, 세계무역기구(WTO) 가입 등으로 경쟁은 불가피하고, 미국 등 서방 국가의 경제가 저조한 상황에서, 외수가 경제성장의 견인차 역할을 하지 못한다면, 중국의 경제 성장은 더 이상 지속될 수 없다. 따라서 붕괴론은 충분히 예측 가능한 가설이라는 것이다.[11]

---

10 「새 국면('13.5')의 초기에 대세를 묻다-권위 인사, 현재 중국 경제를 말하다(開局首季問大勢─權威人士談當前中國經濟)」, 『인민일보』, 2016년 5월 9일, 1면.

11 Gordon Chang, *The Coming Collapse of China*, New York: Random House, 2001, 참조.

당시 중국 경제는 매우 어려운 상황이었다. 기업 생산 능력의 이용률이 불충분하고, 수많은 산업들이 전 업종에 걸쳐 적자 상황에 빠졌다. 특히, 임금과 생산비를 제때 지불하지 못하고, 심지어 착공도 하지 못하는 국유기업들도 점차 늘어났다. 이러한 곤경에 직면한 공산당 중앙정부는 거시조정 방식을 혁신하고, 재정 정책과 통화 정책을 병행해, '적당한 긴축'에서 적극적 재정 정책과 온건한 통화 정책의 실시로 방향을 선회했다. 역사상 최초로 명확하고 주동적인 확장적 거시 정책을 채택했다. 특히 통화 정책이 효과적으로 작용하지 못한다는 전제 하에 적극적인 재정 정책 펼쳐, 1998년부터 4년 연속 1100억~1500억 위안 규모의 특수 국채를 추가 발행해 정부 지출을 확대하고 내수 역시 확대하는 역할을 했다. 이는 은행 예금이 지속적으로 증가하는 한편 은행 대출 증가 속도가 하락하는 배경 하에 발생했다. 따라서 기본적으로 구축효과(Crowding Out Effect)가 발생되지 않았고, 은행 대출의 일부가 정부 지출로 전환했을 뿐이었다. 이로부터 총수요의 확장이 유지되었고 거시적 상황을 안정시켰다.

이와 동시에, 경제 체제 개혁의 속도와 강도가 현저히 증가되었다. 노동 고용 체제의 '철밥통'이 깨졌고, 적극적인 고용 정책이 실시됐다. 국유기업 개혁은 '대형 국유기업은 집중 관리하고, 소형 국유기업은 느슨하게 관리하여 활성화시키는' 방식으로 심도 있게 추진되었고, 민영경제가 빠른 속도로 발전했다. 외자로 인해 대량의 신기술이 도입되었으며, 시장 경쟁은 점점 더 격렬해졌고, 생산성도 점차 높아졌다. 이에 따라, 중국 경제는 붕괴되지 않았을 뿐 아니라, 침체에서 벗어나, 경제 성장 속도가 잠재성장률로 회복되었고, 거시경제는 새로운 단계의 호황기로 진입했다.

이러한 예는 두 가지 중요한 경험을 보여준다. 첫째, 중국 경제를 관찰하려면 더욱 폭넓은 시야에서 상황을 판단해야 하고, 일시적인 형세 변화에 일희일비해서는 안 된다는 것이다. 단기 파동을 통해 경제 발전의 장기적인 흐름을 읽어야 한다. 시진핑 총서기의 말을 인용하면, '큰 배'의 방향이 정확한지, 동력이 강한지, 잠재력이 충분한지 여부를 보아야 한다. 큰 바다를 항해할 때, 아무리 큰 배도 일시적으로 흔들릴 때가 있다.[12] 중국의 개혁·개방 이래로의 경제 발전과정, 지속적이고 안정적인 경제 성장을 위한 중국의 전략 그리고 중국 경제의 각종 데이터와 추세를 모두 이해해야만 정확한 판단을 내릴 수 있다. 좀 더 추상적으로 말하면, 역사적 안목에서 단·중·장기적인 경제 추세의 분석과 결합해서 판단해야만 정확한 결론을 내릴 수 있다. 똑같은 산봉우리인데, 멀고 가깝고 높고 낮음은 각기 다르기 마련이고, 물건을 가까이에서 보면 크게 보이고 멀리서 보면 작아 보이기 마련이다. 경제 발전 중의 일부 문제들은 단기적으로 보면 심각해서 주의 깊게 대처해야 하지만, 장기적으로 보면 그러한 문제들은 불가피한 단계적 현상일 뿐이다.[13]

둘째, 경제 성장 속도에 대응하는 정책과 전략의 제정은 시의적절해야 한다. 우선 발전 단계에 대해 정확한 판단을 내려야 한다. 1990년대 후반, 중국은 여전히 고속성장 시기였고, 잠재성장률도 높았다. 거시경제 변동의 원인은 수요 부족에 따른 실질 경제성장률이 잠재성장률보다 낮기

---

12 「시진핑 '월스트리트저널'과의 인터뷰에서 "중·미 신형 대국 관계의 정확한 방향 견지, 아태지역 및 세계 평화·안정·발전 촉진" 강조(習近平接受〈華爾街日報〉采訪時強調堅持構建中美新型大國關系正確方向促進亞太地區和世界和平穩定發展)」, 『인민일보』, 2015년 9월 23일, 1면.
13 「중국경제에 대한 5가지 질문 —권위 인사가 현재 경제 추세를 말하다 (五問中國經濟—權威人士談當前經濟形勢)」, 『인민일보』, 2015년 5월 25일, 2면.

때문이다. 따라서 확장적 통화 정책과 재정 정책이 효과를 낼 수 있었다. 이와 함께, 시의적절하게 개혁을 추진하고, 적극적인 고용 정책을 실시하며, 사회보장체계를 구축했던 것은 정확한 대처 전략이었다.

그러나, 중국의 경제 발전 단계가 변화하고 있는 만큼, 경제 문제에 대한 정책 역시 함께 발전해야 한다. 중국 경제 발전이 뉴노멀 시대에 진입한 이후, 경제 성장이 직면한 하방 압력은 주로 잠재 성장률 하락이 초래한 공급측 요인 때문이다. 따라서, '대수만관(大水漫灌)'[14]식 양적완화를 통한 거시 경제 활성화 방식은 더 이상 적절한 정책적 선택이 아니다. 시진핑을 중심으로 하는 공산당 중앙정부는 경제 업무를 이끄는 '뉴노멀'이라는 거대한 논리에 따라 '공급측 구조개혁'이라는 새로운 전략을 구사하고 있다.

결론적으로, 복잡하게 얽힌 국제 환경과 발전의 새로운 단계에서 새로운 임무에 직면하여, 중국은 학습을 강화하고, 사상적 방법을 개선하며, 변증법적 유물론과 역사적 유물론을 활용해 문제를 분석하고 해결하는 능력을 제고해야 한다. 또한, 본질을 파악하고, 법칙을 제대로 이해하며, 조화롭고 전면적으로 계획을 세워야 한다. 전략적 신념을 유지하고, 표본겸치(標本兼治)[15]하게 업무를 이행하며, 업무의 적절한 정도와 범위를 주의 깊게 파악하여, 경제의 지속적이고 건강한 발전을 추진해야 한다.[16] 또한, '발전의 연계성'이라는 관점에서 출발하여 문제를 보아야 한다. 전략적이고

---

14 옮긴이 주: 물을 대량으로 푼다는 뜻으로 무차별적 지원의 양적완화를 의미한다.

15 옮긴이 주: 겉으로 드러난 문제의 현상과 가려져 있는 문제의 원인을 모두 해결해야 한다는 뜻이다.

16 시진핑, 「성부급 주요 지도자 간부를 대상으로 공산당 18기 5중전회 사상 학습·관철 특별 세미나에서의 연설(在省部級主要領導幹部學習貫徹黨的十八屆五中全會精神專題研討班上的講話)」, 『인민일보』, 2016년 5월 10일, 2면.

체계적인 사고를 강화하고, 본질과 현상, 주류와 지류를 명확히 구분해야 한다. 현존하는 문제와 발전 추세를 보아야 할 뿐만 아니라, 부분과 전체를 함께 보아야 한다. 또한, 객관적이고 검증가능한 결론을 내야한다. 전면적이고 객관적인 분석의 토대 위에서 중국 및 글로벌 경제 발전의 대 논리와 대 추세를 밝혀내도록 노력해야 한다.

제2절 역사적 인내심과 전략적 신념

1. 역사적 인내심

사회주의 초급 단계 이론은 사회주의 국가가 최초로 수립된 이래 지금까지의 역사적 발전을 총망라한 결과물이다. 특히, 중국 사회주의 건설은 굴곡진 역사적 경험과 교훈을 바탕 하에 점진적으로 형성된 결과이다. '사회주의 초급 단계'라는 특정한 함의를 지닌 이 새로운 개념은 마르크스주의 발전 역사상 최초로 제시된 것으로, 이는 마르크스주의에 대한 중국 특색 사회주의 이론의 중대한 공헌이다. 시진핑 총서기는 중국 공산당 성립 95주년 대회에서 "'중국은 여전히 사회주의 초급 단계에 있고, 앞으로도 장기적으로 사회주의 초급 단계에 머물러 있을 것'이라는 기본 국정에는 변함이 없다. 물질 문화에 대해 날로 늘어가는 인민의 수요와 낙후된 사회 생산 사이의 모순이라는 사회 주요 모순은 변하지 않았다. 중국이 세계에서 가장 큰 개발도상국이라는 국제적 지위에는 변함이 없다. 이는 우리가 발전을 도모하는 기본적인 근거이다"라고 지적했다.

시진핑 총서기에 따르면, 중국 특색 사회주의를 발전시키는 일은 장기적이고도 막중한 역사적 임무이다. 반드시, 새로운 역사적 특징을 풍부하게 갖춘 '위대한 투쟁'을 준비해야 한다. 현재 그리고 앞으로 한동안 중국은 국내외에서 각종 모순·리스크·도전적인 상황들에 직면할 것이며, 결코 방심해서는 안 된다. 이러한 각종 문제의 발생 근원과 발생 지점들은 서로 교차하며 상호 작용을 한다. 만약 적시에 대응하지 못한다면, 연쇄반응을 일으키거나, 중첩되고 확산되면서 심각해질 수 있다. 작은 문제들이 큰 문제들로 발전하고, 국부적인 문제들이 시스템적 문제들로 발전할 수 있다. 국제적 갈등이 국내의 갈등으로 변화하고, 경제, 사회, 문화, 생태 영역의 갈등이 정치적 갈등으로 전환될 수 있다. 궁극적으로 공산당 집권과 국가 안보를 위협하게 될 것이다.[17]

새로운 리스크와 새로운 도전적 상황들에 직면하여, 중국은 반드시 충분한 역사적 인내심을 유지하고, 당면하고 있는 중대한 전략적 기회를 정확히 인지해야 한다. 또한, 변화와 불변의 관계를 파악하면서, 전략을 명확하게 설정해야 한다. 목적을 달성하기에 급급하거나 대규모로 급하게 해치우려고 해서는 안 된다. 또한, 적극적으로 성과를 내도록 노력하고, '온중구진'과 '혁신적 개혁'을 견지해야 한다.

중국이 경제 성장률을 '중·고속'으로 유지한 것을 예로 들 수 있다. 개혁·개방 기간 동안 중국 경제는 전체적으로 10%에 가까운 성장률을 달

---

17 「중공중앙 정치국회의에서 현재 경제 추세 및 경제 업무에 대하여 분석·연구, 시진핑 총서기 회의 주최(中共中央政治局召開會議分析研究當前經濟形勢和經濟工作中共中央總書記習近平主持會議)」, 『인민일보』, 2016년 4월 30일, 1면.

성하였으며, '11.5' 시기에는 11.3%에 육박했다. 그러나, 1인당 평균 GDP 가 중위소득국 수준에 도달하면서 중국 경제는 새로운 발전 단계에 접어 들었다. 인구보너스는 점차 사라졌고, 그것을 '버팀목'으로 삼았던 잠재 성 장률 역시 하락해, 성장 속도를 유지할 새로운 동력이 필요했다. 경제 발전 에 대한 정확한 연구와 판단을 전제로, 공산당 중앙정부는 '뉴노멀'이라는 진단을 내렸다. 또한, 경제 성장이 '고속'에서 '중·고속'으로 전환되어야 한 다는 새로운 요구가 적시에 제시됐다.

'공동부유'의 실현을 예로 들어보자. 중국은 여전히 사회주의 초급 단계에 놓여 있고, 앞으로도 장기적으로 사회주의 초급 단계에 머무를 것 이다. 비록 단계를 초월한 일을 할 수는 없지만, 그렇다고 점진적인 '공동 부유'의 실현을 위해 아무 것도 하지 못하는 것이 아니다. 현재의 여건에서 할 수 있는 일을 최대한 하고, 작은 승리를 쌓아 큰 승리로 만들며, 전체 인 민의 '공동부유'라는 목표를 향해 끊임없이 전진해야 한다.[18] 공산당 18대 는 중국이 중요한 전략적 기회의 시기에 서 있다고 판단했다. 이에 따라 실 현 가능성에 입각하여 2010년의 기반 위에서 2020년에는 GDP와 도시·농 촌의 주민 소득을 각각 '두 배로 늘리겠다'는 목표를 세웠다. 이것이 바로 '유소작위(有所作为)'와 '역사적 인내심'이 잘 결합된 모범적 사례라고 볼 수 있다.

신형 도시화의 추진 또한 예로 들 수 있다. 시진핑 총서기는 "도시화 는 현대화 과정에서 반드시 걸어야 하는 길이고, 또 자연스럽고 장기적인

---

18 시진핑, 「성부급 주요 지도자 간부를 대상으로 공산당 18기 5중전회 사상 학습·관철 특 별 세미나에서의 연설(在省部級主要領導幹部學習貫徹黨的十八屆五中全會精神專題研討班上的講 話)」, 『인민일보』, 2016년 5월 10일, 2면.

역사적 과정이기도 하다"라고 강조했다. 따라서 도시화의 추진은 반드시 '사회주의 초급 단계'라는 기본 국정에서 출발해, 규율을 준수하고, 중국의 실정에 맞추어 유리한 방향으로 이끌어야 한다. 이로부터, 도시화가 정세에 따라 형성되고, 조건이 성숙됨에 따라 자연스럽게 발전되는 과정을 거치도록 해야 한다.

도시화를 추진하는 데에는 반드시 역사적 인내심이 수반되어야 한다. 통계적 의미의 도시화율 달성을 절대적인 임무로 여겨서는 안 되며, 행정 명령에 기대어 목적 달성에 급급해서는 안 된다. 더욱이, '속도'로 발전의 '수준'을 대체해서는 안 된다. 대규모로 성급히 해치우려 하고, 집단적으로 사업에 뛰어들거나, 맹목적으로 신도시를 건설해서는 안 된다.

혁신 전략의 실시를 예로 들어보자. 치열한 글로벌 경쟁 구도에 직면하여, 공산당 중앙정부는 '혁신 구동 발전 전략'을 추진하기 위해 각종 정책들을 배치했다. 혁신은 결코 단기간의 노력으로 이루어지지 않는다. 각급 정부, 연구 기관과 기업이 '혁신 구동 전략'을 실시하려면 반드시 "공적이 꼭 나에게 있을 필요는 없다"는 각오로 임해야 한다. 어떤 것은 2, 3년, 심지어 그 이상의 시간이 걸릴 수도 있으며, 일정 기간 동안 전체 수확은 물론이고, 조기 수확도 어려울 수 있다. 그러나, "물가에서 물고기만 쳐다보고 있는 것보다는 물러나서 그물을 짜는 편이 낫다."[19]

일반적으로 경제가 지속적이고 건전하게 발전하고 사회주의 시장경제 체제를 정비하는 등 체계적인 과정에서 각급 정부는 성과 내기에만 급

---

19 「중국경제에 대한 5가지 질문─권위 인사가 현재 경제 추세를 말하다(五問中國經濟─權威人士談當前經濟形勢)」, 『인민일보』, 2015년 5월 25일, 2면.

신시대 중국 특색 사회주의 정치경제학 구축

급해서는 안 된다. 일부 지방 정부와 부처들이 발전 전략을 수립할 때 가지는 '성과 내기에 급급한' 자세는, 역사의 발전 법칙을 깊이 분석하고 정확하게 파악하지 못한 데에서 비롯된 것이다. 사람들은 종종 인식의 오류에 빠지게 되는데, 이는 바로 발전 단계와 역사적 배경의 차이를 고려하지 않아 나타나는 현상이다. 선진국의 비교적 잘 구축된 시장경제 제도와 비교적 높은 경제 발전 수준을 기준으로 하여, 현재 중국의 일부 제도의 미흡한 부분과 발전 성과에서의 한계를 직접적으로 비교하는 것이다. 그러한 사고를 따라가다 보면, 역사를 뛰어넘는 각종 요구들이 쏟아지고, '대 약진'이나 '체제 따라잡기'에 관한 각종 주장 역시 쏟아져 나올 수 밖에 없다.

사실 중국이 직면하고 있는 많은 문제들은 선진국의 역사 중 중국과 유사한 발전 단계에서 마찬가지로 존재했었다. 단지 제도 개혁에 따라 경제 구조가 고도화되면서 이러한 문제들이 점차 해결되었을 뿐이다. 일부 개발도상국들은 발전의 법칙을 제대로 이해하지 못하고 발전 단계의 한계를 넘으려는 시도를 하기도 했다. 그러나 자국의 실정에 적합하지 않은 경제·사회 정책의 시행은 결국 실패를 초래했다.

그러므로, 역사적 인내심을 유지하는 것은 한 나라의 발전 과정에 있어서 매우 중요하다. 경제 발전, 구조 전환, 제도 변혁, 국제 경쟁 등 장기적인 역사의 변천 과정에서, 시종일관 역사의 법칙을 정확히 인식하고 존중해야 한다. 국정을 정확하게 파악하고, 터무니없이 역사적 단계를 뛰어넘을 것을 요구해서는 안 된다. 또한 섣부르게 낙관하거나, 과격하게 욕심을 부려서도 안 된다. 개혁의 과정에서 이미 나타났거나 예상되는 문제들을 냉정하게 직시해야 한다. 난관을 하나씩 극복하고, "걸음을 재촉하되 안정적으로 내딛어야 한다."

이론적 측면에 말하자면, 세계를 인식하고 개조하는 과정에서 오래된 문제가 해결되면 또 다시 새로운 문제가 발생하기에, 제도는 끊임없는 보완이 필요하다. 따라서, 개혁과 발전은 하루 아침에 이루어 질 수도 없고, 한 번 고생한다고 해서 영원히 해결되는 것이 아니다. 이러한 특징을 이해하고, 각급 전략 수립자와 실행자는 반드시 충분한 '역사적 인내심'을 가져야 한다. 세계 각국과 중국의 역사 시기에 대한 경험과 교훈을 참고하여, 후발 발전도상국이 직면할 수 있는 발전과 개혁의 특수한 문제와 난관을 직시해야 한다. 제도의 성숙과 정착에는 긴 시간이 필요함을 충분히 인식하고, 각 세대마다 각자 맡은 임무를 충실히 수행해내야만 한다.

그러므로, 반드시 거쳐야 할 역사적 단계를 담담한 마음으로 지나야 한다. 이 담담함은 소극적 숙명이 아니라 전반적 정세와 법칙을 파악한 데에서 비롯된 것이다. 따라서 이러한 담담함은 오히려 어려움과 좌절에 직면하여, 인내심을 갖고 이겨내야 함을 의미한다. 순조로운 환경에서도 성급히 처리하거나 섣불리 낙관해서는 안 된다. 토대를 다지고 장기적인 발전을 도모하는 각종 업무를 내실 있게 추진해야 한다. 당연히, '역사적 인내심'은 업무를 능동적으로 수행하지 말라는 의미가 아니다. 다만, 능동적인 행위는 '역사적 인내심'을 전제로 해야만 경솔하거나 무모한 행동으로 이어지지 않을 것이다.

2. 전략적 신념

'역사적 인내심'이 중·장기적 발전, 제도 건설의 측면을 강조한다면,

'전략적 신념'은 중·단기적, 정책 실행 측면과 관련되어 있다. '전략적 신념'이란 복잡한 추세 하에서 특정한 전략적 의도와 목표를 달성하는 데 필요한 전략적 자신감과 확고한 의지를 뜻한다. 급변하는 환경에서도 놀라지 않고 냉정한 태도를 갖고, 외부 환경이나 일시적 득실에 의해 좌우되지 않으며, 일시적 이익, 일시적 정서, 일시적 흥미로 인해 초심, 목표, 방향을 바꾸지 않는 것을 의미한다.

　　전략적 신념을 강화하는 데에 있어 각급 정책 결정자들에게는 다음 두 가지가 요구된다. 첫째는 전략적 냉철함을 유지하는 것이다. 경제 뉴노멀의 형세 하에서 각종 장애물과 도전적인 상황들을 피할 수 없다. 특히 '매번 큰일에 부딪힐 때마다 태연한 마음가짐으로 대처하는' 침착함, '변덕스러운 구름이 시야를 가릴까 두려워하지 않는' 의연함, '넓은 시야로 사물과 상황을 판단하는' 기개가 필요하다. 둘째는 전략적 사고를 강화하는 것이다. 전반적인 국면에서 대세를 보고, 주류와 지류를 명확하게 구분하며, 경제 발전의 문제점과 주요 모순을 포착함으로써 과학적인 정책 결단을 내리고, 맞춤형 정책을 제정해야 한다. 또한, 총체적인 사고 방식에 능해야 하고, 부분에서 벗어나 전체를 보아야 하며, 전반적인 국면을 중시해야 한다. 그 밖에, 미래 지향적인 사유와 발전 추세에 대한 통찰에 능숙해야 하며, 일시적인 제약에서 벗어나 주동적으로 전반적인 국면을 계획하고 배치해야 한다. '선수(先手)바둑'을 두어 '주동적 대국'에 제대로 대비해야 한다.

　　특히, 뉴노멀 시대의 거시적 조정 정책 전환에 있어 전략적 냉철함을 유지할 필요가 있다. 뉴노멀 시대에는 경제 발전의 '성장 속도 변속, 패러다임의 전환, 구조 조정, 동력 전환'이라는 충격적이고 도전적인 상황에 직면하게 된다. 거시적 조정 정책 결정자가 '속도 콤플렉스'와 '변속 조급증'

에서 벗어나 성장 속도의 변속 및 질적 수준을 제고하는 것이 하나의 법칙이자 추세이다. 동시에, 거시적 경제 지표의 단기적 파동에 끌려다니거나, 거의 매년 조정을 실시할 정도로 강력한 부양책을 시행해서는 안 된다. 그렇지 않으면, 채무 레버리지 비율이 더욱 악화되어, 향후 경제에 더욱 큰 파동이 초래할 것이다.

예를 들어, 공급 측에서 출발하여 경제 발전 속도 문제를 파악해보자. 그 정확한 방법은 중국의 잠재적 경제 성장률 하락이라는 객관적인 사실을 충분히 인식하는 것이다. 이러한 변화는 한 국가가 성숙해지고 발전하는 과정에서 필연적으로 발생하는 것이다. 동시에, 중국 특색 사회주의 시장경제 체제가 경제를 안정시키는 역할을 할 수 있을 것이라 확신해야 한다. 이를 토대로 공급과 수요 양쪽에서 냉철한 정책을 실시하고, 거시적 조정을 지속적으로 추진함과 동시에 발전의 질적 향상을 통해 경제를 업그레이드해야 한다. 또한, 경제 성장 속도를 조정하고 경제 성장세를 유지하며, 경제 성장의 질적 향상을 목표로 삼아야 한다. 이로부터, 경제 패러다임의 전환이라는 근본적인 전략적 목표를 실현해야 한다.

시진핑 총서기는 "어떤 사업이든 눈앞의 것과 훗날의 것을 두루 돌보아야 하고, 주도면밀한 계획과 원대한 생각이 필요하다. 닭을 잡아 뱃속의 계란을 꺼내 먹거나, 못의 물을 퍼내어 고기를 잡는 등 방식의 발전은 오래가지 못한다"고 언급했다.[20] 따라서, 인민일보(人民日報)의 한 논평에서 주장한 바와 같이, 가장 위험한 것은 현실에 맞지 않게 '꿩 먹고 알 먹기'를 바

---

20 시진핑, 「개방형 세계 경제의 공동 수호 및 발전-G20 정상회의 회의에서의 세계 경제 추세에 관한 발언(共同維護和發展開放型世界經濟—在二十國集團領導人會議第壹階段會議上關於世界經濟形勢的發言)」, 「인민일보」, 2013년 9월 6일, 2면.

신시대 중국 특색 사회주의 정치경제학 구축

라는 것이다. 이는 '사탕수수의 양쪽이 모두 달기'를 바라면서도 과감하게 결단을 내리지 못하는 것과 같다. 예를 들어, 성장기에 장기간 부양책을 사용하여 거품을 축적했던 일부 국가들은 정책 선택에 있어서 결국 통화팽창을 유지한 채 물가 급등을 용인하거나, 통화긴축을 통해 거품을 제거할 수밖에 없다. 이것이야말로 진정한 '진퇴양난'이다.[21]

바로 이러한 전략적 신념 하에, 공산당 중앙정부는 '안정적 거시정책, 정확한 산업정책, 탄력적 미시정책, 실질적 개혁정책, 보장성 사회정책'의 실시에 관한 총체적 구상을 확정했다. 예를 들어, 앞서 서술한 딜레마를 피하기 위해 거시적 조정은 반드시 신념을 유지해야 하며, 경제의 성장속도가 합리적 구간 및 예상 목표치 내에 있다면, 속도에 얽매이지 말고 경제 전환의 업그레이드를 추진해야 한다. 그렇다면, 경제 성장률의 합리적인 구간이란 무엇이며, 어떻게 확정할 수 있을까? 그것은 바로, 잠재성장률로 인해 결정되는 '하한선'을 벗어나지 않으면서도, 개혁을 통해 창출한 이익이 지탱할 수 있는 '상한선'을 넘어서지 않는 것이다. '상한선'을 설정하는 목적은, 부양책으로 인해 실제 성장률이 잠재적 성장 능력을 초과하지 않도록 하고, 자산 거품과 인플레이션을 방지하기 위함이다. '하한선'을 설정하는 목적은 주기적인 실업 현상을 방지하고, 고용 및 주민 소득의 합리적인 증가를 유지하기 위함이다.

안정된 거시적 환경을 유지한다는 전제 하에, 구조 조정은 현재 중국 경제가 반드시 넘어야 할 고비이며, 오랫동안 공을 들여야 하는 장기전임

---

21 「새 국면('13.5)의 초기에 대세를 묻다-권위 인사, 현재 중국 경제를 말하다(開局首季問大勢—權威人士談當前中國經濟)」, 『인민일보』, 2016년 5월 9일, 1면.

을 인식해야 한다. 이러한 추세에서는 반드시 전략적 신념을 유지해야 하며, 자신감을 갖고 어려움을 극복하겠다는 확신을 가져야 한다. '물방울이 떨어져 바위를 뚫는다'는 인내심을 가지고, 표면과 본질을 모두 다스리되, 중점은 본질을 다스리는 데에 두어야 한다.[22] 심층적인 의미에서 구조 조정은 뉴노멀 시대의 본질적인 특징이다. 기다릴 수도 없고, 견딜 수도 없으며, 기다린다고 이루어지는 것도 아니고, 참고 견딘다고 이루어지는 것도 아니다. 경제 발전은 언제나 웨이브 형태로 나아가고 나선형으로 상승한다. 따라서 중국은 구조 조정을 하지 않을 수 없는데, 경제 수치상 1~2%p의 하락에 너무 연연할 필요는 없다. 더욱이, 안정적 성장을 초조한 마음으로 추구한다면, 결국 원하는 대로 되지 않을 것이다.[23]

전략적 신념의 유지는 전략적 사고 능력의 부단한 증강을 전제로 해야 한다. 전략적 사고 능력이란 넓은 안목으로 멀리 내다보고, 전체를 총괄하며, 사물 발전의 전반적 추세와 방향을 파악하는 능력이다. 전략적 사고 능력을 높이려면 시야와 도량이 넓어야 하며, 현상을 보고 본질을 파악하고, 미세한 조짐을 보고 그 발전 방향이나 문제의 본질을 포착할 수 있어야 한다. 시대를 이끄는 선두의 위치에서, 전략적으로 전반적 국면을 아우르는 눈높이에서 문제를 관찰하고 사고하며 처리해야 한다. 복잡한 사물의 현상을 통하여, 사물의 본질과 발전의 내재적 법칙을 파악해야 한다. 또한, 중점을 파악하고 통일적으로 계획해야 한다. 현재에 입각하되 멀리 내다

---

22 「새 국면('13.5')의 초기에 대세를 묻다-권위 인사, 현재 중국 경제를 말하다(開局首季問大勢—權威人士談當前中國經濟)」, 『인민일보』, 2016년 5월 9일, 1면.

23 「중국경제에 대한 5가지 질문 —권위 인사가 현재 경제 추세를 말하다(五問中國經濟—權威人士談當前經濟形勢)」, 『인민일보』, 2015년 5월 25일, 2면.

볼 수 있어야 한다. 중국 국내 정세에 익숙하되 세계 정세를 제대로 파악해야 한다. 그 밖에, 두드러지는 문제들을 해결하는 과정에서 전략적 돌파를 꾀하고, 전략적으로 전반적 국면을 파악하는 가운데 각종 업무를 추진해야 한다.[24] 중국은 이미 경제적으로 큰 성과를 거두었고, 물질적 여건도 크게 개선되었다. 전략적 사고 능력을 강화하려면 눈 앞의 이익에만 급급하는 마음가짐을 변화시켜야 한다. 이는 더욱 장기적인 안목에서 사물을 관찰하고, 성과를 판단하며, 정책을 평가해야 함을 의미한다.

세계 경제 추세에 대한 시진핑 총서기의 관찰과 분석은 이러한 전략적 신념에 대한 하나의 예시이다. 예를 들어, 그는 현상을 통해 본질을 보고 전반적인 국면을 아우르는 눈높이에서 세계 경제 운행의 추세를 파악해야 한다고 했다. 그는 "오늘날 세계 경제 발전에서 지난 시기의 과학 기술 및 산업 혁명이 제공한 동력이 이미 막바지에 다다랐고, 전통적인 경제 체제와 발전 모델의 잠재력이 약화되고 있다. 동시에, 발전의 불균형 문제는 아직 해결되지 않았으며, 기존의 경제 거버넌스 메커니즘과 구조적 결함이 점차 드러나고 있다. 이러한 요인들은 세계 경제의 전반적인 동력 부족, 유효 수요 부진을 초래했다. 표면적으로는 성장 부진, 실업률 상승, 채무가 높은 기업, 무역과 투자 부진, 실물경제의 성장 속도 상실, 금융 레버리지 비율의 고공행진, 국제 금융과 벌크상품 시장 불안과 같은 일련의 문제로서 존재한다. 이는 마치 사람이 병이 나고, 감기에 걸려 열이 나는 것

---

24 『시진핑 총서기 시리즈 중요 연설문 독본(習近平總書記系列重要講話讀本) 2016년판』, 〈열여섯 번째, 개혁·발전의 기본 문제 해결 능력 제고-과학적 사상과 작동 방법에 관하여(十六. 提高解決改革發展基本問題的本領—關於科學的思想方法和工作方法)〉, 『인민일보』, 2016년 5월 12일, 9면.

처럼 보이지만, 그 근본원인은 신체 메커니즘에 문제가 생긴 것 같다."[25]고 언급했다.

이는 병의 근원을 찾아내지 못하고는 신체 기능을 잘 돌 볼 방법이 없다는 얘기다. 치료를 위해 아무리 많은 처방전을 내려도, 표면만 다스릴 수 있을 뿐, 본질은 다스릴 수 없으며, 병세는 더욱 가중될 뿐이다. 예를 들어, 세계 여러 중앙은행의 저금리 정책은 단기적으로 심각한 경기 침체는 막을 수 있지만, 장기적인 경기 하락의 추세는 피할 수 없을 것이다. 당연히, 산업 혁명에 충분한 동력을 제공하기도 어려울 것이므로, 전체적으로 동력이 부족한 세계 경제의 기본적인 추세를 변화시킬 수는 없다. 불황에서 벗어나려면 고통스럽고 기나긴 구조적 개혁을 실시해야 한다. 효과적으로 혁신에 활력을 불어넣거나 생산 효율을 높이는 것 외에 다른 방법은 없다.

마찬가지로, 중국 국내 경제 문제를 분석하여 처리할 때에도 전략적 사고 능력이 중요하다. 시진핑을 중심으로 하는 공산당 중앙정부에서 내린 중국 국내 경제 문제에 관한 판단과 분석을 보면, 이러한 전략적 사고와 전략적 신념이 잘 드러난다. 즉, 개혁 전략의 제정 및 실시에 있어서 전반적 상황 인식, 전략적 안목, 문제의식 중 어느 하나라도 결여되어서는 안 된다.

우선, 개혁을 추진함에 있어서 체계적인 사상을 수립하고, 여건이 되는 지방과 분야의 개혁 조치 시스템의 통합을 추진해야 한다. 정층 설계

---

25 시진핑, 「혁신성장 경로·공유발전 성과-제10기 G20 정상회의 제1단계회의에서 세계 경제 추세에 관한 발언(創新增長路徑共享發展成果-在二十國集團領導人第十次峰會第一階段會議上關於世界經濟形勢的發言), 『인민일보』, 2015년 11월 16일, 2면.

와 로드맵을 잘 파악하고, 개혁 조치의 조합에 중점을 두어야 하며, 각 개혁 조치들이 끊임없이 하나의 중심 목표를 향하게 해야 한다. 특히, 동일한 분야에서의 개혁 조치라면 전후 호응, 상호 조합, 총체적 형성 등에 주의를 기울여야 한다. 또한, 각 분야의 개혁에 대한 전면적인 평가를 서둘러 진행해야 한다. '조철유흔(抓鐵有痕), 탑석유인(踏石留印)'[26]의 끈기를 가지고, 꾸준히 지속적으로 개혁을 실시해야 한다.[27]

다음으로, 각 분야의 개혁에 대한 전반적인 평가를 강화하고, 문제 지향성을 견지하여 각 분야별로 주요 골자가 될 만한 개혁을 명확하게 선별해야 한다. 또한 우선순위를 가려내고, 그에 따라 중점적으로 추진하여 버팀목의 역할을 하도록 해야 한다. 특히 국유기업, 세수·재정·금융, 과학 기술 혁신, 토지 제도, 대외 개방, 문화 교육, 사법 공정, 환경 보호, 양로·고용, 의약 보건, 당건(党建) 및 규율 검사 등의 분야에서 견인차 역할을 하는 개혁들을 확실하게 실행해야 한다. 또한, 중점의 장악과 전체적 통솔을 상호 결합시키고, 표면적 관리와 본질적 관리를 상호 촉진시키며, 중점적 돌파와 점진적 추진을 상호 맞물리게 한다. 그 밖에 목적성을 부각시키고, 지속적으로 새로운 개혁이 성과를 거두도록 추진해야 한다.[28]

---

26 옮긴이 주: 강철을 잡더라도 흔적을 남기고, 단단한 돌을 밟더라도 자국을 남길 수 있도록 인내심을 갖추어야 한다는 뜻이다.

27 「시진핑, 중공중앙 전면적 개혁심화 지도소조 제22차 회의에서 "초점을 정확히 맞추어, 협동하여 개혁 추진, 신발전이념을 실천하는 체제 메커니즘 형성할 것" 강조, 류윈산·장가오리 회의 참석(習近平主持召開中央全面深化改革領導小組第二十二次會議強調 推動改革擧措精準對焦 協同發力 形成落實新發展理念的體制機制 劉雲山張高麗出席)」,『인민일보』, 2016년 3월 23일, 1면.

28 「시진핑, 중공중앙 전면적 개혁심화 지도소조 제22차 회의에서 "전면적 심화개혁 각종 목표에 주안점을 두고, 주체적 책임 확실히 수행할 것" 강조, 리커창·류윈산·장가오리 회의 참석(習近平主持召開中央全面深化改革領導小組第二十次會議強調扭住全面深化改革各項目標落

마지막으로, 책임의식, 문제의식, 도전의식을 강화하고 조직의 리더십을 증강해야 한다. 개혁 임무를 확실하게 총괄하고 조정해야 하며, 개혁의 체계성, 전체성, 협동성에 더욱 중점을 두어야 한다. 특히, 대표성 및 연관성을 갖는 일부 개혁 조치들을 중점적으로 제의해야 한다. 난관을 극복하며 나아가는 과정에 존재하는 장애물을 찾아내고, 헤쳐 나가야 하는 난관과 험난한 장애물을 선별해내야 한다. 범 지역, 범 부서적 중대한 개혁 사안에 대한 균형을 강화하고, 기세를 몰아 파죽지세로 개혁의 난점을 타파해야 한다.[29]

공산당 19대 보고서는 "중국 경제는 이미 고속 성장 단계에서 질적 발전 단계로 전환했다"고 밝혔다. 19대에서 통과된 〈중국공산당 규약(개정안)〉도 이전의 "좋고도 빠른 발전"이라는 표현을 "더욱 질 높고, 더욱 효율적이고, 더욱 공평하고, 더욱 지속 가능한 발전"으로 수정하였다. 이는 시진핑 총서기의 경제 업무 및 사상적 방법론의 구현으로, 경제 패러다임의 전환과 전략적 신념의 유지에 필요한 근본적인 준칙이 마련된 것이라고 할 수 있다.

實主體責任撏緊責任螺絲 李克強劉雲山張高麗出席)」, 『인민일보』, 2016년 1월 12일, 1면.

29 「시진핑, 중공중앙 전면적 심화개혁 지도소조 제8차 회의에서 "양호한 추세를 견지, 한층 더 분발해 임무를 완수하는데 주력하고, 전면적 심화개혁을 추진해 끊임없이 새로운 성과 거둘 것" 강조, 리커창 · 류윈산 · 장가오리 회의 참석(習近平主持召開中央全面深化改革領導小組第八次會議強調鞏固良好勢頭再接再厲乘勢而上,推動全面深化改革不斷取得新成效 李克強劉雲山張高麗出席)」, 『인민일보』, 2014년 12월 31일, 1면.

신시대 중국 특색 사회주의 정치경제학 구축

제3절 온중구진: 정부정책의 총 기조

공산당 18대 이래로 시진핑 총서기는 '온중구진(穩中求進)'이라는 정부정책의 총 기조를 수 차례 강조했다.[30] 또한, 역대 중앙경제업무회의는 모두 '온중구진'의 정부정책의 총 기조를 거듭 천명했다. 2016년 중앙경제업무회의는 더 나아가 '온중구진'이라는 정부정책의 총 기조를 발전시키고 확립하는 것이 국정운영의 중요한 원칙이자, 경제 업무를 잘 이행하기 위한 방법론이라고 강조했다. 중국의 경제 발전이 뉴노멀 시대에 접어들며, 일련의 도전에 직면한 가운데, 이러한 정부정책의 총 기조를 잘 관철하는 것은 중요한 의의를 갖는다. 특히, '안정(穩)'과 '진취(進)'의 변증적 관계를 잘 유지해야만, '혁신, 균형, 녹색, 개방, 공유'의 발전을 이룰 수 있다

1. '안정'과 '진취'의 변증적 관계

사물의 발전에 관한 유물 변증법적 관점은 '신'과 '구'의 교체 및 '질'과 '양'의 통합으로, 이는 경제 업무에서 '안정'과 '진취' 사이의 관계에 대한 인식론적 기초가 된다. 경제발전은 '저량(stock)'과 '증량(increment)' 사이의 동적인 변화 속에서 실현된다. 여기서 말하는 저량은 경제총량 뿐만 아니라 경제 구조를 포함하고, 각종 경제변수 사이의 관계로 표현되며, 안정

---

30 2011년 12월 14일 폐막한 '중앙경제업무회의'는 2012년 중국 거시 경제 정책의 기조와 방향 및 주요 임무를 명확히 했고, '온중구진'을 2012년 중국 경제 업무의 주요 논조로 삼아 전 세계의 주목을 끌었다.

성과 균형성을 요구한다. 한편, 증량은 전자인 '안정'의 토대에서 '진취'를 통해 실현된다. 중국이 효익과 질의 향상을 토대로, 중·고속 경제 성장을 유지하고 있는 상황이 바로 그러한 이치에 따른 것이다. '온중구진'이라는 정부정책의 총 기조는 중국의 경제 발전이 뉴노멀 시대에 진입함에 따라 직면하게 된 도전적 상황 속에서, 가장 정확하게 그러한 변증 관계를 나타 냈다.

2014년 12월 1일 중공 중앙정부가 개최한 당외인사 좌담회에서 시진 핑 총서기는 '온중구진'이라는 정부정책 총 기조의 함의를 명확히 밝혔다. '안정'의 중점은 경제 운행에, '진취'의 중점은 개혁·개방 및 구조 조정의 심화에 두어야 한다고 언급했다. 같은 연설에서 그는 업무 총 기조에 대해 "'안정'과 '진취'의 유기적 통합 및 상호 촉진의 변증 관계"[31]라고 함축했 다. 2015년 12일 개최된 좌담회에서 시진핑 총서기는 이러한 정부정책의 총 기조와 전반적인 경제 업무간 변증 관계를 한층 더 명확하게 설명했다. 바로, 전략적으로는 '온중구진'을 견지하면서 속도와 강도를 잘 파악하고, 전술적으로 관건을 잘 장악하는 것이다.[32] 경제 업무에 대한 전략적 배치와 이를 추진하는 방법론이 일치했기 때문에, '온중구진'의 업무 총 기조는 공 산당 중앙정부 국정운영의 중요한 원칙이 될 수 있었다.

경제 운행의 중점인 '안정'은 경제 업무의 기조(基調)와 대국(大局)을

---

31 「경제 업무에 대한 의견 및 건의 수렴, 중공중앙 당외인사 좌담회 개최, 시진핑 회의 주최 및 중요 연설문 발표, 리커창 관련 상황 보고, 위정성 · 류윈산 · 장가오리 참석(征求對經濟 工作的意見和建議 中共中央召開黨外人士座談會 習近平主持並發表重要講話 李克强通報有關情況 兪正聲 劉雲山張高麗出席)」, 『인민일보』, 2014년 12월 6일, 1면.

32 위의 책.

신시대 중국 특색 사회주의 정치경제학 구축

잘 다지는 것을 의미한다. 이러한 대 전제에서 경제·사회의 안정적인 발전을 실현해야, 자원·환경·생태의 마지노선, 민생 마지노선, 체계성 리스크 마지노선을 지킬 수 있다. 중국의 경제 발전 과정에는 여전히 불균형·부조화·지속 불가능의 문제가 존재하고, 효익과 질의 증가 폭이 그리 크지 않다. 이러한 경제·사회 발전의 저량에 존재하는 문제를 해결하는 것이 정부 정책의 총 기조에서 '안정'을 요구하는 부분이다.

'안정'을 전제로 핵심적인 분야에서는 '진취'적으로 실행하며, 안전의 보장을 전제로 최대한 성과를 이룩해내야 한다. 경제·사회 발전의 새로운 진전, 새로운 돌파, 새로운 성과를 실현하기 위해 노력해야 한다. 중앙 정부는 '온중구진'이라는 정부정책의 총 기조에 입각하여 총체적인 정책 방향과 구체적인 정책의 포지션 통일을 요구하고 있다. 즉, 안정적 거시 정책, 정확한 산업정책, 탄력적 미시정책, 실질적 개혁정책, 보장성 사회정책 등 여러 영역에서 나타나는 구체적인 문제에 대해 그에 맞는 방식으로 실천해야 한다.

2. 안정: 새로운 구도 확립

'온중구진(穩中求進)'에서 '안정(穩)'은 우선 안정적 거시정책을 의미한다. 뉴노멀의 시대적 특징인 성장 둔화는 주로 수요측 충격에 의한 것이 아니라, 특정 발전 단계의 법칙에 부합하는 공급측 성장 속도의 '변속'이다. 그러므로, '안정'의 첫 번째 요구는 뉴노멀 시대에 적응하고, 전략적 신념을 유지하며, 수요측에 강한 자극을 주지 않음으로써, 경제적 거품 형성과 금융 리스크의 발생을 방지하는 것이다. 중앙경제업무회의는 적극적 재정정책과 안정적 통화정책의 실시, 재정정책과 공급측 구조개혁 추진의 결합, 온건하고 중립적인 통화정책 마련, 합리적이고 균형적인 수준에서의 위안화 환율 안정적 유지 등을 제기했다. 이는 뉴노멀 시대에 적응하고, 새로운 구도의 정책 기반을 수립하는 일이다. 이를 통해 기대와 신뢰를 안정시킴으로써, 체계성을 띠는 리스크에 대비할 수 있다.

'온중구진'의 정부정책의 총 기조 중 '안정'은 또한 경제 성장률이 합리적인 구간에서 유지될 것을 요구한다. '안정적인 성장률'에는 효익과 질의 향상을 전제로 경제가 중·고속 성장을 유지한다는 의미가 내포되어 있다. 경제 성장의 예상 목표치는 뉴노멀 하에서의 잠재성장률에 의해 결정되는데, 실질성장률은 잠재성장률의 하한선을 넘지 않는다. 동시에, 잠재성장률과 총수요를 확대하는 정책과 개혁의 효과로 인해 결정되는 상한선을 뛰어넘어서도 안 된다. 이것이 바로 경제 성장률의 합리적 운행구간이다. 필자의 추산에 따르면 '13.5' 시기의 '온중구진' 업무 총 기조에 부합하는 합리적인 성장률 구간은 6.2~6.7%이며, "조금만 높아져도 너무 비대하고, 조금만 낮아져도 너무 부족하다."

인구 연령 구조의 변화로 인해, 중국은 더 이상 노동력의 무한 공급이라는 이원 경제 발전 단계에 있지 않게 되었다. 또한, 전통적인 성장 동력의 약화에 따른 경제 성장률의 둔화는 발전 법칙에 부합하는 현상이다. 중상위 소득 국가에서 고소득 국가로의 도약과, 인구보너스를 특징으로 하는 전통적인 동력은 더 이상 예전처럼 경제 성장을 뒷받침하지 못하며, 점차 전체 생산 요소의 생산율 향상에 의존하게 된다. 지난 40년간 두 자릿수에 육박했던 잠재성장률 수준은 더이상 기대할 수 없으며, 새로운 성장 동력이 충분히 나타나기 전까지는 비교적 큰 폭으로 잠재성장률의 하락세가 나타날 것이고, 수요 측에 대한 자극은 전혀 도움이 되지 않을 것이다. 그러므로, 잠재성장률의 하한선을 성장률 예상 목표치로 확정하는 것이 바로 뉴노멀 시대에 거시경제가 안정되고, 효익과 질이 떨어지지 않는 중·고속 성장을 실현하는 길이다.

민생의 보장과 개선은 '안정'의 지향점이다. 뉴노멀 시대에서는 성장률 하락으로 인해 분배 가능한 케이크의 증량이 감소했다. 한편, 공급측 구조개혁 추진으로 인한 산업 구조 변화는 기업의 '우승열패'를 야기하며, 일부 노동자들에게 '구조적'이고 '마찰적'인 충격을 줄 수 있다. 그러므로, 인민 중심의 발전 사상에서 출발하여 민생을 보장하고 개선하며, 발전의 공유성을 강화해야 한다. 또한, 재분배의 강도를 높여 빈곤 퇴치에 총력을 다하고, 보장성 사회정책을 강화해야 한다. 인민 군중이 개혁·개방과 발전으로부터 더욱 큰 성취감을 얻도록 하는 것이 바로 '온중구진'의 의의이다.

3. 진취: 새로운 방향 확립

'온중구진(穩中求進)'은 경제 업무의 방법론이자, 예상 목표치를 달성하기 위한 일종의 경제 운행 패턴이다. '안정(穩)'은 '진취(進)'를 얻기 위한 것이고, '안정'을 추구하면서도 '진취'적인 것은 일종의 패턴이다. 경제 발전의 뉴노멀 시대에 두드러지는 몇 가지 특징들 중에서, 경제 성장 속도의 '변속'은 특정 현상에 대한 묘사이자 해석이며, 뉴노멀 시대에 적응하는 인식적 전제 조건이다. 그 밖에, 발전 패러다임의 전환, 산업 구조의 최적화 및 고도화, 성장 동력의 전환은 뉴노멀 시대를 이끌어 나가기 위한 요구조건이다. 따라서, 뉴노멀이라는 경제 발전의 대 논리와 '온중구진'의 정부정책의 총 기조가 결합하여, '필연의 왕국'에서 '자유의 왕국'으로 인도하는 방법론이 형성되었다. '안정'이라는 전제 하에, 적절한 속도를 파악하여, 적극적이고 '진취'적인 태도로, 공급측 구조개혁을 추진하여, 패러다임의 전환과 구조 조정 및 동력의 전환을 실현해야만, 최종적으로 뉴노멀 시대를 새로운 방향으로 이끌어 갈 수 있다.

개혁·개방 기간동안, 중국 경제는 전형적인 이원 경제 발전의 특징을 갖고 있었다. 이러한 특징은 노동력의 충분한 공급, 인적 자본의 빠른 축적, 높은 자본 수익률, 농업에서 비농업으로의 노동력 이동 및 이로 인한 자원의 재배치 효율 등으로 종합할 수 있다. 개혁·개방은 이러한 특징들을 산업·제품의 비교우위로 전환함으로써 고속 경제 성장과 고용 확대, 인구 보너스의 충분한 현금화를 가져왔다. 해당 기간의 실제 성장률은 잠재성장률에 부합했다. 인구변천(demographic transition)과 경제 발전이 동시에 새로운 단계로 접어들면서, 특히 2010년 전후로 노동 연령 인구 증가세는 최고점에 도달했고, 인구 부양 비율의 하락세가 바닥을 쳤다. 중국은 또한 세계 2위의 경제권으로 부상했고, 1인당 GDP가 중상위 소득국 대열에 진입함에 따라, 전통적인 성장 동력이 빠르게 소실되면서 잠재성장률이 하락했다. 이러한 경제 발전의 뉴노멀 시대에서 새로운 성장 동력을 모색하고 발굴하는 것은 필연적인 요구이다.

그러므로, '온중구진'의 정부정책 총 기조의 논리와 노선을 관철한다는 것은 뉴노멀 시대의 특징을 인식하고 적응함을 의미한다. 이를 기반으로 새로운 잠재성장률을 수용하고, 성장률 예상 목표치를 낮춰, 경제 운행을 안정시켜야 한다. 또한, 공급측 구조개혁을 추진함으로써, 요소 공급과 자원 배치에 현존하는 체제적 장애물을 제거하고, 자원배치를 최적화하는 방식으로 산업 구조 조정을 수행해야 한다. 이로부터, 생산요소 투입에 대한 의존에서 총요소생산성(TFT: Total Factor Productivity) 향상에 대한 의존으로 경제 패러다임을 전환하는 것이다. 경제 패러다임의 전환은 곧 성장 동력의 전환이다. 총요소생산성의 제고를 통해 산업 구조의 최적화와 고도화를 이끌어냄으로써 잠재성장률을 높일 수 있다. 바로 이러한 논리와 노선에 따라, '안정'이 인도하는 가운데 '진취'가 포함되는 패턴이 형성되는 것이다.

제4절 혁신적 사고

중국의 개혁·개방 발전 과정을 되돌아보면, 그 인식과 실천 면에서 매번 새로운 진전과 발전을 이룬 주체는 모두 인민 대중, 각급 정부와 이론가들이었다. 그들이 혁신적 정신을 발휘해, 기존의 낡은 이론이나 제도적 속박을 타파하며 이뤄낸 성과가 바로 개혁·개방의 발전이다. 경제 발전의 뉴노멀 하에, 5대 발전 이념의 요지를 이해하고, 공급 측면의 구조적 개혁을 추진하려면, 반드시 과학적이고 이론적인 사고를 활용해 현상을 관찰하고, 문제를 분석하고 해결해야 한다. 또한, 경제 정책의 과학성, 예견성, 주동성, 창조성을 끊임없이 강화해야 한다. 그 중에서도 혁신적 사고 능력은 한 국가의 발전에 있어 결정적인 역할을 한다. 중국 특색 사회주의는 교과서 속 교조도, 융통성 없고 경직된 계율도 아니며, 실천 속에서 끊임없이 발전하고 변화하는 생명체이다. 이러한 실천 속에서 부단히 보완되고, 발전과 변혁을 이룬 것이 바로 중국 특색 사회주의이다.[33]

혁신은 발전을 이끄는 첫번째 동력이다. 혁신은 과학기술 혁신만 포함하는 것도, 경제 분야에만 국한되는 것도 아니다. 넓은 의미의 혁신은 제품, 공예, 비즈니스 모델, 과학기술, 조직 제도, 사상 관념, 지식 체계 등 영역에서의 새로운 발전을 의미한다. 중국이 말하는 혁신적 사고 능력이란 사상 이론적 측면에서 미신을 타파하고, 낡은 규칙을 뛰어넘어, 시의적절하게 대책을 세우고, 난관에 굴하지 않고 앞으로 나아가며, 혁신적 능력을 제고하는 것이다. 혁신적 사고 능력을 제고한다는 것은 바로 대담하게 앞장서는 예기(銳氣)를 가져야 함을 뜻한다. 맹목적으로 경험, 이론, 권위적인 사고만 믿는 행태를 타파해야 한다. 즉, 시대에 맞지 않는 낡은 관념을 버리고, 사상적 인식의 새로운 도약으로, 업무에 있어 새 국면을 열어야 한다.

중국 인민은 위대한 이상과 사상을 품고 있으며, 중화민족은 변혁과 개방 정신으로 충만하다.[34] 시진핑 총서기는 '성부급(省部級) 주요 지도자 간부를 대상으로 하는 학습반'에서의 연설에서 중화민족은 역사적으로 위대한 혁신적 성과와 함께, 사상 문화, 사회제도, 경제 발전, 과학 기술 및 기타 다양한 영역에서 세계 선두에 있어왔다고 언급했다. 그는 중국이 주변 지역에 깊은 영향을 미치며 선도적 역할을 수행해왔으나, 근대 이후 과학기술 및 산업 혁명이 가져온 엄청난 발전의 기회를 여러 차례 놓쳤음을 지

---

33 「시진핑, '시티 오브 런던'에서 중요 강연 발표(習近平在倫敦金融城發表重要演講)」, 『인민일보』, 2015년 10월 23일, 1면.

34 시진핑, 「개혁·개방 40주년 경축 대회에서의 연설(在慶祝改革開放40周年大會上的講話)」, 『인민일보』, 2018년 12월 19일, 2면.

적했다. 이러한 중국과 선진국들의 과학 기술 및 경제력의 격차는 주로 혁신능력에서 나타난다고 지적했다.[35]

시진핑 총서기는 역사적 시각에서 혁신의 중요성을 강조함으로써, 영국의 과학사학자 조지프 니덤이 제기한 '니덤의 퍼즐(Needham Puzzle)'에 대한 함의를 한층 더 확장했다. 니덤은 "중국의 과학기술 발전이 고대에는 세계적 선두 지위에 있었는데, 왜 그 이후에는 지위를 계속 유지하지 못하고 산업혁명이라는 좋은 기회를 놓쳤나?"라는 의문을 제기했다.[36] 그는 또한 이러한 중대한 이론적 질문에 대해 "문제의 핵심은 근본적으로 혁신 능력의 시각에서 해석할 수 있다"는 답을 제시했다.

오늘날 혁신을 강조하려면, 우선 미신을 타파하고 사상을 해방시켜야 한다. 예를 들어, 개혁을 심화하는 문제에 있어서 사상적 장애는 종종 체제 외부가 아니라 내부로부터 나타난다. 사상이 해방되지 않으면, 각종 이익의 고착화로 인한 문제점을 정확히 인식할 수 없고, 돌파구와 방향을 정확하게 찾을 수 없으며, 창조적인 개혁 조치를 내놓기 어렵다. 그러므로,

---

35 시진핑, 「성부급 주요 지도자 간부를 대상으로 공산당 18기 5중전회 사상 학습·관철 특별 세미나에서의 연설(在省部級主要領導幹部學習貫徹黨的十八屆五中全會精神專題研討班上的講話)」, 『인민일보』, 2016년 5월 10일, 2면.

36 또 다른 과학 기술 사학자인 로버트 템플도 현대 세계를 건립할 수 있는 기본적인 발명과 창조의 거의 절반 이상이 중국에서 유래되었다는 것을 발견하였다. 그러나 중국이 창조하고 발명한 것들이 세계에서 차지하는 비중은 1500년 이후 급격히 감소했고, 산업혁명이 시작되자 마자 언급할 가치조차 없을 정도로 하찮은 것이 되었다. 예를 들어, 과학 기술사 자료에 따르면 서기 401~1000년 사이 전 세계의 중대한 과학 기술 발명 총 45건 중 32건이 중국에서 발생했는데, 서기 1501~1840년에 이르러서는 전 세계의 중대한 과학 기술 발명 472건 중 19건만이 중국의 것이었다. Robert K. G. Temple, *The Genius of China: 3000 Years of Science, Discovery, and Invention*, London: Carlton Publishing Group, 2007, p.11.

반드시 자기혁신의 용기와 포부를 갖고, 각종 규제에서 벗어나야 한다. 부서간 이익 견제를 극복하고, 적극적이고 주동적인 정신으로 개혁적인 조치를 강구해야 한다.[37] 시진핑 총서기는 지방과 기층, 민중이 대담하게 탐구하여, 선행 및 시범적 역할을 해야 한다고 주장했다. 또한, 이론 및 실천적 혁신을 추진하고, 개혁의 법칙에 대한 인식을 심화시켜야 한다고 지적했다.[38]

개혁 조치는 신중해야 하고, 반복적인 연구와 논증이 필요하다. 그러나 지나치게 주저하며 어떠한 것도 과감히 추진하지 못하거나, 심지어 시도조차 하지 않아서는 안된다. 기존 업무 구도와 체제 운행을 타파하지 않고는 개혁을 할 수 없으며, 아무런 리스크가 없을 수는 없다. 충분한 논증과 평가를 통해 현실에 부합하면서도 반드시 해야 하는 일이라고 판단되면, 과감하게 추진해야 한다.[39]

국가의 혁신적 사고 능력을 제고하려면, 또한 새로운 가치관과 인센티브 메커니즘의 구축을 통해, 많은 과학기술자들과 일반 대중들에게 내재되어 있는 혁신적 잠재력을 충분히 자극해야 한다. 연구 결과에 따르면,

---

37 시진핑, 「〈전면적 개혁심화에 대한 몇 가지 중대한 문제에 관한 중공중앙의 결정〉에 관한 설명(關於〈中共中央關於全面深化改革干重大問題的決定〉的說明)」, 『인민일보』, 2013년 11월 16일, 1면.

38 「시진핑, 중공중앙 정치국 제11차 집단 학습회의에서 "전 당이 역사적 유물론을 배우고 제대로 장악, 규칙을 더 잘 인식하고, 더욱 능동적으로 업무 추진할 것" 강조(習近平在中共中央政治局第十一次集體學習時強調推動全黨學習和掌握歷史唯物主義更加能動地推進工作)」, 『인민일보』, 2013년 12월 5일, 1면.

39 시진핑, 「〈전면적 개혁심화에 대한 몇 가지 중대한 문제에 관한 중공중앙의 결정〉에 관한 설명(關於〈中共中央關於全面深化改革干重大問題的決定〉的說明)」, 『인민일보』, 2013년 11월 16일, 1면.

신시대 중국 특색 사회주의 정치경제학 구축

개성, 상상력, 이해력, 자아실현을 위한 문화를 보호하고 자극하는 것은 한 나라의 자주적 혁신 수준을 높이는 데 도움이 된다. 이같은 문화적 분위기는 혁신적 활력을 불러일으키는 데에 도움이 되는 가치관과 정부 정책을 낳는다. 예를 들어, 공정한 경쟁 환경을 조성함으로써 인재를 선발하고, 기업가 정신을 불러일으킬 수 있다. 또한, 일반 대중들에게 새로운 아이디어, 새로운 제품 디자인, 새로운 시장을 개척할 수 있는 권리를 부여할 수도 있다. 그 밖에, '권리, 책임, 이익'이 서로 조화를 이루는 국가 거버넌스 체계를 구축하는 것 역시 좋은 예이다.

특히, 중국 전통 문화에는 모험과 혁신을 장려하기보다는 중용과 안정을 강조하는 DNA가 있다는 점에 유의해야 한다. 이러한 DNA는 사람들이 현실에서 실제로 문제에 직면할 때, 종종 각종 규정을 대담하게 위반하면서 창조적으로 해결하지 못하도록 한다. 따라서, 혁신을 장려하는 문화적 분위기를 조성하는 것이 오늘날 중국에서는 무엇보다 중요하다. 혁신을 장려하는 가치관의 점진적 육성을 토대로, 사상을 해방하고, 각종 사상의 성역을 타파해야 한다. 또한, 사람들의 자유로운 사고, 효율적인 소통, 격렬한 충돌을 장려하고, 개방적이고 포용적인 창의 시장을 점진적으로 구축해야 한다. 그 외에, 이론 혁신의 선도적 역할을 수행하여, 제도 혁신, 과학 기술 혁신, 문화 혁신 등 각 영역에 걸쳐 끊임없는 사상적 원천을 제공해야 한다.

당대 중국 발전의 길은 나름의 독특한 특징을 갖고 있다. 체제 전환이라는 도전적 상황에 직면해 있을 뿐만 아니라, 발전 단계의 전환이라는 시련을 겪고 있다. 또한, 5000년 중화문명 DNA의 깊은 영향 아래, 외국의 이론과 경험을 끊임없이 배우고 있다. 고도로 복잡한 상황으로 인해, 중국의 문제는 그 해결에 있어서 옛 사람들의 방법이나 외국의 경험은 참고만 할 뿐, 단순히 그대로 따를 수는 없다. 이러한 상황에서는 여러 방향에서 자유로운 탐구와 독립적 사고를 하도록 최대한 많은 인민들의 지혜를 모아야 한다. 또한 정층 설계와 '돌다리도 두들겨보며 건너는' 신중한 모색을 유기적으로 결합해야 한다.

그 밖에, 경제 이론가들은 중국에서 일어나는 현상이야 말로 경제의 이론적 혁신을 이룰 수 있는 좋은 기회임을 인식해야 한다. 중국이 이중적 전환을 하는 과정에는 경제사에서 보기 드문 일련의 중대한 사건들이 발생할 것이다. 그들은 이것을 목격하고 경험할 기회를 제공받는 셈이다. 첫째, 경제 발전 과정으로서 이원 경제 구조 전환을 경험할 수 있다. 둘째, 계획경제에서 시장경제로의 체제 전환을 경험할 수 있다. 각각의 전환 자체가 갖는 특수성 외에도, 이 두 가지 전환이 뒤엉켜 중국 특색 발전의 길을 형성하는 과정에서 중국은 일련의 이론적 혁신을 통해 새로운 능력을 보여줄 수 있다.

이러한 독특한 이중 전환 과정에서 알 수 있듯, 중국은 신흥공업국들이 앞서 걸어온 길과는 전혀 다른 길을 걷고 있다. 중국 경제의 현실과 신고전 경제학 이론의 예상은 많은 부분에서 어긋난다. 이는 중국이 다른 환경에서 형성된 기존의 이론적 도구를 활용하여 경제의 현실적 문제를 관찰하고 이해하려면, 개방적인 사고와 회의적인 태도를 모두 가져야 함을 의미한다. 다시 말해, 맹목적으로 이론을 믿어서도 안 되고, 표면적인 현상을 쉽게 사실로 받아들여서도 안 된다. 이는 경제이론 혁신의 중요한 전제이자, 경제학 분야에서 중국 특색 사회주의 정치경제학이 경제학과(學科)의 발전과 개발도상국에 크게 공헌한 부분이기도 하다.

제5절 마지노선 사유

마지노선 사유는 일종의 위기의식의 반영이며, 전략적 신념과 혁신적 사고를 지탱하는 중요한 버팀목이다. 사물의 발전 변화에 있어서 전략적 신념을 유지하려면, 최악의 결과에 대비할 수 있는 방비책과 이를 감당할 수 있는 능력을 갖춰야 한다.

혁신적 행위를 권장하고 장려하려면, 창조적 활동의 파괴에 대한 정확한 예측과 판단, 대응책이 필요하다. 특히 중국 경제는 뉴노멀 시대에 접어들면서 경제 성장세가 둔화되고, 경제 구도 전환 역시 어려워졌다. 외부 환경은 매우 복잡하고, 중진국 함정을 넘어야 하는 등 막중한 임무를 지니고 있는 상황에서, 마지노선 사수 및 위기 발생 방지는 전면적인 샤오캉사회 실현의 중요한 보장이 될 것이다.

마지노선은 넘을 수 없는 경계선이며 사물의 질적 변화의 임계점이다. 일단 마지노선을 넘으면 감당할 수 없는 나쁜 결과가 나타난다. 마지노선 사유 능력이란, 객관적으로 최저 목표를 설정하고, 최저점에 입각하여 최고 예상치에 도달하는 능력이다. 마지노선 사유 능력을 제고한다는 것은 바로, 위기를 생각하며 항상 대비하는 '거안사위(居安思危)'의 마음가짐과 위기의식을 강화해야 함을 의미한다. 차라리 형세를 좀 더 복잡하게 생각하고, 좀 더 심각한 도전적 상황으로 받아들여 최악의 상황에 대비하는 편이 더 낫다는 것이다. 더 멀리 내다보고, 업무 대비책을 더욱 충분하고 구체적으로 준비해야 하며, 심적 여유를 가져 외부의 변화에 놀라지 않도록 해야 한다.

중국 공산당원들은 마지노선 사유를 심도 있게 인식하고 있다. 최악의 상황을 염두에 두고 정책을 제정하고 업무를 배치하는 것은 마오쩌둥이 일관되게 견지해 온 작업 방식이며, 마르크스주의의 유물변증법과 과학적 방법론의 구현이다. 공산당 18대 이래 시진핑 총서기는 그러한 방법을 통해 중국의 국내외 정세를 분석해왔다. 2012년 11월 30일, 그는 당외인사 경제 형세 및 경제업무 좌담회에서 "사물을 파악하려면 두 가지 측면을 모두 바라보아야 한다는 '양점론(两点论)'을 견지해야 한다. 국내외 정세에서 유리한 면과 불리한 면을 모두 보아야 한다. 최악의 상황을 염두에 두고 충분한 준비를 통해 좋은 결과를 거두려고 노력해야 한다"[40]고 지적했다. 2012년 12월 9일 광둥(廣東)성에서 열린 경제업무 좌담회에서 그는 또 "빠르게 변화하는 세계적 형세 하에, 최악의 상황에 대비하여, 최선의 결과를 얻고, 주동권을 확고히 파악해야 한다"[41]고 강조했다.

그렇다면, 최악의 상황에 대비하여 '온중구진'을 강조해야 하는가? 이에 대해 시진핑 총서기는 "중국은 대국으로서, 근본적인 문제에 대한 단 한 번의 실수는 만회하거나 보완할 수 없는 파괴적 오류를 발생시킨다."고 지적했다.[42] 이는 업무 진행 내내 마지노선 사유를 견지하고, 기회와 도전

---

40 「경제 업무에 대한 의견·건의 수렴, 중공중앙 당외인사 좌담회 개최, 시진핑 회의 주최 및 중요 연설문 발표, 원자바오 관련 상황 보고, 리커창·장더장·위정성·류윈산·왕치산·장가오리 참석(征求對經濟工作的意見和建議 中共中央召開黨外人士座談會 習近平主持會議並發表重要講話 溫家寶通報有關情況 李克强張德江俞正聲劉雲山王岐山張高麗出席)」, 『인민일보』, 2012년 12월 7일, 1면.

41 「시진핑, 광둥에서 경제 업무 회의 개최 시 "필승의 자신감 견지·위기의식의 강화·'온중구진' 견지·지속가능하고 건강한 경제 발전의 추진" 강조(習近平在廣東主持召開經濟工作會時强調 堅定必勝信心 增强憂患意識 堅持穩中求進 推動經濟持續健康發展)」, 『인민일보』, 2012년 12월 11일, 1면.

42 시진핑, 「동반자 관계를 심화하고, 발전 동력을 강화하다-APEC 최고경영자 회의 기조강

적 상황을 전면적으로 인식하고 정확하게 분석해야 하며, 사전에 방비하고, 연구하고 판단한 후에 결정하고 행동해야 함을 의미한다. 총체적인 국면을 안정적으로 유지한다는 전제 하에 '온중구진' 하고, '온중유위(穩中有爲)'해야 한다.

'투키디데스의 함정'에 관한 시진핑 총서기의 판단은 마지노선 사유를 활용해 세계 정세를 분석한 대표적 사례다. 새롭게 부상한 대국은 기존의 대국에 도전하기 마련이고, 기존의 대국 역시 이러한 위협에 응할 수 밖에 없다. 이렇게 되면 전쟁이 불가피하다는 것이 '투키디데스의 함정'이다. 미국 학자 그레이엄 엘리슨이 가장 먼저 제기한 이 주장은 고대 그리스의 저명한 역사학자인 투키디데스에서 유래했다고 해서 붙여진 이름이다. 경제적 측면에서만 보면, 중국의 급부상에 따른 경제 총량의 확장, 중국 경제의 세계적 영향력 증대, 글로벌 차원의 담론권의 강화는 미국 등 다른 나라들의 공포와 불신, 과잉 반응을 불러올 수 밖에 없다. 따라서 '투키디데스의 함정'이라는 개념이 정확하든 그렇지 않든, 이견을 잘 통제하고 '투키디데스의 함정'을 피하는 것이 중국이 지켜야 할 마지노선이다.

2015년 9월 22일, 워싱턴주 현지 정부와 미국우호단체 연합이 개최한 환영만찬회에 참석한 시진핑 주석은 "세계에는 본래 '투키디데스의 함정'이 존재하지 않는다. 그러나 대국들이 연달아 전략적 오판을 한다면, 스스로 '투키디데스의 함정'을 초래할 수 있다"[43]라고 지적했다.

연에서(深化夥伴關系, 增强發展動力—在亞太經合組織工商領導人峰會上的主旨演講)」, 『인민일보』, 2013년 10월 8일, 3면.

43 시진핑, 「워싱턴주 현지 정부와 미국 우호단체 연합 환영만찬회에서의 연설(在華盛頓州當地政府和美國友好團體聯合歡迎宴會上的演講)」, 『인민일보』, 2015년 9월 24일, 2면.

이러한 정밀한 판단이 갖는 정책적 함의는 다음 세 가지로 이해할 수 있다. 첫째, 중국에는 패권을 도모하는 DNA가 없고, '강국은 패권을 추구하기 마련이다'와 같은 주장들은 중국에 적용되지 않기에, '투키디데스의 함정'은 피할 수 있음을 부상하고 있는 대국으로서 세계를 향해 표명한 것이다. 둘째, 이러한 상황을 피하기 위해서는 중미 양국이 먼저 서로의 전략적 지향과 발전 방향에 대해 더 깊이 이해해야 한다. 상호 이해도를 높이고, 간극을 줄이고, 신뢰를 늘리고, 시기심을 줄여 전략적 오판과 오해의 발생을 방지해야 한다. 셋째, 이러한 토대 위에서 중미 양국은 상호 인적 교류와 소통을 유지하고, 정세에 부응하여 협력을 강화하고, 의견 대립을 적절하게 관리해야 한다. 이로부터 양국 관계 발전으로 인한 혜택이 양국 인민, 더 나아가 세계인에게 돌아갈 수 있도록 해야 한다. 그렇게 된다면 중미 양국 간 공동 이익은 커질 뿐 줄어들지 않을 것이고, 협력 영역도 넓어질 뿐 좁아지지 않을 것이며, '투키디데스의 함정'은 발생하지 않을 것이다.

앞서 서술한 사례에 내포된 방법론을 가지고 중국 경제를 살펴본다면, 경제가 뉴노멀 단계로 접어들면서 세계 정세와 중국 국내 정세가 심각하게 변화하고 있고, 중국 경제 운용에는 각종 리스크와 불확실성 팽배해 있음을 알 수 있다. 이러한 점에서 시진핑 총서기는 경제 연구에서 자주 논의되는 개념이자 현상인 '중진국 함정'을 예로 들어, 위기의식 및 마지노선 사유를 강조하며, 다음과 같이 설명했다. 그는 "중국에게 있어서 '중진국 함정'은 반드시 넘어야 하는 고비이기에, 진지하게 연구하고 신중하게 결단을 내려야 한다. 즉 '언제 넘어야 하고, 또 넘은 후에는 어떻게 나아갈 것인가'가 관건"이라고 전했다.

새로운 도전에 직면하여, 정책결정자들은 특히 마지노선 사유를 활용해서, 매사에 최악의 상황을 대비하고 최선의 결과를 추구해야 한다. 즉, '유비무환'의 마음가짐으로, 유사시 당황하지 않고, 주동권을 확실히 장악할 수 있어야 한다. 뉴노멀 시대에는 공급 효율성 저하, 재정 수입 증가 부진, 기업 채무 리스크 증가, 부동산 시장 분화 등 각종 리스크가 축적되거나 여기에 노출되어 있다. 이는 모두 경제의 하방 압력과 리스크 증대로 이어질 수 있는 한계 변화들이다. 이러한 난관에 직면하여, 정책결정자들은 반드시 마지노선적인 사고에 능해야 하고, 문제를 미연에 방지해야만 업무의 주동권을 얻을 수 있다.

경제 발전의 뉴노멀 시대에 각급 간부들은 거시 정책의 조치와 제정에서부터 구체적 문제 해결 방안을 내놓기까지, 모두 정확한 단점을 찾아내고, 이에 근거해 마지노선을 정해야 한다. 즉, 안정적인 성장 및 고용촉진의 '하한선'과 인플레이션을 방지하는 '상한선'을 포함한 경제적 마지노선을 정해야 한다. 경제 리스크 마지노선을 엄격히 준수하고, 리스크 축적이 어떻게 전개되는지에 주목해야 한다. 생산능력 증량을 엄격히 통제하고, 실정에 맞게 처리하고 분류하여 정책을 실시함으로써, 리스크를 점진적으로 제거해야 한다. 또한, 환경 보호의 마지노선을 지키고 녹색 저탄소 사이클을 형성하는 새로운 패러다임을 추진해야 한다. 그 밖에, 민생 마지노선을 지키고 민생 개선과 사회 건설을 더욱 중시해야 한다. 보장성 사회 정책이 민생 마지노선을 지키도록 하고, 사회 안정 장치로서 사회 보장의 역할을 더욱 발전시켜야 한다. 기초생활 보장에 중점을 두어, 민중의 기본적인 생활과 기본적인 공공 서비스를 보장해야 한다.[44]

---

44 「중앙경제업무회의 베이징에서 개최, 시진핑 · 리커창 중요 연설 발표, 장더장 · 위정

마지노선 사유가 곧 퇴보와 보수를 의미하는 것은 아니다. 반대로 마지노선 사유는 여전히 '진취'적인 발전이 필요하다. 예컨대, '13.5' 규획은 2020년까지 5년간 6.5% 이상의 연평균 경제성장률 달성을 목표로 했고, 각 지역은 이에 맞춰 경제 성장 목표를 정했다. 어떻게 하면 그러한 중·고속 성장을 실현할 수 있을까? 경제 발전 뉴노멀 시대에서 관성적 사고, 낡은 체제, 시대에 뒤처진 방법, 전통적 산업으로는 실현할 수 없다는 것만은 분명하다. 반드시 새로운 이념을 관철하고 새로운 체제를 형성하며, 새로운 방법을 활용하여 새로운 산업을 발전시켜야 한다. 적극적이고 '진취'적으로 개혁과 혁신을 해야만 발전 목표에 도달할 수 있고, 성장 마지노선을 지킬 수 있다. 이른 바 "취호기상(取乎其上), 득호기중(得乎其中), 취호기중(取乎其中), 득호기하(得乎其下), 취호기하(取乎其下), 즉무소득의(則無所得矣)"[45]와 같다고 할 수 있다.

샤오캉사회의 전면적 건설이라는 목표와 관련해서 또 다시 예를 들면, 5천 만 명 이상의 농촌 빈곤 인구를 현행 기준에 따라 빈곤에서 벗어나게 하는 것이 가장 강력한 마지노선이다. 만약 책임감이 없으면, 진지하고 단호하게 난관에 맞서지 못하며, 빈곤지역과 빈곤층 군중 속으로 들어가지 않을 것이고, 빈곤 저변과 그 발생 원인을 정확히 파악하지 못할 것이다. 또한, 정확하고 유용한 방법으로 전체 사회를 동원해 빈곤을 구제하고

성·류윈산·왕치산·장가오리 회의 참석(中央經濟工作會議在北京擧行 習近平李克強作重要講話張德江俞正聲劉雲山王岐山張高麗出席會議),『인민일보』, 2015년 12월 22일, 1면.

45 옮긴이 주: 공자 『논어』의 한 구절로, "목표를 높게 잡아야 중간 정도 성취할 수 있고, 목표를 중간 정도로 잡으면 그 보다 낮은 성과를 얻을 것이고, 목표를 낮게 잡으면, 결국 아무것도 얻을 수 없다"는 뜻이다.

신시대 중국 특색 사회주의 정치경제학 구축

난관을 돌파하지 않는다면, 빈곤 탈출이라는 목표를 실현할 수 없으며, 샤오캉사회의 전면적 건설이라는 마지노선을 지킬 수도 없게 된다. 간단히 말해, 난관과 각종 도전을 충분히 예측하고, 치밀하게 대책을 세워야 한다는 것이다. 그래야만 중국 경제는 뉴노멀이라는 여정에서 넘어지거나 시동이 멈추지 않고, 성장 속도의 완만한 변속을 이룰 수 있다.

또 예를 들자면, 체계적이고 지역적인 리스크가 발생하지 않도록 하기 위해서는 마지노선을 지켜야 하고, 국가 경제와 금융 안전을 지키려면 더욱 '진취'적이어야 한다. 경제 세계화의 발전이 심화됨에 따라, 중국이 세계 경제로 깊숙이 편입되는 추세 하에서 '자기폐쇄'는 통하지 않을 것이며, 더 큰 리스크만 초래할 뿐이다. 경제 강국이나 금융 강국으로 부상해야만 경제 안전과 금융 안전을 더욱 잘 지킬 수 있다. 또한, 경제 강국이나 금융 강국으로 부상하려면, 반드시 대외 개방 수준이 높아야 하고, 보다 높은 수준의 개방형 경제로 발전시켜야 한다. 즉, 개방 속에서 국력과 리스크 방어 능력을 강화해야 하는 것이다. 지역의 개혁 발전에 있어서도 이치는 같다.

제6절 문제지향성과 목표지향성의 결합

시진핑 총서기는 강한 문제의식을 가지고, 중대한 문제를 목표로 삼아, 관건적인 문제를 파악하여, 더욱 깊이 연구해야 한다고 강조했다. 특히 중국의 개혁 및 발전 과정에서 직면한 일련의 모순과 문제들을 적극적으로 해결하는 데 주력해야 한다고 강조했다.[46] 중국이 문제의식의 증대를 강조하고 문제지향성을 견지하는 것은 모순의 보편성과 객관성을 인정하는 것이다. 중국은 모순의 인식과 해소를 업무의 돌파구로 삼아야 한다.[47] 목표지향성을 강조하는 것도 공감대를 결집하고, 방향을 명확히 하며, 중점을 부각시킨다는 점에서 중요한 의미를 갖는다.

개혁·개방의 역사 전반을 돌아보면, 문제지향성과 목표지향성이 결합된 방법론이 중요한 역할을 했음을 알 수 있다. 예를 들어, 1980년 덩샤오핑 등 중앙정부 지도자들은 1981년부터 20세기 말까지 약 20년간 농공업 총 생산치를 두 배로 늘리겠다는 전략적 구상을 제시했었다. 이 전략은 우선 당시 사회 생산력 발전 수준이 물질 문화에 대해 날로 늘어나는 인민의 수요를 충족시키지 못하는 주요 모순에 의해 결정된 것이다. 이는 뚜렷한 문제지향적 성격을 띠고 있다. 이와 함께 '두 배로 늘리겠다'는 목표는 인민 경제의 연평균 성장률을 7.2%로 끌어올리고, 과거 30년간의 5%라는 연평균 성장률보다 높은 증가세를 유지하는 것을 의미한다. 이는 매년 인민경제 발전에 있어, 노력을 하면 달성할 수 있는 비교적 높은 목표를 설정한 것이다. 이는 사회 전반의 공감대를 모으고, 경제를 집중적으로 건설하는 데에 도움이 된다.

실제로, '두 배로 늘리겠다'는 전략적 목표는 1995년으로 5년 앞당겨져 실현됐다. 그리고 이는 중국 경제의 재굴기와 인민 생활 수준의 향상에

---

46 시진핑, 「〈전면적 개혁심화에 대한 몇 가지 중대한 문제에 관한 중공중앙의 결정〉에 관한 설명(關於〈中共中央關於全面深化改革若幹重大問題的決定〉的說明)」, 『인민일보』, 2013년 11월 16일, 1면.

47 「시진핑, 중공중앙 정치국 제20차 집단 학습에서 "변증법적 유물론의 세계관과 방법론 운용의 견지, 중국 개혁·발전의 기본적인 문제 해결 능력 제고" 강조(習近平在中共中央政治局第二十次集體學習時強調 堅持 運用辯證唯物主義世界觀方法論 提高解決我國改革發展基本問題本領)」, 『인민일보』, 2015년 1월 25일, 1면.

물질적 토대가 되었다. 중국은 개혁·개방 과정 중 마침내 지난 몇 세기 동안의 '대분열(The Great Divergence)'에서 뒤처졌던 지위를, 선진 경제권으로 향하는 '대수렴(The Great Convergence)'으로 역전시켰고, 이로부터 중화민족의 부흥을 시작했다. 돌이켜 보면, 덩샤오핑이 '두배로 늘리겠다'는 구상과 '3단계' 전략 제시에서 시작하여, 공산당 중앙정부가 '전면적인 샤오캉사회 건설 건설' 목표를 제시하기에 이르렀고, 또 이는 2개 '100년 목표'[48] 라는 표현으로 승화되었다. 공산당 19대는 '전면적인 샤오캉사회 건설'의 토대 위에서, 이를 두 단계로 나누어 21세기 중반까지 부강하고, 민주적이며, 문명적이고, 조화로우며 아름다운 사회주의 현대화 강국을 건설하겠다는 목표를 제시했다. 그리고 그 과정에서 시종일관 문제지향성과 목표지향성을 상호 결합시킨 방법론이 사용하고 있다.

  '중국몽'을 실현하는 새로운 여정에서 문제지향성과 목표지향성을 결합하는 방법론은 중국이 정확한 전략을 세우는 데에 있어 여전히 중요한 무기가 된다. 덩샤오핑의 '두 배로 늘리겠다'는 구상과 '3단계' 전략, 그리고 '두 개 100년'이라는 목표는 모두 공산당 18대 총 임무에 포함된다. 즉, 사회주의 현대화와 중화민족의 위대한 부흥을 이루기 위한 것이다. 2012년 11월 공산당 18대 폐막 이후인 29일, 새로 선출된 시진핑 중국 공

---

48 1997년 공산당 15대는 처음으로 '두 개 100년' 목표를 언급했다. 구체적인 서술은 다음과 같다. "다음 세기를 전망하면, 우리의 목표 중 첫 번째 10년은 인민 총생산(GNP)을 2000년보다 두 배로 늘려 인민의 샤오캉 생활을 더욱 여유롭게 하고, 비교적 완비된 사회주의 시장경제 체제를 형성하는 것이다. 다시 10년의 노력을 거쳐 공산당 건립 100주년 때에는 인민경제가 더욱 발전되고 각종 제도가 더욱 완비되게 하는 것이 목표이다. 다음 세기 중반 건국 100주년 때에는 현대화를 기본적으로 실현하고, 부강한 민주 문명의 사회주의 국가를 건설하는 것이 목표이다." 공산당 18대는 '두 개 100년'이라는 목표를 실현해야 한다고 명확하게 선포했다.

산당 총서기는 차기 정치국 상무위원을 대동하고 중국 국가박물관 '부흥의 길' 전시 관람 현장에서 최초로 '중국몽'이라는 개념을 제시했다. 위대한 부흥을 실현하는 것이 중화민족의 근대 이래 가장 위대한 꿈이라고 칭하면서, 이 꿈을 "반드시 실현할 수 있다"고 자신 있게 말했다.[49] '중국몽'은 공산당 18대가 제시한 총 임무의 '일반 대중 버전'이라고 할 수 있다.

발전 전략의 제정에 있어서, 우선 어떤 발전 이념을 세워야 하는지를 명확하게 확정해야 한다. 발전 이념은 전략적이고 강령적이며 선도적인 것이고, 발전의 맥락, 방향, 주력점을 집중적으로 구현한 것이다. 발전이념이 정확하면, 목표를 정하기 쉽고, 이에 따르는 정책적 조치도 쉬워진다.[50] 공산당 18기 5중전회에서 제시한 혁신, 균형, 녹색, 개방, 공유의 발전이념은 공산당 18대 이래 공산당 국정운영의 새로운 이념, 사상, 전략을 충분히 반영했다. 이는 또한, 발전의 목적과 방식, 경로, 착안점, 평가 및 공유 등의 측면에서 전면적으로 문제에 답한 것이고, 구체적으로 목표지향성과 문제지향성을 통합한 것이라고 할 수 있다.

시진핑을 중심으로 하는 공산당 중앙정부는 '13.5' 규획을 세우는 과정에서 줄곧 목표지향성과 문제지향성이 서로 통합을 이루는 방법론을 견지할 것을 요구했다. 당중앙은 '전면적인 샤오캉사회 건설'이라는 목표의

---

49 「시진핑 '부흥의 길' 전시회 참관 시 "선인들의 뒤를 이어 계속 발전, 지난날의 사업을 계승하여 앞길을 개척하고, 계속해서 중화민족의 위대한 부흥이라는 목표를 향해 용기 내어 전진할 것" 강조, 리커창·장더장·위정성·류윈산·왕치산·장가오리 등 참관 행사 참가(習近平在參觀〈復興之路〉展覽時強調 承前啟後 繼往開來 繼續朝著中華民族偉大復興目標奮勇前進李克強張德江兪正聲劉雲山王岐山張高麗等參加參觀活動)」, 『인민일보』, 2012년 11월 30일, 1면.

50 시진핑, 「공산당 18기 5중전회 제2차 전체회의에서의 연설(在黨的十八屆五中全會第二次全體會議上的講話)」, 구시, 2014년 1호.

　　　　　　　　　　　　　　　　　　　　신시대 중국 특색 사회주의 정치경제학 구축

실현에서부터 역 추론하여 각 시기에 완성해야 할 임무를 제기해왔다. 또한, 시급히 해결해야 할 문제에서부터 추론하여 난제를 푸는 경로와 방법을 명확히 했다.[51]

예를 들어, '13.5' 규획에 따르면, 전면적 샤오캉사회를 건설하고, 첫 번째 100년 목표를 실현하기 위해서는 경제의 중·고속 성장을 유지해야한다. 즉, 연평균 성장률이 최저 6.5%를 유지해야 한다는 것이다. 이를 위해서는 2020년까지 GDP 총량과 도시와 농촌 주민 소득을 2010년의 대비 두 배로 늘려야 한다. 경제 성장 속도가 변화하는 뉴노멀의 시대적 특징에서 출발하여 횡적, 종적 비교를 진행해보면, 중·고속이란 "두 배로 늘리겠다는 목표의 달성을 위해 요구되는 성장 속도"로 정의할 수 있다. 이러한 네거티브 리스트 방식과 역행 강요 메커니즘은 '13.5' 시기의 경제·사회 발전을 위한 타임테이블을 설정하였고, 이에 따라 실행 로드맵 역시 확정되었다.

문제의식을 강조하면서도 개혁의 총체적 목표를 명확히 하는 것 역시 필수적이다. 공산당 18기 3중전회는 "2020년까지 중요한 분야와 관건적 단계의 개혁에서 결정적 성과를 거두어야 한다. 3중전회가 제시한 개혁 임무를 완수하고, 시스템 완비, 과학적 규범, 효율적 제도 체계를 형성함으로써, 각 분야의 제도를 더욱 성숙하게 하고, 더욱 정형화해야 한다"고 제기했다. 이러한 총체적인 목표를 실현하기 위해 중앙정부의 '전면적 개혁 심화 영도 소조'는 "개혁을 추진하려면 체계적인 사상을 수립하고, 충분한 여건이 갖춰진 지방과 분야에서 개혁조치 시스템 통합을 실현해야 한다"

---

51 시진핑, 「〈인민 경제 및 사회 발전 '13.5' 규획에 관한 중공중앙의 건의〉에 관한 설명(關於〈中共中央關於制定國民經濟和社會發展第十三個五年規劃的建議〉的說明)」, 『인민일보』, 2015년 11월 4일, 2면.

고 강조했다. 정층 설계와 로드맵을 파악하고, 개혁조치와 통합되는 것에 초점을 맞추며, 각종 개혁 조치가 중심 목표에 끊임없이 다가가도록 해야 한다. 특히, 동일한 분야의 개혁 조치라면 앞뒤 호응, 상호 균형, 하나의 단일체 형성에 유의해야 한다.[52] 명확한 개혁의 청사진은 개혁의 체계성, 연속성을 상승시키고, 개혁 참여자의 긴박감을 가중시킨다. 이로부터 개혁은 총체적 방안의 지도 하에, 기존에 정해진 목표를 향해 안정적이고 질서 있게 추진될 것이다.

또한, 개혁 전략의 제정에 있어 문제의식을 강조하고 핵심 이슈를 직시해야 한다. 문제 해결과 목표 달성을 위해 개혁을 밀어붙인다면, 개혁의 '고삐'를 움켜쥐게 되어, 한 번 잡아당기면 몸 전체를 움직일 수 있어, 개혁을 더욱 전면적이고 더 깊은 경지로 이끌어갈 수 있게 된다. 공산당 18기 3중전회에서 확정된 '전면적 개혁심화'라는 청사진은 강력한 문제의식에 바탕을 두고 작성된 것이다. 전면적 개혁심화는 반드시 '중국이 장기적으로 사회주의 초급단계에 머무를 것'이라는 실제에 입각해야 한다. 또한 '발전이 여전히 모든 문제 해결의 관건'이라는 중대한 전략적 판단을 견지해야 한다. 이에 따라, 경제 건설을 중심으로 경제 체제 개혁의 견인차 역할을 하면서, 경제 체제 개혁을 전면적 개혁심화에 역점을 두는 것은 불가피하다.

현재 중국 경제 체제의 주요한 문제점 중 하나는 시장과 정부의 관계

---

52 「시진핑, 중공중앙 전면적 개혁심화 지도소조 제22차 회의에서 "초점을 정확히 맞추어, 협동하여 개혁 추진, 신발전이념을 실천하는 체제 메커니즘 형성할 것" 강조, 류원산·장가오리 회의 참석(習近平主持召開中央全面深化改革領導小組第二十二次會議強調 推動改革擧措精準對焦 協同發力 形成落實新發展理念的體制機制 劉雲山張高麗出席)」, 『인민일보』, 2016년 3월 23일, 1면.

를 제대로 파악하지 못한 데에 있다. 따라서, 경제체제 개혁의 핵심은 정부와 시장의 관계를 잘 관리하여, 시장이 자원 배치에서 결정적인 역할을 하되, 정부가 역할을 더 잘 할 수 있도록 하는 데에 있다. 기본 경제 제도의 보완, 시장 시스템 구축, 행정 체제 개혁, 재정 및 세무 개혁 등 구체적인 개혁 전략의 설계는 모두 이러한 핵심을 둘러싸고 전개되고 있다.

제7절 시범 사업

중국의 개혁이 성공하려면 앞을 내다보고, 정층 설계를 해야 할 뿐만 아니라, 하부구조를 혁신하고, 시범사업을 보급해야 한다. 개혁은 종종 가지 않았던 길을 가야 하기에, 시행착오를 피할 수는 없다. 시행착오는 필요하지만, 되돌릴 수 없는 파괴적인 실수는 범해서는 안된다. 따라서 시범사업은 개혁의 리스크를 낮추고, 개혁의 법칙을 분명히 파악하고 기초를 다지는 데 있어 필수적이다. '실천'은 진리를 검증하는 유일한 기준이자, 법칙을 인식하고, 파악하며, 활용하는 발전을 추진하는 유일한 과정이다. 시범사업을 통해 시행착오를 거쳐, 끊임없이 실천하고, 법칙을 총정리해야만, 전면적 개혁심화라는 복잡하고도 어려운 도전에 대비할 수 있다.

시범사업은 중요한 개혁 방법이다.

시진핑 총서기는 '중앙정부의 전면적 개혁심화 영도 소조' 제13차 회의에서 "시범사업은 개혁의 중요한 임무이며, 중요한 방법이다. 걸음을 내딛고 활로를 개척해 나갈 수 있을지가 개혁의 성과와 직접적으로 연관된다"고 말했다. 시진핑 총서기는 이어 '중앙정부의 전면적 개혁심화 영도소조' 제15차 회의에서 "시범사업의 목적은 개혁의 실천 경로와 실천 방식을 모색하고, 중국 전역에 복제 가능하고 보급 가능한 경험과 방법을 제공하는 것이다. 시범사업이 실제 성과를 거두려면 반드시 사상을 해방하고 시대와 함께 발전해야 한다. 최대한 많은 문제와 모순을 드러나게 하여, '스트레스 테스트'의 역할을 해야 한다"고 말했다.

시범사업은 교착상태를 타개하고 개혁의 성과를 거둘 수 있는 확실한 보장이다.

개혁이 심화됨에 따라 그 난해성과 복잡성, 체계성은 더욱 부각된다. 이러한 교착상태를 타개하고, 개혁을 완수하려면 시범사업을 통해 개혁의 실천 경로와 실천 방식을 모색해야 한다. 또한, 복제 가능하고 보급 가능한 경험과 방법을 제공하기 위해, 시범사업은 개혁의 총체적인 국면에 대해 시범적이고 발전적인 견인차의 역할을 해야 한다. 자유무역지구 개혁 시범사업에서부터, 국영기업 개혁 시범사업, 사법 분야 개혁 시범사업, 생태 분야 개혁 시범사업에 이르기까지, 최근 들어 시진핑을 중심으로 하는 공산당 중앙정부는 중대한 개혁과제에 초점을 맞추어서 일련의 시범사업을 추진하고 있다. 특히 '시범사업'이라는 밭을 깊이 갈고 정성껏 경작하여, 중국 전역의 총체적 개혁을 추진하는 데 있어 풍부한 경험을 축적했고, 생기와 활력을 불어넣었다. 실천이 증명하듯, 개혁의 성과는 걸음을 내딛고 활로를 개척해 나가는 것과 직접적으로 연관된다.

시범사업을 잘 추진하는 것은 개혁을 통해 교착상태를 타개하고 새로운 길을 개척하는 중요한 방법이다. 개혁이 '심해에 도달해 험난한 여울을 뚫는'[53] 이러한 관건적인 시기에, 시범사업은 구체적 문제 해결에 대한 현실적인 수요이다. 또한, 특정 지역에서 얻은 경험이나 성과를 중국 전역에 확대하는 방식으로 어려움을 극복하고, 성과를 거두는 데에 있어 시범사업은 강력한 보장 장치가 된다.

시범사업은 개혁에 참여하는 각 분야의 적극성을 최대한 동원할 수 있다.

개혁 시범사업은 중앙정부가 확정한 거시적 발전 전략과 밀접하게 연관되어 있다. 시범사업은 정층 설계를 따르는 동시에 하부 조직의 실천을 존중하고, 기층의 목소리에 귀 기울이고, 더 많은 1차적 자료를 수집해야 한다. 시범사업을 진행할 때는 또한 새로운 사물과 새로운 방법에 대하여 정확하게 바라보아야 한다. 시범사업에선 완벽함을 강요할 수는 없다. 변증법적 시각과 발전적 시각으로 바라보아야 하고, 시행착오와 오류를 수용할 여지가 있어야 한다. 실제 수요와 발전 법칙에 부합되면, 지원을 아끼지 말고, 지지해야 하며, 대담하게 시도해야 한다. 또한, 지방 정부 및 부처의 적극성을 보호하고, 개혁을 추진하는 적극성, 주동성, 창조성을 최대한 이끌어내야 한다. 다른 한편으로는, 시범사업에 대한 종합 및 평가를 강화해야 한다. 특히, 실천을 통해 얻은 효과적인 경험과 방법을 적시에 종

---

53 옮긴이 주: 덩샤오핑은 일찍이, 중국의 개혁을 '돌을 더듬어가며 신중하게 강을 건너는 것'에 비유했다. 그의 비유에 따르면, 개혁 초기에는 수심이 얕아 돌을 더듬기가 쉽지만 개혁이 진행될수록 '심해'에 진입하게 되고, 돌을 더듬기는 어려워진다. 개혁이 진행될수록 장애물을 만나 앞으로 나아가는 데 어려움이 따른다는 의미의 표현이다. 본문에서 '여울'은 개혁 과정 중에 부딪히게 되는 장애물을 뜻한다.

합하고 정리하여, 규범을 보완해야 한다. 시범사업을 하나의 '점'에서 시작해, 중국 전역이라는 '면'에 이르기까지 점진적으로 전개해, 개혁의 전반을 이끌어 나가야 한다.

시범사업은 현실적 상황을 충분히 고려하여, '열 손가락으로 피아노를 연주'하듯 균형을 이루어야 한다.

"물지부제, 물지정야(物之不齊, 物之情也)"[54]라는 말과 같이, 현실 상황은 천차만별이다. 따라서 개혁의 시범사업은 과학성을 제고하고, 각기 다른 상황별로 구분하여 각각의 내적 연계를 분석해야 한다. 시범사업을 분류 지도하고, 총괄적인 균형을 강화하며, 개혁의 템포를 잘 파악해야 한다. 제도 개혁에서 기초적이고 기둥 역할을 하는 시범사업은 조기에 성과를 이루어야 한다. 시범사업의 관련도가 높고 서로 조건이 맞는 개혁은 총괄적으로 균형을 이루며 추진해야 한다. 개혁 분야가 유사하고, 상호 보완적인 시범사업은 패키지로 전개하여 시스템 통합을 할 수 있다. 개혁 진척이 느리고, 기간 내에 완성하지 못한 시범사업에 대해서는 사전 경고를 통해 진척을 독촉해야 한다. "하나의 열쇠로는 하나의 자물쇠를 연다"는 원칙에 따라, "열 손가락으로 피아노를 연주" 하듯이, 체계적인 사고와 정교한 정책을 통해 역량을 모으고, 경험을 통합해야 한다. 그래야만, 전면적인 개혁에 있어 시범사업이 유익한 경험과 추진 동력을 제공할 수 있다.

54　옮긴이 주: 『맹자 등문공상(孟子·滕文公上)』에 나오는 구절로, "물건이 천차만별인 것은 객관적 형세이고 자연적 법칙이다"라는 뜻이다.

　신시대 중국 특색 사회주의 정치경제학 구축

시범사업은 개혁의 '용기'와 '책임'을 검증한다.

시범사업을 잘 활용하여 업무를 전개하고, 개혁을 심화시켜야 한다. 시범사업은 용기와 지혜를 반영하며, 책임과 담당 정신을 검증한다. 많은 일들이 시도해보지 않고는 절대로 가능한지 여부를 알 수 없다. 그러나, 개혁은 사상·관념의 장애물과 체제메커니즘적 폐단에 부딪쳐, 이익 고착화의 울타리를 건드리게 될 것이다. 그렇게 된다면, 개혁은 저항과 모순, 문제에 부딪치게 마련이고, 단번에 성공하기 어려우며, '탄탄대로'가 될 수도 없을 것이다. 따라서 당연하게 생각하고 주관적인 판단으로 개혁 시범사업을 진행해서는 안 된다. 국부적 시범사업의 목적은 전체적 국면에서의 이익과 승리를 위한 것이다. 이는 개혁 시범사업을 중앙정부의 거시적 발전 전략과 긴밀하게 결합시키고, 국가 전략의 실시를 위한 좋은 여건의 조성에 유의해야 함을 의미한다. 각 지방 정부는 개혁 시범사업의 총괄 배치, 감독·지도 및 주체적 책임의 실현을 강화해야 한다. 개혁에 필요한 시범사업의 조건에 따라, 적용범위와 시범 단계를 탄력적으로 설정해야 한다. 그래야만 개혁의 예상 효과를 기대할 수 있고, 리스크 통제력을 갖춤으로써, 시범사업의 주동권을 확실하게 장악할 수 있다. 시범사업의 성공한 개혁 경험을 복제하고 널리 보급할 수 있어야 한다. 시범사업이 진정으로 난관을 극복하고 난제를 해결하는 개혁의 무기(利器)가 되어야 한다. 전면적 개혁심화는 이미 '심해'에 진입했고, 난관을 돌파해야 하는 시기에 접어들었다. 현 상황에 직면하여, 시범사업을 통해 개혁을 추진하는 실무자와 개혁파가 대거 등장하길 기대한다.

제3장

뉴노멀 시대에 대한
새로운 인식

중국의 경제 발전이 뉴노멀 시대에 진입한 것은, 중·단주기 파동 현상도 아니고, 이미 알려진 장주기적 경제 현상도 아니다. 이는 중국 경제 발전의 장기적 과정에서 새로운 단계에 진입했음을 의미하며, 중화민족의 위대한 부흥을 실현하는 과정에서 중요한 이정표 역할을 한다. 중국은 이러한 장기적이고도 거시적인 역사의 시각에서 뉴노멀 시대를 인식하고, 경제 발전 단계를 뛰어넘는 대 논리로 뉴노멀 시대를 이끌어야 한다. 이를 위해서는, 공급 측면에서 경제 성장 둔화의 요인을 찾고, 구조적 개혁의 핵심 영역을 정확하게 찾아야 하며, 개혁 추진 방법에 있어 적합한 선택을 해야 하고, 개혁보너스를 획득해야 한다. 이를 기반으로 중국 경제에서 전통적 성장 동력의 잠재력을 발굴하고, 새로운 성장 동력의 원천을 개척해야 한다. 이로부터 장기적이고 지속 가능한 중·고속 성장을 이뤄내고, 공산당 18대에서 확립한 '두 개 100년' 목표를, 2020년과 2050년에 각각 실현할 수 있을 것이다.

경제 발전의 '뉴노멀(new normal)'이라는 개념은 서양에서 시작된 표현이지만, 이미 중국의 상황에 맞게 창조적으로 변용되어 새로운 의미를 담고 있다. 사람들은 세계 경제 성장 추세를 '새로운 평범(new mediocre)'으로 묘사하는 경향이 있고, 심지어 선진국의 경제 성장은 '구조적 장기침체

(secular stagnation)'로 묘사하기도 한다. 중국의 경제 발전이 뉴노멀 시대로 접어들었다는 판단과 뉴노멀 시대에 대한 시진핑 총서기의 이론적 논술들은 중국 특색 사회주의 정치경제학을 발전시키는 중요한 이정표가 되었다. '뉴노멀 시대를 어떻게 인식할 것인가?', '시간적, 공간적인 측면에서 뉴노멀 시대를 어떻게 파악하고 이에 적응할 것인가?', '전면적 개혁심화를 통해 어떻게 뉴노멀 시대를 이끌어갈 것인가?' 등 문제들에 대한 사고가 '13.5' 및 향후 한동안 중국 경제 발전의 대 논리로 자리잡게 될 것이다.

제1절 뉴노멀 시대에 대한 전면적 인식

1. 세계의 '새로운 평범'과는 다른 중국의 '뉴노멀'

'뉴노멀(new normal)'이란 단어는 2002년에 이미 서양 언론에 등장했다.[1] 주로 닷컴버블이 꺼진 후, 선진 경제권의 성장 중에 고용률 회복 기미가 보이지 않는 상황을 가리킨다. 2010년, 세계 최대 채권 펀드운용사 핌코(PIMCO)의 CEO를 지낸 모하메드 엘-에리언 알리안츠 수석경제자문은 그의 보고서 "산업국가들에서 뉴노멀의 방향을 찾다(Navigating the New Normal in Industrial Countries)"에서, 공식적으로 '뉴노멀'이란 개념을 사용해 위기 후

---

1   Pash, C., "Use of the Label 'New Normal' on the Rise", *The Australian*, May 16, 2011.

신시대 중국 특색 사회주의 정치경제학 구축

세계 경제의 새로운 특징을 해석했다.[2] 이후, 이 개념은 빠르게 전파되기 시작했고, 위기 이후 전 세계가 장기적으로 심도 있게 조정을 해야 한다는 의미에서 다수의 외신 매체와 저명한 학자들이 이 개념을 사용했다.

글로벌 경제의 시각에서 보면, '뉴노멀(new normal)'이든, '새로운 평범(new mediocre)'이든, 아니면 '장기 침체'든, 위기 이후 세계 경제의 회복 상황을 비관적으로 묘사한 표현으로, 이는 주로 선진 경제권을 가리킨다. 그런데 중국 경제발전의 새로운 특징을 '뉴노멀'로 표현한다면, 이는 중국 경제가 더 높은 발전 단계로 나아간다는 메시지로서, 글로벌 경제의 '새로운 평범'과는 확연히 다르다.

2014년 시진핑 총서기는 중국의 경제 발전이 뉴노멀에 진입했음을 밝혔다. 그는 경제 성장 속도의 변화, 구조 최적화, 동력 전환이라는 뉴노멀의 특징을 개괄했다. 이러한 판단은 경제 상황을 인식하고 주요 도전과 전략을 제대로 구사하는 '주춧돌'이 되었다. 인식과 실천이 심화됨에 따라, 뉴노멀은 단순한 '유행어'의 차원을 넘어, 이론적으로 끊임없이 보완되고 발전하며, 경제 이론의 새로운 인식론으로 점차 부상했다. 따라서 뉴노멀은 중국 특색 사회주의 정치경제학에서 중요한 이정표를 세웠다고 평가할 수 있다. 또한 '전면적인 샤오캉사회 건설'의 마지막 단계에서 중국 경제 업무의 총체적인 방향에 지속적으로 중요한 지도적 역할을 할 것이다.

'13.5' 시기 중국 경제 발전의 현저한 특징은 바로 '뉴노멀'이다. 뉴노멀 시대 경제 발전은 성장 속도가 '고속'에서 '중·고속'으로, 발전 패러다

---

2   El-Erian, M. A., "The New Normal has been Devastating for America", *Busines Insider*, March 22, 2014.

임은 '규모·속도'형에서 '품질·효율'형으로 변화하는 특징을 갖는다. 또한, 경제구조조정은 증분과생산력 확충 위주에서 저량 조정과 증분 질적 향상의 병행으로, 발전동력은 자원과 낮은 인건비의 노동력 등 요소의 투입에서 혁신 구동으로 전환되는 특징을 갖는다. 이러한 변화들은, 중국 경제가 형태적으로 한층 업그레이드되고, 분업 면에서 더욱 최적화되고, 구조적으로 더욱 합리적인 단계로 나아가는 데 있어 필수적이다. 이런 광범위하고 심각한 변화의 실현은 쉽지 않으며, 중국에게 있어 하나의 새로운 큰 도전이 아닐 수 없다.[3]

중국 경제가 뉴노멀 시대로 진입했다고 해서 어떠한 새로운 안정 상태에 진입한 것은 아니다. 중국의 현재 상황이 '노멀'이라는 것은 더더욱 아니다. 만약 현재 상황을 뉴노멀 시대로 인식할 경우, 뉴노멀은 현재 상황에 대한 소극적 묵인으로 이어질 수 있고, 그 속에 담긴 '진취' 정신은 잃어버리게 되기 때문이다. 현재 상태는 뉴노멀 시대의 시작점이며, 중국 경제를 새로운 동태적 최적화 과정으로 이끌고 있다. 즉, 중국 경제의 어떤 특징들은 생성, 발전, 또는 증대되고 있고, 또 어떤 특징들은 약화, 변화 또는 소멸되고 있다. 간단히 말해, 중국 경제 발전의 뉴노멀 시대는 확고한 비전을 제시하고, 실천 상황에 따라 끊임없이 변화 발전하는 동태적인 과정이어야 한다.

뉴노멀 시대에 직면하여, 비록 중국 경제가 비교적 큰 하방 압력을 받고 있으나, '13.5' 시기와 향후 얼마간 중국은 여전히 중요한 전략적 기

---

3   시진핑, 「성부급 주요 지도자 간부를 대상으로 공산당 18기 5중전회 사상 학습·관철 특별 세미나에서의 연설(在省部級主要領導幹部學習貫徹黨的十八屆五中全會精神專題研討班上的講話)」, 『인민일보』, 2016년 5월 10일, 2면.

　　　　　　　　　　　　　　　신시대 중국 특색 사회주의 정치경제학 구축

회의 시기에 있을 것이다. '장기호황'이라는 중국 경제의 기본 국면은 변하지 않았고, 경제 회복탄력성도 좋으며, 잠재력이 크고, 융통의 여지 역시 크다는 기본적 특징도 변하지 않았다. 또한, 경제가 지속적으로 성장할 수 있는 양호한 기반과 조건이 변하지 않았고, 경제 구조 조정 최적화의 진전은 변함이 없다. 중국은 이러한 대세를 잘 파악하고, 경제 건설을 핵심으로 삼고, '발전이야말로 진정한 도리'라는 전략적 사상을 견지해야 한다. 아울러, 변화 속에서 새로움을 추구하고, 새로움 속에서 진취를 추구하며, 진취 속에서 돌파를 추구함으로써, 중국 경제의 발전을 부단히 새로운 단계로 진전시켜야 한다.

중요한 것은 이론적으로 보다 정확하게 뉴노멀을 이해하고 인식하며, 실천 속에서 더욱 자각적으로 뉴노멀 시대에 적응하고, 뉴노멀 시대를 이끌어가는 것이다. 그러기 위해선, 중국이 직면한 문제와 도전을 세계 경제의 전반적인 구도와 현재 중국 경제 발전의 단계적 변화에 두어야 한다. 또한, 현재 이루고자 하는 '위대한 비전'을 파악하여, 일관성 있는 분석틀을 만들고, 관련 개념을 명확하게 확정 지어, 기존의 모호한 인식을 규명해야 한다. 그래야만, 업무의 추진 방향을 확정할 수 있고, 경제 개혁과 발전이라는 대작을 만들 수 있다.

2. '안식처'가 아닌 중국의 '뉴노멀'

뉴노멀에 대해 단지 일정 발전 단계에서의 특징과 추세만 놓고 보자면, 가치판단이 개입되어 있지 않고, 좋고 나쁨을 쉽게 판별할 수 없다. 예를 들어, 1980년대 초부터 이번 위기 이전까지 글로벌 경제의 '대완화'나 '대안정'은, 그 이전 스태그 플레이션(Stagflation period) 시기에 비하면, 일종의 '뉴노멀'이라고 할 수 있다. 일본의 '잃어버린 20년'도 그 이전의 비교적 빠른 경제 성장에 비하면, 역시 '뉴노멀'인 셈이다. '삼기첩가(三期疊加)'[4]를 비롯하여, 중국 경제 발전의 '뉴노멀'은 '구조적 성장세 둔화'라는 부정적인 국면을 야기했다. 동시에, 경제가 더욱 고차원적 형태, 최적화된 분업, 합리적인 구조로 변화한다는 긍정적인 면도 갖고 있다. 이러한 뉴노멀을 통해 중국 경제발전의 기본 환경이 조성되었고, 중국의 향후 비전을 그려내는 대논리가 구축되었다고 볼 수 있다. 그러나 뉴노멀은 도피처도 아니고, 안식처도 아니다. 일하기 수월하지 않거나 어려운 것에 대해 모두 '뉴노멀'을 핑계로 삼아서는 안 된다.

뉴노멀의 대응책으로, 공산당 중앙정부는 세 가지 키워드를 제기했는데, 이는 바로 '인식, 적응, 인도'이다. '인식'이란, 장주기적 시각에서 중국 경제가 현재 및 향후 한동안 처한 발전 단계를 이해하는 것을 강조한다. 여기서 강조되는 것은 장주기적 시각이다. 경제 성장 둔화든 구조 조정이든, 아니면 성장 동력의 전환이든, 모두 하루 아침에 이루어지는 것이 아니라 비교적 긴 기간 동안 지속된다는 것이다. '적응'이란 이러한 '뉴노멀'에 직면하여 역사적 인내심과 전략적 신념이 필요함을 의미한다. 둔화 현상이 나타났다고 해서 바로 강력한 자극 조치를 기대해서는 안 된다. 즉, 고성장 의존증에서 벗어나야 한다. 특히, 뉴노멀 시대에 어떻게 생존하고 발

---

4   옮긴이 주: 경제 성장률의 교체 시기, 구조 조정의 진통 시기, 이전 시기 자극 정책의 소화 시기 등 세 기간이 겹친 시기를 의미한다.

신시대 중국 특색 사회주의 정치경제학 구축

전할 것인지를 배우고 연구해야 한다. 현재의 행동 패턴과 목표 함수를 뉴노멀이라는 '채널'에 맞추고, 뉴노멀의 리듬에 맞춰 움직여야 한다. 물론, 이것이 수동적으로 뉴노멀 시대에 적응해야 함을 의미하는 것은 아니다. 실질적으로 세 번째 키워드가 가장 중요한데, 바로 '인도'이다. 뉴노멀은 경제 패러다임의 근본적인 전환과 중국 경제의 '욕화중생(浴火重生)'[5]을 의미한다. 이를 위해서는 혁신, 균형, 녹색, 개방, 공유라는 새로운 발전 이념의 '인도' 하에, 공급측 구조개혁을 강력히 추진하고 점진적으로 실현해 나가야 한다.

세계 주요 경제권들도 경제의 '새로운 평범'의 시대에서는 혁신과 개혁이야 말로 활로가 될 수 있다는 사실을 깨닫고 있다. 공산당 18기 3중, 4중, 5중전회와 19대 역시 중국의 개혁 발전에 대해 전면적으로 배치를 진행했다. 미국, 유럽, 일본 등 경제권에서도 저마다 개혁 계획과 장기 성장전략을 세우고 있고, 글로벌 혁신 및 개혁의 경쟁전은 이미 시작되었다. 이 경쟁전은 결코 제로섬 게임이 아니다. 이는 각 경제권이 체제 경직성과 사회적 타성으로부터 벗어나는 중요한 동력이자, 지속적인 성장의 중요한 전제이기도 하다. 따라서, 중국 국내의 시각에서든 국제적 시각에서든, 뉴노멀 시대에 맞는 새로운 행위가 요구되고 있다. 뉴노멀을 안식처로 삼아

5　옮긴이 주: 시진핑 주석은 2015년 중공중앙 정치국 25차 집체학습회의에서 중국 문학가 궈모뤄(郭末若, 1892~1978)가 1920년에 발표한 『봉황열반』에 나오는 "봉황열반 욕화중생(鳳凰涅槃, 浴火重生)"이라는 시구를 인용해 70여 년 전 항일전쟁 승리의 의미를 전한 바 있다. 작품 속 '봉황'은 아라비아 신화에 나오는 불사조로 500년이 흘러 생명이 다하면 향나무 가지에 불을 붙여 스스로 활활 타오르는 불구덩이로 뛰어든 후 잿더미 속에서 다시 태어난다. 부활한 봉황은 이전보다 더 융성한 날개와 청아한 소리와 고위한 영혼을 갖게 된다. 본문에서는 뉴노멀 시대에서의 중국 경제 발전을 봉황이 불 속에 뛰어들어 고통과 시련을 겪은 후에 더 나은 새 삶을 얻는 것에 비유했다.

무작정 손 놓고 기다려서는 안 된다.

일부 지방에서는 뉴노멀을 안식처로 삼고 '휴양생식(休養生息)'하는 현상이 나타났다. 개혁 발전에 대한 적극성이 부족했으며, 심지어 만기까지 '시간 때우기'에만 급급한 기미마저 있었다. 그 원인은 다음과 같다. 첫째, 지방정부는 종종 'GDP유일론'을 타파한다는 것에 대해, 경제 성장을 중시하지 않아도 된다는 것으로 오인한다. 둘째, 반부패 압박에 직면하여, 일부 간부들은 업무 전개 시 과도한 신중함과 소심함을 보인다. 그들은 되도록 업무에 참여하지 않고 관망하는 편이 상대적으로 '안전한' 방법이라고 여긴다. 셋째, 개혁의 추진 과정에서 각종 이익 구도가 아직 조정 중에 있다는 것이다. 관련 개혁의 실시 방안에 관한 세칙 결여로 인해 관철하고 실시하기 힘든 상황이다. 이러한 상황에서 나타난 관망 또는 직무유기 현상은 일부 지방 관리의 '노멀'이 되었다. 넷째, 개혁에 대한 중앙정부 및 지방정부의 권리와 책임이 아직 명확하게 구분되어 있지 않다. 또한, 적합한 인센티브 메커니즘의 부재와 개혁 동력의 결여 현상 역시 여전히 존재한다. 그렇다면, 어떻게 해야 수많은 간부들이 '안식처'에서 벗어나 적극적으로 뉴노멀을 이끌어 나가도록 할 수 있을까?

우선, '규율 위반 및 부정·부패' 문제를 '선구자적 정신으로 문제를 탐구하려는 것'과 잘 구분해야 한다. 이에 대해 중앙정부는 "'실책 용인' 메커니즘을 마련해야 한다. 간부들의 책임감을 장려하고, 그들의 적극성을 지지해야 한다"고 언급했다. 용감하게 개혁과 혁신에 뛰어들 수 있고, 책임감이 투철하며, 사리사욕을 도모하지 않는 간부들을 적극적으로 지지해야 한다. 대담하게 막중한 임무를 도맡아서 하고, 용감하게 지뢰밭을 헤쳐가고, 선구자적 정신으로 과감하게 앞서 나가는 과정에서 실수나 잘못을

범하는 것은 당연한 일이다. 이러한 실수는 용인해야지, 단번에 내쳐서는 안 된다. 뉴노멀 시대에 실책이 두려워서 아무 일도 하지 않는다면, 부정적 효과만 나타날 뿐이다. 이를 타개하려면, 개혁 탐구자와 혁신 참여자에게 일정한 '시행착오 권리'와 '시행착오 여지'를 주어야 한다. 그래야만, 각 지역이 과감하게 일을 처리하고, 적극성, 주동성, 창조성을 최대한 이끌어낼 수 있다. 이로부터, 사회 전반에 걸쳐 '개혁하고 싶고, 과감하게 개혁하고, 개혁에 능숙한' 풍토를 조성할 수 있다. 이러한 분위기를 조성하려면, 제도적 구속과 징계가 적용되는 동시에, 제도적 지지와 보장, 인센티브 역시 존재해야 한다.

둘째, 양호한 정경 관계와 정치 생태계를 형성해야 한다. 현재 중국 각 지역에는 업무를 과감히 추진하지 못하거나, 정무에 태만하고 방만하거나, 또는 정경 관계를 다루는 데 있어서 지나치게 소심한 현상들이 존재한다. 일부 지방 간부들은 행여 문제가 발생할 것을 두려워하여 소심하게 일을 처리한다. 확실히, 많은 부패 문제들이 정경 관계에 대한 부적절한 처리와 관련되어 있다. 따라서, '친(親)'과 '청(淸)'이라는 새로운 정경관계를 구축해서, 깨끗하고 공정한 정치 생태계를 형성하는 것이 문제를 푸는 관건이다. '친(親)'은 정무에 진지하게 대처하고 소임을 다하는 척도이며, '청(淸)'은 규율을 사수하는 기준이다. '친상(親商)'은 '공정성'에 도움이 되고, '친정(淸政)'은 '투명성'에 도움이 된다. '친(親)'과 '청(淸)'을 실현하려면 우선 규정과 제도를 구축해야 하고, 경계를 명확히 하고, 책임감을 높이고, 행동이 뒤따라야 한다. 단지 선을 긋고 책임을 회피해서는 안된다. 제도의 '레드라인'을 명확히 설정하고, 관료와 기업인이 교류한다고 해서 반드시 부패라고 볼 수 없다. 중국은 법치 건설을 추진하고, 시장 시스템을 보완하며, 권력 행사의 투명성을 확보하고, 정책의 강한 포용 속에서 경제를 발전시켜야 한다. 이는 선치(善治)정부의 구현이자 정부를 위한 중요한 보장이기도 하다.

마지막으로, 지방정부에 더욱 많은 자주권을 부여해, '권위'와 '효율'의 균형을 이루어야 한다. 각종 개혁 사업은 모두 철저하게 추진되어야 한다. 그렇지 않으면 개혁은 단지 구호, 문서, 회의상으로만 존재하는 데에 그친다. 특히, 개혁안이 아무리 원칙성과 방향성을 띠고 있어, 아무리 세분화해도 현실의 복잡성을 구현할 수 없다. 따라서, 개혁을 추진하는 데에 있어 반드시 구체적인 실정에 맞춰 적절한 대책을 세우고, 기층 조직을 혁신해야 하며, 지방정부에 더 많은 자주권을 부여해야 한다.

개혁의 정층 설계는 중앙의 권위성을 세우고, 개혁의 균형성을 부각시킨다. 또한, 각 부처와 지방정부가 개혁의 방향에서 이탈하는 것을 방지해야 한다. 그러나, 개혁이 뿌리를 내리려면 효율성을 부각시키고, 개척 정신을 장려하며, 각지의 구체적 실정에 맞게 적절한 대책을 세우는 것을 허용해야 한다. '권위'와 '효율'은 하나라도 결여되어서는 안 되며, '유기적 통합' 및 '새로운 균형'을 실현해야 한다. 만약 '권위'는 잘 구현되었으나, '효율'이 약화되었다면, 겉으로는 원칙적으로 중앙정부의 지휘를 받는다 할지라도, 실질적으로 개혁을 관철하고 이행하려면 많은 문제들에 부딪히게 된다. 그렇게 되면 실제 개혁을 추진하기가 어렵고, 서민들은 개혁보너스를 얻었다는 성취감을 만끽하지 못할 것이다.

개혁이 성과를 거두려면 자발적이고 자주적인 혁신에 대한 지방정부의 적극성이 반드시 필요하다. 이는 지난 40년간 중국의 성공적인 경험에서 비롯된 것이다. 이를테면, 국유기업 개혁, 기업 부담 감소, 부동산 조정,

과잉 생산능력 해소, 레버리지 축소, 좀비 기업 청산 등 공급측 구조개혁을 추진함에 있어, 지방정부가 비교적 큰 자유재량권을 갖도록 해야 한다. 중앙정부의 국정 방침에 위배되지 않는 전제 하에, 구체적으로 어느 정도로, 어떻게 개혁을 추진해야 하는지는 지방정부가 자주적으로 결정하도록 해야 한다.

그 밖에, 개혁 목표에서 출발하여 개혁의 맥락에 따라, 중앙정부와 지방정부의 직권 행사 및 그에 상응하는 지불 의무를 합리적으로 조정해야 한다. 개혁을 추진한다는 것은 일종의 공공재를 공급하는 행위이다. 그러나 개혁의 과제들을 실행에 옮길 수 있는 충분한 인센티브도 필요하다. 공급측 구조개혁은 생산 요소의 공급 능력과 배치 효율성을 개선함으로써, 중국 경제의 잠재 성장률, 즉 개혁보너스를 높일 수 있다. 그러나, 개혁 비용의 지출과 개혁보너스의 획득은 동일한 주체가 아닐 수 있고, 비용 지불과 보너스 획득의 지분은 비대칭적일 수 있다. 따라서, 개혁 분야의 성격에 따라 개혁비용에 대한 지불 의무와 개혁보너스의 획득이라는 예상 목표치를 합리적으로 배치해야 한다. 이는 개혁의 인센티브 호환성(動機兩立, Incentive compatibility)을 실현하는 열쇠이자, 중앙과 지방정부의 직권 및 지불 의무 개혁에서 고려되는 중요한 요인이 되었다.

제2절 시간적 차원: 세계 경제 발전의 흥망성쇠

경제 발전 과정에서 직면하는 문제들 중 일부는 국부적이고, 우발적인 단기 교란 현상이다. 그러한 현상들은 일반적으로 경제 주기 이론의 연구 대상이 되는 한편, 일부는 전면적이고, 일정한 법칙에 따라 필연적으로 발생하는 장기적인 추세로, 경제 성장 이론이나 경제사의 연구 대상이 된다. 후자의 상황을 인식하기 위해서는, 역사에 대한 깊은 사유를 가져야만, 판단에 있어 명확한 인식과 전략적 초점을 유지할 수 있고, 행동에 있어 올바른 대응책을 선택할 수 있다. 시진핑 총서기는 "기나긴 역사적 과정에서, 중국은 경제 발전을 거듭하며 새로운 상황, 새로운 구조, 새로운 단계를 끊임없이 형성했다. 경제 발전의 뉴노멀은 그러한 기나긴 과정의 한 단계이다. 이는 사물 발전에 대한 나선형 상승 운동 법칙에 완전히 부합된다. 뉴노멀을 총체적으로 인식하고 파악하려면, 중국의 발전을 시간과 공간의 차원에서 봐야 한다"[6]고 전했다. 역사적 유물론에 근거해서 내려진 이러한 판단은 중국 경제 발전의 뉴노멀을 인식하는 근본적인 지침이 되어야 할 것이다.

1. 뉴노멀과 잠재성장률

뉴노멀 시대에 대한 한 가지 특징은 바로 경제 성장 속도의 둔화와 지속적인 경제 하향세이다. 일반적으로 주기의 각도에서 경제성장의 둔화를 해석하는 것은 경제학자들의 가장 흔한 사고방법이다. 예컨대, 거시경제학은 경제 주기에 대한 다양한 표현과 형태를 경험적으로 요약해, 이론

6　시진핑, 「성부급 주요 지도자 간부를 대상으로 공산당 18기 5중전회 사상 학습·관철 특별 세미나에서의 연설(在省部級主要領導幹部學習貫徹黨的十八屆五中全會精神專題研討班上的講話)」, 『인민일보』, 2016년 5월 10일, 2면.

　　　　　　　　　신시대 중국 특색 사회주의 정치경제학 구축

적으로 다양한 분석의 틀을 제공해 경제 순환 현상을 관찰한다. 또한, 반(反)주기적 현상에 대응하는 조치로서 여러가지 '병기(兵器)'를 정책 도구 상자에 소장하고 있다.

경제학설사에서 보면, 연구자들은 각자의 관찰에 따라, 각기 다른 기간의 경제 주기들을 발견했다. 통시적으로 3~4년의 단주기는 키친 순환(Kitchen cycle), 9~10년의 중주기는 주글라 순환(Juglar cycle), 20~25년의 중·장주기는 쿠즈네츠 순환(Kuznets cycle), 50~60년의 장주기는 콘드라티예프 순환(Kondratiev cycle)으로 불린다. 자본주의 국가의 경제발전 과정에서 경제위기와 함께 다양한 유형의 경제주기가 교체되는 것은 피할 수 없다. 바로 이 때문에, 위기와 주기 문제는 거시경제학 탄생을 촉진하는 촉매제가 되고, 학과 발전 과정 중의 장원한 연구 과제가 되었다.

대부분의 경우, 경제 주기는 수요측 충격에 의해 형성된다. 그 충격이 외부에서 오든 내부에서 오든, 교란성 충격이 총수요 부족에 심각한 영향을 미치면, 실질성장률이 잠재성장률을 훨씬 밑돌게 되고, 곧 성장률 갭을 형성하게 된다. 이로부터 생산 요소를 충분히 활용하지 못하거나 실업률이 주기적으로 상승하는 심각한 상황이 나타난다. 이러한 상황에서 대다수 거시경제학자들은 총수요를 자극하기 위한 거시경제정책으로서 완화된 통화정책이나 확장성 재정정책, 그리고 기타 이와 조합하여 실시할 수 있는 정책들을 제정하게 된다. 예를 들어 산업 정책이나 심지어 지역 정책은, 각자 갖는 반(反)주기적인 기능을 통해 경제 성장을 자극해, 경제 성장률 갭 해소라는 목적을 달성한다.

중국 경제는 개혁·개방 시기에 역사상 유례없는 고속 성장을 거쳤고, 몇 차례의 주기적인 성장 둔화를 겪었으며, 이에 상응하는 성장률 갭을 형성했다. 중국의 추산에 따르면, 1979~1994년과 1995~2010년에 중국의 잠재성장률은 각각 9.66%와 10.34%였다.[7] 해당 시기에 연간 실질성장률에서 이에 대응하는 잠재성장률을 빼면 바로 연도별 성장률 갭을 얻을 수 있다.

계산에 따르면, 2010년 이전의 30여 년 동안 중국의 경제 성장에는 크게 3개의 파동 주기가 나타났다. 이 파동 주기에서는 총 네 개의 파곡, 즉 최대 폭의 성장률 갭을 이루었고, 구체적으로 다음과 같다. 즉, 1981년에는 -4.42%, 1990년에는 -5.82%, 1999년에는 -2.72%, 2009년에는 -1.13%였다. 흥미로운 것은 두 개 파곡 사이의 간격은 대체로 9~10년이고, 이는 통상적으로 주글라 순환의 주기적 특징에 부합한다. (그림 3-1)

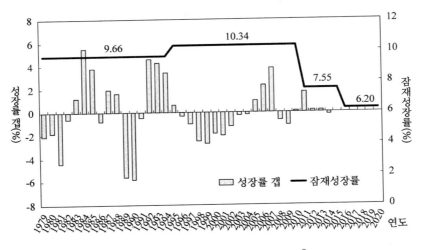

그림 3-1 중국 경제 잠재성장률과 성장률 갭[8]

---

7   Cai Fang, Lu Yang, "The End of China's Demographic Dividend: The Perspective of Potential GDP Growth", in Garnaut, Ross, Cai Fang and Song Ligang(eds.), *China: A New Model for Growth and Development*, ANUE Press, Canberra, 2013.

신시대 중국 특색 사회주의 정치경제학 구축

개혁·개방 시기의 경제 발전 과정을 살펴보면, 이처럼 몇 차례 경제 성장 둔화가 나타났을 때, 생산요소 이용의 부족 현상이 나타났다. 이를테면, 심각한 고용 충격이 그러하다. 구체적인 형식과 강도는 매번 다르지만, 총체적으로 봤을 때, 거시경제 정책은 결국 경제 성장을 자극하는 방식으로 관여해서, 최종적으로 '치유 주기'에 도달한다. 이는 성장 속도를 잠재성장률로 회복시키기 위함이다.

중국 경제는 2012년 성장 속도가 현저히 둔화된 이래, 국내총생산 (GDP) 성장률이 줄곧 하방 압박을 받고 있다. 과거의 경험에 비추어, 잠재성장률이 여전히 10% 정도라고 가정할 때, 2012~2015년 사이의 성장률이 각각 7.7%, 7.7%, 7.3%, 6.9%인 상황에서, 성장률 갭은 해마다 높아졌다. 그러나 이러한 추산 및 예측과는 달리, 중국의 잠재성장률은 이미 '12.5' 시기의 평균치인 7.55%에서 '13.5' 시기의 6.20% 수준으로 하락했다. 이를 실질성장률과 비교하면, 성장률 갭은 더 이상 존재하지 않는다고 볼 수 있다. 그렇다면, 중국 경제의 잠재성장률은 왜 이렇게 가파르게 하락했을까? 이 문제를 이해하려면 다음 세 가지 차원에서 중국의 발전 단계를 인식해야 한다. 첫째, 중국의 발전은 성(盛)에서 쇠(衰)로, 쇠(衰)에서 다시 성(盛)으로 발전하는 역사의 긴 과정이다. 둘째, 중국은 중등 소득에서 고소득 단계로 전환하는 단계에 있다. 셋째, 중국은 경제 발전 단계가 변화하는 시기를 맞이했다.

---

8   자료 출처 : Cai&Lu(2013); 국가통계국(역년).

2. 뉴노멀의 단계적 특징

시간적 차원에서 볼 때, 중국의 발전은 성(盛)에서 쇠(衰)로, 쇠(衰)에서 다시 성(盛)으로 이어지는 몇 차례의 시련을 겪었다. 오늘날의 뉴노멀은 이러한 거시적 시기 교체의 변화가 가져온 결과이다. 시진핑 총서기는 '성부급 주요 지도자 간부를 대상으로 한 공산당 18기 5중전회 정신의 학습·관철 특별 세미나'에서의 연설에서 거시적인 시야와 역사적 깊이에서 '성(盛)에서 쇠(衰)로, 쇠(衰)에서 다시 성(盛)으로' 발전한 중국의 역사 변화를 되돌아보았다.

중국은 고대에 농업으로 나라를 세웠고, 중국의 농경 문명은 오랫동안 세계에서 선두를 차지하고 있었다. 한나라 때, 중국 인구는 6000만 명이 이상이었고, 개간지는 8억 묘(畝)가 넘었다. 당나라 때 장안성의 면적은 80km²가 넘었고, 인구는 100만 명 이상이었다. 동서(東西)의 두 도시 장안(長安)과 낙양(洛陽)은 매우 번성해 궁궐은 금벽으로 휘황찬란하고, 절의 보탑은 우뚝 솟아 있었다. 시인 천삼(岑參)의 '장안성중백만가(長安城中百萬家)'라는 시구는 당시의 번영을 말해준다. 북송(北宋) 시기 국가 세수는 1억 6000만 관(貫)에 달했는데, 당시 중국은 세계에서 제일 부유한 나라였다. 같은 시기, 런던, 파리, 베니스, 피렌체의 인구가 10만 명이 채 안됐던 것에 비해, 중국은 인구 10만 명 이상의 도시가 거의 50곳에 달했다.

그런데, 산업혁명이 일어난 이후부터, 중국은 뒤처지기 시작했고 서양 국가들은 발전하기 시작했다. 아편전쟁 이후 중국은 자급자족의 자연경제가 점차 해체되었고, 산업혁명의 기회를 잡지 못했다. 과거에 중국은 민족공업의 발전과 일부 외국 자본의 도입으로 상하이(上海)는 외국인이

신시대 중국 특색 사회주의 정치경제학 구축

많아 "십리양장(十裏洋場)"이라 불렸고, 톈진(天津)은 공업, 우한(武漢)은 군수 생산 등으로 이름을 떨쳤다. 그러나 총체적으로 국가가 빈곤하고 낙후되었고, 전란에 시달리며, 중국은 점차 시대 발전의 조류에서 낙오되었다. 그리고 그 상태는 백여 년 동안 지속됐다.

신중국 창건 이래, 중국 공산당은 인민들을 이끌고 대규모 공업화 건설을 시작했다. 공산당 11기 3중전회는 개혁·개방이라는 역사의 새로운 시대를 열었다. 40년 동안의 각종 어려움에도 불구하고, 중국은 제2차 세계대전이 끝난 후 경제 고속 성장을 가장 오래 지속한 국가라는 기적을 만들었다. 중국의 경제 총량 전 세계 순위는 개혁·개방 초기의 11위에서, 2005년 프랑스를 추월해 5위에 등극했다. 그 이후로 2006년 영국을 추월해 4위를 차지했고, 2007년 독일을 추월해 3위를 차지했으며, 2009년 일본을 추월해 2위를 차지했다. 그리고 2010년 중국 제조업 규모는 미국을 제치고 세계 1위를 차지했다. 중국은 수백 년 동안 선진국이 걸어온 발전의 길을 수십 년 만에 끝내며 세계적인 발전의 기적을 일궈냈다.[9]

세계은행 데이터베이스에 따르면, 2014년 달러 시세로 환산한 중국의 GDP 총량은 10조 3500억 달러로, 세계 경제에서 13.28%의 비중을 차지했다. 이를 현재의 달러 시세로 환산한다면, 중국의 1인당 GDP는 7590달러로 세계 평균의 70.68%에 해당한다. 2014년 세계은행 구분 기준에 따르면, 1인당 인민총소득(또는 1인당 GNI, 대체로 1인당 GDP에 해당)이 1035달러 이하이면 저소득 국가로 분류된다. 1인당 GNI가 1035~4086달러이면 중하

---

9   시진핑, 「성부급 주요 지도자 간부를 대상으로 공산당 18기 5중전회 사상 학습·관철 특별 세미나에서의 연설(在省部級主要領導幹部學習貫徹黨的十八屆五中全會精神專題研討班上的講話)」, 『인민일보』, 2016년 5월 10일, 2면.

위 소득 국가이고, 1인당 GNI가 4086~1만 2616달러이면 중상위 소득 국가이며, 1인당 GNI가 1만 2616달러 이상이면 고소득 국가에 속한다. 중국은 아직 중상위 소득 국가로 분류되고 있지만, 역사적으로 볼 때 중국은 그 어느 때보다 중화민족의 위대한 부흥에 다가가고 있다.

일생을 중국의 과학기술 발전사 연구에 바친 영국의 과학사학자 조지프 니덤에 따르면, 기원전 3세기에서 15세기까지 중국의 과학발명 및 발견은 동시대 유럽을 훨씬 능가해서 세계 선두를 차지했고, 그 이후로 서양에게 점차 추월 당했다. 케네스 포머란츠 등 경제사학자들 역시 대량의 사료를 통해 중국을 비롯한 동양 국가들이 한때 세계 경제의 중심이었고, 발전 수준 역시 서양을 앞질렀다는 사실을 증명했다. 불과 400여 년 전에야 비로소 '대분열' 시대가 나타났을 뿐인데, 서양 국가들은 점차 과학기술 혁신과 산업혁명의 선두를 잡고 있다. 결국 당대 세계 선진국과 개발도상국 사이에는 거대한 발전의 격차가 벌어졌다.[10]

고(故) 경제사학자 매디슨은 세계 및 주요 지역·국가별 인구와 GDP 데이터를 자체적으로 정리하여 앞서 서술한 결론을 검증했다. 중국 경제는 매디슨의 역사 데이터에 따라 '성(盛)에서 쇠(衰)로, 쇠(衰)에서 다시 성(盛)으로'의 역사적 변천을 그려낼 수 있다. 구체적으로 매디슨의 일련의 연구에서 알 수 있듯, 서기 원년에서 시작하여 2003년까지 구매력평가 개념에 기초하여, 1990년을 기준 연도로 하여 수년간 중국의 GDP와 1인당 GDP 데이터를 수집할 수 있다. 이를 기반으로, 세계은행에서 제공한 구매

---

10   [미국] 케네스 포메란츠(Kenneth Pomeranz), 『대분열 시대-유럽, 중국 및 현대 세계 경제의 발전(大分流—歐洲、中國及現代世界經濟的發展)』, 장쑤인민출판사, 2003년판, 참조.

신시대 중국 특색 사회주의 정치경제학 구축

력 평가 데이터 및 2011년 국제 달러 데이터를 참고로 하여, 매디슨의 데이터를 2014년까지 갱신해 볼 수 있다.

이러한 장기적인 역사 데이터 시리즈들을 활용하면, 중국 GDP가 세계 경제에서 차지하는 비중과 중국의 1인당 평균 GDP가 세계 평균 수준에 해당하는 백분율을 각각 계산할 수 있다(그림 3-2 참조). 여기에 사용된 일련의 데이터들은 미흡한 부분들이 존재하고, 통계 지표도 일반적으로 국가별 비교 시 사용하는 데이터와 일치하지 않는 부분도 있다. 그러나, 무리 없이 도출해낼 수 있고, 또 가장 보편적으로 인정받는 유일한 데이터이고, 비교적 오랜 기간 동안 수집된 데이터로서, 중국 발전의 거시적 시기 교체와 변화를 묘사하는 데에 도움이 된다.

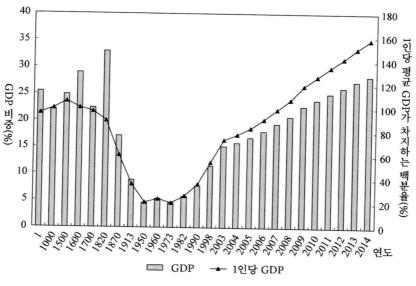

그림 3-2 세계 경제에서의 중국의 위상 변화[11]

---

11   자료 출처: 2003년 이전 데이터 출처는 Angus Maddison, *Contours of the World*

그림 3-2에 나타난 바와 같이, 서기 1000~1600년 사이 중국의 1인당 GDP는 항상 세계 평균이거나 더 높았다. 다만, 그 이후에 1인당 평균 소득의 상대적 수준은 낮아지기 시작했다. 그러나, 경제 총규모는 여전히 높은 수준을 유지하여, 1820년 중국의 GDP 총량이 세계 경제에서 차지하는 비중은 32.9%에 달했다. 이후 서양국가들이 잇달아 산업혁명을 시작하면서 중국 경제는 크게 뒤처졌다. 세계 경제에서 차지하는 GDP의 비중과 1인당 평균 GDP대비 세계 평균에서의 백분율은 계속 낮아지다가, 중화인민공화국이 수립된 뒤에야 하락세를 멈췄다.

신중국 건립 후 30년 동안, 중국은 전란에서 빠르게 회복해 독자적인 공업 체계를 구축했고, 비교적 빠른 경제성장을 이뤄냈다. 그러나, 세계 경제가 1950년대 이후 '대수렴(The Great Convergence)'으로 불리던 이 시기에,[12] 비교적 빠른 속도로 발전을 한 반면, 중국은 지도 사상과 경제 업무에서 많은 실수를 범해 '추월의 청사진'을 실현할 수 없었다. 매디슨의 데이터에 따르면, 1950~1978년 중국의 GDP 성장률(5.0%)과 1인당 GDP 성장률(2.9%)은 세계 평균(각각 4.6%와 2.7%)을 약간 웃도는 데 그쳐, 경제적으로 뒤처진 위상이 근본적으로 바뀌지 않았다.

개혁·개방 이래로 중국은 40년 동안, 제2차 세계대전 이후 단일 경제권으로서는 가장 오랫동안 고속 경제 성장을 지속했다는 기록을 세웠다.

Economy, 1-2030 AD, Esays in Macro-Economic History, Oxford University Pres, p.379, table A.4; p.382, table A.7이고, 2004년 이후 데이터는 세계은행 데이터베이스((htp://data.worldbank.org/)에 기재된 관련 지표의 성장 속도를 근거로 추정했다.

12 Spence, Michael, *The Next Convergence: The Future of Economic Growth in a Multispeed World*, Farrar Straus and Giroux, 2011.

232 ──── 　　　　　　　　　　　　　　　　신시대 중국 특색 사회주의 정치경제학 구축

이를 통해 선진 경제권과의 발전 수준과 삶의 질 격차를 현저히 좁혔다. 이 위대한 성과는 그림 3-2에서 뚜렷하게 나타난다. 언급할 부분은 그림 3-2의 가로 좌표가 모두 동일한 시간 간격이 아니란 점이다. 그림에 나타난 중국의 발전은 성(盛)에서 쇠(衰)로, 쇠(衰)에서 다시 성(盛)으로 가는 'V자'형을 그린다. 여기서 전반부는 긴 역사적 과정을 거치면서 중국 경제가 세계에서 크게 뒤처지며 바닥을 치는 '쇠락'을 나타낸다. 후반부는 중국 경제가 단기간에 기적과도 같이 과거의 지위를 회복하고, 또 그 이상으로 도약했음을 나타낸다.

세계 각국의 유사한 발전 단계를 비교해 보면, 1인당 평균 소득이 두 배로 늘어나는 데 소요되는 시간이 서로 다르다는 점을 알 수 있다. 영국은 1780~1838년까지 58년이 걸렸고, 미국은 1839~1886년까지 47년, 일본은 1885~1919년까지 34년, 한국은 1966~1977년까지 11년이 걸렸다. 반면, 중국은 1978~1987년까지 9년 밖에 걸리지 않았으며, 이후 1987~1995년과 1995~2004년 두 차례에 걸쳐 두 배로 늘어났는데 각각 8년과 9년이 걸렸다. 2011년에 또 한 번 두 배로 늘었는데, 그 때 걸린 시간은 단 7년에 불과했다. 이와 함께, 중국의 GDP 총량은 1990년 세계 10위에 불과했으나, 1995년에는 캐나다, 스페인, 브라질을 제치고 7위에, 2000년에는 이탈리아를 제치고 6위로 올라섰다. 2000년 이후로는 또 다시 프랑스, 영국, 독일을 잇따라 넘어섰고, 2009년에는 미국 바로 다음인 일본을 제치고 세계 2위 경제 대국으로 부상했다.

중국 경제가 세계 제2위의 경제권으로 부상하고, 1인당 GDP가 중하위 소득을 넘어 중상위 소득에 진입하는 이 시기에, 마침 이러한 발전 단계의 변화를 상징하는 사건이 발생했다. 바로, 중국의 6차 인구조사 결과

15~59세 노동연령 인구가 2010년 피크에 달했고, 그 후 마이너스 성장세로 돌아선 것이다. 이는 개혁·개방 시기 고속 경제 성장으로 인해, 2010년 이전의 노동연령 인구가 급속히 증가하여, 인구 부양비가 현저하게 감소한 것과 직결되어 있었다. 즉, 노동력 무한 공급이라는 특징이 저축률을 높이고, 자본 이익 감소를 지연시키고, 노동력과 인적 자본의 충분한 공급을 유지시켰으며, 노동력의 전이를 통한 자원 재배치 효율을 높였다. 따라서 인구 구조의 단계적 변화는 필연적으로 경제 발전의 단계적 변화를 수반할 수밖에 없었다.

계량 분석에 따르면, 1982~2009년 10%의 GDP 평균 성장률 중 자본 축적의 공헌율은 7.1%p, 노동력 수량의 공헌율은 0.8%p, 노동자 교육 수준(즉, 인적 자본) 공헌율은 0.4%p, 인구부양비 하락의 공헌율은 0.7%p, 총요소생산성(TFT)의 공헌율은 1.0%p였다.[13] 한편, 총요소생산성(TFT)의 공헌율 중 거의 절반에 가까운 공헌율이 농업 노동력 전환이 가져온 자원 재배치 효율에서 기인한 것이다. 따라서 인구보너스 소멸을 특징으로 하는 발전 단계의 변화는, 고속 성장을 추진하는 전통적인 동력의 원천이 약화되고 있음을 의미한다. 또한, 잠재성장률 하락과 실질성장률의 하락 추세 역시 반영하고 있다.

따라서, 뉴노멀 시대에서 중국의 경제성장 둔화는 다음 세 가지 차원에서 파악할 수 있다. 첫째, 경제 발전이 쇠(衰)에서 성(盛)으로 가는 역사적 단계에서, 중국은 이미 최단 기간에 저소득에서 중하위 소득을 거쳐 다

---

13 Cai Fang, Zhao Wen, "When Demographic Dividend Disappears: Growth Sustainability of China", in Aoki, Masahiko and Wu Jinglian (eds.), *The Chinese Economy: A New Transition*, Palgrave Macmillan, Basingstoke, 2012.

신시대 중국 특색 사회주의 정치경제학 구축

시 중위소득 단계로 도약했다. 오늘날 중위소득에서 고소득 국가로 향하는 스퍼트 단계에 진입했다. 성장 속도의 둔화가 특징인 뉴노멀은 이러한 역사적 변화의 결과이다. 중화민족이 지금처럼 위대한 부흥이라는 목표에 가까이 접근한 적은 없었다. 둘째, 경제 발전의 뉴노멀 시대에 제기된 내재적 논리와 요구는 경제 패러다임의 전환을 가속화하는 것이다. 경제 성장 동력의 전환을 가속화하여 발전의 균형성, 포용성, 지속가능성을 높이는 토대 위에서, 중·고속 성장을 유지해야 한다. 셋째, 이러한 단계에서 중국에는 여전히 경제 성장을 제약하는 체제적 장애물이 존재하고 있다. 21세기 첫 10년 동안, 특히 금융위기에 대처하는 기간 중, 자극적 거시경제 정책의 과도한 사용은 불균형, 부조화, 지속 불가능의 문제를 가중시켰다. 따라서 발전 단계에 필요한 새로운 성장의 원천(총요소생산성)을 창출하고, 중·고속 성장을 유지하기 위해 공급측에서 구조 개혁을 추진해야 한다.

3. 세계의 '새로운 평범'을 선도하는 중국의 '뉴노멀'

중국의 고속 성장기에 서양 국가와 신흥경제권(經濟體)[14]은 마침 황금 성장기를 맞이했다. 이에 따라 유효수요가 방출되며 경제 세계화가 심화

---

14 옮긴이 주: 경제권(經濟體)은 지역 경제를 구성하는 국가 또는 국가군을 일컫는다. 미국, 중국, 일본, 독일 등 한 국가일 수도 있고, 유럽연합, 아세안 등 여러 국가로 구성된 경제 협력체일 수도 있다. 쉽게 말해, 공동의 경제 이익을 실현하기 위해 조성된 경제 공동체를 줄여서 '경제권'이라고 한다. 유럽 경제 공동체(유럽연합, EU), 아시아-태평양 경제 협력체(APEC), 북미 자유 무역 지대(NAFTA) 모두 '경제권'이다. 본문의 '신흥경제권'은 러시아, 인도, 브라질 등 새롭게 경제적으로 성장 중인 국가 혹은 지역을 뜻한다.

되었고, 중국의 대외 개방, 특히 세계무역기구 가입은 이 시기와 맞물려 개혁·개방 보너스를 톡톡히 누릴 수 있었다. 세계 금융위기 이후 서양 국가들의 황금기가 끝났고, 라가르드 국제통화기금(IMF) 사무총장의 표현처럼 글로벌 경제는 차츰 '새로운 평범'에 진입하기 시작했으며, 경제 세계화 역시 좌절에 부딪히게 되었다. 그런 의미에서 보면, 중국 경제의 성장 둔화가 세계 경제와 무역 부진이라는 외부 충격에 의한 것이라고 볼 수는 없지만, 중국 경제 발전의 외부 환경이 상당히 악화된 것은 사실이다.

그러나 중국의 경제 성장 둔화는 전반적으로 세계 경제 구도의 변화와 템포를 같이하고 있고, 이는 경제 발전이 뉴노멀 시대로 진입했음을 의미한다. 따라서, 중국 경제는 중·고속 성장을 유지하되, 세계 경제 성장의 회복에만 의존해서는 안된다. 다른 한편으로는, 공급측 구조 개혁을 추진하면서 경제 성장의 새로운 동력을 창출해야 한다. 이로부터 중국 경제 발전의 '뉴노멀'시대가 세계 경제의 '새로운 평범'을 뛰어넘어야 한다.

일부 학자들은 중국의 국정과 기존의 우위에 대한 이해가 부족하다. 특히 중국이 구조적인 개혁을 통해 개혁보너스를 얻고, 이를 통해 잠재성장률을 높이며, 중·고속 성장의 거대한 잠재력을 유지한다는 것을 이해하지 못한다. 그들은 숲만 보고 나무를 보지 못하는 여러 나라의 장기 패널 데이터에 근거하여, 중국의 향후 경제 성장 속도를 과소평가하는 경향을 보인다.[15]

예를 들어, 프리체트와 서머스는 평균 이상의 성장 속도는 모두 정상이 아니며, 법칙에 따라 결국 '평균 회귀(Mean Reversion)' 해야 한다고 생각

---

15   이런 유형 연구에 대한 비평적 평론은 차이팡(蔡昉) 관련 저서(2016)를 참조할 수 있다.

신시대 중국 특색 사회주의 정치경제학 구축

한다.[16] 여기서 말하는 '평균치'는 바로 세계 경제의 평균 성장률이다. 이 방법론은 '골턴의 오류(Galton's fallacy)'에 근거한 것이다. 한 대가족(Extended Family)의 평균 신장이 장기적으로 비정상적인 수준을 유지할 수 없는 것과 마찬가지로, 경제성장률 역시 전체 인구의 평균치로 회귀하려는 경향이 있다는 통계적 법칙을 따른다는 것이다. 이에 따라 그들은 중국 경제 성장률을 소수점 아래 자리까지 나타내어 2013~2023년 5.01%로 하락할 것이며, 2023~2033년 소위 말하는 '평균치'인 3.28%로 한층 더 낮아질 것으로 내다보았다.

그들은 '평균 회귀'를 중국 경제의 성장 둔화를 설명하는 데에 활용했다. 또한 모든 나라들이 이 통계적 법칙을 피해갈 수 없다고 선언했다. 수많은 국가들의 다양한 성장방법은 일련의 패널 데이터 속에 묻혀버렸다. 특히 개발도상국들이 갖고 있는 '추월형' 이라는 특징은 간과됐다. 그들의 논리로는 일본 및 '아시아의 4마리 용'과 같은 이전의 추격형경제권들의 발생원인과, 중국의 지난 40년 간 고속 경제 성장의 원인을 설명하지 못한다. 게다가 현재 중국 경제 성장 둔화에 대해서도 합리적인 해석을 제시하지 못하고 있다. 이러한 상황에서, '평균 회귀'에 관한 예언은 설득력이 없다. 이러한 연구 방식으로 향후 20년 간의 중국 경제 성장률을 예측한다는 것은, 이는 마치 세계 수천 수만 명 남녀노소의 사이즈에 맞춰 '평균치'의 만능 신발을 만들 수 있다고 주장하는 것과 같다. 이는 '망지도(忘持度)'[17]와 같은 방법론적 착오를 저지르는 일이다.

---

16 Pritchett, Lant and Lawrence H. Summers, "Asiaphoria Meets Regression to the Mean", *NBER Working Paper*, No.20573, 2014.

17 옮긴이 주: 직역하면 '치수를 재고 그것을 잊고 왔다'라는 뜻이다. 중국 춘추시대 정(鄭)나

로버트 배로 역시 이와 비슷한 예측과 결론을 내놓았다. 즉, 중국의 경제 성장률은 3~4% 수준으로 현저히 하락할 것이고, 이로 인해 정부 당국이 확정한 '13.5' 시기 성장률 목표인 6~7%를 실현할 수 없다는 것이다.[18] 그의 근거는 그가 저작권을 가지고 있는 '조건부 수렴(conditional convergence)' 가설 및 그 분석틀에서 왔다. 그는 동적 회귀 모델에서 경제 성장률을 결정하는 요인을 두 가지로 나눈다. 한 가지는 수렴 효과로, (로그 형식의) 초기 1인당 GDP를 독립 변수로 사용하는 것이고, 다른 하나는 경제 성장의 항상성(Homeostasis)을 결정하는 일련의 해석 변량(또는 X변량)이다. 무수한 동적 회귀를 거쳐 그는 자신이 일종의 '수렴의 철칙'을 얻어냈다고 확신했다. 즉, 한 국가는 장기적으로 2%이상 차이가 나는 속도로 더 발달한 경제권(經濟體) 또는 자국과 '항상성(Homeostasis) 수렴'을 이룰 수 없다는 것이다. 이미 과거 중국 경제가 이러한 모델이 예측했던 성장 속도보다 훨씬 빠른 속도로 성장한 이상, 이러한 철칙에 따라 앞으로 기존 성장세를 이어갈 가능성은 희박하다.

1인당 소득 수준이 높아짐에 따라 수렴 공간이 줄어들면서, 경제 성장 속도가 둔화하는 것은 일반적 법칙에 부합된다. 그러나, 로버트 배로의 '수렴' 분석의 틀에 공감하더라도, '수렴의 철칙' 외에 여전히 수많은 X변

라에 차치리(且置履)라는 사람이 시장에서 신발을 사려고 했는데, 발 치수를 재고 적어 놓은 쪽지를 집에 두고 와서 신발을 사지 못했다. 다시 집으로 가서 쪽지를 가지고 왔는데, 그 때는 이미 날이 저물어 가게가 문을 닫아 신발을 살 수 없었다는 『한비자(韓非子)』〈외저설(外儲說)〉에 나오는 이야기에서 유래한 말이다. 신발 가게에서 직접 발을 내밀었다면 쉽게 살 수 있었을 것을 발 치수를 알지 못해 신발을 사지 못한 어리석은 행동에 비유한다.

18 Barro, Robert J., "Economic Growth and Convergence, Applied Especially to China", *NBER Working Paper*, No.21872, 2016.

신시대 중국 특색 사회주의 정치경제학 구축

량이 존재하기에, 이는 경제 성장 속도에도 영향을 미친다. 로버트 배로도 구체적으로 어느 하나의 단일 경제권(經濟體)에 이르면, 독특한 X변량이나 국가별 특수 요소가 존재하기에, '철칙'이나 '평균치'와 다를 수 있다는 것을 인정한다. 예를 들어, 로버트 배로와 그의 파트너는 성장 회귀 모델에서 100가지 이상의 해석 변수를 차례로 넣어 보았는데, 모두 뚜렷한 특징을 갖고 있음을 발견한 바 있다.[19] 중국의 경제 성장은 보편적 의의도 있지만 독특성 또한 지닌다. 중국 경제 특유의 요소를 간과하거나 무시한다면, 중국 경제의 성장 잠재력을 과소평가하게 되고, 성장 속도 둔화의 기간과 정도를 오판하는 결과를 초래하게 된다. 예를 들어, 로버트 배로는 해석 변수와 그 가치에 대한 잘못된 선택으로, 2015년 중국의 1인당 GDP 성장률에 대해 실제 경제성장률 6.9%를 크게 밑도는 3.5%로 예측했다.[20] 사실상, 그가 예측한 기간별 중국의 1인당 GDP 성장률은 실제 성장률과 시종일관 큰 차이를 보인다.

한편, 배리 아이켄그린과 그의 파트너는 일종의 경제 성장 둔화의 철칙이 존재한다고 인정하지 않는다.[21] 그들은 경제 성장과 총요소생산성(TFT)의 둔화를 구별하는 국가별 요소에 대해 각별한 노력을 기울였다. 그들은 2005년 구매력 평가에 따라 1인당 GDP를 계산했고, 평균적으로 하

---

19 Barro, Robert and Xavier Sala-I-Martin, *Economic Growth*, New York: McGraw-Hill, 1995.

20 Barro, Robert J., "Economic Growth and Convergence, Applied Especially to China", *NBER Working Paper*, No.21872, 2016.

21 Eichengreen, Barry, Donghyun Park and Kwanho Shin, "When Fast Growing Economies Slow Down: International Evidence and Implications for China", *NBER Working Paper*, No.16919, 2011.

나의 경제권에서 1인당 GDP 평균은 각각 1만~1만 1000달러, 1만 5000~1만 6000달러의 두 구간에서 경제 둔화를 겪는다는 현상을 발견했다.[22] 그들의 시각에 따르면, 중국은 지금까지 전형적인 '1만 달러' 성장 둔화 시작점에는 아직 도달하지 않았지만, 이미 부분적으로 경제 둔화에 관한 정의에 부합된다. 즉, 2012년 이전 약 10%에 달했던 성장률은 2~3%p의 성장 둔화 폭을 보이며, 8% 미만까지 하락했다. 비록 성장 둔화점 이전 7년을 이후의 7년에 국한해 평균 성장률을 비교했지만, 중국 경제가 더 이상 10%대의 성장률로 되돌아갈 수 없다는 것만큼은 명확하다.

2013년 논문에서 아이켄그린 등은 성장 둔화와 관련 있는 몇몇 보편적 요소들을 찾아냈다. 예를 들면, 수렴에 관련된 '평균 회귀' 효과, 인구 노령화에 따른 인구보너스 소멸, 높은 투자율로 인한 투자 수익률 저하, 산업 구조의 첨단 기술화에 대한 환율 저평가의 방해 작용 등이 있다. 그들은 또한, 더 좋은 인력자본 비축 등과 같은 성장 둔화 확률을 감소시킬 수 있는 요소를 지적했다. 그러나 그들은 일부 요소와 성장 둔화 사이의 인과 관계를 명확히 해석하지 못했고, 주기적 요소와 성장적 요소를 완벽히 구분해내지 못했다. 또한, "총요소생산성의 하락이 경제성장 둔화의 85%를 설명할 수 있다"는 초기 논문에서의 중요한 발견을 특별히 강조하지도 않았다.[23] 물론, 이같은 결함은 저자의 총요소생산성에 의한 성장둔화를 전문적

22 Eichengreen, Barry, Donghyun Park and Kwanho Shin, "Growth Slowdowns Redux: New Evidence on the Middle-income Trap", *NBER Working Paper*, No.18673, 2013.

23 Eichengreen, Barry, Donghyun Park and Kwanho Shin, "When Fast Growing Economies Slow Down: International Evidence and Implications for China", *NBER Working Paper*, No.16919, 2011.

신시대 중국 특색 사회주의 정치경제학 구축

으로 연구한 다른 논문에서 보완되었다.[24]

배리 아이켄그린은 앞서 서술한 학자들처럼 중국 경제의 급격한 하락세를 예상하지는 못했지만, 지금까지 발생한 2~3%p의 성장률 하락을 경제 둔화로 보고 있다. 문제는 절대적인 수치만 보고 국가별 데이터를 관찰한 데에 있다. 일부 국가의 평균 성장률이 5.6%에서 2.1%로 하락(3.5%p 하락)한 것과[25] 중국이 '11.5' 시기 11.3%에서 '12.5' 시기 7.8%로 하락한(역시 3.5%p 하락) 것은 성장 하락 폭의 비율이 전혀 다르다. 전자의 3.5%p는 62.5%가 하락한 것이고, 후자의 3.5%p는 31.0% 하락한 것에 불과하다. 또한, 둔화된 중국의 경제 성장은 세계 기준으로는 여전히 높은 편이다. 게다가 중국 성장 둔화의 원인을 분석해보면, 성장 둔화가 발전 단계 변화의 결과로서 불가피한 현상임을 알 수 있다. 따라서 중국의 성장 둔화는 침체로 이어지지 않을 것이고, 지나치게 격렬해지지도 않을 것이다.

일부 학자들의 연구결과에서 알 수 있듯, 추가적인 자극 정책이나 새로운 개혁 조치가 없어도, 잠재성장률의 자연스러운 하락 추세에 따라, 중국 경제는 비교적 긴 시간 동안 중·고속 또는 중속의 성장을 유지할 수 있을 것이다.[26] 더욱 중요한 것은 생산 요소 공급과 배치의 제거, 총요소 생산

---

24 Eichengreen, Barry, Donghyun Park and Kwanho Shin, "The Global Productivity Slump: Common and Country-specific Factors", *NBER Working Paper*, No.21556, 2015.

25 Eichengreen, Barry, Donghyun Park and Kwanho Shin, "Growth Slowdowns Redux: New Evidence on the Middle-income Trap", *NBER Working Paper*, No.18673, 2013.

26 Cai Fang, Lu Yang, "Take-off, Persistence, and Sustainability: Demographic Factor of the Chinese Growth", *Asia & the Pacific Policy Studies*, September/October, 2016.

성의 개선을 통한 체제적 잠재력이 거대하다는 것이다. 구조적 개혁은 필연적으로 개혁보너스를 가져올 것이다. 진정으로 뉴노멀 시대를 이해하려면, 개혁 보너스의 존재를 인식하는 것이 무엇보다 중요하다. 더 나아가 개혁 당사자들간, 각기 다른 사회 집단 간에 장·단기간에 걸쳐 합리적으로 개혁 비용을 부담하고, 개혁의 수익을 공유해야 한다. 이를 통해 개혁이 변형되지 않도록 확실히 보장한다면, 개혁보너스는 중국 경제의 합리적인 성장을 지탱할 것이고, 중국 경제의 '뉴노멀'은 세계 경제의 '새로운 평범'을 초월하게 될 것이다.

제3절 공간적 차원: 세계화를 선도하는 중국의 전략적 선택

공간적 차원에서 보면, 뉴노멀은 주로 중국의 경제 발전 단계에 의한 결과지만, 세계화의 새로운 단계와 복잡하게 얽혀 있다. 중국이 개혁·개방 이래로 급속한 발전을 이룩하는 과정에서 보인 중요한 특징 중 하나는 글로벌 시장을 충분히 효과적으로 이용했다는 것이다. 저렴한 인건비라는 이점과, 선진국 노동집약적 산업의 외부 이전이란 기회를 토대로, 대규모 수출 및 수출 지향적 발전 모델을 구축한 것이 중국 경제의 고속 성장에 있어서 중요한 추진력이 되었다. 중국은 1978~2015년 화물 수출이 연평균 20% 정도의 성장률을 보이며 세계 무역대국으로 급부상했다. 중국의 수출이 호황을 누린 것도 서양 국가들이 황금 성장기에 방출한 대량의 유효 수요 덕분이었다.

2008년 글로벌 금융위기로 서양 국가들은 황금성장기를 끝내고 경제의 심각한 조정기에 들어섰고, 유효 수요 역시 감소했다. 또한, 재산업화 및 본토로의 산업 환류 현상이 수입 대체 효과의 증대는, 중국의 수출 수요 증가세의 둔화를 직접적으로 초래했다. 서양 국가들은 보호무역주의를 강화하는 차원에서 반덤핑, 반보조금 등 전통적인 수단들은 물론이고, 그 외에도 기술적 무역장벽, 노동 표준, 녹색장벽 등을 제정함으로써, 시장 진입에 대해 갈수록 까다로운 요구를 제시했다. 또한, 수출세 부과, 수출 할당제 실시 등 수출 규제 수단에서 비롯된 무역 마찰이 갈수록 커지면서, 중국은 최근 9년 연속 세계에서 반덤핑, 반보조금 조사를 가장 많이 받은 나라가 됐다.

이와 동시에, 중국의 노동력 등 생산 요소의 원가 상승이 비교적 빨라짐에 따라, 아세안 등 신흥경제국과 기타 개도국들은 인건비와 자연 자원 비교 우위를 앞세우며 국제 분업에 적극적으로 참여하기 시작했다. 이에 따라, 산업 및 수주가 주변국으로 이동하는 추세가 뚜렷하게 나타나며 수출 경쟁이 격화되고 있다. 중국의 수출 우위와 국제 산업의 분업 모델이 새로운 도전에 직면했다는 이러한 변화가 바로 경제 발전 뉴노멀 시대로서 구현된 것이다.[27]

2016년 항저우(杭州) G20 정상회의에서 시진핑 총서기는 더 나아가 "8년이 지난 지금, 세계 경제는 또 하나의 중요한 시점에 도달했다"고 언급했다. 세계 경제는 지난날 과학기술 혁신이 가져온 성장 동력이 점차 감

---

27 시진핑, 「성부급 주요 지도자 간부를 대상으로 공산당 18기 5중전회 사상 학습·관철 특별 세미나에서의 연설(在省部級主要領導幹部學習貫徹黨的十八屆五中全會精神專題研討班上的講話)」, 『인민일보』, 2016년 5월 10일, 2면.

퇴되고 있는 가운데, 새로운 과학 기술과 산업 혁명은 아직 모멘텀을 형성하지 못하고 있다. 또한, 주요 경제권(經濟體)들이 잇따라 고령화 사회에 진입하면서, 인구 증가율이 낮아져 각국의 경제·사회에 부담이 되고 있다. 경제의 세계화가 풍파를 맞았고, 무역보호주의와 내향적 경향(inward-looking trends)이 대두되면서, 다자간 무역체제가 타격을 받고 있다. 그 밖에, 금융 감독 개혁은 눈에 띄게 진전되었지만, 높은 레버리지, 높은 거품 등 리스크가 여전히 축적되고 있다. 이러한 요인들의 복합적으로 작용하면서, 세계 경제는 전반적으로 회복세를 유지하고 있지만, 성장 동력 부족, 수요 부진, 금융 시장의 반복적 동요, 국제 무역과 투자 부진 지속 등 다중 리스크와 도전에 직면해 있다. 이러한 현상들은 세계 경제 발전과 세계화 진척이 새로운 단계로 진입했다는 중요한 판단을 내릴 수 있게 한다. 또한, 이는 공간적 차원에서 뉴노멀 시대를 파악하고 인식한 것으로서, 새로운 시기 중국의 대외 개방 전략을 위해 기본적인 환경을 제공했다.

1. 역(逆)세계화 조류

1970년대 이래로 전 세계 상품과 서비스 무역 수출의 실질성장률은 몇몇 개별적인 연도별 파동을 제외하고는, 시종일관 글로벌 국내총생산(GDP) 성장률보다 높았다. 이는 중국이 처한 경제 세계화 시대의 특성을 보여준다. 글로벌 금융위기의 여파로 2009년 세계 교역량이 급감한 데 이어, 2010년과 2011년 모두 회복세를 보이며 GDP 성장률을 크게 웃돌았다. 그러나, 2012년 이래로 세계 무역 증가율은 GDP 성장률을 계속 밑돌았다.

글로벌 무역 발전이 침체기에 접어든 것은 현재와 향후 세계 경제 발전의 기본적 추세이다(그림 3-3 참조). 2015년 글로벌 무역은 13.6%의 마이너스 성장률을 보여, 2009년 글로벌 금융위기 이래 최저치를 기록했다.

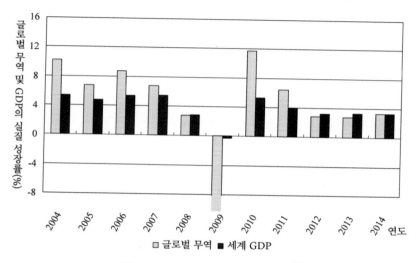

그림 3-3 글로벌 무역 및 GDP의 실질 성장률[28]

　　그러한 현상을 이해하기는 어렵지 않다. 글로벌 금융위기 이후 세계 각국이 잇따라 새로운 무역장벽을 쌓기 시작했는데, 그 중 가장 발달한 최대 경제국인 미국, 독일, 영국은 각각 수백 건에 달하는 조치를 내놓았다. 이 같은 정책 변화는 서양 국가의 정치 구도의 변화를 반영하고 있다. 즉, 세계화를 반대하는 정치 민족주의화와 포퓰리즘화가 비협조주의 반(反)세계화 전략으로 급속히 변모해 간 것이다. 2016년을 기준으로 이러한 추세는 매우 뚜렷하게 나타났으며, 정치적인 극단화와 지향적인 수렴 현상이

28　　자료 출처: 세계은행 데이터베이스.

병존하는 새로운 특징이 나타났다.

예를 들어, 미국 대통령 선거에서 스포트라이트를 받는 후보였던 트럼프는 반이민·반무역 협정의 극단적 포퓰리즘주의자이다. 게다가, 극단적인 좌파로 간주되는 샌더스, 정책 수립과 추진에 깊이 관여하는 '내부자' 힐러리 클린턴 조차도 환태평양 경제동반자 협정에 반대 입장을 표명했다. 한편, 이 어지러운 싸움판과 맞물려, 좌파든 우파든, 혹은 둘의 이상한 조합이든 상관없이 모두 유럽의 포퓰리즘이 정치적으로 급박하게 전개되었고, 이민(난민) 수용 억제, 환태평양 경제동반자 협정 제지, 국제 통합기구 퇴출 등 반(反)세계화 조류 또한 형성되었다. 결국 영국의 브렉시트, 트럼프의 미국 대통령 당선 등 일련의 블랙스완 사건들 모두 역(逆)세계화 추세를 부추기고, 유사한 정치적 변화를 계속 이어갈 것으로 보인다.

정치경제학은 이러한 현상을 잘 설명해 준다. 세계화자체만으로는 결코 중립적인 이익 균형을 이룰 수 없다. 초창기 세계화는 선진국 및 선진국의 정치·경제 엘리트들과 싱크탱크들이 주도하며, 선진국에게 유리한 방향으로 나아가도록 하는 것으로 인식되었다. 브레턴우즈 체제의 국제 금융과 무역 기구도, 유럽연합과 같은 일체화된 공동체도 그렇다. 의사 결정권은 생사여탈권(生殺權)을 쥐고 있는 강대국들에게 있었고, 그들을 대표하는 재정 장관, 중앙 은행장, 무역 장관이 모든 권력을 행사했다. 수많은 개도국들, 특히 최빈개도국들은 세계화로부터 균등한 이익을 얻지 못했다. 더 나아가, 사실상 이익 배분 결정권은 강대국의 다국적 기업과 자본으로 대표되는 기타 이익 집단이 갖고 있음을 알 수 있다.[29] 선진국의 중산층과

---

29   Joseph E. Stiglitz, *Globalization and Its Discontents*, New York and London:

신시대 중국 특색 사회주의 정치경제학 구축

저소득층 역시 세계화로부터 아무런 이익을 얻지 못했음을 짐작하기란 그리 어렵지 않다.

만약 개도국들의 목소리가 세계화의 진로와 방향에 실질적으로 영향을 미치기 어렵다면, 선진국 내에 수많은 '패자(輸家)'들은 결국 '투표'라는 메커니즘을 통해 자신들의 의사를 표현함으로써 최종적으로 일국의 정치와 정책의 방향에 영향을 미칠 것이다. 그러나, 이에 반응하는 포퓰리즘적 경제 정책들은 종종 심각한 결과를 초래해 민중의 더 큰 정치적 저항을 불러일으킬 것이다. 예를 들어, 미국이 실시한 신용대출 완화 정책은 부동산 거품을 자극해, 서브프라임 모기지 위기와 글로벌 금융 위기를 야기했다. 이는 미국 국내 중산층과 저소득층을 더 심각한 재앙으로 몰아넣었고, '월가점령' 등 대중운동과 함께 좌파와 우파의 극단적 정치 세력이 대두되는 현상을 초래했다.

세계경제포럼 2017년 연차총회 개막식 기조연설에서 시진핑 총서기는 경제 세계화를 "양날의 칼"에 비유했다. 반(反)세계화의 외침은 경제 세계화가 미흡하다는 것을 반영하고 있기 때문에 심사숙고할 필요가 있다.[30] 세계화의 문제는 서양 국가들이 주도하는 글로벌적 관리 및 거버넌스 방식과 이에 따른 이익 배분의 구도에서 비롯된 것이다. 그러나, 기존의 이익 구도를 근본적으로 조정하려면 파괴적 제도 변화가 필요한데, 이는 가

W. W. Norton & Company, 2003; Joseph E. Stiglitz, Globalisation and Its New Discontents, Official Website of Straits Times: http://www.straitstimes.com/opinion/globalization-and-its-new-discontents, 2016.

30 중공중앙 문헌연구실 편집, 『사회주의 경제 건설에 관한 시진핑 논술 발췌 편집(習近平關於社會主義經濟建設論述摘編)』, 중앙문헌출판사, 2017년판, 308면, 참조.

장 어려운 일일 뿐더러 정당인이나 정치가들이 가장 원치 않는 일이다. 왜냐하면, 그들은 대중을 현혹하기 쉬운 공약을 통해 요직에 오르거나, 한정된 임기 내에 가능한 최저의 정치 비용으로 최대의 정치 수익을 거둬 자신의 권위를 지키기를 희망하기 때문이다. 따라서, 모순의 원인을 경제 관계의 파트너에게 떠넘기고, 심지어 세계화 본연의 문제로 화살을 돌리는 것이야 말로, 그들이 내놓은 정치경제학 논리에 가장 부합되는 선택이다.

2. 세계 경제의 성장 부진

이번 경제 위기 이후, 전 세계의 경제 성장은 현저히 둔화되었고, 기존의 글로벌 분업 체계가 허물어져, 글로벌 자원의 재배치가 필요해졌다. 새로운 국제 분업이 형성되는 과정에서 새로운 기술 혁명과 국제 경제·무역의 새로운 규칙은 결정적인 역할을 할 것이다.

먼저, 새로운 기술 혁명에 대해 살펴보자. 글로벌 경제 성장이 역풍을 맞으면서도, '인터넷, 재생에너지, 디지털화 제조'의 통합을 주요 특징으로 하는 이른바 "제3차 산업혁명"이 소리 없이 다가오며, 21세기 들어 인류는 생산력에서 또 한 번의 도약을 이루었다. 인류의 기술 혁신을 통해 통신시스템, 에너지 모델은 물론, 생산 및 생활 패러다임까지 획기적인 변모를 이루었고, 국제 분업 체계와 이익 분배 구도 역시 크게 재편되고 있다. 이러한 조류 속에서 서로 다른 발전 단계에 있고, 국제 분업에서 각기 다른 역할을 맡고 있는 경제권들이 저마다 다른 역사적 기회와 도전에 직면하게 될 것이다.

선진국은 경제, 정치, 과학기술, 문화, 군사 등 여러 가지 측면에서 기존의 우위를 가지고 있기에, 신기술 혁명이 발생할 확률이 가장 높다. 그렇게 된다면 분업 체계에서 선진국의 중심적 지위가 강화될 것으로 보인다. 최근 미국이 제조업으로의 회귀를 추진하는 과정에서 제조업의 창의적 설계와 디지털화가 강조하는 것은, 결코 간단한 공장 설비로의 회귀를 의미하는 것이 아니다. 동시에, 독일도 사물 인터넷(IoT, Internet of Things)과 클라우드 컴퓨팅, 스마트 공장 등을 핵심으로 하는 '공업 4.0' 발전 전략을 제시했다. 그 밖에, 21세기 이래로의 로봇 산업 부상도 주목해야 할 내용이다.

2014년 MIT(매사추세츠공대) 이코노미스트 에릭 브린욜프슨(Erik Brynjolfsson)과 앤드류 맥아피(Andrew Mc Afee)는 이러한 신속한 변화에 대해 연구했다. 그들은 『인간과 로봇의 대결』에서 "최근 로봇들의 인간 기능 대체 속도와 범위가 경제에 장기적이고도 깊은 영향을 미치고 있다"고 주장했다. 그들이 보기에, 저비용 자동화 기술의 출현은 20세기 농업 기술 혁명에 버금갈 정도로 거대한 변혁이며, 농업혁명으로 인해 미국의 농업 종사자 수가 총 노동력에서 차지하는 비중은 현재 40%에서 2%로 낮아졌다. 마찬가지로 이번 변혁은 20세기 제조업의 전기화(電氣化)와도 비견할 수 있다고 보았다. 로봇은 선진 산업화 국가가 제조업에서 우위를 되찾는 중요한 동력이 되었다. 물론, 이는 선진경제국이 혁신의 최전선에 있기 때문이고, 그만큼 비교적 큰 리스크를 안고 있다는 의미이기도 한다. 이러한 리스크를 어떻게 줄이고 분산시켜서, 시장 주체의 혁신 동력을 이끌어내는가는 선진 경제국에 있어 또 하나의 중대한 도전이 아닐 수 없다.

신흥시장국들은 신기술 혁명에 직면해서 각기 다른 발전 단계에 있는 국가들이 상대적으로 비슷한 출발선상에 있다. 이는 후발 개도국이 추월할 수 있는 절호의 기회를 제공한다. 후발 개도국들은 보편적으로 기성 구도에서 벗어나 '중심'에 접근하려는 적극성을 갖고 있다. 또한, '대 안정기(the Great Moderation)'에 상대적으로 오랜 기간 고속의 성장을 이뤘고, 이를 통해 경제, 과학기술, 문화·교육, 인프라 등 방면에서 장족의 발전을 이루었다. 따라서 신기술이라는 새로운 도전에 맞설 수 있는 탄탄한 물질적, 인적 기반이 마련되어 있는 셈이다.

한편, 신기술 혁명에 따른 이익 배분 구도는 가치사슬의 양단에 위치한 설계연구 개발과 시장 개발 등 활동의 공헌에 한층 더 치우칠 것이며, 가치사슬 중간 단계의 노동의 공헌은 최대한 압축될 것이다. 인건비 상승과 자원 환경의 제약이라는 심각한 배경 하에서, 후발 개도국들이 만약 신기술 혁명에 힘입어 새로운 비교우위를 창출하지 못하고, 특히 산업 업그레이드와 혁신 구동을 통해 가치사슬 양단을 확장하지 못한다면, 점차 주변화될 것이다. 심지어 '중심-외곽'의 분업 체계에서 점차 소외되어, '중진국 함정'이라는 곤란한 상황에 빠지게 될 것이다.

다음으로, 경제사와 과거 경험에 비추어 나타난 두 가지 규칙적인 현상에 주목해야 한다. 첫째, 새로운 과학기술 혁명은 종종 즉각적인 모멘텀을 이루지는 않는다. 일부 중요 과학기술 분야에서 새로운 진전이 있더라도, 보편적으로 응용되어 경제 성장으로 전환되는 데는 종종 긴 시간이 필요하다. 예를 들면, 18세기 말, 19세기 초 산업혁명으로 새로운 진전을 이루고, 경제 성장으로 전환되는 데는 한 세기가 소요됐다. 둘째, 신기술의 응용은 결코 자연스럽게 공유될 수 있는 것이 아니다. 예를 들어, 경제학자들은 산업혁명이 한창이던 시절에 영국의 주요 산업 중심지들은 오히려 심각한 실업, 빈곤, 오염, 범죄 등 현상에 직면하게 되었다고 지적했다.

신시대 중국 특색 사회주의 정치경제학 구축

이에 따라, 이들 지역의 삶의 질이 평균 수준을 밑돌았고, 1인당 평균 기대 수명은 전국 평균보다 15년이나 낮았다. 이 같은 신기술 혁명의 '비공유성' 성격은 또 다시 당대 선진국에서 재현되고 있다.

둘째, 세계적인 인구 고령화 추세는 글로벌 경제의 성장 부진을 초래하는 또 다른 중요한 요인이다. 인구 구조, 특히 인구 연령 구조는 경제 발전 성과에 영향을 미치는 중요한 요소이다. 노동 연령 인구 수와 비중이 높아짐에 따라, 인구 구조는 소비자가 적고 생산자가 많은 '식지자과, 생지자중(食之者寡、生之者衆)'의 특징을 갖게 되었다. 이는 노동력 공급, 인적 자본 개선, 높은 저축률 및 높은 투자 수익률 유지, 자원 배치 효율성 개선에 도움이 된다. 다시 말해, 인구 보너스는 높은 잠재성장률로 나타난다. 반면, 인구 부양비와 고령화 수준이 높아짐에 따라, 인구 구조는 생산자가 적고 소비자가 많은 '생지자과, 식지자중(生之者寡、食之者衆)'으로 바뀌게 된다. 이에 따라, 앞서 언급한 경제 성장에 유리한 요소들이 반대로 잠재성장률을 하락시키게 된다.

21세기에 들어 선진국의 인구 고령화가 지속되는 가운데, 다수의 개도국들 중 특히 중진국의 인구 고령화가 빠른 속도로 진행되고 있다. 유엔의 예측에 따르면, 2000~2015년 선진국 평균 노령화율(60세 이상 인구가 전체 인구에서 차지하는 비중)은 21.9%에서 26.9%로 증가했다. 반면, 같은 기간 개발도상국(최빈개도국 제외)의 노령화율은 8.8%에서 11.8%로 증가했다. 2050년에는 선진국과 개발도상국의 노령화율이 각각 37.7%와 25.9%에 달할 전망이다(그림 3-4 참조).

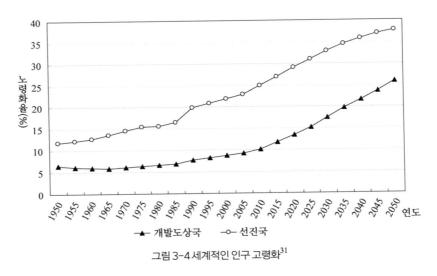

그림 3-4 세계적인 인구 고령화[31]

마지막으로, 금융 규제 개혁에 뚜렷한 진전이 있음에도, 높은 레버리지, 높은 거품 등 리스크는 여전히 누적되고 있다. 금융 규제 개혁이 진전을 거둘 수 있었던 데에는 다음과 같은 필요 조건이 뒤따랐다. 첫째, 글로벌 금융 규제 거버넌스 구조에 신흥경제국의 역량을 포함시켰다. G8 대신 G20이 글로벌 거버넌스의 새로운 플랫폼이 되었다. 금융안정포럼(FSF) 대신 금융안정이사회(FSB)가 글로벌 금융 규제의 제도적인 제정과 조정을 위한 기구가 되었고, 구성원을 G20 전체 멤버 전원으로 확대했다. 2009년 6월에는 바젤위원회 구성원 역시 G20 전체 멤버로 확대했고, 중요 국제금융센터 소재지인 싱가포르와 홍콩도 구성원에 포함시켰다. 둘째, 국제 은행업 규제에 있어 '바젤협약 III'을 체결했다. 바젤위원회의 27개 회원국 및

---

31 자료 출처: United Nations, Department of Economic and Social Affairs, Population Division, 2011. *World Population Prospects: The 2010 Revision, CD-ROM Edition.*

신시대 중국 특색 사회주의 정치경제학 구축

각 지역의 중앙은행 대표들은 2010년 9월 12일 은행업 규제 강화를 위한 새로운 '바젤협약 III'에 합의했다. 이로부터 자기자본비율, 유동성 규제, 레버리지 비율 규제 등 분야에서 규제 강도를 대폭 높였다. 셋째, 규제 범위를 확대하고, 그림자 금융과 장외시장 파생상품에 대한 규제를 강화했다. 넷째, 시스템적 성격의 중요 금융 기관[32]에 대한 규제를 강화하여 '규모만 크고 수준은 미달인' 문제를 해결했다. 다섯째, 거시건전성 감독의 틀을 구축하고 거시건전성 감독과 미시건전성 감독의 유기적인 결합을 강조했다.

그럼에도, 글로벌 레버리지 비율은 갈수록 높아지고 있다. 금융 위기 발생 이래로, 국제사회는 레버리지를 제거하자는 공동 인식을 갖게 되었다. 그러나, 그 진전은 매우 제한적이었고, 심지어 총 레버리지 비율이 낮아지기는 커녕 오히려 상승했다. 전 세계적으로 높은 레버리지 리스크가 계속 축적되고 있음을 알 수 있다. 채무/GDP 지표에 따르면, 글로벌 레버리지 비율은 여전히 상승하고 있으며, 상승 속도 역시 하락세를 보이지 않고 있다. 레버리지 제거 과정은 일부 부문 차원에서만 발생하고 있다. 또한, 총체적인 레버리지 제거가 아직 시작되지 않아, 채무율은 여전히 사상 최고 수준에 달하고 있다.

맥킨지의 2015년 초 보고서에서는 2007년 금융위기 이후 전 세계 채무가 57조 달러로 증가했고, 이는 글로벌 GDP 성장세를 넘어섰다고 밝혔다. 현재 모든 주요 경제권의 GDP 대비 채무 수준은 2007년보다 높으며, GDP 대비 채무 비중은 269%에서 286%로 17%p 상승했다. 선진경제권(예

---

32   옮긴이 주: 리스크가 발생하면 해당 지역은 물론, 글로벌 금융 체계에 쇼크를 가져올 수 있는 파급력을 가진 금융 기관을 지칭한다. 통상적으로 복잡한 업무를 다루는 대규모 금융 기관들을 의미한다.

를 들면 미국과 영국)은 금융과 가계 부문의 레버리지 제거 과정에서 뚜렷한 진전을 보였지만, 이는 공공 부문의 부채 상승을 대가로 이루어진 것이다.

글로벌 자산거품은 여전히 축적되고 있다. 서브프라임 모기지 사태 이후 전 세계 주요 국가의 중앙은행들은 비교적 급진적이고 확장적인 통화정책을 펴왔다. 이처럼 글로벌 양적완화에 전례 없는 저금리(심지어 마이너스 금리)가 더해지는 상황에서, 자산가격 인플레이션은 전 세계적인 현상이다. 나스닥을 대표로 하는 미국 증시와 FTSE지수를 대표로 하는 영국 증시 모두 사상 최고치를 기록했다. 당시 전 세계 채권시장에 집중된 자금량은 전 세계 GDP의 두 배에 달하는 150조 달러가 넘었다. 부동산 시장의 경우, 전 세계 주요 대도시인 유럽의 런던, 북미의 뉴욕, 보스턴, 샌프란시스코, 시애틀, 토론토, 밴쿠버, 오세아니아의 시드니, 멜버른, 아시아의 도쿄 등지에서 부동산 가격이 현저한 상승률을 보였다. 벌크 상품시장의 경우, 2015년 말 이후 원유 가격이 2배 가까이 올랐고, 철광석과 코크스 가격이 오르면서 설탕, 대두, 면화 등 적지 않은 농산물 가격이 소폭 상승했으며, 금값도 서서히 오르는 추세를 보였다.

이처럼 세계화를 역전시키고 글로벌 경제의 성장 동력을 약화시킨 요인들은 국가 간 경쟁 관계에서도 긴장감을 고조시켰다. 또한, 수많은 나라들이 다른 나라들의 발전을 억제해 상대적으로 자국의 경쟁력을 높이기 위해 '근린궁핍화'[33] 전략을 취하도록 유인했다. 국가 간 경쟁 심화와 그에 따른 타깃성 '투키디데스의 함정' 효과로 인해, 중국 굴기에 드는 비용도

---

33 옮긴이 주: 이웃 국가의 경제를 궁핍하게 만들면서 자국의 경기 회복을 꾀하고자 하는 전략이다.

신시대 중국 특색 사회주의 정치경제학 구축

대폭 상승했다.

미국 학자 폴 케네디도 『강대국의 흥망』이라는 그의 저서에서 "일부 대국은 이쪽이 내려가면 저쪽이 올라가는, 흥망성쇠의 동태적인 과정 속에서 기술적 돌파와 조직적 변혁에 기대어 급속한 발전을 이룩했다. 이로부터 국제적 파워를 신속히 발전시켰고, 상대적 힘의 우위가 증대됨에 따라 국제 체계에서의 역학 구도, 질서, 행동 준칙에 중대한 영향을 미치고 있다"라고 지적했다. 이러한 과정이 바로 '대국의 굴기'다. 후발 개도국의 추격과 굴기는 한 국가 내부의 복잡하고 어려운 발전의 결과이자, 또한 추격 대상과의 발전 격차가 상대적으로 줄어들었다는 표현이기도 하다. 즉, 세계 발전의 불균형 법칙이 작용한 결과이다. 중국은 신흥 대국으로서 급부상하고 있다. 지난 40년 동안과 비교하면, 향후 10여 년, 심지어 더 오랜 기간 동안 중국 굴기에 드는 비용은 꾸준히 상승할 것이다.

이는 세 가지 측면에서 인식해 볼 수 있다. 첫째, 전 세계적으로 신흥 대국(인구 대국 인도 포함)들이 현대화를 가속화하면서, 글로벌 자원 및 에너지에 대한 수요가 크게 증가되고 있고, 환경 규제(각종 감축협정 포함) 역시 강화되고 있다. 이로 인해 중국은 자원 환경 비용의 상승이라는 상황에 직면하게 되었다. 둘째, 중국의 경제 규모가 확대됨에 따라 국제사회에서의 영향력이 강화되었고, 이에 따른 국제적 책임 역시 증대되었다. 국제사회는 중국이 책임 있는 대국이 되기를 요구하고 있다. 따라서, 중국은 앞으로 더 많은 책임을 져야 한다. '무임승차' 할 기회가 크게 줄어든 셈이다. 셋째, 글로벌 경제의 장기적 침체기로 요약되는 뉴노멀과 국가 간 경쟁 심화로 인해, 중국은 정치, 군사, 외교 등에서 더 많은 자원을 동원하여 대응해야 한다. 이는, 중국 경제의 안정적 성장과 세계적 범위 내의 굴기를 보장하기 위한 것이다. 그러려면, 과거보다 훨씬 더 높은 비용을 감수해야 한다.

전 세계적으로 전통적인 세계화 보너스는 점차 줄어들고 있고, 생산 요소에 의한 고속 경제 성장 모델 역시 머지않아 종결될 것이다. 이러한 거시적 배경 하에서, 선진국과 신흥 시장은 모두 구조적 전환과 지속 가능한 발전이라는 심각한 도전에 직면해 있다. 세계 각국은 과학 기술과 인적 자본은 기반으로, 신기술 혁명은 수단으로, 산업 가치사슬은 주요 대상으로 하는 국제 경쟁으로 전환하기 시작했다. 동시에, 국제 통화 체계, 무역 규칙, 정치 질서 등에서도 다양한 특색의 다원화 추세가 나타났다. 이러한 국제적 조류는 현 시점에서 중국 자신의 발전과 기본적으로 일치해야 한다. 중국은 이러한 전략적 기회를 잘 활용하여, 산업 업그레이드, 수급 조정, 요소 최적화 등을 통해 구조 전환을 가속화해야 한다.

또한, 중국은 종합 국력이 증대됨에 따라 보다 적극적인 자세로 새로운 세계 체제 구축에 나서야 한다. 특히 아시아-태평양 지역은 물론, 글로벌 경제, 정치, 환경, 안보 등 중대한 업무에서 '책임 있는 대국'의 역할을 수행해야 한다. 주로 대외 무역 발전과 자금 및 기술 유치에 집중했던 기존의 저차원적인 대외개방 전략을 전환해야 한다. 더욱이 세계화에 '무임승차'하고, 선진국 기술 유출에만 의존하는 등 발전에 관한 편협한 사고 방식을 지양해야 한다.

물론, 포스트 위기 시대는 낡은 이익 구도는 타파되고 새로운 균형은 아직 자리잡지 못한 전환기이기도 하다. 국제 경쟁은 매우 복잡하고 치열하다. 각종 경제·무역, 금융, 정치, 안보 분야에서의 갈등은 더욱 빈번하게 일어나고 복잡하게 얽혀 있다. 중국은 평화 발전이라는 외부 환경을 유지하기 위해, 경제, 정치, 군사, 외교 등에서 더 많은 자원을 동원해야 한다.

이러한 도전은 과거에 비해 훨씬 더 어렵고 많은 비용이 들 뿐만 아니라, 특히 중국은 이러한 분야에서의 경험이 부족하다. 이를 위해, 중국은 전면적이고 장기적으로 새로운 시대의 새로운 문제에 직면하여, 대외 개방이라는 전략적 틀 속에서, 국제 규범을 이해하고 존중하는 것을 전제로 삼아야 한다. 이를 통해 자국의 자원을 충분히 통합하고, 각종 전술, 방법, 수단, 경로를 종합적으로 활용하여, 국익을 극대화하고, 세계의 평화로운 발전에 기여해야 한다.

3. 중국의 전략적 선택

정치경제학적 논리로 보든, 장기적인 역사적 시각으로 보든, 유럽과 미국은 물론 라틴아메리카 국가들이 장기적 경제 정책과 세계화 정책을 수립에 있어 때로는 좌(左)로, 때로는 우(右)로의 주기적 변화를 가진다. 이러한 변화는 서구식 대의제 민주 제도와 경제 정책 사이의 관계에 의해 결정되는데, 적어도 당분간은 서양 국가의 정책 견인력이 세계화에 불리한 방향으로 작용될 것이다. 그러나, 추세가 그렇다고 해서 중국의 경제 발전도 당연히 이러한 제약을 받아야 하는 것은 아니다. 중국은 여전히 전과 다름 없이 지속적인 발전을 이룰 것이며, 전면적 샤오캉사회라는 목표를 이루고, 더 나아가 현대화 국가 건설이라는 목표를 계획대로 실현할 것이다.

이는 중국이 글로벌 경제에서 '자기 집 문 앞에 쌓인 눈을 자기 스스로 치우는 것'과 같은 상황에서 벗어날 수 있다는 의미는 아니다. 이는, 세계 경제 및 글로벌 거버넌스에서 중국의 일거수일투족이 전체에 중대한 영향을 끼치는 점을 잘 활용해야 함을 의미한다. 중국은 세계 제2의 경제 권이자, 제1의 화물 무역국이며, 대국들 중 대외 의존도가 가장 높은 국가 이다. 따라서, 세계 경제에 명확한 방향을 제시하고, 글로벌 성장에 동력을 공급할 수 있는 능력을 갖는다면, 향후 중국은 세계화를 이끌어 갈 수 있 고, 이는 또한 자국 발전에도 도움이 될 것이다.

첫째, 세계화의 정치경제학적 논리 속에서, 중국은 세계화의 후퇴 가 능성을 분명히 인식함과 동시에, 자국의 정치 제도적 이점을 충분히 이용 해야 한다. 또한, 일시적인 사건 혹은 개별 지역의 득실을 따지지 말아야 한다. 오히려 정책의 선택과 제정을 할 때, 방향 면에서 전략적 신념을 유 지하고, 시기 면에서 역사적 인내심을 유지하며, 강도 면에서 정도(正度)를 지켜야 한다. 또한 주요 국가들을 맹목적으로 따라 '좌지우지' 되지 않아야 한다.[34]

시진핑 총서기는 중국의 세계무역기구(WTO) 가입 과정에 대해 다음 과 같이 회고했다. 그는 "그 과정에서 우리는 물을 잘못 먹어 사레 들리기 도 했고, 소용돌이를 만나기도 했으며, 풍랑을 만나기도 했다. 그러나 실제 로 헤엄 치며 수영을 배웠고, 이는 정확한 전략적 선택이었다"[35]라고 지적 했다. 경제 세계화에 맞서는 순풍과 역풍은 모두 중국의 국가 거버넌스 능 력을 시험하고 향상시키는 것이다.

---

34 중공중앙 문헌연구실 편집, 『사회주의 경제 건설에 관한 시진핑 논술 발췌 편집(習近平關於 社會主義經濟建設論述摘編)』, 중앙문헌출판사, 2017년판, 308면, 참조.

35 시진핑, 「시대적 책임을 공동 부담하고, 글로벌 발전을 공동 촉진하다(共擔時代責任 共促全 球发展—세계경제포럼 2017년 연례 회의 개막식 기조 연설에서(共擔時代責任 共促全球發展—在世界經 濟論壇2017年年會開幕式上的主旨演講)」, 『인민일보』, 2017년 1월 18일, 3면.

신시대 중국 특색 사회주의 정치경제학 구축

국제 무역도 경제 세계화도 제로섬 게임이 아니다. 따라서 민족주의와 포퓰리즘적 정치의 영향 하에서의 보호무역주의와 탈세계화 정책들은 모두 글로벌 복지의 순손실을 초래하고 참여국들에게 피해를 줄 것이다.

시진핑 총서기는 세계 경제 발전의 역사적 경험과 교훈을 바탕으로, 미국 등 서양 국가에서 나타나는 보호무역주의 정책 경향에 대해 다음과 같이 지적했다. "무역전쟁의 결과는 쌍방이 모두 손실을 입을 수밖에 없다"는 것이다. 그리고 여러 장소에서 세계를 향해 다음과 같이 약속했다. 그는 "중국은 글로벌 자유무역·투자를 확고부동하게 발전시키고 있으며, 보호주의를 확고하게 반대한다. 역내 자유무역 배치에 있어서 배타적이고 파편화된 좁은 울타리를 만들지 않을 것이며, 주동적으로 화폐전쟁을 일으키지 않을 것"[36]이라고 전했다.

사실상 그 어떤 국가도 탈세계화 조류에서 진정으로 이익을 얻을 수는 없고, 다만 각 국가들이 이를 증명하는 데 걸리는 시간이 다를 뿐이다. 이러한 '시행착오'의 시기에도 협력의 기회는 여전히 존재하며, 각 참여 주체마다 이익이 되는 것을 추구하고 해가 되는 것은 피할 수 있는 기회의 창구 역시 존재한다. 따라서 보다 높은 전략적 안목을 갖고, 확고한 발판을 마련하며, 서로 선의로 대해야 한다. 그래야만 일방적으로 더 나은 경제 협력 조건을 만들어내더라도, 중국은 경제 세계화가 저조한 시기에도 끊임없이 이익을 얻을 수 있을 것이다.

둘째, 세계 경제에서 갈수록 높아지는 중국의 위상을 활용해 글로벌

---

36 중공중앙 문헌연구실 편집, 『사회주의 경제 건설에 관한 시진핑 논술 발췌 편집(習近平關於 社會主義經濟建設論述摘編)』, 중앙문헌출판사, 2017년판, 309-311면, 참조.

거버넌스에서 발언권을 제고함으로써, 수많은 개도국들, 특히 신흥 경제권들과 권익을 공유한다는 원칙에 따라 세계화의 방향과 규칙을 조정해야 한다. 탈세계화의 구체적인 조치로서, 서양 국가들은 이미 체결했거나 심지어 이미 시행한 협정에 대해 재협상을 준비하고 있다. 비록 이러한 재협상은 선진국의 이익에 유리한 방향으로 진행되겠지만, 중국, 신흥 경제권, 그리고 다른 개도국에게도 글로벌 경제 거버넌스에서 자신의 발언권을 높일 수 있는 기회를 제공해주었다.

중국은 최대 혹은 최대규모 중 하나의 경제권, 수출입국, 대외 직접 투자자, 외환보유국, 채권시장, 벌크 상품시장이다. 이러한 성장 속도는 세계 경제에서 매우 중요하다. 게다가, 중국은 긍정적인 파급 효과를 만들어 글로벌 성장에 동력을 제공할 수 있다. 예를 들어, 현가로 계산하면, 2015년 중국과 세계의 경제총량은 각각 10조 8000억 달러와 73조 4000억 달러로, 중국이 전 세계 GDP에서 차지하는 비중은 14.8%였다. 이는 '13.5' 시기 이후 4년 동안, 중국은 6.5%를 유지하거나, 심지어 그 보다 약간 낮은 성장 속도만 유지해도, 매년 평균적으로 세계 경제에 약 1%p의 성장률을 기여할 수 있다는 것을 의미한다. 만약 동일한 시기 세계 경제의 연평균 성장률이 2.5~3.5%라면, 중국 경제가 세계 경제 성장에 기여한 비율이 4분의 1에서 3분의 1에 달할 것이다.

그러나, 세계 경제에 필요한 것은 일시적 효력을 가진 진통제나 강심제(强心劑)가 아니라 장기적으로 지속 가능한 성장 동력이다. 중국이 발전 패러다임과 산업 구조를 전환하고, 더욱 포용적이면서도 균형 있고, 조화롭고, 지속 가능한 경제의 중고속 성장을 실현하려는 이유도 바로 이 때문이다. 이는 중국의 목표인 동시에, 글로벌 성장에도 유리하게 작용하는, 각국이 모두 원하는 성장 속도이기도 하다.

복잡한 국제 정세와 세계화의 역풍에 맞서 중국의 대외 개방은 심도 있는 발전을 하고 있다. 아시아인프라투자은행이 창립되었고, '혁신, 활력, 연동, 포용의 세계 경제 구축'을 주제로 한 G20 정상회의가 성공적으로 개최됐다. 회의에서는 위안화가 국제통화기금(IMF) 특별인출권 통화 바스켓에 편입되었다. 이는 모두 글로벌 거버넌스에서 중국의 발언권이 높아지고 있음을 상징한다.

셋째, 국제 경제·정치의 블랙스완 사건이 빈발하는 상황에서, 글로벌 시장의 새로운 기회를 잡아야 한다. 기존에 혹은 현재 협상 중인 일부 다자간 무역·투자 협정은 미국의 새 행정부와 영국의 브렉시트 등 정치 구도에서 불가피하게 좌절을 겪을 수밖에 없다. 그러나 이는 동시에 새로운 국제 협력 플랫폼을 구축해 글로벌 거버넌스 발언권의 구도를 바꿀 수 있는 기회도 제공한다. 중국은 더욱 적극적으로, 세계 경제가 나아갈 방향을 제시하고, 글로벌 성장 동력을 제공함으로써, 국제 협력의 토대를 구축하겠다는 목표를 달성해야 한다.

물론, 정치적 혹은 정책적으로 세계화 발전을 억제하는 서양 국가들의 일부 행위들은, 트럼프의 정책에 대해 다수가 예상한 것처럼, 더욱 자본 소유자의 이익 쪽으로 기울고 있다. 그러나, 일정 조건 하에서의 무역 협정 재협상은 여전히 다국적 기업의 기득권을 억제하고 일반 노동자와 소비자의 이익을 중시하는 결과를 낳게 할 수 있다. 또한, 중국 국내 소득 격차를 다소 줄이고 중·저소득 가구의 소비력 부족 문제도 어느 정도 개선할 수 있다. 자국의 비교우위에 상응하는 비즈니스 기회를 포착하면 중국과 신흥시장 경제권은 새로운 무역·투자 기회를 얻을 수 있다.

넷째, 중국 경제 안팎의 연동을 촉진하여 대외 개방의 새로운 구조를 열어야 한다. 각국이 공동으로 건설하고 향유하는, 상호 호혜와 이익에 유리한 경제 세계화의 새로운 성장점(혹은 기폭점)을 만들어야 한다. 맥길리브레이는 세계화 역사에 나타난 10년 단위의 네 가지 상징적인 사건을 열거했다. 이는 지구의 뚜렷한 축소를 초래한 상징적 사건이며 세계화의 기폭점이 되었다. 즉, 1490~1500년 이베리아의 세계 분할, 1880~1890년 브리튼의 글로벌 커맨딩 하이츠, 1955~1965년 인공위성 경쟁, 그리고 1995~2005년 글로벌 공급사슬이다. 게다가 그의 예측에 의하면, 다음 차례 기폭점은 마땅히 이른바 '열적 세계화(thermo-globalization)'가 될 것이다. 즉, 글로벌 기후변화에 초점을 맞춰 범세계적인 협력이 광범위하게 전개될 것이다.[37]

2015년 12월 12일, 파리기후변화회의에서 통과되고, 2016년 4월 22일 뉴욕에서 체결된 '파리협정'은 '공통적이되 차별화된 책임 원칙', '공평 원칙' 및 '각자 능력의 원칙'을 구현하였다. 중국은 책임 있는 개발도상국으로써 리더십을 발휘하여 협정의 통과와 체결에 적극적으로 임했다. 2016년 9월 3일, 전국인민대표대회 상무위원회가 베이징에서 '파리협정'을 승인한 당일, 시진핑 중국 국가 주석은 버락 오바마 전 미국 대통령, 반기문 전 유엔 사무총장과 항저우(杭州)에서 공동으로 비준 문서 보관식을 거행했다. 이는 서로 상생하는, 공정하고 합리적인 글로벌 기후 거버넌스 체계가 형성되고 있음을 상징한다. 비록 미국의 새 정부가 이 문제에 있어서 계약을 파기했지만, 중국은 반드시 실행에 옮기고 세계의 다른 나라들

---

37 Alex Macgillivray, *A Brief History of Globalization: The Untold Story of Our Incredible Shrinking Planet*, Little, Brown Book Group, 2006.

신시대 중국 특색 사회주의 정치경제학 구축

과 함께 공동으로 그 책임을 짊어질 것이다.

　중국이 제기한 실크로드 경제벨트와 21세기 해상 실크로드 이니셔티브는 옛 육상 해상 실크로드를 표기로 차용하고, 연선국가와의 경제 협력 파트너십을 발전시키는 것을 목표로 하고 있다. 또한, 정치적 상호 신뢰, 경제적 통합, 문화적 포용의 공동체를 조성하는 데에 목적을 두고 있다. 이는 새로운 글로벌 거버넌스의 틀을 구축하는 데에 착안하여 세계화의 함의를 구현한 것이다. 따라서 실크로드 경제벨트와 21세기 해상 실크로드 이니셔티브가 새로운 시기 세계화의 기폭점이 될 것이라 예측할 수 있다.

　'일대일로' 이니셔티브는 대내외 연동에 착안하여 인프라 건설을 통해 실물경제와 생산능력의 협력을 촉진시키고, 투자와 무역 관계를 발전시킬 것이다. 또한, '기러기 대형' 산업 이전 전략의 중국 국내 버전과 국제 버전을 서로 맞물리게 할 것이다. 글로벌 거버넌스 체계가 아직 근본적으로 바뀌지 않은 상황에서, 이러한 이니셔티브와 이에 맞춰 설립된 아시아 인프라투자은행 등은, 신흥경제권과 기타 개도국의 이익을 도외시한 현행 체계를 보완할 수 있는 방법이 된다. 따라서 참여 당사자들에게 이것이 서양이 주도하는 세계화와 비교해 더 많은 공동 이익을 얻게 해줄 것이라는 신뢰를 주어야 한다. 한편, 서양 대국들에게는 이것이 현행 규칙의 보완이며 도전이 아님을 믿게 해야 한다. 그러려면, 전략적 측면에서 실무적인 부분에 이르기까지 목표가 세부 단계와 명확하고 긴밀하게 맞물리도록 해야 한다. 그 뿐만 아니라, 망가지거나 변형되지 않는 총체적 메커니즘을 설계해야 한다.

　다섯째, 신발전 이념을 실천하고, 경제 세계화에 참여하여 혁신적인 발전을 최대한 촉진해야 한다. 또한, 공유를 통해 전체 중국 인민이 이익을 얻을 수 있도록 해야 한다. 중국이 개혁·개방 기간 동안 세계화의 기회를 충분히 활용해 국력을 획기적으로 끌어올린 동시에, 도시와 농촌 주민의 수익을 현저히 제고시킨 근본적인 원인은 바로 중국의 추격형 경제 성장이 공유 이념을 구현한 데에 있다. 세계 경제가 '새로운 평범'에 진입하고, 심지어 탈세계화 추세가 예상되는 가운데, 중국의 경제 발전도 루이스 전환점을 넘어섰다. 인구보너스가 사라짐에 따라 노동집약형 산업의 비교우위가 현저히 약화되면서, 성장 속도 둔화, 성장 동력 전환, 성장 모델 전환이라는 특징을 갖는 뉴노멀 시대에 진입했다. 이러한 발전 단계에서, 경제성장은 필연적으로 미시적 주체의 혁신과 산업 구조의 업그레이드를 수반하면서, 요소 투입에서 총요소 생산성에 의한 구동을 실현했다.

성숙한 시장 경제 국가에서 기업은 경쟁을 통해 '우승열패'를 달성하고, 전체적으로 총요소 생산성을 제고하는 목표를 달성해야 한다. 중국 역시 현재 발전 단계에서 노동력 자원 재배치와 같은 대규모 효율성 개선의 기회도 줄어들고, 생산성 향상의 원천은 점점 더 '창조적 파괴'에 의존하고 있다. 그러나 미국의 교훈에서 알 수 있듯, 만약 노동력 시장 제도 등 사회보호 매커니즘이 건전하지 않으면, 일반 노동자들은 혁신 속에서 '패자'가 될 것이다. 경제가 발전하고 기업 전체가 경쟁력을 갖췄다고 해서, 그것이 곧 '발전의 공유'라고 할 수는 없다. 따라서, 중국은 사람 중심의 발전 사상에서 출발하여, 경쟁을 강화함과 동시에 노동자가 혁신적 발전의 발판을 마련할 수 있는 사회 정책을 견지해야 한다. 그래야만 전체 인민이 공유하는 전면적인 샤오캉사회를 실현할 수 있다.

제4장

신발전이념

제1절 신발전이념의 함의

〈인민 경제 및 사회 발전 '13.5' 규획 제정에 관한 중공중앙의 건의〉는 총체적이고, 근본적이고, 지향적이고, 장기적인 관점에 입각하여 '13.5' 시기 중국 경제·사회 발전의 새로운 이념을 확립했다. 즉, '혁신, 균형, 녹색, 개방, 공유'의 발전을 실현하는 것이다. 신발전이념은 전심전력으로 인민을 위해 봉사한다는 중국 공산당의 근본 취지일 뿐만 아니라, 시진핑 총서기가 일련의 중요 담화문들을 통해 일관되게 강조하고 있는 인민을 중심으로 하는 발전 사상의 체현이기도 하다. 이는 중국 국내외 발전 경험과 교훈들을 승화시킨 것이고, 발전과 관련된 이론적 탐구에서의 선진적 공감대를 응집한 것이기도 하다. 이것이 바로 시진핑의 신시대 중국 특색 사회주의 경제 사상의 중심 내용이다. 신발전이념은 중국의 발전에 내재된 불균형과 부조화 그리고 지속 불가능한 문제에 대한 대다수 인민의 간절한 기대에 부응하여 제기된 것이다. 이는 또한 '13.5' 시기 '샤오캉사회 건설에서 전면적인 승리를 이룩하겠다'라는 목표의 실현을 위한 결승 단계에 진입하는 행동 지침이다. 공산당 19대 보고서는 더 나아가 새로운 시대에 중국 특색 사회주의를 견지하고 발전시키는 14개 기본 전략 중 하나로서, 신발전이념을 견지할 것을 강조했다. 중국의 모든 문제를 해결하는 기초이자 관건은 발전이며, 발전은 반드시 과학적 발전이어야 함을 주장했다. 또한, '혁신, 균형, 녹색, 개방, 공유'의 발전이념을 반드시 확고하게 관철하고 실천해야 한다고 지적했다.

시진핑 총서기는, '혁신, 균형, 녹색, 개방, 공유' 발전을 견지하는 것은 중국의 총체적인 발전에 관련된 심각한 대변혁'이라고 언급했다. 이러한 변혁이 순조롭게 추진되려면, 우선 신발전이념이 '상호 관통', '상호 촉진'의 내적 연관성을 가진 단일체라는 점을 충분히 인식해야 한다. 또한, 이 다섯 가지 신발전이념을 일관되게 실천해야 하며, 어느 한쪽으로 치우치거나, 어느 하나로 대체될 수 없으며, 균형을 이루어야 한다. 어느 하나라도 소홀히 하거나 잘 관철되지 못한다면, 발전은 영향을 받게 될 것이다. 이러한 변증법적 사유를 활용하여, 신발전이념의 요지를 다음과 같이 살펴보고자 한다.

1. 발전 법칙에 대한 새로운 인식

인류는 발전에 관한 이론과 실천적 탐구에 있어 서로 다른 단계를 거치면서, 발전에 대해 서로 전혀 다른 인식과 이론적 핵심을 형성했다. 주류 발전 이념과 중점적 연구 방향은 특정 발전 단계에서 나타나는 주요 모순

---

1   시진핑, 「공산당 18기 5중전회 제2차 전체회의에서의 연설(在黨的十八屆五中全會第二次全體會議上的講話)」, 구시, 2014년 1호.

에 의해 결정된다. 비교적 초창기 발전 단계에서 발전은 종종 경제 분야에만 국한되었다. 특히 경제 총량의 증가만 강조함으로써, 경제 성장이 보다 넓은 의미에서 발전을 대체하는 이론과 실천적 경향이 나타났다. 이런 경향이 특정 발전 단계에서 형성되면, 발전 목표의 편협성, 발전 모델의 편파성, 발전 결과의 국한성 등의 문제를 초래하게 된다. 따라서 자본 부족, 노동력의 상대적 과잉 및 주민 소득의 보편적인 저하가 나타나는 낮은 발전 단계에서는, 국내총생산(GDP)의 성장을 발전의 견인력으로 삼는 것이 인민 경제 총량 확대, 고용 증대, 주민 소득 증대에 도움이 되기에, 국력 증대와 민생 개선을 위한 필수 조건임에 틀림 없다.

　　그러나 발전 추이가 끊임없이 변화함에 따라, 발전 조건과 발전 환경도 변화할 수밖에 없다. 이로 인해 기존의 발전 이념과 그 지침 하의 실천 속에서 장기간에 걸쳐 존재해 온 문제들이 나날이 누적되고 부각되었다. 물론, 일부는 효율적인 이념과 실천이었을지라도 시간이 지남에 따라 점차 그 효력을 상실했다. 따라서, 발전 이념은 고정불변일 수 없고, 환경과 발전의 여건에 따라 변화해야 한다. 이를 통해 '발전의 목적은 무엇인가?', '발전이 부담할 수 없거나 부담해서는 안 되는 대가는 무엇인가?', '어떠한 방식, 실천 경로 및 수단으로 실현해야 하는가?', '발전의 착안점을 어디에 두어야 하는가?', '발전의 성과는 어떻게 평가해야 하는가?' '발전의 성과는 어떻게 공유할 것인가?' 등의 질문에 답할 수 있어야 한다.

　　"성장 속도의 변속, 구조 조정의 가속화, 성장 동력의 전환을 특징으로 하는 뉴노멀 시대에 진입했다"는 것은 중국 경제 발전 단계의 가장 특징적인 변화이고 가장 정확한 요약이다. 경제 발전이 뉴노멀 시대에 진입한 이러한 시기에 중국은 주기성의 충격을 받게 되었다. 즉, 글로벌 무역 증가폭이 전례 없는 둔화를 보임으로써, 정책 대응 면에서 복잡성과 난이도가 높아진 것이다.

그러나 주기성 요소는 오히려 뉴노멀 시대의 본질적인 특징이 아니다. 단순히 외부 요인이나 주기성 요인을 강조한다면, 경제 하방 압력을 초래한 주도적이고 구조적인 요인을 밝혀낼 수 없다. 그렇게 되면, 정책은 경제를 자극하는 수단을 사용하는 쪽으로 치우치게 되고, 정부는 권한을 벗어나 자원 배치 역할을 대행하거나, 보조금으로 기업 투자를 유도하는 역할을 하게 된다. 이런 경기 부양책에 의해 이룩한 성장세는 기업의 경쟁력 향상 및 재정 능력 증대를 통한 공공재 공급 확대를 수반하지 않는다. 따라서 효율적인 공급 증대와 민생 개선이라는 목적 역시 달성하지 못하게 된다. 심지어 경제 구조를 조정하고 경제 발전 패러다임을 전환할 수 있는 기회를 놓치게 될 수도 있다. 따라서 경제 추세에 대한 모든 판단은 뉴노멀 시대의 특징에서 출발해야 한다. 뉴노멀이라는 배경 하에 신발전이념의 탄생 배경을 이해해야 하며, 새로운 이념을 시종일관 발전시키는 과정에서 긴박성과 필요성을 충분히 인식해야 한다.

2. 발전 목표와 발전 경로의 통일

'혁신, 균형, 녹색, 개방, 공유'의 발전 이념은 공산당 18대 이래 공산당 국정운영의 새로운 이념, 새로운 사상, 새로운 전략을 충분히 반영한 것이다. 또한, 발전의 목적, 방식, 경로, 착안점, 평가, 공유 등에 관한 문제들에 대해서도 전면적으로 답을 제시했다. 이는 구체적으로 '목표지향성과 문제지향성의 통일'을 구현했다.

'혁신발전'은 뉴노멀 시대에 직면하여 경제 성장의 새로운 동력을 육성하는 데 주안점을 두고 있다. 개혁·개방 40년의 기간 동안, 중국 경제는 평균 9.8%의 고속 성장을 이룩했다. 이는 주로 저렴한 노동력·토지의 원가 우위 및 기술 후발 우위에서 나타난 공급측 요인과 주민 소득 증대, 기초 인프라 건설, 대외 개방에 따른 막대한 수요측 요인에 의해 이룩한 성과였다. 2010년 중국이 세계 2위의 경제권으로 부상하면서, 1인당 GDP는 중상위 소득 국가 행렬에 진입했다. 15~59세 노동 연령 인구 수는 피크에 달했고, 인구 부양 비중은 하락에서 상승으로 전환하는 변곡점에 도달했다. 이는 경제 발전 단계에 근본적으로 변화가 발생했고, 고속 성장을 지탱하는 전통적 동력이 그만큼 쇠퇴하고 있다는 것을 보여주고 있다.

국제적인 경험과 교훈에 따르면, 많은 나라들이 중국과 유사한 발전 단계에서 전통적인 성장의 원천을 점차 상실하고, 필요한 혁신 능력을 배양해내지 못했다. 이에 따라, 지속적인 경제 성장 동력을 잃어버리면서 중진국 함정에 빠지게 되었다. 그리고 이러한 중국 경제 발전이 직면한 문제와 도전에서 알 수 있듯이, 창의력 부족은 여전히 선진국과 격차를 보이는 부분이다. 따라서, 혁신이 성장을 이끄는 제1동력이 되고, 장기적으로 지속 가능한 경제 성장의 동력이 형성되어야만 중·고속 성장을 유지할 수 있다. 그래야만, 2020년에 '샤오캉사회의 전면적인 건설'이라는 목표를 실현하고, 더 나아가 중등 소득 단계를 넘어설 수 있다. 혁신 구동이라는 특징에 따르면, 총요소 생산성의 생산률 제고 및 생산 증가세에 대한 공헌도가 바로 혁신의 성과를 평가하는 비교적 종합적인 지표이다.

'균형발전'은 건강한 발전에 착안점을 두고 있다. 중국은 발전 과정에서 불균형, 부조화, 지속 불가능한 문제들이 장기적으로 존재하고 있다. 이는 이미 뉴노멀 시대에 중·고속 성장 및 나눔과 포용 정신의 구현에 장애가 되고 있다. 국제적 경험과 중국의 현실이 증명하듯이, 중상위 소득에서 고소득으로 넘어가는 단계에는 각종 사회적 모순과 사회적 리스크가 존재한다. 그러한 리스크들은 지역간, 도시와 농촌, 경제와 사회, 물질 문명과 정신 문명, 경제 건설과 국방 건설 등의 부조화로 인해 발생하고 심화된다. 일부 국가들은 이로 인해 중진국 함정에 빠졌다. 따라서, '4개 전면(四個全面)'[2]을 견지하고 균형적인 발전을 촉진하는 것은 지속적이고 건강한 발전을 이루기 위한 내재적인 요구이다.

'녹색발전'은 영속적인 발전에 착안하여, '아름다운 생활'에 대한 인민의 추구에 부응하고 있다. 어떤 전통적인 관점에 의하면, 경제 성장과 환경 오염의 관계는 마치 거꾸로 뒤집어진 'U'자형 곡선과 유사하다. 따라서 '선 오염, 후 관리'는 일종의 대안 또는 불가피한 방식이라고 한다. 오랫동안 주로 물질 투입에 의존해 온 중국의 경제 성장은 이러한 인식의 편차와 맞물려, 자원 환경과 생태계에 대한 빚을 지게 되었다. 그러나 '녹색발전'은 '녹수청산이 곧 금산은산'이라는 이념으로, 이는 인민의 아름다운 환경과 우월한 생태에 대한 인민의 추구를 발전 목표로 나타내고 있다. 한편으로, 자원 고갈 및 환경·생태 파괴는 한 번 발생하면 복구가 불가능하거나 엄청난 대가를 치러야 한다. 특히, 환경 악화는 인류의 생활 환경과 신체 건강에 커다란 손해를 입히며, 그 대가 역시 막대하다. 전면적으로 '샤오캉

---

2   옮긴이 주: 4개 전면이란 '전면적인 샤오캉사회 건설', '전면적 개혁심화', '전면적 의법치국(依法治國)', '전면적 종엄치당(從嚴治黨: 당 기강 강화)'을 말한다. 시진핑이 2014년 12월 장쑤(江蘇)성 시찰 때 처음 제기한 사상이다.

                              신시대 중국 특색 사회주의 정치경제학 구축

사회'를 건설하여 인민이 발전으로부터 행복감을 느낄 수 있도록 하기 위해서는, 자원 환경과 생태 환경의 파괴를 대가로 치루면 안 된다.

'개방발전'은 국제 및 국내라는 두 개 시장과 두 개 자원을 잘 활용하여 국내외의 발전의 연동을 실현하는 것에 착안점을 두고 있다. 중국 기존의 경제 발전은 경제 세계화와 자유 무역의 수혜를 받았다. 그런데, 중국 경제가 세계 경제와 깊이 융합됨에 따라 전 세계적으로 경제 세계화에 대응하는 역전 현상이 나타나고 있다. 심지어 일부 국가는 국제 금융과 대외 무역 실무·규칙 등의 측면에서 중국을 견제하고 있다. 이러한 여건 하에, 중국은 글로벌 시장을 더욱 효율적으로 활용하고, 전 세계적 범위 내에서 생산 능력을 배치하고, 글로벌 경제·무역 마찰에 대응하는 능력을 키워야 한다. 또한, 더 높은 차원의 개방형 경제로 발전하기 위해 노력해야 하고, 글로벌 경제·무역 등 측면에서의 제도적인 발언권을 높여야 한다. 그 밖에, 글로벌 경제 거버넌스에 참여하고, 글로벌 공공재를 제공하며, 광범위한 이익 공동체 구성을 통해 더욱 적극적이고 주동적으로 경제 세계화를 이용하고, 확대하고, 선도해야 한다.

'공유발전'은 사회 공정과 정의 문제의 해결에 착안점을 두고 있다. 이는 중국 특색 사회주의의 본질적 요구와 발전 목표를 구현한 것이다. 중국이 발전 과정에서 갖고 있는 불균형 문제는 도시와 농촌, 지역과 계층 간의 소득 격차와 기본적인 공공 서비스 제공의 불균형 등에서 나타난다. '샤오캉사회의 전면적인 건설'은 반드시 모든 인민이 함께 '공유'하는 것을 근본적인 목표로 삼아야 한다. 5년의 결승 단계에서는 케이크를 잘 분배하는 것이 케이크를 만드는 것 못지않게 중요하고 어려운 일이 될 것이다. 인민 중심의 발전 사상은 최종적으로 공유발전 이념 및 조치에 지향점을 두어야 한다. 이는 보혜성(普惠性), 기본 보장(保基本)과 균등화(均等化) 및 지속 가능한 발전 방향을 견지하는 모습으로 구현될 것이다. 또한, 중국 인민이 가장 관심을 갖고 있는 가장 직접적이고, 가장 현실적인 이익 문제의 해결에 착수하여, 더욱 충분하고, 더욱 균등한 공공 서비스를 제공해야 한다.

3. 새로운 시대의 '두 단계' 전략

개혁 개방 이후, 공산당은 중국의 사회주의 현대화 건설에 대해 전략적 배치를 했고, 공산당 13대는 '3단계' 전략적 목표를 공식적으로 제기했다. 1단계 목표는 1981~1990년에 GDP를 1980년 대비 2배로 증가시키고, 인민들의 온바오(溫飽) 문제를 해결하는 것이었다. 2단계 목표는1991~2000년에 GDP를 또 다시 2배로 증가시키며, 인민 생활을 샤오캉(小康)의 수준에 도달시키는 것이었다. 3단계 목표는 2001~2050년에 1인당 GDP를 중진국 수준에 도달시키고, 인민생활을 비교적 부유하게 만들며, 기본적인 현대화를 실현하는 것이다.

중국은 인민의 온바오 문제를 해결한다는 1단계 목표와 인민의 생활을 총체적으로 샤오캉 수준으로 끌어올린다는 2단계 목표를 이미 조기에 달성했다. 한편, 3단계 목표는 기존에 확정한 '현대화 건설'이라는 전략적 배치를 기초로 한다. 공산당 16대는 3단계의 첫 20년인 2001~2020년에 "더 높은 수준의 샤오캉사회를 건설하겠다"는 목표를 제시했다. 또한, 그 기간은 '3단계 전략 목표'가 반드시 거쳐야 하는 전후 단계를 이어주는 발전 단계가 되어야 한다고 밝혔다.

신시대 중국 특색 사회주의 정치경제학 구축

이러한 기초 위에서 공산당 18대는 '두 개 100년'이라는 목표를 제시했다. 즉, 공산당 건립 100주년이 될 때 '더욱 발전된 경제, 더욱 건전한 민주, 더욱 진보한 과학과 교육, 더욱 번영한 문화, 더욱 조화로운 사회, 더욱 부유한 인민의 생활'이 실현된 더욱 부유한 샤오캉사회를 건설하는 것이다. 그리고 신중국 성립 100주년에 이르러서는 기본적인 현대화를 실현하고, 중국을 사회주의 현대화 국가로 건설하는 것이다.

중국 특색 사회주의가 새로운 시대에 들어선 배경 하에, 시진핑 총서기는 공산당 19대 보고문을 통해 2020년까지를 샤오캉사회의 전면적인 건설의 '결승 단계'라고 밝혔다. 그는 "공산당 16대, 17대, 18대에서 제기한 샤오캉사회의 전면적인 건설에 관한 요구에 따라, 중국 사회 주요 모순의 변화에 입각하고 이를 중점에 두어야 함"을 주장했다. 또한, "경제 건설, 정치 건설, 문화 건설, 사회 건설, 생태 문명 건설을 총체적으로 기획하고 추진해야 한다. 과학기술과 교육에 의한 국가 부흥 전략, 인재에 의한 강국 전략, 혁신발전의 구동 전략, 농촌 진흥 전략, 지역 균형 발전 전략, 지속 가능한 발전 전략, 군(軍)과 민(民)의 융합 발전 전략을 추진하는 것을 견지해야 한다. 그 밖에, 중점을 장악하고, 단점을 보완하고 취약한 부분을 강화해야 한다. 특히, '심각한 리스크의 해결, 효과적인 빈곤 탈출, 오염 방지'에 관한 힘겨운 싸움을 위해 철저히 대책을 세워야 한다. 이로부터 인민에게 인정받고, 역사의 검증을 견딜수 있는 샤오캉사회의 전면적인 건설을 실현해야 한다"고 강조했다.

2020년이 되면, 중국은 전면적으로 샤오캉 사회를 건설할 것이다. 그때가 되면, 중국 경제·사회의 발전 수준은 한층 높아지고, 종합 국력도 한층 강해질 것이다. 또한 선진국과의 1인당 소득 격차도 한층 좁혀질 것이며, 현행 표준 하의 빈곤 인구는 모두 빈곤 상황에서 벗어나게 될 것이다. 그러나, 샤오캉사회의 전면적인 건설은 중국 현대화의 새로운 출발점에 불과하며, 반드시 그것을 토대로 현대화 건설이라는 새로운 길을 개척해야 한다. 이러한 배경 하에, 공산당 19대는 중국 현대화 진전에 대해 다음과 같은 새로운 전략을 세웠다.

공산당 19대부터 20대까지는 '두 개 100년'이라는 목표가 역사적으로 교차하는 시기이다. 중국은 샤오캉사회를 전면적으로 건설하여, 첫 번째 100년의 목표를 달성해야 할 뿐만 아니라, 그 여세를 몰아 전면적인 사회주의 현대화 국가 건설의 새로운 길을 개척하고, 두 번째 100년의 목표를 향해 나아가야 한다. 중국은 국제 및 국내 정세와 발전 조건 등을 종합적으로 분석해, 2020년부터 2050년까지를 다음 두 단계로 나누었다.

첫 단계는 2020년부터 2035년까지이다. 전면적으로 샤오캉사회를 건설한 기초 위에 15년을 더 노력하여 사회주의 현대화를 기본적으로 실현하는 것이다. 그 때가 되면 중국의 경제 능력, 과학 기술 역량은 크게 향상될 것이고, 혁신형 국가 대열의 상위권에 오를 것이다. 또한, 인민의 평등한 참여, 평등한 발전의 권리 역시 충분히 보장될 것이다. 동시에, 법치국가, 법치정부, 법치사회를 기본적으로 건설할 것이다. 각 영역의 제도는 더욱 완비될 것이며, 국가 거버넌스 체계와 거버넌스 능력의 현대화를 기본적으로 실현할 것이다. 사회 문명도 새로운 수준에 도달할 것이다. 중국의 문화 소프트 파워는 증대되고, 중화(中華) 문화는 더욱 광범위하게, 더욱 깊게 영향을 미칠 것이다. 그 밖에, 인민 생활은 더욱 넉넉해지고, 중간 소득층의 비율도 현저히 높아질 것이다. 도시와 농촌 지역의 발전 격차와 주민의 생활 수준 격차는 현저하게 줄어들고, 공공 서비스의 균등화가 기본적으로 실현될 것이다. 이는 전체 인민이 '공동부유'라는 목표를 향해 발걸음을 내딛게 할 것이다. 현대사회의 지배 구조가 기본적으로 형성될 것이며, 사회는 활기차고 조화로우며 질서정연해질 것이다. 생태 환경은 근본적으로 호전되고, '아름다운 중국'이라는 목표도 기본적으로 실현될 것이다.

두 번째 단계는 2035년부터 2050년까지이다. 현대화를 기본적으로 실현한 토대 위에서 15년을 더 노력하여 중국을 부강하고, 민주적이고, 문명적이며, 조화롭고, 아름다운 사회주의 현대화 강국으로 만드는 단계이다. 그 때가 되면 중국은 물질 문명, 정치 문명, 정신 문명, 사회 문명, 생태 문명이 전면적으로 향상될 것이다. 현대화된 국가 거버넌스 체계 및 거버넌스 능력, 종합 국력과 국제적 영향력에 있어 세계의 선두 주자가 될 것이다. 또한, 전체 인민의 '공동부유'라는 목표를 기본적으로 실현하게 될 것이다. 중국 인민은 더욱 행복하고 편안한 생활을 누리게 될 것이며, 중화민족은 더욱 강한 자신감을 가지며 세계인의 주목을 받을 것이다.

중국 발전의 새로운 시대를 두 단계로 나눈 전략적인 계획은 경제·정치·문화·사회·생태 등 분야를 포괄하고 있다. 이는 신발전이념의 본질적 요구를 구현한 것이고, 또한 인류 사회의 발전과 진보라는 기본 흐름을 반영한 것이며, '아름다운 생활'에 대한 인민들의 새로운 지향에 부응한 것이다. 이는 시진핑을 중심으로 하는 공산당 중앙정부의 시대적 여건 변화에 따른 전략적 선택이다. 두 단계의 전략적 계획은 현대화 건설과 중화민족의 위대한 부흥이라는 역사적 진척 속에서 끊임없이 새로운 성취를 이룩하도록 인도할 것이다.

제2절 혁신발전

'혁신'은 발전의 동력 문제를 해결하는 데에 중점을 두고 있다. 국제적인 발전 경쟁이 갈수록 치열해지고 중국의 발전 동력이 전환을 이루는 상황 하에서, 발전의 기점을 혁신에 두어야 한다. 그래야만 혁신을 촉진하는 새로운 체제구조를 형성할 수 있고, 혁신 구동에 더욱 의존하며, 선발(先發) 우위를 더욱 잘 발휘하는 선도형 발전을 이룰 수 있다. '혁신발전'을 견지해야 함은 근대 이래의 세계 발전 과정, 특히 중국 개혁·개방의 성공적인 실천 경험을 총결산하여 얻어낸 결론으로부터 나온 것이다. 이는 또한, 발전 환경 변화에 대응하고, 발전 동력을 증강하며, 발전의 주동권을 장악하고, 뉴노멀 시대를 더욱 잘 이끌어 갈 수 있는 근본적인 정책이다. 이것이 바로 '혁신발전'이 다섯 개의 신발전이념 중에서 가장 우선시되는 이유이기도 하다.

시진핑 총서기는 '혁신'을 장악하면 경제·사회 발전 전반을 이끄는 '고삐'를 움켜쥔 것과 마찬가지라고 지적했다. 그는 "반드시 '혁신발전' 이념을 국가 발전의 전반적인 사업에서 핵심적 위치에 두어야 하고, 이론 창조, 제도 창조, 과학 기술 혁신, 문화 창조 등 각 영역의 혁신을 끊임없이 추진해야 한다. 당과 국가의 모든 업무에 '혁신'의 이념이 관철되도록 해야 하며, 혁신이 전 사회적 기풍으로 자리잡도록 해야 한다"[3]고 주장했다.

---

3   중공중앙 선전부, 『시진핑 총서기 시리즈 중요 연설문 독본(習近平總書記系列重要講話讀本) 2016년판』, 학습출판사·인민출판사, 2016년판, 131-133면.

신시대 중국 특색 사회주의 정치경제학 구축

1. 혁신발전의 함의

혁신은 역사가 유구하고, 지극히 중요한 경제·사회 현상이다. '대상무형(大象無形)'[4]과 같이 혁신은 경제 발전, 시장 운영, 사회 생활 전반에 대하여 근본적인 영향을 미친다. 또한 생산성과 삶의 질, 국가 경쟁력 향상을 위한 기본 조건이다. 오늘날 우리는 제지술과 인쇄술이 없고, 비행기와 자동차가 없으며, 전화와 인터넷이 없는 세상이 어떤 모습일지 상상할 수 없다. 그래서 혁신은 자주 언급되는 기초적인 개념이 되었고, '기업 혁신', '산업 혁신', '과학 기술 혁신', '제도적 혁신', '이론적 혁신' 등 용어도 일상적인 생산 생활에서 흔히 볼 수 있는 사용 빈도 높은 어휘가 되었다. 혁신은 역사적 진보의 동력이자 시대 발전의 관건이다. 시진핑 총서기의 연설에 따르면, 혁신발전 이념의 함의는 기물(器物) 차원에만 머무르는 것이 아니다. 이는 이론, 제도, 과학 기술, 문화를 아우르는 체계적인 발전 방침과 전략이다.

'이론적 혁신'은 선도적이다. 사상과 이론의 혁신은 사회 발전과 변혁을 선도하고, 다양한 혁신 활동의 사상적 영혼이자 방법의 원천이 된다. 개혁·개방의 시작은 '실천이 진리를 검증하는 유일한 기준'이라는 논리에 관한 토론으로부터 비롯되었다. 새로운 발전 단계에서 부딪히게 되는 여러 가지 어려움과 문제들에 대해, 중국은 더욱 큰 용기, 깊은 통찰력, 뛰어난 이성으로 사물 발전의 본질, 법칙, 추세 등을 정확하게 분석하고 판단해

4 　옮긴이 주: 노자(老子) 『도덕경(道德經)』 41장 '문도(聞道)'에서 '도(道)'에 대해 설명하는 내용 중 한 문구를 인용한 것으로, "큰 형상은 형체가 없다"는 뜻이다.

야 한다. 즉, 혁신적인 이론으로 혁신적인 실천의 길을 개척해야 한다.

'제도적 혁신'은 보장적이다. 제도적 혁신은 지속적인 혁신을 보장하고, 각종 혁신 주체의 활력을 북돋아 준다. 따라서 제도적 혁신은 경제·사회의 발전을 이끄는 관건이며, 그 핵심은 국가 거버넌스 체계와 거버넌스 능력의 현대화를 추진하고, 혁신 발전에 유리한 체제 메커니즘을 형성하는 것이다. 과학 기술의 혁신과 제도적 혁신이라는 '이중 구동'을 견지하려면, 실천의 주체, 제도적 배치, 정책적 보장, 환경 조성 면에서 노력을 기울여야 한다. 혁신적 주체, 혁신적 기반, 혁신적 자원, 혁신적 환경 등에 힘을 지속적으로 힘을 실어서, 국가 혁신 시스템 전체의 효율을 제고해야 한다.[5]

'과학 기술의 혁신'은 기초적이다. 40년 간의 중국 개혁·개방은 엄청난 규모의 혁신적 행동이었다. 이러한 '혁신발전'의 거대한 잠재력은 여전히 체제 개혁에 내재되어 있다. '과학 기술의 혁신'은 전면적인 혁신 중 가장 중요하다. 뉴노멀 시대에 직면하여, 중국은 조방적인 발전 패러다임, 산업의 저차원성, 자원과 환경적 제약이라는 시급한 문제들을 근본적으로 해결해야 한다. 이를 위해서, 발전 속도와 질, 발전 규모와 구조를 통일적으로 계획해야 한다. 관건은 과학 기술의 혁신을 통해 발전 동력을 전환하는 것이다. 이를 통해, 새로운 제품과 새로운 유망 사업을 육성하고, 낙후된 생산력을 제거함으로써, 글로벌 가치 사슬에서 중국 제품과 서비스업이 차지하는 위치를 업그레이드할 수 있다. '중국 제조'에서 '중국 혁신'으로 나아가기 위해서는 '과학 기술의 혁신'이 뒷받침되어야 한다.

---

5   시진핑, 「중국과학원 제19차 원사대회 및 중국공학원 제14차 원사대회에서의 연설(在中國科學院第十九次院士大會, 中國工程院第十四次院士大會上的講話)」, 『인민일보』, 2018년 5월 29일, 2면.

신시대 중국 특색 사회주의 정치경제학 구축

'문화의 혁신'은 근본적이다. '문화의 혁신'은 본질적으로 '소프트 파워' 혁신이다. 이는 민족이 생명력과 응집력을 영원히 가질 수 있는 기초를 양성해주고, 다양한 혁신적 활동에 끊임없는 정신적 동력을 제공해준다. 중국 사회에는 '문화적 혁신'의 DNA가 결핍된 적이 없었다. '일신지위성덕(日新之謂盛德)'[6], '구일신(苟日新), 일일신(日日新), 우일신(又日新)'[7]라는 말이 있다. 이는 중국의 고전 『주역(周易)』과 『예기(禮記)·대학(大學)』의 핵심 요지이며, 또한 수천 년 동안 맥을 이어온 중국 문화의 영혼(精魂)이다. 중국 전통 문화에 내재되어 있는 새로운 것을 추구하고 변화를 모색하는 자질을, 새로운 시대의 대변혁, 대전환과 유기적으로 결합시켜, 역사적인 우수한 자질을 시대의 빛으로 바꾸어 놓는 것이 오늘날 중국의 '문화의 혁신'이 담당하고 있는 기능이다.

기술, 제도 등 요인은 사실상 한 나라의 주류 문화인 가치관, 태도, 신앙 등과 매우 밀접하게 관련되어 있다. 일부 학자들은 개성, 상상력, 이해력, 자아실현을 보호하고 자극하는 문화는 한 나라의 자주적인 혁신을 촉진하는 데에 유리하다는 것을 발견했다.[8] 자주적인 혁신 능력의 향상에 도움이 되는 주류 문화를 육성하기 위해, 각급 정부는 여론과 정책 방향에 있어서 총체적으로 '창조흥국(创造兴国)'이라는 분위기를 조성해야 한다. 이를

---

6   옮긴이 주: 전국시대 『이전(易傳)·계사상(系辭上)』에 나오는 구절로, "날마다 새로워지는 것이(日新) 성대한 덕(盛德)"이라는 뜻이다.

7   옮긴이 주: 상(商)나라 초대왕 성탕(成湯)의 『반명(盤銘)』에 나오는 구절로, "만약 하루가 새로울 수 있다면, 매일 새로울 수 있도록 해야 하고, 새로워진 후에 또 더욱 새로워져야 한다"라는 뜻이다.

8   [미국] 에드먼드 펠프스, 『대번영의 조건-대중의 '혁신'이 번영의 원천(大繁榮 : 大眾創新如何帶來國家繁榮)』, 중신출판사, 2013년판.

통해, 개성적인 삶을 추구하며 탐구, 도전, 자아 표현의 정신을 독려해야한다. 또한, 경제 정책의 수립에 있어 포용성을 더욱 드러내고, 혁신의 부정적인 영향에 제도적 제약을 함으로써, 많은 인민들이 혁신을 보다 쉽게수용하도록 해야 한다. 동시에, 기업이 더욱 마음 놓고 혁신 분야에 자원을투입할 수 있도록, 지식재산권 보호를 강화해야 한다.

'이론, 제도, 과학 기술, 문화'의 4대 '혁신'은 타 영역에서의 혁신과더불어 '혁신발전'이라는 이념의 함의를 함께 구성했다.

2. 세계의 공동 주제

2016년 중국 항저우(杭州)에서 '혁신, 활력, 연동, 포용'의 세계 혁신형경제 건설을 핵심 의제로 한 G20(주요 20개국) 정상회의가 개최됐다. 만장일치로 채택된 '주요 20개국 혁신 성장 청사진'은 회의의 중요한 성과 중 하나였다. 이는 '혁신발전'이 오늘날 세계의 공통 주제임을 보여준다. 시진핑총서기는 정상회의 개막식 연설에서, 최근 과학기술 진보에 따른 성장 동력이 점차 쇠퇴했으며, 새로운 과학기술과 산업혁명은 아직 모멘텀을 형성하지 못했음을 지적했다. 게다가 주요 경제국들이 고령화사회에 잇따라 진입하면서 인구 증가율이 낮아져 각국 경제·사회 발전에 큰 부담을 주고 있다. 따라서 각국은 금융위기 이후 글로벌 경기 침체라는 늪에서 벗어나기위해 '혁신발전'을 해야 한다. 위기 이후 주요 경제권들이 보인 경제 성과의 차이는 근본적으로 각국의 '혁신발전'의 질적 차이에서 비롯된 것이다.

먼저 신흥경제권들에 대해서 말해보자. 러시아, 브라질, 사우디아라

비아 등 국가는 장기적인 원료공업 위주의 경제 구조를 유지하고 있다. 또한 기초산업 육성 부진의 영향으로 장비 제조업 등 국가 민생 중점산업이 더디게 성장하고 있다. 새로운 글로벌 정보화 물결과 산업혁명이 도래했을 때, 공업과 정보화의 융합 발전, 융합을 촉진하는 기술, 장비, 인재, 연구 개발 시스템의 부족으로 인해, 신흥산업의 '혁신발전'이 전반적으로 정체되었다.

이에 따라 세계 주요 원자재 경제 황금주기가 끝난 후, 전 세계 석유 천연가스, 철광석 등 원자재의 생산 과잉과 수요 증가의 저하 등의 영향으로 인해, 심각한 경기 실속(失速)을 보이며 쇠퇴 주기에 빠지게 되었다. 2014년과 2015년에 브라질과 러시아는 성장률은 각각 0.6%, 0.5%와 -3.7%, -3.8%에 그쳤고, 사우디의 성장률도 5%에서 2%로 떨어졌다. 이를 통해, 혁신 없이 자원 우위에 의존하는 성장은 지속 불가능함을 알 수 있다. 심지어 경제학 가설 중 하나인 '자원의 저주(resource curse)'[9]까지 어느 정도 입증하고 있다.

인도는 점차 추월 추세를 보이고 있으며, 경제 성장 속도도 주목을 받고 있다. 총체적으로 보면, 인도의 성장 우위는 유리한 인구 구조에 있다. 인도의 인구부양 비중이 점차 감소하기 시작한 해는 아시아의 다른 나라들과 대체로 비슷하지만, 하락 속도가 상대적으로 완만하며, 아마도 2040년경에는 하락세에서 상승세로 돌아설 것으로 예상된다. 인도는 장기

---

9   옮긴이 주: 브라질·러시아·인도·중국 등 브릭스(BRICs) 국가들처럼 자연자원이 풍부한 나라의 경우 전반적으로 1인당 인민소득이 낮다. 이처럼 자원이 풍부할수록 경제 성장이 둔해지는 현상을 '자원의 저주'라고 한다. 반대로 풍부한 자원을 효율적으로 이용해 경제 성장이 빨라지는 현상은 '자원의 축복(resource blessing)'이라고 한다.

간 인구보너스기에 처할 것이다. 이는 중국의 인구보너스기보다 약 25년 더 길다. 따라서 중국의 인구보너스가 사라지고 노동집약형 산업의 비교 우위가 사라지고 있는 가운데, 인도는 중국의 뒤를 이어 잠재적인 비교우위를 가지는 나라가 될 것이다. 그러나 인도의 성장세가 지속될 수 있을지 여부는 결국 그 인적 자본의 단점을 빠르게 보완하고 혁신에 박차를 가할 수 있는가에 달려 있다.

2010년 이후, 중국은 21세기 글로벌 전략적 신흥산업을 중점적으로 육성하고, 혁신적인 경제 방향을 따라 안정적으로 발전하고 있다. 뿐만 아니라 경제 성장률도 세계에서 월등히 앞서고 있다. 특히, 인터넷 경제, 전략적 신흥산업 등 새로운 경제 산업이 15~20%의 고속 성장을 이룩하고 있다는 점과 중국이 처음으로 세계 혁신 경제권 상위 25위권에 진입한 것은 중국의 혁신 구동 발전 전략의 효과를 입증해주고 있다.

다음으로 선진경제권들의 경우를 살펴보자. 경기 회복이 비교적 빠른 미국과 독일은 모두 경제 혁신 발전의 혜택을 받았다. 독일은 2014년과 2015년에 각각 1.4%, 1.7%의 경제성장률을 기록하며, 유로존 전체를 앞서는 명실상부한 EU 경제의 견인차 역할을 하고 있다. 이는 독일이 수년간 경제, 특히 공업 경제의 패러다임 전환에 주력해 왔기 때문이다. 독일 정부는 이미 2010년 '사상·혁신·성장-독일 2020 하이테크 전략' 보고서를 발표하며 '공업 4.0' 발전 전략을 제시했다. 이는 정보기술(IT)과 물리적 세계의 혁신적 통합을 통해 4차 산업혁명을 실현하고, 독일 공업의 세계적 위상을 떨치고자 함이다.

반면, 일본과 프랑스의 경제는 기존 국내의 재정·세무, 사회 제도, 정책의 제약을 받아 글로벌 혁신 제품과 기술의 발전이 미국, 독일, 한국 등

신시대 중국 특색 사회주의 정치경제학 구축

경제 선진권들에 비해 뒤처져 있다. 이들은 거의 제로에 가까운 경제 회복세를 보이며 경제 쇠퇴의 일보직전까지 왔다. 영국 경제는 일찍부터 금융, 상업, 교육서비스업을 위주로 하는 3차 산업으로 전환했다. 글로벌 금융업 중심이라는 위상을 유지하기 위해 영국은 기존의 금융 구도를 탈피했고, 금융 기관과 각종 금융 제품을 적극적으로 '혁신'했다. 또한 중국, 러시아 등 신흥국의 금융 업무 범위를 대대적으로 넓힘으로써, 기존의 국제적인 위상을 확고히 하고 있다.[10]

3. 제1의 발전 동력

시진핑 총서기는 혁신을 발전 이념의 최우선 순위에 두는 것은 혁신이 성장을 이끄는 제1의 동력이기 때문이라는 점을 강조했다. 일부 경제학자들이 제시한 이론적 틀은 시진핑 총서기의 연설에 담긴 뜻을 이해하는 데 도움이 될 것이다. 예를 들어 마이클 포터는 "국가 경쟁력의 유일한 의미는 국가 생산력이다. 경쟁력은 한 나라(또는 산업, 기업)가 세계시장에서 경쟁 상대보다 더 많은 부를 균형 있게 생산할 수 있는 능력을 말한다. 국가 경제의 업그레이드는 생산력의 지속적인 성장을 필요로 한다"고 지적했다. 글로벌 분업 체계에서 한 나라의 순위는 과학기술력의 강약과 이에 상응하는 생산력 수준의 높낮이에 크게 좌우된다는 것이다. 생산력이

---

10   리펑, 「혁신발전은 세계 경제의 공통 주제다(創新發展是世界經濟的共同主題)」, 『학습시보』, 2016년 9월 8일, A2면.

나 생산성의 중요성은 아무리 강조해도 지나치지 않다. 1980년대에 대두된 새로운 성장 이론은 바로 생산성이나 혁신을 경제 성장의 근본적인 원천으로 삼았다. 2016년 중앙경제업무회의는 노동생산성 향상, 총요소 생산성 향상, 잠재성장률 향상 등 '3대 향상'을 강조하며, 중국 경제의 장기적이고 안정적인 발전에 중점을 두었다. 3자 간의 관계에서, 총요소 생산성은 노동 생산성 향상의 지속 가능한 원천이 되고, 비교적 높은 경제 발전 단계에서 총요소 생산성은 잠재성장률 향상의 거의 유일한 원천이기도 하다. 경제학 문헌에서 찾아볼 수 있는 증거들에 따르면, 총요소 생산성은 국가 간 존재하는 1인당 소득 격차, 구 소련의 경제 붕괴, 일본의 '잃어버린 30년' 및 많은 고속 성장 국가들의 성장 둔화 현상들을 해석할 수 있다.[11] 노벨 경제학상 수상자인 폴 크루그먼도 장기적인 생산성 제고가 경제 성장 동력의 전부는 아니지만 거의 전부라고 지적한 바 있다.

시진핑 총서기는 중국과 선진국의 과학기술 경제력 격차는 주로 혁신에서 비롯된다고 지적했다.[12] 중국은 경제 규모가 크고 경제 총량이 세계 2위로 올라섰지만, 몸집만 컸지 강하지 않으며, 비대하지만 허약하다는

---

11 이러한 류의 연구 중 가장 대표적인 중요 문헌으로, [미국] 스테판 파렌트(Stephen L Parente)와 에드워드 프레스콧(Edward C Prescott)의 『부로 통하는 장벽(Barriers to Riches)』 [중국인민대학출판사(中國人民大學出版社) 2010년판]이 있다. (Paul Krugman, "The Myth of Asia's Miracle", *Foreign Affairs*, November/December, 1994; Fumio Hayashi and Edward C. Prescott, "The 1990s in Japan: A Lost Decade", *Review of Economic Dynamics*, Vol.5, No.1, 2002; Barry Eichengreen, Donghyun Park and Kwanho Shin, "When Fast Growing Economies Slow Down: International Evidence and Implications for China", *NBER Working Paper*, No. 16919, 2011, National Bureau of Economic Research, Massachusetts)

12 시진핑, 「'인민 경제 및 사회 발전 '13.5' 규획에 관한 중공중앙의 건의'에 관한 설명(關於 〈中共中央關於制定國民經濟和社會發展第十三個五年規劃的建議〉的說明), 『인민일보』, 2015년 11월 4일, 2면.

이라는 신자유주의의 부흥이 초래됐다.

그러나 확장기가 시작되면서 그 방향은 다시 뒤바뀌었다. 자유방임에 대한 지나친 강조는 심각한 사회적, 경제적, 정치적 충돌로 이어졌다. 이러한 상황에서는 극심한 금융위기를 통해서만 금융자본의 권력을 약화시키고, 정부 규제의 역량과 공공복지에 대한 관심을 회복할 수 있었다. 예를 들어, 1930년대 대공황은 케인스주의의 부흥을 불러온 반면, 이번 금융위기는 시장근본주의자들을 낙담시켰고, 정부의 간섭은 세계 각지에서 다시 한 번 위세를 떨치게 되었다.

새로운 기술혁명은 점차 형성되고 있으며(혹은 새로운 기술혁명의 단서가 드러나고 있으며), 미래의 기술 노선은 커다란 불확실성에 직면해 있다. 이럴 때일수록 신기술을 키우기 위해 더 많은 시행착오를 거치고, 실수를 용인할 필요가 있다. 혁신 실패에 따른 리스크를 분담하고 분산하는 유연한 시장 메커니즘이 필요하다. 정부는 더 좋은 역할을 수행해야 하며, 그 반대가 되어서는 안된다. 그리고 다음 두 가지를 중시해야 한다.

첫째, 정부의 기능을 연구·개발 관리에서 혁신 서비스로 전환해야 한다. 정부 부처는 과학기술 계획의 거시적 관리를 주로 담당해야 하며, 더 이상 직접적으로 프로젝트를 관리해서는 안 된다. 그 대신 통합된 국가 과학기술 관리 플랫폼을 구축함으로써 정출다문(政出多門)[22] 및 구룡치수(九龍治水)[23]의 구조를 완전히 변화시키고, 과학기술 연구비의 사용과 관리 방식

---

22 옮긴이 주: 정사(政事)가 나오는 문이 많다는 뜻으로, 문외한으로서 정치에 대하여 아는 체하는 사람이 많음을 이르는 말이다.

23 옮긴이 주: "아홉 용이 물을 다스린다"는 뜻으로, 9개 부서가 모두 물을 관리하여, 정책 수립이 비효율적이고 부서간 협조가 어려운 중국 자연자원 관리의 문제점을 비유적으로 표

을 개혁해야 한다. 과학기술 평가 제도를 개혁하고, 정책 결정, 자문, 집행, 평가, 감독 등 각 단계의 직책을 명확히 구분하며, 조화롭게 서로 잘 연계되는 새로운 체계를 구축해야 한다. 정부는 또한 직무 기능의 전환에 박차를 가해 대중 창업 및 시장 주체 혁신을 위한 정책 환경과 제도 환경을 조성해야 한다. 그 밖에 재산권 보호, 공평성 유지, 금융 지원 개선, 인센티브 메커니즘 강화, 우수 인재 결집 등에도 적극 나서야 한다.

둘째, 정부는 벤처 투자가로서 시장을 통해 승자를 가려내야 한다. 즉, 정부의 선호와 판단에 의존하는 것이 아니라, 산업 선별에 있어서 시장이 주도적이고 결정적인 역할을 하도록 하는 것이다. 이것이 바로 정부를 벤처 투자가로서 (government as venture capitalist) 역할을 하도록 하게 하는 것이다. 다시 말해, 주로 시장에 의존하여 승자를 선택하고, 시장이 보내준 신호를 통해 벤처 투자를 선택하는 것이다. 예를 들어, 민간 벤처 투자가 선행되고, 기회와 시장 조작이 가능성지면 정부 투자가 뒤따른다. 미국의 셰일가스 개발에서 민간 기업들이 먼저 시작한 뒤 정부가 뒤따라 투자해 현재의 '에너지 혁명'으로 이어진 것이 대표적인 사례다.

이 두 가지 측면의 개혁에 관해 시진핑 총서기는 2014년 6월 9일 제17차 중국과학원 원사대회와 제12차 원사대회에서 "시장이 자원 배치에서 결정적 역할을 하게 하고, 동시에 정부가 역할을 더 잘 수행하도록 하려면, 총체적 조율을 강화하고, 협동적 혁신을 대대적으로 전개하여, 자주혁신을 추진하기 위해 다같이 힘을 모아야 한다"라고 밝혔다.

현한 말이다. "사공이 많으면 배가 산으로 간다"는 의미이다. 2013년 12월 중국 국토자원부의 국토자연자원 관련 전문가 좌담회에서 종합적인 자연자원 관리 및 집중적이고 통일된 자원 관리가 요구된 바 있다.

5. '모방', '벤치마킹' 그리고 '자주혁신'

　　역사적으로 중국은 1차 산업혁명이라는 눈 앞의 좋은 기회를 놓치고 2차 산업혁명의 끝자락만 잡았다. 한편, 3차 산업혁명은 중국의 발전 패러다임 전환이라는 시기와 역사적으로 교차하게 되었으며, 이를 통해 중국은 혁신 구동 발전으로의 도약이라는 쉽지 않은 계기를 마련할 수 있었다.

　　글로벌 생산성 성장 잠재력의 3/4은 기존 모범 사례에 대한 폭넓은 응용에서 나온다. 이는 일종의 추격형 생산성 향상이다. 여기서 제공되는 긍정적인 메시지는 이러한 모든 기회(모범 사례)를 누구나 다 알고 있으며, 세계의 어딘가에 존재하고 있다는 것이다. 신흥 경제권이 추진하는 생산성을 높일 수 있는 기회 중에서 82%는 추격에서 기인된 것이다. 단 18%만이 자주 혁신에 의존한다. 이에 비해 선진 경제권들은 생산성을 높일 수 있는 기회 중 45%를 자주혁신에 의존하고, 이를 바탕으로 생산성을 한층 더 외부로 확장시킬 수 있다.[24]

　　중국은 아직 추격 단계에 있기 때문에 여전히 일부 추격 보너스를 향유할 수 있다. 특히 과학기술에 획기적인 새로운 돌파구가 없는 상황에서, 추격형 국가들은 종종 전통적 기술을 활용해 더 많은 경제 성장의 기회를 얻을 수 있다.

　　그러나 이는 중국이 새로운 기술혁명의 물결을 그냥 바라보고만 있어도 된다는 것을 의미하지는 않는다. 반대로, 중국은 이번에야말로 기술의 최전선에 나서기 위해 더욱 많은 노력을 기울여야 한다. 특히 제도와 정

24　MGI, *The China Effect on Global Innovation*, July, 2015.

책 지원에 있어 기술의 최전선으로 나아가기 위해 노력해야 하고, 진정으로 과학기술 수준을 '뒤따라 함께 뛰는' 수준에서 '앞서서 선도해서 뛰는' 수준으로 업그레이드해야 한다. 이것이 바로 중국 경제의 전반적인 자질과 국제 경쟁력을 증강시키는 일이다. 이는 40년 전과는 분명히 다르다. 한편으로, 중국은 산업 체계가 점차 완비되고 있고, 기술 기반이 비교적 탄탄해짐으로써 자주 혁신의 토대가 마련되었다. 다른 한편으로는, 비교적 오랫동안 모방에 의한 추격을 통해 선진 기술에 점점 가까워졌다. 일부 분야에서는 선진 경제권과 거의 같은 출발선에 서게 되어, 더 이상 추격 공간은 크지 않다. 따라서, '13.5', 그리고 앞으로 더 오랜 시간 동안, 기술을 충분히 활용해 앞서가기 위해 노력해야 함과 동시에 자주혁신을 더욱 중요한 위치에 두어야 한다.

중요한 과학기술 분야의 비약적인 발전을 실현하는 과정에서, 개방과 자주의 관계를 정확하고 변증적으로 다루어야 한다. 타국의 어제를 자국의 내일로 삼을 수 없고, 타국의 과학기술 성과에 의존하여 자국의 과학기술을 향상시킬 수 없으며, 타국의 기술 부속품이 되어서는 더더욱 안 된다. 실천이 증명해주듯이, 자력갱생은 중화민족이 세계 여러 민족들 사이에서 자립할 수 있는 분투의 기초이다. 자주 혁신은 중국이 세계 과학기술의 최고봉에 오르기 위해 반드시 걸어야 하는 길이다. 시진핑 총서기는 '혁신은 원래 '구사일생(九死一生)'[25]으로 이루는 것이지만, 우리는 반드시 '역여심지소선혜(亦余心之所善兮), 수구사기유미회(雖九死其猶未悔)'[26]의 호방한

---

25 '아홉 번 죽고, 한 번 산다'는 뜻으로, '여러 차례 죽을 고비를 넘기고 겨우 살아남'을 비유한다. 본문에서는 혁신이 그만큼 어려움을 의미한다.

26 중국 전국시대 초(楚)나라 굴원(屈原)의 사부(辭賦) 「이소(離騷)」에 나오는 구절로 당(唐)나라

신시대 중국 특색 사회주의 정치경제학 구축

기세를 가져야 한다. 자주혁신을 굳건히 지향하고, 혁신의 신념을 확고히 하며, 자주혁신 능력을 강화하는 데 힘을 쏟아야 한다"라고 언급했다.[27]

핵심 기술은 국가의 중요한 보물이다. 시장과 맞바꿀 수도 없고, 돈이 있다고 살 수도 없으며, 오직 스스로 연구·개발하고, 스스로 발전시켜야 한다. 핵심 기술이 자국의 수중에 있어야만 진정으로 경쟁과 발전에서 주동권을 장악할 수 있고, 국가 경제 안전, 국방 안전 및 기타 분야의 안전을 근본적으로 보장할 수 있다. 따라서, 기반학문의 기초이론을 중시해야 하고, 자주혁신의 물질적 기술 기반을 다져야 하며, 국가 실험실을 선도로 혁신 기반 플랫폼의 건설에 박차를 가해야 한다. 이로부터, 기초적이고, 체계적이고, 선도적인 기술 연구와 기술 연구·개발의 지속적인 추진을 보장하고, 자주 혁신 성과의 원천을 더욱 확실하게 공급해야 한다.

자주 혁신은 우물 안 개구리처럼 혼자 스스로 연구·개발하는 것이 아니다. 또한, 선진적인 지식이나 이론에 대한 학습을 배척하거나 세상으로부터 자신을 고립시키는 것도 아니다. 자주 혁신은 개방적인 마인드와 환경 하에 혁신을 추구하는 것이다. 사해(四海)의 기운을 모으고, 팔방(八方)의 힘을 빌려, 글로벌 혁신 자원을 적극적으로 통합하고 활용해야 한다. 또한 적극적으로 국제 과학기술 교류·협력을 추진하고, 글로벌 혁신 네트워크에 융합하여, 중국 과학기술 혁신의 국제 협력 수준을 전면적으로 향상

유량(劉良)은 이 구절에 대해 "이 구절은 '충성과 신의, 바르고 깨끗함은 내가 좋아하는 바이므로, 이 때문에 위해를 당하여 아홉 번 죽고 한 번도 살 수 없더라도 후회하지 않는다'는 것을 말하고 있다(言忠信貞潔, 我心所善, 以此遇害, 雖九死無一生, 未足悔恨)"라고 주해(注解)를 달았다. '구사일생(九死一生)'이 여기에서 유래했다.

27　시진핑, 「중국과학원 제19차 원사대회 및 중국공학원 제14차 원사대회에서의 연설(在中國科學院第十九次院士大會,中國工程院第十四次院士大會上的講話)」, 『인민일보』, 2018년 5월 29일, 2면.

시켜야 한다.[28]

제3절 균형발전

공산당 18기 3중전회는 전면적 개혁심화라는 총체적인 목표를 제시했고, 중국 특색 사회주의 제도의 보완 및 발전과 국가 거버넌스 체계 및 거버넌스 능력의 현대화를 추진할 것을 제시했다. 국가 거버넌스 체계는 경제, 정치, 사회, 문화, 생태 문명 등 여러 분야에 걸쳐 있다. 경제 건설 분야에서 각종 제도 개혁의 성패는 국가 거버넌스 현대화의 요구에 부합되는지 여부에 있다. 이는 정치 건설, 사회 건설, 문화 건설, 생태 문명 건설과 분리할 수 없으며, 조화롭게 추진되어야 한다. 균형 발전은 지속적이고 건전한 발전의 내재적 요구이며, 발전의 불균형을 해결하는 데 중점을 둔다. 지역 간 협동, 도농 일체화, 물질 문명과 정신 문명의 병존, 경제 건설과 국방 건설의 융합을 견지해야 한다. 그래야만, '균형발전' 속에서 더 넓은 발전 공간을 개척하고, 취약한 분야에서 더 강한 발전의 '뒷심'을 키울 수 있다.

'균형발전' 이념을 수립하려면, 중국 특색 사회주의 사업의 총체적 배치를 파악하여, 발전에서의 중요한 관계들을 정확하게 인식해야 한다. 도시와 농촌 지역의 '균형발전'을 중점적으로 촉진하고, 경제·사회 전반의

---

28 「시진핑, 중앙 재경 지도소조 제7차 회의 주최, "혁신구동 발전전략의 실시 및 경제발전 패러다임 전환 추진의 가속화" 강조. 리커창, 류윈산, 장가오리 회의 참석(習近平主持召開中央財經領導小組第七次會議 強調加快實施創新驅動發展戰略 加快推動經濟發展方式轉變 李克強劉雲山張高麗出席)」, 『인민일보』, 2014년 8월 19일, 1면.

'균형발전'을 촉진하며, 신형 공업화, 정보화, 도시화, 농업 현대화 등을 동시에 발전시켜야 한다. 국가 하드파워를 제고함과 동시에 국가 소프트파워의 향상에 주력해야 하며, 총체적인 발전을 끊임없이 추진해야 한다.[29] 구체적으로 지역간 균형 발전, 도농 발전의 일체화, 물질 문명과 정신 문명의 균형 발전, 경제 건설과 국방 건설의 융합발전 등 네 가지 측면에서 구현된다. 경제 업무에 대한 시진핑 총서기의 일련의 논술과 업무 배치에는 '균형발전'에 관한 풍부한 함의가 구현되어 있다.

1. 발전의 총체성과 균형성

균형발전의 사상과 방법론은 마르크스주의 정치경제학에서 유래했다. 비록 마르크스는 주로 자본주의 생산 방식을 분석 대상으로 삼았지만, 그는 자본주의 기본 모순에 대한 논술을 통해 기본 입장과 방법론의 준칙을 제공했다. 그와 레닌, 마오쩌둥 등 마르크스주의 정치경제학 고전 작가들의 2대 부문(생산재 생산부문과 소비재 생산부문) 관계에 관한 분석, 중국 사회주의 경제 건설 10대 관계에 관한 구체적인 논술 등은 모두 발전의 균형성을 강조했다. 전통적인 사회주의 경제 모델이 계획경제란 모델을 잘못 선택한 것도, '비례에 따른' 발상으로 자본주의 생산 방식의 근본적 폐단을 피하려는 것이었다.

29　중공중앙 선전부, 『시진핑 총서기 시리즈 중요 연설문 독본(習近平總書記系列重要講話讀本) 2016년판』, 학습출판사·인민출판사, 2016년판, 131-134면.

공산당 18대는 보고문을 통해 '샤오캉 사회의 전면적인 건설'이라는 목표를 밝혔다. 이는 발전의 균등성과 균형성, 지속 가능성 증대를 전제로 완수해야 하는 임무이다. 보고문은 더욱 발전된 경제, 더욱 건전한 민주, 더욱 진보된 과학 교육, 더욱 번영한 문화, 더욱 조화로운 사회, 더욱 부유한 인민 생활을 강조했다. 또한, 현대화 건설의 각 단계 및 각 영역에서 균형적인 발전을 촉진하여, 어느 하나가 너무 길고 짧은 것은 피해야 한다.[30] 그 밖에, 마르크스주의와 중국 특색 사회주의 발전 이론 중 조화와 균형에 관한 논의를 대거 계승하고, 중국 국내외 발전의 역사적 경험을 교훈 삼아, 발전의 총체성과 균형성을 강화해야 한다고 강조했다. 시진핑을 중심으로 하는 공산당 중앙위원회는 균형발전을 비롯한 5대 발전이념을 제기했으며, 발전에 관한 공산당의 이론을 보다 전면적으로 체계화했다.

'균형발전'이라는 새로운 이념은 이론적으로나 실천적으로나 모두 뚜렷한 시대감각과 지향성을 지니고 있다. 동시에, 중국 경제 발전이 뉴노멀 시대로 진입하면서 '균형발전'은 새로운 특징을 보이고 있다. 이는, 공산당 18대 이래 시진핑을 중심으로 하는 공산당 중앙정부의 국정운영 이념, 새로운 사상, 새로운 전략을 기초로 깊이 있게 파악할 것에 대한 요구이다.

첫째, 균형발전은 '오위일체(五位一體)'[31]의 총체적 배치를 통일적으로

---

30 시진핑, 「공산당 18기 5중전회 제2차 전체회의에서의 연설(在黨的十八屆五中全會第二次全體會議上的講話)」, 구시, 2016년 1호.

31 옮긴이 주: 전면적 샤오캉사회를 건설하고, 사회주의 현대화 및 중화민족의 위대한 부흥을 실현하고자 공산당 18대가 중국 특색 사회주의 사업의 일환으로서 제시한 것으로, '민주화 정치 건설, 번영된 문화 건설, 부유한 경제 건설, 공평한 사회 건설, 아름다운 생태 문명 건설'을 의미한다.

추진하기 위한 요구이다. '오위일체'의 총체적 배치라는 표현은 외연에서 보면 완전하고, 함의도 풍부하며, 관계도 명확하여, 서로 밀접하게 맞물려서 일맥상통하는 논리 체계를 구성하고 있다. '오위일체'의 총체적 추진은 어느 하나의 독주가 아닌, 여러 영역의 병진을 요구한다. 따라서 '오위일체'의 총체적 배치를 파악하려면, 5대 건설이 갖는 풍부한 함의를 충분히 이해해야 한다. 경제 건설은 근본이고, 정치 건설은 보장이며, 문화 건설은 영혼이고, 사회 건설은 여건이며, 생태문명 건설은 기초다.

공산당 18기 3중전회는 개혁의 전면적인 심화라는 요구를 제기했다. 경제 체제, 정치 체제, 문화 체제, 사회 체제, 생태 문명 체제의 전면적인 개혁 업무를 배치했고, 이에 따라 중앙정부의 전면적 개혁심화 지도소조(中央全面深化改革領導小組) 및 6개 특별 프로젝트 소조(六個專項小組)가 창설됐다. 이는 개혁의 전면적인 심화에 관한 공산당 중앙정부의 결의가 드러나는 일련의 조치들이다. 동시에, 총체적이고 균형적인 방향으로의 발전이념이 전환되고 있음을 보여준다.

둘째, 균형은 발전의 수단이자 목표이며, 동시에 발전을 평가하는 기준이자 척도이다. 균형발전은 발전의 공간을 넓히고, 취약한 분야에서 발전의 '뒷심'을 강화하는 중요한 방법이다. 이는 발전 이념의 공유와 기본 공공 서비스의 균등화를 목표로 하는 요구이다. 시진핑 총서기는 특히 대중이 만족하는지 여부, 기뻐하는지 여부, 동의하는지 여부를 업무의 가장 높은 평가 기준으로 삼아야 한다고 강조했다. 중국 공산당 발전 사상을 여타 발전 이론 유파와 구별할 수 있는 근본적인 특징이 바로 인민 중심의 발전사상이다.

글로벌 경제·사회 발전이 전반적으로 더 높은 단계로 진입함에 따라,

서구 발전이론 역시 발전의 균형성을 더욱 중시하게 되었다. 이같은 추세는 발전 이론의 총체적인 진보를 보여주고 있다. 그러나 이러한 이론들은 균형발전을 지속 가능한 발전의 실현 수단으로 삼았을 뿐, 발전의 목적 자체로 삼지 않았다. 따라서, 기술 진보, 생태 개선, 경제 세계화 등 생산성 향상과 복지 수준을 향상시키는 일련의 진보적 요소들은 선진국과 개발도상국, 다국적 기업과 일반 노동자들에게 균등한 이익을 주지 못했다. 오히려, 엄청난 경제적 분화(分化)와 사회적 리스크를 확대시켜, 많은 나라에서 정치적 위기를 초래했다.

셋째, 균형은 양점론(兩點論)과 중점론(重點論)의 통일이다. 시진핑 총서기는 특히 균형발전을 위해 변증법을 사용해야 하고, '피아노 연주'[32]를 잘해야 한다고 강조했다. 그는 "위가 있으면 아래가 있고, 이것이 있으면 저것이 있다"고 전했다. 유물변증법에 따르면 사물은 보편적으로 연관되어 있고, 사물과 사물 사이 각 요소는 서로 영향을 주고받고 서로를 제약하며, 전 세계는 서로 연결되어 있는 단인체이자 상호 작용하는 시스템이다. 균형발전을 실천하려면, 유물 변증법을 견지하고 활용해야 하며, 객관적 사물의 내적 연관에서 출발하여 사물을 인식해야 한다. 특히 '피아노를 치는' 사상 방법과 업무 방법을 습득해야 한다. 다(多)요소 연동의 원칙을 견지하고, 전체와 일부, 당면한 것과 장기적인 것, 중점과 비 중점 사이의 관계를 잘 처리해야 한다.[33] 이해득실을 따져보는 가운데 이득을 추구하고 피

---

32 옮긴이 주: 1949년 3월 13일 마오쩌둥은 〈공산당 상무위원회 업무 방법〉에서 중심 업무를 둘러싸고 각측이 동시에 맡은 바 임무를 수행해야 한다고 강조했고, 이를 열손가락으로 '피아노를 연주하는 것(彈钢琴)'에 비유했다.

33 시진핑, 「성부급 주요 지도자 간부를 대상으로 공산당 18기 5중전회 사상 학습·관철 특

해를 최소화하는 최선의 전략적 선택을 해야 한다.

마지막으로 균형발전은 발전의 잠재력을 발굴하고 단점을 보완하는 통일이다. 한 국가, 지역, 업종의 특정한 발전 시기에는 발전의 이점과 제약 요소가 모두 존재한다. 발전이라는 사고 맥락 속에서 난제를 해결하고 단점을 보완하는 데 주력해야 하며, 기존의 우위를 공고히 하고 이를 중점적으로 육성해야 한다. 양쪽이 서로 상부상조하고 서로의 장점이 더욱 돋보이게 해야만, 더 높은 수준의 발전을 이룩할 수 있다. 조화로움은 균형과 불균형의 통일이다. 균형에서 불균형을 거쳐 다시 새로운 균형으로 이어지는 것은 사물 발전의 기본 법칙이다. 균형은 상대적이고, 불균형은 절대적이다.

시진핑 총서기는 또한 균형발전은 평균주의가 아니며, 발전 기회 균등과 자원 배치 균형을 중시하는 것이라고 강조했다. 중국은 중진국에서 고소득 국가로 도약하는 단계에 있다. 국제적 경험에서 알 수 있듯, 이러한 단계는 각종 모순이 집중적으로 발생하는 시기로서, 발전의 불균형과 수많은 단점들이 존재한다. 균형발전 이념을 견지하려면, 단점을 찾아내고, 이를 보완하는 일련의 과정을 통해, 발전 잠재력을 발굴하고, 발전의 '뒷심'을 강화해야 한다.[34]

별 세미나에서의 연설(在省部級主要領導幹部學習貫徹黨的十八屆五中會精神專題研討班上的講話)」, 『인민일보』, 2016년 5월 10일, 2면.

34 시진핑, 「성부급 주요 지도자 간부를 대상으로 공산당 18기 5중전회 사상 학습·관철 특별 세미나에서의 연설(在省部級主要領導幹部學習貫徹黨的十八屆五中會精神專題研討班上的講話)」, 『인민일보』, 2016년 5월 10일, 2면.

2. 지역간 균형발전

중국은 경제 발전 수준의 전반적인 향상을 토대로, 공평한 사회 정책을 실시하는 것을 목표로 설정하고 일련의 지역 발전 전략들을 추진해왔다. 그 결과, 빈곤 지역의 빈곤 탈출과 추월이 가속화되었다. 각 성, 직할시와 자치구 간의 발전 격차와 도농 간 소득 격차가 현저히 감소하는 추세를 보였고, 기본 공공서비스의 균등화 정도 역시 뚜렷하게 상승했다. 예를 들어, 중국 국가통계국에 따르면, 2005~2014년 각 성, 자치구, 직할시의 1인당 평균 GDP는 전반적으로 현저하게 향상되었다. 현재 가격으로 환산한 평균치는 7668위안에서 2만4613위안으로, 약 2.2배 상승했다. 이와 함께 지역 간 격차도 현저히 줄어들면서, 각 성간 1인당 GDP 차이를 나타내는 지표인 변동계수(Coefficient of Variation)는 이 기간 동안 22.9% 하락했다(그림 4-1 참조).

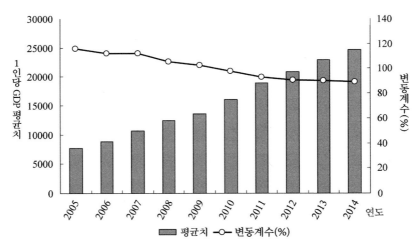

그림 4-1 중국 각 성·자치구·직할시의 1인당 GDP 성장 및 격차 감소[35]

이와 함께, 지역 간, 도농 간 1인당 GDP, 주민 평균 소득, 기본 공공 서비스 수준 격차는 여전히 존재하고 있는데, 이는 중국 경제 발전에 여전히 불균형과 부조화의 문제가 존재하고 있음을 드러내는 표현이자, 발전의 지속가능성을 제약하는 단점이다. 이 때문에, 시진핑 총서기가 직접 주관하고 초안을 잡은 〈인민 경제·사회 발전 제13차 5개년 규획의 제정에 관한 중공중앙의 건의(中共中央關於制定國民經濟和社會發展第十三個五年規劃的建議)〉에서는 다음과 같이 명확한 요구를 제시했다. 시장 요소의 형성에 따른 자유로운 이동, 주체 기능의 제약 효과, 기본 공공서비스의 균등화, 자원 환경이 수용 가능한 균형발전의 새로운 구도 조성 등에 입각해 균형발전을 추진해야 한다는 것이다. 이는 지역간 균형발전을 촉진하고, 공업이 농업을 먹여 살리게 해주며, 도시가 농촌을 지원하고, 도농 일체화 발전의 체제 메커니즘을 건전하게 유지시켜준다. 또한, 도농 간 요소의 평등한 교환, 합리적인 배치, 기본 공공서비스의 균등화에서 출발하여 도시와 농촌의 균등한 발전을 도모하게 해준다.

시진핑 총서기는 일련의 중요한 연설에서 지역 균형발전 전략의 중요한 측면을 구체적으로 논술했다. 그는 각 지역이 주체기능구로서의 포지션과 장점을 찾아야 한다고 강조했다. 또한, 혁명 노구(老區)[36], 민족지역, 변방지역, 빈곤지역 등의 발전을 더욱 가속화하도록 지원해야 한다고 강조했다. 정책 조치의 관철·집행을 강화함으로써 서부 대개발의 새로운 구도를 형성해야 하고, 개혁을 심화하여 동북(東北) 지역의 오래된 공업기

---

35   자료 출처: 중국 국가통계국 공식 홈페이지 http://data.tats.gov.cn
36   옮긴이 주: 중화인민공화국 성립 이전에 이미 공산당에 의해 통치되던 지역을 노해방구(老解放區)라고 부르며, 줄여서 노구(老區)라고 한다.

지 진흥에 박차를 가하며, 우위를 통해 중부지역의 굴기를 촉진하고, 혁신을 통해 동부지역의 최적화 발전을 선도적으로 실현해야 한다고 강조했다. 한편으로는, 각 지역의 균형발전, 협동발전, 공동발전을 촉진하고, 혁신을 통해 지역의 봉쇄와 이익의 울타리를 타파하고, 자원 배치 효율을 획기적으로 높여야 한다. 지역의 동반 성장을 이끄는 성장 거점을 육성하고, '일대일로' 건설을 중점적으로 실시하며, 징·진·지(京津冀)[37] 동반성장을 추진하고, 장강(長江) 경제벨트 발전 전략을 수립해야 한다. 특히, 베이징의 비 수도 기능 해소를 '고삐'로 삼아 징·진·지의 동반 성장을 추진해야 한다. 고도의 기획과 높은 기준에 따라 시웅안 신구(雄安新區) 건설을 추진해야 한다. 공동으로 대대적인 보호를 하며, 대개발을 진행하지 않는다는 것을 골자로, 장강 경제벨트의 발전을 추진해야 한다. 이상의 전략들을 수단으로 삼아, '인구·경제 밀집 지역의 최적화 개발' 모델을 모색해야 한다. 또한, 동·중·서부를 연결하며 남·북방을 관통하는 다(多)중심의 네트워크화, 개방형의 지역 개발 구도를 구축하여, 지역 간 발전 격차를 끊임없이 좁혀나가야 한다.[38] [39]

---

37 옮긴이 주: 징·진·지는 베이징(北京), 톈진(天津), 허베이(河北)의 3개 지역을 말한다. 중국은 이 3개 지역을 아우르는 메가시티를 건설하고자 징·진·지 프로젝트를 출범했다. 베이징과 톈진의 성장 동력을 인근 지역으로 확산시켜 낙후된 허베이성의 도시화를 가속화하여 경제 수준을 끌어올리려는 지역 균형 발전 전략이다.

38 시진핑, 「성부급 주요 지도자 간부를 대상으로 공산당 18기 5중전회 사상 학습·관철 특별 세미나에서의 연설(在省部級主要領導幹部學習貫徹黨的十八屆五中全會精神專題研討班上的講話)」, 『인민일보』, 2016년 5월 10일, 2면.

39 「중앙경제업무회의 베이징에서 개최, 시진핑·리커창 중요 연설 발표 장더장·위정성·류윈산·왕치산·장가오리 회의 참석(中央經濟工作會議在北京舉行 習近平李克強作重要講話 張德江兪正聲劉雲山王岐山張高麗出席會議)」, 『인민일보』, 2014년 12월 12일, 1면.

신시대 중국 특색 사회주의 정치경제학 구축

도농 통합 발전의 가속화는 공산당 18대의 전략적 임무이자 '4개 전면'[40] 전략을 실현하는 필연적 요구로서, '인민 중심의 발전사상'을 직접적으로 구현했다. 시진핑 총서기는 도농 간의 관계를 통일적으로 계획하는데 있어서 새로운 진전을 이룰 것을 요구했다. 특히, 도농 이원 구조를 타파하고 도농간 요소의 평등한 교환과 공공 자원의 균형 배치에서 진전을 이뤄야 한다고 언급했다. 이로부터, 농촌 발전에 새로운 동력을 불어넣고, 많은 농민들이 개혁의 발전 과정에서 평등하게 참여하여, 개혁 발전의 성과를 함께 누릴 수 있도록 해야 한다. 도농 발전 일체화 사상에서 출발하여 반드시 '사람' 중심의 신형 도시화(新型城鎮化)를 추진해야 하며, 공업화, 정보화, 도시화와 함께 농업 현대화를 동시에 추진해야 한다.

'사람' 중심의 신형 도시화는 18대 이래 시진핑을 중심으로 하는 공산당 중앙위원회가 제기한 도시화 전략의 새로운 이념이다. 이 새로운 이념은 중국 국내외의 성공적인 도시화 경험을 종합하고, 도시화 실천 과정에 존재하는 문제들을 되돌아보는 과정에서 형성된 것이다. 이는, 고도의 이론적 수준을 갖고 있고, 당대 중국의 국정에도 부합하며, 경제 발전 뉴노멀 시대의 도전에도 부합된다. 따라서, 목표지향성과 문제지향성을 잘 결합시킴으로써, 사람 중심의 신형 도시화를 추진하는 것은, '혁신, 균형, 녹색, 개방, 공유' 발전이념의 실천에 매우 중요한 역할을 한다.

사람 중심의 신형 도시화 전략은 시진핑 총서기의 중요한 연설에서 드러난 정신을 따르고, 공산당 중앙위원회 국무원의 일련의 전략적 배치

---

40   옮긴이 주: 전면적인 샤오캉사회 건설, 전면적 개혁심화, 전면적 의법치국(依法治國), 전면적 종엄치당(從嚴治黨: 당 기강 강화)을 일컬어 '4개 전면(四個全面)'이라고 하며, 시진핑 정부의 국정운영(治國理政) 전략 및 사상의 중요한 내용이다.

와 잘 결합하여, 중국 특색 사회주의 경제학의 내재적인 함의를 구현했다. 이러한 점에서 사람 중심의 신형 도시화 전략에서 강조하는 '신형(新型)'의 중요한 의미를 다음과 같이 요약할 수 있다.

첫째, '인민 중심의 발전사상'을 집중적으로 구현했다. 신형 도시화는 '사람'을 도시화의 핵심으로 하고, 호적(戶籍) 인구의 도시화율을 높이는 데 중점을 두고 있다. 또한, 도시와 농촌의 기본 공공서비스 균등화, 살기 좋은 환경, 역사·문화 전통의 계승을 중시하고, 인민의 성취감과 행복감을 중시해야 한다. 한마디로, 사람 중심의 신형 도시화는 반드시 모든 인민이 성과를 공유하는 도시화여야 한다.

둘째, 새로운 발전 이념을 관철하고 시행하기 위한 구체적인 수단이다. 신형 도시화의 추진은 발전 이념과 경제 발전 패러다임의 전환을 주요 수단으로 삼고, '혁신, 균형, 녹색, 개방, 공유'의 발전이념을 실제 효력이 발휘되는 곳에 적용시킨다. 경제 패러다임의 전환을 실현하려면, 인민을 위한 모든 것을 발전의 중점으로 삼고, 뉴노멀이라는 경제 발전의 대논리로 경제 업무를 이끌어야 한다. 현재의 발전에 존재하는 불균형, 부조화, 지속 불가능의 문제들에 대해서는, 경제의 중·고속 성장 유지, 산업 구조 조정, 경제 성장 동력의 전환 등의 임무를 통일시켜 해결해야 한다. 목표지향성과 문제지향성의 유기적 결합은, 신형 도시화가 규율에 따라 제 기능을 발휘할 수 있게 해주고, 동시에 중국의 발전에서 당면한 시급한 문제들을 해결하는 데 도움을 준다.

마지막으로, 공급측 구조 개혁의 구체적인 분야이다. 시진핑 총서기는 "공급측 구조 개혁은 구조적 문제의 해결과 성장 동력을 북돋우는 데 중점을 두고 있다. 주로 주요 요소의 배치와 생산 구조 조정을 최적화함으로써 공급의 질과 효율을 높이고 경제 성장을 촉진한다"고 지적했다.[41] 사람 중심의 신형 도시화는, 호적 제도 분야 개혁을 심화시킴으로써, 기본 공공서비스의 균등화를 중심으로 한 농민공(農民工) 시민화 진전을 촉진할 수 있다. 또한, 생산 요소의 공급이라는 정책 환경 개선을 통해, 전통적인 성장 에너지의 잠재력을 발굴하는 한편, 자원 배치를 최적화함으로써 총요소 생산성을 향상시키고, 장기적으로 지속 가능한 경제 성장 동력을 획득할 수 있다.

시진핑 총서기는 삼농(三農)[42] 문제를 매우 중시하고 이에 대해 관심이 높다. 삼농 문제에 관한 시진핑 총서기의 중요한 논술들은 국정운영 사상의 중요한 구성 부분이다. 또한 마르크스주의 정치경제학에 대한 현대화이자 중국화이며, 새로운 시기에 중국 공산당과 국가가 농업과 농촌 업무를 지도하는 데에 있어 중요한 근거이기도 하다.

시진핑 총서기는 삼농 사업이 경제 발전과 사회 관리 업무를 잘 수행하기 위한 토대라고 강조했다. 농업 기초가 튼튼하고, 농촌이 조화롭고 안정적이며, 농민들이 편안하게 생활하고 즐겁게 일할 수 있다면, 전반적인 국면이 보장되고, 각종 업무도 주동적으로 진행될 수 있다.[43] 마르크스

---

41 시진핑, 「성부급 주요 지도자 간부를 대상으로 공산당 18기 5중전회 사상 학습·관철 특별 세미나에서의 연설(在省部級主要領導幹部學習貫徹黨的十八屆五中全會精神專題研討班上的講話)」, 『인민일보』, 2016년 5월 10일, 2면.

42 옮긴이 주: 농촌, 농업, 농민을 일컬어 '삼농'이라고 하며, 이 세가지와 관련된 문제를 '삼농문제'라고 한다. '삼농문제'의 연구 목적은 농민 소득 증대, 농업 발전, 농촌 안정 등이 주요 목적이다.

43 「중앙농촌업무회의 베이징에서 개최, 시진핑, 리커창 중요 연설 발표, 장더장, 위정성, 류윈산, 왕치산, 장가오리 회의 참석(中央農村工作會議在北京舉行 習近平李克強作重要講話張德江俞正聲劉雲山王岐山張高麗出席會議)」, 『인민일보』, 2013년 12월 25일, 1면.

는 일찍이 "노동자 개인의 수요를 넘어선 농업 생산성은 모든 사회의 기초다"라고 말했다. 이 중요한 논술은 시대에 뒤떨어진 내용은 아니지만, 시대와 더불어 다시 이해할 필요가 있다. 2015년 중앙농촌업무회의에서 시진핑 총서기는 "중농고본(重農固本)은 안민지기(安民之基)이다. 그 어떤 상황에서도 삼농 사업을 소홀히 하거나 늦추어서는 안 된다"[44]라고 말했다. 시진핑 총서기는 농업 및 농촌 문제 해결을 당과 정부 업무의 최우선 순위에 두고 있다. 이는 중국 공산당의 오래된 '삼농' 사상에 대한 계승이자 발전이며, 중국의 기본 국정에 따른 올바른 판단이기도 하다.

2016년 4월, 안후이(安徽)성 펑양(鳳陽)현 샤오강(小崗)촌에서 열린 농촌개혁좌담회에서 시진핑 총서기는 중국이 강하려면 농업이 강해야 하고, 아름다운 중국이 되려면 농촌이 아름다워야 하고, 중국이 부강해지려면 농민이 부유해져야 한다는 것을 재차 강조했다.[45] 2014년 12월, 장쑤(江蘇) 조사연구 때 시진핑 총서기는 "농업 현대화 없이는 번영하고 부강한 농촌도, 농민들의 편안한 삶과 즐거운 일터도 존재하지 않을 것이다. 또한, 국가의 현대화는 불완전하고, 전면적이지 못하고, 견고하지 않을 것이다"[46]

---

44 「중앙농촌업무회의 베이징에서 개최, 시진핑, '삼농' 업무 완수에 대한 중요 지시 제기, 리커창 서면 논평 전해(中央農村工作會議在京召開 習近平對做好 "三農" 工作作出重要指示 李克強作出批示)」, 『인민일보』, 2015년 12월 26일, 1면.

45 「시진핑, 농촌개혁좌담회에서 "새로운 추세하 농촌 개혁 역량을 확대, 농업 인프라구축 촉진, 농민이 편안하고 즐겁게 일할 수 있도록 할 것" 강조(習近平, 在農村改革座談會上強調加大推進新形勢下, 農村改革力度, 促進農業基礎穩固農民安居樂業)」, 『인민일보』, 2016년 4월 29일, 1면.

46 「시진핑이 장쑤에서 조사연구 시 "경제발전 뉴노멀 특징을 주동적으로 장악하고, 뉴노멀 시대에 적극 참여, 개혁·개방 및 현대화 건설을 추진하여 새로운 단계로 나아갈 것" 강조(習近平在江蘇調研時強調, 主動把握和積極適應經濟發展新常態, 推動改革開放和現代化建設, 邁上新臺

신시대 중국 특색 사회주의 정치경제학 구축

라고 말했다.

현대 농업을 발전시키는 것은 시진핑 총서기의 '삼농'에 관한 중요 논술이 강조한 내용이다. 그는 산업화, 정보화, 도시화, 농업 현대화의 '4화'를 병행 발전하는 문제를 여러 차례 언급했다. 그는 "농업은 반드시 강해야 한다"고 언급했는데, 이는 현대화된 농업 생산 패러다임을 구축해야 한다는 뜻이다. 시진핑 총서기는 "현대 농업을 발전시킨다는 것은, 한편으로는 식량 안정 및 중요 농산물 생산량을 안정시키고, 국가의 식량 안전과 중요 농산물의 효율적인 공급을 보장하는 것이다. 다른 한편으로는, 현대 농업이 효율적인 농업 경영을 통해, 유망한 산업으로 성장하여, 농민이 부자가 되게 하는 것이다"[47]라고 언급했다. 일례로, 그는 토지 제도 개혁 문제에 대해 "중국은 농업 현대화를 추진하는 문제를 더 많이 고려해야 한다. 동시에 농업 문제, 농민 문제도 잘 해결해야 한다. 이를 기반으로 중국 특색의 농업 현대화의 길로 나가야 한다"라고 지적했다.[48]

階)」, 『인민일보』, 2014년 12월 15일, 1면.

47 「중앙농촌업무회의 베이징에서 개최, 시진핑, 리커창 중요 연설 발표, 장더장, 위정성, 류윈산, 왕치산, 장가오리 회의 참석(中央農村工作會議在北京擧行 習近平李克强作重要講話張德江兪正聲劉雲山王岐山張高麗出席會議)」, 『인민일보』, 2013년 12월 25일, 1면. 「시진핑이 장쑤에서 조사연구 시 "경제발전 뉴노멀 특징을 주동적으로 장악하고, 뉴노멀 시대에 적극 참여, 개혁·개방 및 현대화 건설을 추진하여 새로운 단계로 나아갈 것" 강조(習近平在江蘇調研時强調, 主動把握和積極適應經濟發展新常態, 推動改革開放和現代化建設, 邁上新臺階)」, 『인민일보』, 2014년 12월 15일, 1면.

48 「시진핑, 중앙정부 전면적 개혁심화 지도소조 제5차 회의 개최, "개혁 방안의 질을 엄격히 감독·점검, 개혁의 진전과 성과 확실히 보장할 것" 강조, 리커창, 장가오리 회의 참석(習近平主持召開中央全面深化改革領導小組第五次會議 强調嚴把改革方案質量關督察關 確保改有所進改有所成 李克强張高麗出席)」, 『인민일보』, 2014년 9월 30일, 1면.

현재 농업 경영 규모는 농업 현대화의 취약한 부분이다. 중국 농가의 평균 경영 규모는 0.6~0.7ha로, 세계은행에서 정한 '소규모 경영자' 기준(2ha)의 3분의 1 수준이다. 이로 인해, 농업 자체로는 농민 소득의 지속 가능성 요구를 충족시킬 수 없다. 현재 중국 농가의 평균 가처분소득 중 60% 이상이 농업 경영과 관련이 없다. 또한, 노동력 이전 속도가 느려짐에 따라, 농민 소득 증가는 장애에 부딪히게 될 것이다. 따라서 시진핑 총서기의 요구에 따라 취약한 부분을 보완하여 농업 규모 경영을 발전시키려면, 도시화 진전 과정과 농촌 노동력 이전 규모가 서로 상응해야 한다. 또한, 농업 과학기술 진보와 생산 수단 개량 정도에 맞춰, 농민을 토지 규모화 경영의 적극적 참여자이자, 실제 수혜자가 되도록 해야 한다.

'삼농'에 관한 시진핑 총서기의 중요 논술의 최근 연구 성과는 19대 보고문에서 제시된 농촌 진흥 전략에 구현되었다. '농업, 농촌, 농민' 문제는 중국 국가 민생에 관계되는 근본 문제로서, 삼농 문제의 해결을 공산당 모든 업무의 최우선 과제로 삼아야 한다. 그러므로, 농업과 농촌의 현대화를 실현하는 것은 현대화된 경제 시스템을 구축하는 중요한 목표 중 하나이자, 농촌진흥전략의 총체적 요구이기도 하다. 번성한 산업, 살기 좋은 생태 환경, 문명적인 향토 풍속, 효율적인 관리, 부유한 생활은 농업 현대화와 농촌 현대화의 유기적 통합을 구현한 농촌진흥전략의 총체적 요구이다.

농촌진흥전략의 주요 임무는 다음 다섯 가지로 요약된다. 첫째, 도시와 농촌의 융합 발전 체제 메커니즘과 정책 체계를 구축·완비하는 것이다. 이는 제도 및 정책적 보장을 전략적으로 실시하는 것이다. 둘째, 농촌 기본경영제도를 공고히 하고 보완하여 농촌 토지제도의 개혁을 심화시키고,

도급경영책임제의 '삼권' 분치(分置)[49]제도를 보완하는 것이다. 토지 도급 관계를 안정적으로 장기간 유지함과 동시에 이를 장기간 불변을 유지하고, 2차 토지 도급이 만료되면 이를 30년 연장해야 한다. 또한, 농촌의 집단 재산권제도 개혁을 심화시켜 농민의 재산 권익을 보장하면서 집단 경제를 강화해야 한다. 이는 농촌의 자원 배치를 최적화하고, 농민의 적극성과 창의력을 보호하고 자극하는 근본적 조치이다. 셋째, 현대 농업 산업체계, 생산체계, 경영체계를 구축하는 것이다. 그리고 농업지원보호제도를 정비하고, 다양한 형태의 적정 규모 관리를 발전시키고, 새로운 농업 경영 주체를 육성하고, 농업사회화 서비스 체계를 완비하고, 소농가와 현대 농업 발전의 유기적 연대를 실현해야 한다. 농촌 내 1, 2, 3차 산업의 융합 발전을 촉진하고, 농민의 취업 및 창업을 지원하고 장려하며, 수입 증가 루트를 넓혀야 한다. 이는 중국의 현대화된 농업 산업 체계의 주요한 특징이다. 넷째, 농촌의 하부 구조 및 기초 사업을 강화하고, 자치, 법치, 덕치가 결합된 향촌 거버넌스 체계를 완비해야 한다. 농촌 거버넌스의 현대화는 국가 거버넌스 체계 현대화의 중요한 구성 부분이자, 농촌 진흥 전략 실행의 관건이다. 다섯째, 농업을 잘 알고, 농촌을 사랑하고, 농민을 사랑하는 '삼농' 업무 집단을 구성하고 육성해야 한다. 발전에 있어서는 '사람'이 가장 중요한 요소이다. 인재 체제 메커니즘의 혁신을 통해 농업을 잘 알고, 농촌을 사랑하고, 농민을 사랑하는 인재를 농촌 건설과 농업 발전에 투입해야 한다.

---

49 옮긴이 주: 농촌 토지 삼권 분치란 농토의 소유권(所有權), 도급권(承包權), 경영권(經營權)의 분리를 말한다. 농촌 토지 집체소유를 전제로 도급권과 경영권의 분리를 촉진하는 것이다. 농촌토지제도 개혁은 도급제 안정과 경영권 활성화를 주축으로 삼고 있다.

3. 물질문명과 정신문명

물질문명과 정신문명은 인류가 세계를 인식하고 세계를 개조하는 활동 및 성과의 총괄이자 결정체이다. 개혁·개방 초기에 중국 공산당은 "한 손으로는 물질문명 건설을 해야 하고, 다른 한 손으로는 정신문명을 건설해야 한다"라며, '두 손을 모두 잡아야 한다'는 전략적 방침을 확정했다. 또한, 시진핑 총서기는 변증적이고 전면적이며 균형적인 관점에서 이 '두 문명'의 관계를 다뤘다. 그는 이 '두 문명'이 모두 잘 건설되고, 국가의 물질적 역량과 정신적 역량이 모두 강화되며, 중국 전역 각 민족의 물질적 생활과 정신적 생활이 모두 개선되는 것을, 중국 특색 사회주의 사업이 순조롭게 추진되는 것의 전제로 삼았다.

중국의 현실에는 아직도 이 '두 문명' 간의 부조화, 사회적 사조의 다원적·다변적 충돌이 존재한다. 또한, 문화 발전이 경제 발전에 뒤쳐져 있으며, 국가 소프트파워와 하드파워 간에 상호 부응하지 못하는 등의 문제들이 존재한다. 따라서, '두 문명'의 균형 발전을 강조·강화하는 것은, 중국이 나아가는 길, 제도, 문화에 대한 자신감을 높이는 중요한 조치이다. 또한 중국 특색 사회주의를 견지하고 발전시키는 필연적 요구이며, 샤오캉 사회의 기본 내용을 전면적으로 건설하고, 중화민족의 위대한 부흥이라는 중국몽을 실현할 수 있는 중요한 지주이다.

시진핑 총서기는 이데올로기 업무가 공산당의 매우 중요한 업무라고 지적했다.[50] 사회주의 정신문명은 사회주의 사회의 중요한 특징이며, 사회

---

50 「시진핑, 전국 선전사상업무회의에서 "전반적 국면을 아우르고, 대세를 파악하고, 대사에

주의 건설의 중요한 목표이다. 이는 중국 사업이 시종일관 올바른 길로 갈수 있도록 확실히 보장하는 것이다.

시진핑 총서기는 사회주의 핵심 가치관의 육성과 선양을, 민족의 혼을 응집하고 기초를 강화하며 근본을 다지는 기초로 삼았다. 그는 핵심 가치관의 영향력이 마치 공기처럼 언제, 어디든 항상 존재하도록 해야 한다고 강조했다.[51] 핵심 가치관은, 한 민족과 국가의 가장 집중적이고 본질적인 정신적 추구를 담고 있다. 또한, 한 사회의 시비를 판가름하는 근본적인 기준을 보여준다. 사회주의 핵심 가치관은 국가 차원의 가치 목표, 사회 차원의 가치 취향, 인민 개개인 차원의 가치 준칙이 포함된다. 이는 근대 이래 중국 인민들이 상하구색(上下求索)[52]하여 천신만고 끝에 확립한 이상과 신념이다. 또한, 중국 각 민족이 공감하는 가치관의 '최대공약수'를 반영했다고 할 수 있다.

사회주의 문화강국 건설을 추진하는 것은, 공산당 18대 이래 시진핑을 핵심으로 하는 공산당 중앙위원회가 제시한 일련의 새로운 이념, 새로운 사상, 새로운 전략의 중요한 내용이다. 이는 '오위일체'의 총체적 배치에 대한 중요한 일환이자, '두 문명'의 균형성을 강화하는 구체적인 수단이

착안하며 선전사상업무를 잘 수행할 것" 강조(習近平在全國宣傳思想工作會議上強調 胸懷大局把握大勢著眼大事 努力把宣傳思想工作做得更好)」, 『인민일보』, 2013년 8월 21일, 1면.

51 「시진핑, 중공중앙정치국 제13차 집단학습에서 "사회주의 핵심 가치관의 육성과 발양을 민족 혼을 응집시키고, 기초를 강화하고 근본을 다지는 기초 공정으로 삼을 것"강조(習近平在中共中央政治局第十三次集體學習時強調把培育和弘揚社會主義核心價值觀作為凝魂聚氣強基固本的基礎工程)」, 『인민일보』, 2014년 2월 26일, 1면.

52 옮긴이 주: "로만만기수원해(路漫漫其修远兮), 오장상하이구삭(吾将上下而求索)"을 줄인 말이다. '길은 멀고도 멀기에 나는 모든 방면으로 방법을 모색하고 노력하겠다'는 뜻으로 굴원(屈原)의 장편 서사시 〈이소(離騷)〉의 한 구절이다.

다. 이는 또한 '응신취기(凝神聚氣), 수혼장골(樹魂壯骨)'을 강조한 것이다. 즉, "정신적 기치(旗幟)를 치켜들고, 정신적 지주(支柱)를 세우며, 정신적 가원(家園)을 건설하는 것"을 강조한다. '중국의 정신을 선양하고, 중국의 가치를 전파하고, 중국의 역량을 응집하는 것'에 있어서 새로운 시대적 특색과 웅대한 문화적 기상을 드러낸 것이다.

한 국가, 한 민족의 강성은 언제나 문화적 융성이 뒷받침되어야 한다. 현재 종합 국력 경쟁에서 문화 소프트 파워의 위상과 역할은 점점 더 부각되고 있으며, 국가의 핵심 경쟁력에 있어 중요한 요소가 되고 있다. 세계 주요 국가들은 문화 전략을 내세우며, 문화로부터 힘을 빌리고, 문화에 힘을 쏟고 있다. 시진핑 총서기는 국정운영의 높이에서 문화 소프트파워를 제고할 것을 강조했다. 이는 '두 개 100년' 목표 및 중화민족의 위대한 부흥이라는 '중국몽'의 실현과 관련이 있다.

문화 소프트 파워의 향상은 관련 영역이 광범위하고, 미치는 영향력도 넓기에, 반드시 일괄적으로 추진해야 한다. 중국 특색 사회주의 문화 발전의 길을 견지하고, 사회주의 선진 문화를 널리 알리며, 문화 체제 개혁을 심화시키고, 사회주의 문화의 대발전과 대번영을 추진해야 한다. 또한, 중국 모든 민족의 문화적 창조력을 제고하고, 문화사업의 총체적 번영을 추진하며, 문화산업의 빠른 발전을 촉진해야 한다. 인민의 정신 세계를 끊임없이 풍부하게 하며, 인민의 정신 역량을 강화하고, 문화 전반의 파워와 경쟁력을 끊임없이 증강해야 한다. 문화적 소프트파워를 효과적으로 끌어올릴 수 있는 관건은 특색을 살리고 영혼을 돋보이게 하는 것이다.

국가 문화 소프트파워 건설의 중요한 측면 중 하나는 당대 중국의 가치 이념을 적극적으로 전파하고, 중화 문화의 독특한 매력을 드러내는 것

신시대 중국 특색 사회주의 정치경제학 구축

이다. 그러려면 중국의 이야기를 잘 전달하고, 중국의 목소리를 잘 전파해야 한다. 이로부터 중화민족의 가장 기본적인 문화 DNA를 당대 문화와 잘 어울리게 하여 현대 사회와 조화를 이루도록 해야 한다. 사람들이 즐겨 보고, 듣고, 폭넓게 참여하는 방식으로 보급해 나가야 한다. 또한, 시공을 넘고 국경을 초월한 매력과 시대적 가치를 지닌 문화 정신을 널리 선양해야 한다. 동시에, 우수한 전통 문화를 계승하고 시대 정신을 선양하며, 국정에 입각한 문화 혁신의 성과를 세계로 전파해야 한다. 공산당 18대 이래, 중국의 국가 문화 소프트파워를 제고시킨 새로운 사상과 새로운 전략은 바로 전통에 입각하여 현대에 녹아들고, 중국에 뿌리를 둔 채 세계로 향하는 것이었다. 이는 전면적으로 종합 국력을 신장시키고, 중화문화가 세계로 나아가는 데 중요한 준거를 제공했다.

4. 경제건설과 국방건설

경제건설과 국방건설의 융합을 추진하고, 발전과 안보를 동시에 도모하며, 국가 경제력과 국방력의 동반 성장을 실현하는 것은, 시진핑을 중심으로 하는 공산당 중앙위원회가 국가 전략으로서 내세운 중대한 전략적 배치이며, 균형발전을 위해 필수불가결한 내용이다. 이는 공산당의 군민(軍民)융합사상과도 일맥상통하는 것으로, 시대와 더불어 발전할 것이다.

중화인민공화국 수립 초기에 마오쩌둥은 군민융합이라는 전략적 사상을 제기했다. 덩샤오핑은 1980년대 '군민융합(軍民結合), 평전결합(平戰結合), 군품우선(軍品優先), 이민양군(以民養軍)'의 국방공업 방침을 제기했다.

장쩌민과 후진타오 모두 각각 군민융합, 평전결합, 우군우민(寓軍於民)의 중요한 의미를 탐구해야 한다고 강조했다. 2015년 시진핑 총서기는 12기 전국인민대표대회 3차 회의 해방군대표단 전체회의에서 군민융합을 하나의 국가 전략으로 삼고, 이는 흥국(国國)이자 강군(强軍)책이라며, 심도 있는 군민융합을 촉구했다. 이 전략적 사상의 중요한 의의는 다음 세 가지 차원에서 인식할 수 있다.

첫째, 전면적인 국방·군대 건설 추진과 전면적인 샤오캉사회 건설에 대한 요구는 일치한다. 중국은 샤오캉사회의 전면적인 건설에 따라, 경제 총량이 커지고 종합적 실력이 상승하고 있으며, 각종 리스크와 도전 역시 부단히 증가하고 있다. 총체적인 국가 안보관과 군사 전략적 요구를 관철하려면, 각 분야별 군사투쟁 준비를 강화할 필요가 있으며, 새로운 작전 역량을 강화해야 하며, 국방·군대 개혁을 가속화하고, 심도 있는 의법치군(依法治軍), 종엄치군(從嚴治軍)을 추진해야 한다. 2020년 샤오캉사회 건설이 본격화될 때 국방·군대 개혁이라는 목표와 임무를 기본적으로 완수해야 한다. 또한, 기계화를 실현하고 정보화에서 큰 진전을 이루어, 정보화 전쟁에서 승리를 이루고 사명과 임무를 효과적으로 수행할 수 있는 중국 특색의 현대적 군사력 체계를 구축해야 한다.

둘째, 중국의 국가 현대화와 국방 현대화의 수준을 동시에 높이고, 군민융합을 통해 과학기술 혁신 능력을 향상시키는 데 유리하다. 시진핑 총서기는 중국이 세계 과학기술 혁신의 추세를 적극 검토하고, 이를 중시하며, 면밀히 추적하고, 노력하여 선두를 따라잡아야 한다고 요구했다. 더불어, 일련의 전면적이고 심도 있는 판단을 내렸다. 그는 "21세기에 들어 새로운 과학기술 혁명과 산업 변혁이 태동하고 있으며, 글로벌 과학기술 혁신이 새로운 발전 태세와 특징을 보이고 있다"며 "전통적인 의미의 기초연구, 응용연구, 기술개발과 산업화의 경계가 더욱 모호해지고 있다. 과학기술 혁신 사슬이 더욱 유연해졌고, 기술 갱신과 연구 성과의 변화는 더욱 빨라졌으며, 산업 세대교체 속도도 빨라졌다. 과학기술 혁신 이 지역, 단체, 기술의 경계를 넘어 혁신 체계의 경쟁으로 진화하고 있다. 종합 국력 경쟁에서 혁신 전략 경쟁이 차지하는 지위가 점점 더 높아지고 중요해지고 있다"[53]고 언급했다.

오늘날 세계 과학기술 혁명의 물결 속에서 국방과 경제·사회의 접촉면은 점차 넓어지고 있다. 군대와 민간의 인재, 기술, 자원의 호환성과 공유성이 갈수록 강해지고 있으며, 군대 건설·작전에 있어 경제, 과학기술, 사회에 대한 의존도가 전례 없이 높아지고 있다. 세계 각국은 잇달아 이민폐군(以民掩軍), 이군대민(以軍帶民), 군민융합(軍民融合)의 각종 모델을 탐색하고 있다. 많은 경험이 증명하듯, 국방공업이 과학기술 발전에 대해 수요가 생기면, 혁신의 선도적인 역할을 했다. 일례로, 2차 세계대전 종전 이후 미국의 거대한 과학기술 혁신은 최초에 국방부가 제기한 군사적 수요와 밀접하게 연관되어 있다. 심지어 일각에서는 아이젠하워가 주장하고 건립한 '군산 복합체'가 오늘날 '국가 혁신 시스템'으로 발전해왔다는 주장까지 나오고 있다.[54]

---

53 시진핑, 「중국과학원 제19차 원사대회 및 중국공학원 제14차 원사대회에서의 연설(在中國科學院第十九次院士大會、中國工程院第十四次院士大會上的講話)」, 『인민일보』, 2014년 6월 10일, 2면

54 Daniel Sarewitz, "Saving Science", *The New Atlantis*, No.49, Spring / Summer, 2016, pp.4-40.

마지막으로, 군정(軍政)과 군민(軍民) 단결을 밀접하게 유지하고, 당정(黨政)과 군(軍)·경(警)·민(民)이 힘을 합쳐 국경을 견고히 방어하는 일이다. 중국의 국방은 전 인민의 국방이며, 국가 경제·사회 발전에 참여하는 것 역시 중국 인민군대의 본분이다. 한편으로 군민 융합발전은 민용경제, 민영경제에 투자 기회와 발전의 공간을 제공했다. 일례로, 2016년에 중국 공업정보화부와 국방과학기술공업국이 연합하여 〈군용 기술의 민용 전환 보급 목록(軍用技術轉民用推廣目錄)〉과 〈군용 기술 및 제품 민간 참여 추천 목록(民參軍技術與産品推薦目錄)〉을 발표하면서, 각종 기술·제품 분야 및 그 발전 프로젝트에 집중한 바 있다. 동시에, 군대와 방산업체도 빼놓을 수 없는 중요한 역량이다. 이를 통해 다양한 지역 발전 전략, 국가 중점 프로젝트, 생태건설, 빈곤 구제 및 개발에 참여하고 봉사할 수 있으며, 반테러 대비, 재난 구조 등의 사명을 이행할 수 있다.

제4절 녹색발전

녹색은 영속(永續)적인 발전의 필수 조건이자 아름다운 삶에 대한 인민의 추구에 대한 구현이다. '녹색발전'이란 사람과 자연의 조화로운 상생이라는 문제를 잘 해결하는 것이다. 시진핑 총서기는 공산당 19대 보고문에서 사람과 자연은 생명 공동체이며, 인류는 반드시 자연을 존중하고 자연에 순응하며 자원을 보호해야 한다고 지적했다. 인류는 자연의 법칙에 따라야 자연을 효율적으로 이용할 수 있다. 대자연을 훼손시키면 결국 인간 자신에게도 영향이 미친다는 것은 불가항력적인 법칙이다. 이러한 논증은 인류 문명의 진보 속에서 사람과 자연의 관계가 차지하는 위치를 단적으로 보여준다. 녹색발전 이념을 수립하려면 자원 절약과 환경 보호라는 기본 국책을 반드시 견지해야 한다. 또한, 지속 가능한 발전을 견지하고, 생산 발전, 부유한 생활, 좋은 생태 환경이라는 문명 발전의 길을 확고히 걸어야 한다. 동시에, 자원 절약형, 환경 우호형 사회 건설을 가속화하여, 사람과 자연이 조화롭게 발전하는 현대화 건설의 새로운 구조를 형성하고, '아름다운 중국'이라는 건설 목표를 추진하여 전 세계 생태 안전에 새로운 공헌을 해야 한다.[55]

시진핑 총서기는 19대 보고문에서 '생태문명 체제 개혁의 가속화 및 아름다운 중국의 건설'이라는 전략적 임무를 제시했다. 그는 '중국이 건설하고자 하는 현대화는 인간과 자연이 조화롭게 상생하는 현대화'라는 점을 강조했다. 날로 증가하는 '아름다운 생활'에 대한 인민의 수요를 충족시킬 수 있도록 더 많은 물질적 부와 정신적 부를 창조해야 한다. 뿐만 아니라, 아름다운 생태 환경에 대해 날로 늘어나고 있는 인민의 수요를 충족시킬 수 있도록 더욱 우수한 생태 제품을 제공해야 한다. 또한, '절약, 보호, 자연 회복'이 우선시되는 방침을 견지해야 한다. 동시에, 자원 절약과 환경 보호를 목표로 한 공간 구도, 산업 구조, 생산 패러다임, 생활 패러다임을 형성하여, 평온하고, 조화롭고 아름다운 자연 그대로의 모습을 유지해야 한다.

중국 전국 생태환경보호대회에서 시진핑 총서기는 더 나아가, 새로

---

55 중공중앙 선전부, 『시진핑 총서기 시리즈 중요 연설문 독본(習近平總書記系列重要講話讀本) 2016년판』, 학습출판사·인민출판사, 2016년판, 134-135면.

운 시대를 겨냥한 생태문명 건설을 추진하는 데, 다음과 같은 원칙을 견지해야 한다고 지적했다. 첫째, 인간과 자연이 조화를 이루는 상생과 '절약, 보호, 자연 회복' 우선의 방침을 견지해야 한다. 둘째, '녹수청산이 곧 금산은산'이라는 자원 절약과 환경 보호를 위한 공간 구도, 산업 구도, 생산 패러다임, 생활 패러다임을 견지해야 한다. 셋째, 좋은 생태환경이 가장 보편적인 민생복지이며, 생태혜민(生態惠民), 생태이민(生態利民), 생태위민(生態為民)이라는 것을 견지해야 한다. 넷째, 산(山)·수·(水)·림(林)·전(田)·호(湖)·초(草)는 생명공동체로서, 전 방위, 전 지역, 전 과정에 걸쳐 생태문명 건설을 전개해야 한다. 다섯째, 가장 엄격한 제도와 가장 엄밀한 법치를 통해 생태환경을 보호하고, 강한 구속력과 절대로 닿을 수 없는 제도의 '고압선'을 만들어야 한다. 여섯째, 글로벌 생태문명 건설을 함께 도모하여 글로벌 환경 거버넌스에 깊이 참여해야 한다.[56]

개혁·개방 40주년 경축 대회에서 시진핑 총서기는 생태문명 건설을 강화해야 한다고 재차 강조했다. '녹수청산이 곧 금산은산'이라는 이념을 확고히 세워야 한다. 녹색 발전 패러다임과 생활 패러다임을 형성하고, 중국을 더욱 아름답게 건설하여, 인민들이 더욱 파란 하늘, 더 푸른 산, 더 맑은 물이 존재하는 아름다운 환경에서 살아가도록 해야 한다.[57]

---

56 「시진핑, 전국생태환경보호대회에서 오염방지 '공견전' 확실하게 추진하고, 생태문명건설을 새로운 단계로 추진할 것 강조, 리커창, 한정 연설문 발표, 왕양, 왕후닝, 자오러지 회의 참석(習近平在全國生態環境保護大會上強調 堅決打好汚染防治攻堅戰推動生態文明建設邁上新臺階 李克強韓正講話 汪洋王滬寧趙樂際出席)」, 『인민일보』, 2018년 5월 20일, 1면.

57 시진핑, 「개혁 · 개방 40주년 경축 대회에서의 연설(在慶祝改革開放 40周年大會上的講話)」, 『인민일보』, 2018년 12월 19일, 2면.

1. 사람과 자연의 조화로운 상생

녹색발전의 요지는 사람과 자연이 조화를 이루는 상생의 문제를 해결하는 것이다. 인류의 발전은 반드시 자연을 존중하고, 자연에 순응하며, 자연을 보호하는 가운데 이루어져야 한다. 그렇지 않다면 자연으로부터 보복을 당할 수 있다. 이는 누구도 거스를 수 없는 법칙이다.[58] 시진핑의 생태문명 사상은 세계화라는 배경 하에, 환경 위기에 대처하고, 경제 발전과 자원 환경 사이의 모순을 해소하고자 제기된 사상이다.

중국 국내적으로 볼 때, 녹색성장은 심각한 도전에 직면해 있다. 중국은 다년간의 급속한 성장을 통해 세계 2위 경제권으로 부상하며 '중국 기적'을 일궈냈지만, 이 과정에서 일련의 심층적인 갈등과 문제들도 누적되었다. 그 중 가장 두드러지는 갈등과 문제점은 바로 자원 환경 수용력이 한계에 이르렀다는 점이다. 투입이 많고, 소모가 크고, 심각한 오염을 유발하는 전통적인 발전 패러다임은 더 이상 지속 불가능하다. 시진핑 총서기는 "단순히 부양책과 정부가 경제에 대규모로 직접 개입하는 성장 방식에 의존하는 것은, 일시적인 해결책일 뿐, 근본적인 해결책이 될 수 없다"고 강조했다. 더욱이, "막대한 자원 소모와 환경 오염을 기반으로 이뤄낸 경제 성장은 오래가지 못할 것"이라고 강조했다.[59] 조방형 발전 패러다임은

---

58   시진핑, 「성부급 주요 지도자 간부를 대상으로 공산당 18기 5중전회 사상 학습·관철 특별 세미나에서의 연설(在省部級主要領導幹部學習貫徹黨的十八屆五中全會精神專題研討班上的講話)」, 『인민일보』, 2016년 5월 10일, 2면.

59   시진핑, 「개방형 세계 경제의 공동 수호 및 발전-G20 정상회의 회의에서의 세계 경제 추세에 관한 발언(共同維護和發展開放型世界經濟─在二十國集團領導人會議第壹階段會議上關於世界經濟形勢的發言)」, 『인민일보』, 2013년 9월 6일, 2면.

에너지와 자원의 소모를 감당할 수 없을 뿐만 아니라, 광범위한 스모그, 수질 오염, 토양 중금속의 기준치 초과 등 환경 문제를 부각시킨다. 여러 정황에서 드러나듯이, 샤오캉사회의 전면적인 건설에서 가장 큰 장애는 자원 환경이고, 가장 큰 걱정거리도 자원 환경이다. 녹색발전 이념의 제기는, 자원 환경이라는 장애를 극복하고, 인민의 '마음속 질환'을 제거하기 위한 당연한 요구이다. 이는 경제 구조를 조정하고 발전 패러다임을 전환하여 지속 가능한 발전을 이루기 위한 불가피한 선택이다.

녹색발전은 점차 세계적인 조류가 되고 있다. 현재 세계 각국은 '더위와 추위를 공유(環球同此涼熱, Warm and Cold We Share Together)'하는, 서로 의지하는 생태 운명 공동체가 됐다. 전 세계 온실가스 배출, 오존층 파괴, 화학 오염, 총부유 입자상 물질(TSP, Total Suspended Particles)[60] 기준치 초과, 생물 다양성 감소 등의 문제들이 점점 더 심각해지면서, 전 세계 생태 안전이 전례 없는 위협을 받고 있다. 생태문명 건설은 발전의 조류가 되었으며, 점점 더 많은 국가와 인민들의 공감대를 형성하고 있다.

시진핑 총서기는 "생태문명 건설은 인류의 미래가 걸린 문제다. 국제 사회와 협력해서 글로벌 생태문명 건설의 길을 모색해야 한다"[61]고 강조했다. 중국이 고도로 생태문명 건설을 중시하고, 녹색성장을 발전 전략과 발전 계획에 중요한 이념으로 포함시킴으로써 대국적 의무감과 책임감을 드

---

60 옮긴이 주: 공기 중에 떠다니는 약 100마이크로미터(㎛) 이하의 모든 부유 먼지를 말한다. 공기의 오염 정도를 나타내는 척도이다.

61 「시진핑, 제70회 UN 총회 일반 변론 참석해 중요 연설 발표, "UN 헌장 취지 및 원칙을 계승·발양하고, 상생협력이 핵심인 새로운 국제관계 형성, 인류운명공동체 건설할 것" 강조(習近平出席第七十屆聯合國大會壹般性辯論並發表重要講話強調 繼承和弘揚聯合國憲章宗旨和原則 構建以合作共贏為核心的新型國際關係 打造人類運命共同體)」, 『인민일보』, 2015년 9월 29일, 1면.

신시대 중국 특색 사회주의 정치경제학 구축

러냈다. 2015년 파리 기후변화 회의에서 시진핑 총서기는 각국 지도자들에게 중국 생태문명 건설의 기획과 실천을 소개하고, 녹색발전 이념을 재차 강조했다. 그는 중국이 국가 경제·사회 발전의 중·장기 계획에 기후변화에 대한 대응을 접목시켰다고 밝혔다. 또한, 기후변화를 늦추고, 새로운 변화에 적응해 가는 것을 견지함과 동시에, 법률, 행정, 기술, 시장 등 다양한 수단을 통해 각종 사업을 전력으로 추진해 나갈 것을 제안했다. 중국의 재생에너지 설비 용량은 전 세계 총량의 24%를 차지하고, 신규 설비는 전 세계 증가분의 42%를 차지한다. 중국은 현재 세계 에너지 절약과 신에너지 이용, 재생에너지 1위 국가이다. 중국은 '국가별 자발적 온실가스 감축 방안'[62]에서 2030년경 이산화탄소 배출이 최고조에 달할 것이기에, 이를 빠른 시일 내에 실현하겠다고 밝혔다. 또한, 2030년 단위 국내총생산(GDP) 대비 이산화탄소 배출은 2005년보다 60~65% 감소시키고, 비화석 에너지가 1차 에너지 소비량에서 차지하는 비율을 20%가량 늘리겠다고 밝혔다. 그 밖에, 삼림 축적량은 2005년보다 45억m3가량 늘리겠다고 밝혔다.[63]

62　옮긴이 주: 유엔기후변화협약(UNFCCC) 당사국들은 온실가스 배출량을 줄이기 위해 자발적으로 온실가스 감축 목표치를 정해 '국가별 자발적 온실가스 감축 방안(Intended Nationally Determined Contributions, INDCs)'을 제출했다.

63　시진핑, 「협력·상생의 공평하고 합리적인 기후변화 관리 메커니즘 함께 구축하자-파리 기후변화회의 개막식 연설에서(攜手構建合作共贏, 公平合理的氣候變化治理機制—在氣候變化巴黎大會開幕式上的講話)」, 『인민일보』, 2015년 12월 1일, 2면.

2. 보호와 발전의 관계

개혁·개방 이래 중국의 경제 발전은 세계의 이목을 끄는 역사적 성과를 거두었으며, 불과 40년 만에 선진국이 100여 년에 걸쳐 이룬 산업화와 도시화 과정을 거쳤다. 그러나, 동시에 자원 환경의 대가도 톡톡히 치렀다. 40년 간의 압축성장속에서, 중국의 농산물, 공산품, 서비스 제품의 생산능력은 급속히 확대되었지만, 양질의 생태제품을 공급하는 능력은 오히려 약화되었다. 대량으로 축적된 생태환경 문제는 이미 미래 발전에 있어 가장 취약한 부분이 되었다. 현재 중국의 환경 수용 능력은 이미 상한선에 도달했거나 거의 근접한 상태이다. 자원 제약이 갈수록 악화되고 있고, 환경 오염은 심각하며, 생태계 악화 문제도 위급하다. 이러한 생태환경 분야의 불균형과 부조화, 지속 불가능한 상황은 결코 과소평가되어서는 안 된다.

경제학에서는 환경에 대한 분석이 부정적 외부효과(negative externalities)에 집중되어 있다. 이 개념은 마셜과 피구가 20세기 초에 제시한 것이다. 부정적 외부효과란, 한 경제 주체가 자신의 활동에서 방관자에게 불이익을 주는데, 그 피해가 고스란히 경제 주체 본인에게 돌아가는 것을 의미한다. 그리고 이것은 시장에서 공기오염, 수질오염과 같은 부정적 외부효과를 가지고 있는 제품의 공급 과잉을 초래한다.[64]

생태보호의 성장까지 말할 필요 없이, 인간의 복지를 직접적으로 줄이는 경제 성장은 당연히 부담으로 작용할 수밖에 없다. 40년 간의 압축성장으로 인해, 100~200년에 걸쳐 선진국에서 나타났던 환경 문제는 단기간

---

64   [미국] 스티클리츠, 바이스, 『경제학(經濟學)』(상), 중국인민대학교출판사, 2010년판.

에 중국에서 집중적으로 나타났다. 자원환경의 규제는 중국 경제의 급속한 성장을 가로막는 장애가 되었다. 신흥경제권들의 산업화 단계가 갈수록 확대되면서, 이로 인한 구속력은 중국의 숨통을 점점 더 조일 것이다. 시진핑 총서기는 "중국은 생태환경에 부채가 너무 많다"며 "이제라도 이 사업을 제대로 이행하지 않는다면, 훗날 더 큰 대가를 치르게 될 것"이라고 지적했다.[65]

선진국에 비해 중국 경제의 발전 수준은 여전히 낮고, 발전 불균형 현상은 여전히 두드러진다. 특히, 대량 빈곤 인구의 존재는 샤오캉사회의 전면적인 건설에 있어 취약한 부분으로 꼽힌다. 그러나 한 곳에 집중되어 있는 특수 빈곤 지역과 국가 빈곤퇴치 개발 중점현은 대부분 생태환경에 있어 민감하고 취약하다. 즉, 발전에 대한 염원이 간절하고 보호와 발전 사이의 갈등이 두드러지는 지역이다. 그들 지역의 문제들을 해결하기 위해서는 발전에 의지해야 한다. 그러나 생태환경 파괴를 대가로 하여 발전이 이루어진다면 지속 불가능하게 된다. 단기적인 경제적 수익이 생태환경 파괴에 따른 장기적인 손실보다 훨씬 적을 것이다.

이에 대해 2005년 당시 저장(浙江)성 당서기였던 시진핑 총서기는 "녹수청산이 곧 금산은산"이라고 언급했다. 2013년 시진핑 총서기는 여기서 더 나아가 "우리는 녹수청산도 원하고 금산은산도 원한다. 금산은산보다는 차라리 녹수청산이 더 낫다. 녹수청산이 바로 금산은산이다"라고 지적했다. 2016년 시진핑 총서기는 더 나아가 "생태 환경에는 대체품이 없다.

---

65   중공중앙 선전부, 『시진핑 총서기 시리즈 중요 연설문 독본(習近平總書記系列重要講話讀本) 2016년판』, 학습출판사·인민출판사, 2016년판, 234-235면.

사용할 때 그 소중함을 깨닫지 못하고 잃어버리면 생존하기 어렵다. 환경이 바로 민생이고, 청산은 아름다움이며, 파란 하늘은 행복이고, 녹수청산은 금산은산이다. 환경 보호는 바로 생산력을 보호하는 것이고, 환경 개선은 바로 생산력을 발전시키는 것이다"[66]라고 강조했다. 변증적 사고가 충만한 이런 중요한 논술은 생태 환경과 생산력 간의 관계를 깊이 있게 규명한다. 이는 경제 법칙과 자연 법칙에 대한 존중의 구현이며, 생산력 이론에 있어 중대한 발전이다. 여기에는 자연을 존중하고 인간과 자연의 조화로움을 도모하는 가치 이념과 발전 이념이 담겨있다. 경제 성장과 생태 환경의 관계에 관해서는, 줄곧 "선 발전, 후 관리" 또는 "발전과 더불어 관리한다"라는 말이 존재해왔다. 이는 둘 사이의 일종의 대립 관계를 보여준다. 사실상 더 높은 차원에서 보자면, 생태 환경과 경제 발전은 상부상조의 관계이다. 생태 환경 개선은 곧 생산력의 발전이다. 환경 보호와 생태문명 건설에 중점을 둔다면, 경제·사회 발전을 촉진할 수 있다.

환경 보호와 경제 발전의 관계를 잘 처리하는 근본은 경제 패러다임의 전환과 성장 동력의 전환을 실현하는 데 있다. 그러나, 지방 정부도 기업도 환경보호 장려 조치에 있어 목표와는 여전히 모순되는 부분이 존재한다. 따라서, 새로운 성장 동력이 아직 형성되지 못한 상황에서 성장 목표와 환경 보호 목표가 일치하지 않는 상황이 발생할 수 있다.

현재 중국의 일부 중서부 지역은 중국 전역의 성장 속도보다 높다. 그러나 이는 기존 연해지역의 발전 패러다임을 복제하고 있는 것에 지나

---

66 시진핑, 「성부급 주요 지도자 간부를 대상으로 공산당 18기 5중전회 사상 학습·관철 특별 세미나에서의 연설(在省部級主要領導幹部學習貫徹黨的十八屆五中全會精神專題研討班上的講話)」, 『인민일보』, 2016년 5월 10일, 2면.

신시대 중국 특색 사회주의 정치경제학 구축

지 않는다. 다시 말해, 환경 오염과 환경 보호의 부진도 이미 발달한 지역들을 앞서가고 있다. 환경 보호라는 목표와 경제 발전이라는 목표는 현실에서 모순되고 있다. 따라서, 경제 발전 패러다임의 전환을 가속화하는 것이 근본적인 해결책이다. 만약, 경제 발전 패러다임이 바뀌지 않는다면, 법을 아무리 강하게 집행하더라도, 수천만 투자자와 기업의 인센티브 메커니즘과 일치하지 않는다면, 결코 구속할 방법이 없을 것이다. 그러므로, 녹색발전이 더 이상 '비용'이 아닌 '발전의 기회'가 될 수 있도록, 반드시 이에 필요한 메커니즘을 창조해야 한다.[67]

이에 따라, 시진핑 총서기는 공산당 19대 보고문에서 두드러지는 환경 문제를 해결하는 데 주력할 것을 명시했다. 주요 임무에는 다음 여섯 가지가 포함된다. 첫째, 전체 인민이 공동으로 관리하고, 근원적으로 예방하며, 대기 오염 예방 활동을 지속적으로 실시하여, 푸른 하늘을 지켜내야 한다. 둘째, 수질 오염 예방을 가속화한다. 하천 유역의 환경과 해안에 인접한 지역에 대하여 종합적으로 관리한다. 셋째, 토양 오염 관리 및 복구 사업을 강화한다. 농업 지역 오염 예방을 강화하고, 농촌 주거 환경 정비 활동을 전개한다. 넷째, 고체 폐기물과 쓰레기 처리를 강화한다. 오염 배출 표준을 제고하고, 오염 배출에 대한 책임을 강화한다. 환경 보호 신용 평가, 강제성을 띠는 정보 공개, 엄중 처벌 등 제도를 정비한다. 다섯째, 정부가 주도하고, 기업이 주체가 되고, 사회 단체와 대중이 공동 참여하는 환경 거버넌스 체계를 구축한다. 여섯째, 국제 환경 관리에 적극적으로 참여하

---

67 「전국인민대표대회 상무위원회 분과, 환경보호법의 집행·검토 보고서 심의 "환경종합관리의 추진 역량 강화할 것" 지적(全國人大常委會分組審議環境保護法執法檢查報告 委員指出要以更大力度推進環境綜合治理)」, 『법제일보(法制日報)』, 2016년 11월 4일, 2면.

고, 오염물질 배출 감소에 대한 약속을 실행한다.

3. 녹색 저탄소 순환발전

녹색 저탄소 순환발전은 현재의 과학기술 혁명과 산업 변혁의 방향이며, 가장 유망한 발전 분야이다. 세계 각국이 저탄소 기술과 관련된 인프라와 산업에 막대한 투자를 하고 있는 가운데, 녹색 저탄소 순환발전은 국가 경쟁력의 핵심 영역이다. 역사상 발생한 몇 차례의 주요 변혁을 보면, 이전의 산업혁명들과는 달리, 녹색혁명은 전방위적인 변혁이 될 것이다. 이는 1970년대 이래의 자본주의 발전 모델에 대한 자아 인식이자 자각적인 초월이었다. 따라서, 경제 발전 모델과 자연 자원, 생태 환경 간의 발전 패러독스를 근본적으로 해소해야 한다. 이는 주류 경제학에서의 전통적인 생산 함수에 대한 새로운 정의이다. 이를 통해 새로운 녹색 생산 함수를 형성하며 '자연 요소 투입'에서 '녹색 요소 투입'으로의 도약을 이루어야 한다.

녹색발전은 질 높은 현대적 경제 시스템을 구축하기 위한 불가피한 요구이며, 오염 문제의 근본적인 해결책이다.[68] 녹색발전과 녹색 부국(富國)의 추진을 위해서는, 경제 발전 모델을 저비용 요소를 투입과 높은 생태 환경을 대가로 하는 '조방' 모델에서 혁신발전과 녹색발전의 '이륜 구동' 모

---

[68] 「시진핑, 전국생태환경보호대회에서 오염방지 '돌격전'을 확실하게 추진하고, 생태문명 건설을 새로운 단계로 나아가도록 할 것 강조, 리커창, 한정 연설문 발표, 왕양, 왕후닝, 자오러지 회의 참석(習近平在全國生態環境保護大會上強調 堅決打好汙染防治攻堅戰推動生態文明建設邁上新臺階 李克強韓正講話 汪洋王滬寧趙樂際出席)」, 『인민일보』, 2018년 5월 20일, 1면.

델로 전환해야 한다. 에너지 자원 이용을 저효율·고배출형에서 고효율·녹색·안전형으로 전환하고, 에너지 절약·친환경 산업의 급속한 발전을 이루어야 한다. 순환 경제가 한층 더 촉진되고, 산업 클러스터의 녹색 업그레이드 과정이 더욱 가속화해야 하며, 녹색·스마트 기술이 더욱더 확산되고 응용되어야 한다. 이로부터, 녹색 제조업과 녹색 서비스업을 일구어 '금산은 산도 원하고, 녹수청산도 원한다'라는 계획을 실현해야 한다. 종합적으로 말해서, 녹색발전은 중국이 새로운 공업화의 길을 걷고, 경제 구조를 최적화하며, 경제 발전 패러다임을 전환하는 중요한 동력이다. 녹색발전은 중국을 부강으로 이끄는 강력한 버팀목의 역할을 할 수 있다.

공산당 19대 보고문에 따르면 녹색발전은 다음 네 가지 영역을 추진하는 데 주력해야 한다. 첫째, 녹색 생산 및 소비를 위한 법적 제도와 정책 가이드의 구축을 가속화하고, 녹색 저탄소 순환발전을 위한 경제 시스템을 구축해야 한다. 둘째, 시장을 선도하는 녹색기술 혁신 체계를 구축하고, 녹색금융을 발전시켜, 에너지 절약 친환경 산업, 청정 생산 산업, 청정에너지 산업을 키워야 한다. 셋째, 에너지 생산과 소비 혁명을 추진하여, 청정 저탄소와 안전하고 효율적인 에너지 체계를 구축해야 한다. 넷째, 자원의 전면적인 절약과 재활용을 추진하여 국가 차원의 절수를 실시하고, 에너지 소비 및 물자 소모를 낮추어, 생산 시스템과 생활 시스템의 순환 링크를 구축해야 한다. 합리적으로 절약하는 녹색 저탄소 생활 패러다임을 제창하고, 사치 및 낭비와 부조리한 소비에 반대하며, 절약형 기관, 녹색 가정, 녹색 학교, 녹색 커뮤니티와 녹색 외출 등의 활동을 전개해야 한다.

결국, 녹색 저탄소 순환발전의 관건은 녹색 생산 패러다임과 녹색 생활 패러다임의 형성을 적극적으로 추진하는 것이다. 우선, 녹색 생산 패러다임을 추진하면, 과학기술 함량이 높고 자원 소비량이 낮으며 환경 오염이 적은 산업 구조를 구축할 수 있다. 이로부터, 녹색산업의 발전을 가속화하고 경제·사회 발전의 새로운 성장 포인트를 형성해야 한다. 녹색산업은 오염을 적게 발생시키거나 심지어는 오염이 없는 인류 건강에 좋은 청정 제품 및 서비스를 제공하는 데 주력하는 산업을 뜻한다. 친환경 산업, 청정 생산 산업, 녹색 서비스업 등이 여기에 포함된다. 녹색산업을 발전시키고, 유해 원료의 사용은 최대한 자제해야 한다. 생산 과정에서의 자재와 에너지 낭비를 줄이고, 자원 이용률을 높여야 한다. 폐기물 배출량을 줄이고, 폐기물 처리를 강화해야 한다. 제품 설계, 생산 개발에서 제품 포장, 제품 유통에 이르는 전체 산업 사슬의 녹색화를 추진해야 한다. 이는 생태시스템과 경제시스템의 선순환을 실현하여, 경제 효익, 생태 효익, 사회 효익의 유기적 통합을 실현한다.

다음으로, 에너지 절약과 친환경 산업을 대대적으로 발전시켜야 한다. 이을 위해서, 녹색 친환경 표준의 적용 범위를 확대해야 한다. 에너지 절약을 위한 친환경 선진 기술 장비의 보급을 지원하고, 에너지 계약 관리 및 환경 오염 제3자 관리(TPA, Third Party Administrator)를 광범위하게 전개해야 한다. 건축 영역 에너지 절약 및 개선의 강도를 높이고, 전통 제조업의 녹색 개조를 가속화해야 한다. 전체 인민을 대상으로 에너지 절약·절수 행동을 전개하고, 쓰레기 분리수거를 추진하며, 재생 자원의 회수·이용 네트워크를 완비해야 한다. 이로부터 에너지 절약 및 친환경 산업을 중국 발전의 지주 산업 중 하나로 육성해야 한다.

마지막으로, 녹색 생활 패러다임을 적극적으로 육성해야 한다. '근검 절약하는 녹색 저탄소의 문명적이고 건강한' 생활 패러다임 및 소비 모델을 강력히 주창하여 녹색 생활 패러다임을 일상 생활의 세부적 부분에서부터 구현해야 한다. 자각적으로 다양한 형태의 사치와 낭비, 불합리한 소비를 스스로 견제하고 반대하도록 녹색 생활 활동을 광범위하게 전개해야 한다. 에너지 절약, 친환경 저탄소 제품을 구매하도록 적극 유도하고, 녹색 저탄소 외출, 녹색 생활 및 여가 방식을 주창해야 한다. 사회구성원 개개인이 자발적으로 녹색 발전과 녹색 소비, 녹색 생활 패러다임에 참여하도록 유도해야 한다.

4. 환경 거버넌스 체계 완비

녹색발전은 완벽한 환경 거버넌스 체계로부터의 보장을 필요로 한다. '13.5' 규획은 최초로 엄격한 환경 보호 제도를 규획에 포함시킬 것을 건의했다. 시진핑 총서기는 공산당 19대 보고문에서 생태환경 감독·관리 체제를 개혁하겠다고 명시했다. 효과적인 제도 건설은 중국 생태문명 건설의 장애를 제거하고 발전을 보장할 수 있다. 이는 경제·사회 발전의 검증 평가 제도에 관계될 뿐만 아니라, 전반적인 자원 생태 환경 관리 제도 역시 포함한다.

(1) 자연자원 자산 재산권 제도를 건전히 하다

자연자원 자산의 범위는 비교적 넓다. 주로 광산, 강·하천, 삼림, 산, 초원, 황무지, 바다, 갯벌 등 중국 전역 국토 공간의 다양한 자연자원 자산을 포함한다. 그러나 오랫동안 중국의 자연자원 자산 관리에는 문제점이 존재해왔다. 소유자가 명확하지 못하고, 소유권 경계가 모호하다. 또한, 재산권 관계가 명확하지 않고, 재산권 경계가 모호하다. 이러한 일련의 문제들로 인해, 생태 환경 보호에 있어 많은 문제들이 야기되고 있다. 정부 관리 차원에서 보면, 기능별 부서와 지방정부 간 감독·관리 책임을 이행하기가 쉽지 않은 상황이다. 부서와 지방정부 사이에 감독·관리의 '사각지대'가 형성되어, 감독·관리 부재 현상이 자주 발생한다. 시장 차원에서 보면, 자연자원 자산 배치에서 시장이 역할을 발휘하기 어렵고, 이는 자연자원 자산에 대한 효율적인 이용을 저해한다.

따라서, 귀속 관계가 분명하고, 권리와 책임이 명확하며, 감독관리가 효율적으로 이루어지는 자연자원 자산 재산권 제도의 구축이 필요하다. 쉽게 말해, 자연자원 자산의 '소유자', '관리자', '사용자'가 명확하게 구분되어야 한다.

시진핑 총서기는 공산당 19대 보고문에서 생태문명 건설의 총체적 설계와 조직적 지도를 강화해야 한다고 지적했다. 국유 자연자원 관리와 자연생태 감독·관리 기구를 설치하고, 생태환경 관리 제도를 완비해야 한다. 또한 전 인민의 자연자원 자산 소유자로서의 책임, 모든 국토 공간 용도에 대한 통제와 생태계 보호 및 복구에 대한 책임, 도시와 농촌의 각종 오염 물질 배출 및 행정·법 집행에 대한 책임을 통일적으로 행사해야 한다. 이러한 제도의 구축 및 완비를 통해 '공유지의 비극'을 피하고, 책임 주체를 명확히 할 수 있다. 이를 통해, 자연자원 보호에 대한 감독·관리를 강화해야 한다. 한편으로, 자산권 등기·등록을 분명히 하고, 경계를 명확하게 하며, 자연자원 자산에 대한 소유권을 통일적으로 행사하는 독립적 기구를 설립해야 하며, 다른 한편으로는, 생태환경 보호의 '외부성' 문제를 단계적으로 해결해야 한다. 소유권과 사용권의 분리를 추진함으로써 유상 양도 제도를 수립해야 한다. 분명한 재산권을 통해 시장의 역할이 점차 드러나게 될 것이며, 자연자원 자산에 대한 재산권 거래와 효율적인 이용은 향후 넓은 시장 전망을 갖게 될 것으로 추론해 볼 수 있다.

(2) 국토 공간개발 보호 제도 및 공간계획 체계를 수립하다

국토 공간개발 보호 제도와 공간계획 체계는 한 지역의 자원 이용 방식, 생태 보호 정도, 경제 발전 패러다임을 구현한 것이다. 중국은 장기적인 경제 성장에서 무엇이든지 '크고 완전한'것을 선호하여, 개발의 강도가 과도하게 컸다. 이 때문에 중국의 많은 지역에서 생태 환경 문제가 양산되었다. 자원 및 공간 활용 방식이 지나치게 조방적이고, 공간계획도 불합리했기 때문이다. 한 지역의 발전 모델 및 발전 계획은 반드시 그 생태 환경 수용력에 적합해야 한다. 이는 공급과 수요가 서로 균형을 이루어야 한다는 단순한 이치이다.

이러한 문제를 해결하기 위해서, 시진핑 총서기는 공산당 19대 보고 문에서, 국토 공간개발 보호 제도를 구축하고, 주체기능지구[69] 관련 정책을 보완하며, 국립공원을 주체로 하는 자연보호지 체계를 구축해야 한다

---

69 옮긴이 주: '주체기능지구'란 각기 다른 지역의 자원환경 수용 능력, 기존 개발 밀도, 발전 잠재력 등에 기초하여 특정 구역을 특정 주체기능 유형으로 지정한 일종의 공간 단위이다. 지역별로 해당 지역을 대표하는 핵심기능이 곧 주체기능이라고 할 수 있다. 이는 각지가 서로 분업·협력하여 공동부유와 공동발전을 실현하기 위한 것이다. 핵심(주체)기능은 자체적 자원 환경 요건과 사회·경제 기반에 의해 결정된다. 주체기능에 따라 지구 유형이 달라지는데, 크게 공산품과 서비스 제품의 제공을 주체기능으로 하는 도시화지구, 농산물의 제공을 주체기능으로 하는 농업지구, 생태제품의 제공을 주체기능으로 하는 생태지구 등으로 나눌 수 있다.

고 지적했다. 업무의 중점은 첫째, 국토 공간개발 보호 제도를 확립하고, 생태 보호의 레드라인을 설정하여, 엄격히 지켜야 한다. 둘째, 주체기능지구 건설을 계기로, 공간계획 체계를 수립하고 '각종 규제의 통일'을 추진한다. 생태 보호의 레드라인을 설정하고 엄수하는 것은, 그동안 개발을 위해 중요한 생태구역의 경계를 계속 후퇴시켰던 상황을 변화시켜, 규정된 구역에서 규정된 개발 활동을 하는 것을 뜻한다. 또한, 각종 규제의 통일을 추진하는 것은, 계획이 진정한 권위성을 가질 수 있도록, '한 장의 청사진으로 끝까지 관철·집행하는 것'을 실현하는 것이다. 이러한 제도적 확립을 통해, 국토 공간의 질서 있는 개발이 이루어지고, 발전의 지속성과 지역간 균형성이 보장될 수 있다.

(3) 자원을 절약하며 이용하는 것을 추진하다

자원은 경제·사회 발전의 전략적 보장이다. 불완전한 자원 관리 방식, 불합리한 자원 이용 방식은 모두 생태문명 건설의 진전을 저해하고, 발전의 질을 떨어뜨린다. 중국은 자원 대국이지만 자원 강국은 아니다. 오랫동안 자원을 조방적으로 이용했고 사용 낭비가 많은 편으로, 절약과 집약적인 이용 정도가 낮다. 이에 따라 중앙정부는 다음 세 가지를 제기했다. 첫째, 토지, 물, 에너지 등 자원에 대한 엄격한 보호제도를 건립해야 한다. 둘째, 토지, 물, 에너지에 따라 총량 통제 제도를 건립해야 한다. 셋째, 자원 보호 원가, 훼손 원가 등 요소를 자원 사용 가격에 반영하여, 보다 완전한 가격 형성 메커니즘을 확립해야 한다. 이러한 제도를 수립함으로써, 한편으로는 '자원 절약'을 통한 '오염 감소'를 실현하고, 자원 사용량, 낭비량, 오염물 배출량을 줄일 수 있고, 그로부터 오염 방지에 대한 부담도 줄일 수 있다. 다른 한편으로는, 자원 '방어벽'을 구축함으로써, 에너지 소모량이 많고, 효율이 낮은 기업들을 도태시키고, 산업 업그레이드와 세대 교체를 추진해 에너지소모량이 적고, 효율이 높은 기업들에 더 넓은 시장 전망을 제공해줄 수 있다.

(4) 정부와 시장이 협력하여 환경 거버넌스를 강화하다

환경 거버넌스를 강화하려면 정부와 시장의 협력이 필요하며, 단순히 정부에만 의존하는 규제와 조정으로는 부족하다. 정부 역량을 제대로 발휘하려면, 시장 메커니즘과의 결합도 필요하다. 정부 직책은 다음 네 가지 측면을 포함하고 있다.

첫째, 생태보호 레드라인을 설정한다. 생태보호 레드라인은 생태환경의 안전 베이스라인이다. 가장 엄격한 생태보호제도의 수립을 목적으로 하며, 생태기능 보장, 환경 품질 안전과 자연자원 이용 등에서 보다 높은 감독·관리를 요구한다. 이로부터 인구, 자원, 환경이 서로 균형을 이루고, 경제·사회의 생태적 효익이 서로 일치하도록 촉진한다. 생태기능 보장 베이스라인에는 개발 금지 구역 생태 레드라인, 중요 생태기능구 생태 레드라인, 민감·취약한 생태지역 레드라인이 포함된다. 환경 품질 안전 베이스라인은 인민이 신선한 공기를 마시고, 깨끗한 물을 마시고, 안심할 수 있는 음식을 먹는 것이다. 인간의 생존을 위한 기본적인 환경 품질 수요를 보장하는 '안전선'에는 '환경품질 표준 달성' 레드라인, '오염물 배출 총량 관리' 레드라인과 환경리스크 관리 레드라인 등이 포함된다. 자연자원 이용 상한선은 자원의 에너지 절약을 촉진하고 에너지, 물, 토지 등 자원의 효율적인 이용을 보장한다. 이는 넘어서는 안 되는 최대 한계치이다.

둘째, 생태 보상 메커니즘을 보완한다. '누가 개발하고 누가 보호하는가', '누가 수혜를 받고 누가 보상하는가'에 대한 원칙에 따라 국가중점 생태기능지구에 대한 이전지급을 확대해야 한다. 국가생태보상특별기금을 설립하고, 자원형 기업의 지속 가능한 발전준비금 제도를 시행하며, 시장화된 생태보상 메커니즘 방식을 적극적으로 모색한다. 생태 보상 메커니즘의 적용 범위를 확대하고 모든 생태시스템으로 확장시킨다. 생태 보상의 원칙, 주체, 보상 대상, 보상 근거, 보상 방법, 자금 조달, 자금 관리 등의 문제를 명확히 구분한다. 생태 보상에 관한 법률·법규를 보완하고 생태 보상의 집행·감독을 강화한다.

셋째, 오염물 배출 허가제를 보완한다. 간단히 말해서, 허가 없이 마음대로 오염물을 배출하는 것을 금지한다. 오염물 배출은 반드시 허가를 받아야 하며, 반드시 법에 근거해서 배출해야 한다.

마지막으로, 생태환경 손해배상 제도를 엄격히 시행한다. 즉, 기업 등 생산자가 생태환경을 훼손하면, 훼손 정도 등에 따라 손해 배상을 해야 하고, 특히 심각한 경우 형사 책임까지 물어야 한다.

정부가 능동적으로 시장 기능을 활용하는 것은 다음 세 가지 측면에서 인식할 수 있다. 첫째, 자원형 제품과 요소에 의한 가격 형성 메커니즘을 보완한다. 토지, 물, 화석 자원 등 자연자원 요소의 가격 개혁을 추진한다. 시장 수급, 요소 희소성, 환경 보호 요구를 반영하는 가격 형성 메커니즘을 구축한다. 자원형 제품과 요소의 배치에서 시장의 주도적 역할을 확립하며, 유연한 경제 레버리지 체계를 형성하여, 자원배치 효율과 사용 효율을 제고해야 한다.

둘째, 환경 관리와 생태 보호 시장 체계를 육성하여 친환경 시장을 발전시킨다. 시장 주체와 시장 시스템의 성장이 정체되는 상황을 변화시켜야 한다. 특히 인민 경제에 대한 친환경 산업의 낮은 기여도, 발달되지 못한 환경 서비스업, 저차원의 산업, 시장 규범의 미흡 등 문제들을 개선해야 한다.

마지막으로, 탄소 배출권 거래 시장과 거래 제도를 보완한다. 탄소 배출은 현재 지구의 기후와 환경에 영향을 미치는 매우 중요한 요소 중 하나이다. 탄소 배출권 거래는 기후 변화를 늦추기 위한 국제 협력을 실현하는 중요한 메커니즘이자 중국 국내의 탄소 배출을 통제하는 중요한 수단이다. 세계 경제에 큰 영향을 미치는 경제권 중 하나로서, 중국은 국내에서 탄소 배출권 거래 시장을 구축해야 할 뿐만 아니라, 각 성(省), 시(市), 구(區) 사이의 시장과 중국 국내 중점 업종의 대기업·중견기업 사이의 시장도 포함시켜야 한다. 그리고 유럽연합, 아시아-태평양 등지와 협력하는 탄소거래 시장도 구축해야 한다. 즉, 정부 규제 뿐만 아니라 시장 메커니즘의 역할도 충분히 발휘해야 한다는 것이다. 정부와 시장이라는 두 가지 수단의 상호 조율, 상호 협력을 통해 생태환경을 관리에 있어 힘을 합쳐야 한다. 이로부터, 생태문명 건설의 요구에 부응하는 환경 관리 체계를 구축할 수 있다.

(5) 생태환경 보호 책임제를 실시하다

오랫동안, 중국의 일부 지방 당위원회와 정부는 경제 발전에 있어서 단순히 GDP의 양적성장을 추구해 왔고, '금산은산'을 위해서 '녹수청산'을 파괴해왔다. 단기적으로는 경제가 성장했고 세수가 늘었으나, 환경 오염, 생태 파괴, 자원 고갈을 낳았다. 이에 엄청난 정력과 막대한 자금을 쏟아 생태 환경을 회복시키고 복원시켜야 했다. 이는 경제적으로 큰 이익을 얻었지만, 큰 손해를 본 것과 마찬가지다. 이러한 현상을 초래한 원인은 다양하다. 부실한 발전 실적 평가 체계, 보호 감독·관리 책임제 부재, 훼손 책임 추궁 부재 등이 주요한 원인이다. 따라서, 생태문명 제도 건설에 있어 돌파구를 찾으려면 다음과 같이 생태환경 보호에 관한 지방 당위원회와 정부의 생태환경 보호 책임제를 명확히 해야 한다.

첫째, 공산당과 정부가 공동으로 책임을 지는 것을 명확히 해야 한다. 지방 당위원회와 정부 지도부 구성원의 생태문명 건설 '일강雙책제(一崗雙責制)'[70]를 시행하고, 책임 분담 대상을 명확히 한다. 둘째, 단순히 GDP를 기준으로 하는 발전 평가 메커니즘을 점진적으로 바꾸어야 한다. 생태문명 건설 목표에 대한 평가·심사 방법을 마련함으로써, 자원 소모, 환경 피해, 생태 효익을 경제·사회 발전 평가 체계에 포함시키고, 차별화된 실적 평가 심사를 실시한다. 셋째, 생태환경 훼손 책임을 평생 추궁하는 것이다. 간부들이 퇴임할 때 자연자원 자산 감사를 진행하고, 임기 내 자연자원 자산 관리 업무에 대한 이행 정황을 객관적으로 평가하는 것이다. 생태환경 훼손을 초래한 책임을 추궁하고, 이런 간부들이 '오점을 달고 선발 혹은 재임용' 되지 않도록 한다. 또한, 일부 생태환경의 훼손에 대한 해결이 정체된 상황을 충분히 고려하여, 심각한 결과를 낳은 지도층 간부들에게 평

---

70 옮긴이 주: '일강(一崗)'은 지도 간부의 직무에 상응하는 직책을 말한다. '쌍책(雙責)'은 한 지도 간부가 이미 소속된 직위에 대하여 책임을 지는 동시에, 해당 직위에서의 당풍염정건설(黨風廉政建設: 청렴한 정치 풍토를 건설) 책임제에 따르는 책임 역시 부담하는 것을 말한다. 즉, '일강쌍책제'란 한 부서의 지도 간부는 마땅히 해당 부서의 업무와 당풍염정건설 책임을 이중으로 부담해야 함을 뜻한다.

생 책임을 추궁함으로써, 임기 내 정책 결정들에 대해 '긴고아(緊箍兒)'[71]를 씌워야 한다.

(6) 환경정보 공개 제도를 건전히 하다

생태환경 모니터링 네트워크를 보완하고 환경정보 공개 제도를 건전히 해야 한다. 환경보호에 과학적 근거를 제공하고 '정부 주도, 부서 협동, 사회 참여, 대중 감독'이라는 환경 거버넌스의 새 구도를 형성해야 한다. 과학기술 혁신과 기술 진보를 특히 중시하고 그에 의존해야 한다. 또한, 생태환경 모니터링 입체화, 자동화, 지능화 수준을 향상시키고, 중국 전역에 걸쳐 생태환경 모니터링 데이터 네트워크 공유를 추진해야 한다. 그 밖에, 생태환경 모니터링 빅데이터 분석을 실시하고, 생태 환경 모니터링과 감독·관리 사이의 효율적인 연동을 실현해야 한다.

일부 환경 정보의 경우 공개되지 않거나, 완전히 공개되지 않거나, 제 때에 공개되지 않아서 종종 '정보 블랙홀'과 '정보 사각지대'가 조성되기 쉽다. 진실이 적시에 대중에게 전달되지 않아, 일부 단편적이거나 편파적이고 심지어 잘못된 시각들이 쉽게 확산되고 증폭된다. 그러한 정보들이 여론의 고지를 점령하면 대중의 인식과 판단에 영향을 미쳐 불신을 가중시킨다. 따라서, 환경 정보 공개 제도를 건전히 함으로써, 대중이 적시에, 정확하게 환경 정보를 파악할 수 있게 해야 한다. 또한, 대중이 적극적으로 환경보호에 참여하도록 유도해야 한다. 환경 위법 행위를 '양지'에 노

---

[71] 옮긴이 주: 서유기(西遊記)에서 삼장 법사(三藏法師)가 손오공(孫悟空)의 머리에 씌운 금테로, 사람을 구속·속박하는 사물이나 수단을 비유한다.

출시켜, 대중의 신뢰도를 높이고, 생태문명 건설에 긍정적인 역할을 하도록 해야 한다.

제5절 개방발전

　개방은 국가의 번영·발전에 있어 반드시 거쳐야 하는 길이다. 가장 중요한 것은 발전의 내외 연동 문제를 해결하는 것이다. 대외 개방의 내실을 다지고 대외 개방의 수준을 높이며, 전략적 상호 신뢰, 경제 무역 협력, 인문 교류를 함께 추진해야만 대외 개방의 새로운 지평을 열 수 있다. 또한, 심도 있고 융합된 상호협력 구조를 형성할 수 있다. 개방발전 이념을 수립하려면, 반드시 중국 경제가 세계 경제에 깊이 융합되는 추세에 순응해야 한다. 서로 '윈-윈'할 수 있도록, 상호 이익을 얻고 상생하는 개방 전략을 견지해야 한다. 내수와 외수의 조화, 수출입의 균형, 외자도입 정책(引進來)과 해외투자 정책(走出去)을 동시 중시를 추구해야 한다. 또한 투자 유치·기술 도입·인재 유치를 병행해야 한다. 한층 더 높은 개방형 경제로 발전시키고, 글로벌 경제 거버넌스와 공공재의 제공에 적극 참여해야 한다. 글로벌 경제 거버넌스에 있어 중국의 제도적 발언권을 높이고, 광범위한 이익 공동체를 구축해야 한다.[72]

72　중공중앙 선전부, 『시진핑 총서기 시리즈 중요 연설문 독본(習近平總書記系列重要講話讀本) 2016년판』, 학습출판사·인민출판사, 2016년판, 131-136면.

1. 국가 번영 · 발전의 필수 과정

개방발전은 발전의 내외 연동 문제를 해결하는 데 중점을 두고 있다. 개혁·개방 40년의 실천에서 알 수 있듯, '개방'은 진보를 불러오고, '폐쇄'는 퇴보를 불러온다.[73] 개방은 국가의 번영을 위해 반드시 거쳐야 할 길이다. 한 나라가 성장하기 위해서는 반드시 주동적으로 경제 세계화의 조류에 발맞춰, 인류 사회가 창조해낸 선진 과학기술의 성과와 유익한 관리 경험을 충분히 활용해야 한다. 문제는 한 나라가 대외 개방을 하느냐 여부에 있는 것이 아니라, 어떻게 대외 개방의 질과 발전의 내외 연동성을 높이는가에 있다. 대외 개방을 끊임없이 확대하고, 대외 개방 수준을 향상시키는 것을 통해, 개혁과 발전을 촉진해야 한다. 이는 중국의 발전이 끊임없이 새로운 성과를 거둘 수 있는 중요한 비결이기도 하다. 40년의 개혁·개방으로 중국 경제는 '외자도입 정책'에서 '외자도입과 해외투자 정책의 병행'으로 나아가야 하는 중대한 전환기를 맞이하고 있다. 이미 시장, 자원에너지, 투자의 '3대 거두'가 대외적으로 깊이 융합하는 새로운 국면이 조성되고 있고, 더욱 수준 높은 개방 구조가 형성되고 있다.

1978년 연말, 중국 공산당 11기 3중전회 개최를 기준으로, 중국은 개혁·개방 시기에 진입했다. 이는 두 가지 측면의 의미를 내포하고 있다. 첫째, 개혁과 개방은 동시에 발생하며, 서로 긴밀하게 연관되고, 서로 촉진하는 관계이다. 개혁은 개방이라는 전제 하에 진행되며, 개방도 개혁의 진척

---

[73] 시진핑, 「개혁 · 개방 40주년 경축 대회에서의 연설(在慶祝改革開放40周年大會上的講話)」, 『인민일보』, 2018년 12월 19일, 2면.

속에서 추진된다. 따라서 중국 국내 경제 발전과 세계 경제 융합은 서로 얽혀 있다고 할 수 있다. 둘째, 대외 개방은 독립적이면서도 확실한 내용을 가지고 있다. 초기의 대외 개방은 실험적, 지역적 특징을 갖는다. 경제특구 설립 및 연안 도시·성급 행정단위의 개방에서부터 착수했다. 1990년대 중국은 세계무역기구(WTO) 가입을 위해 전방위적으로 경제 세계화를 끌어안기 시작했다. 경제특구의 성공 경험, 고도의 경제성장과 심도 있는 대외 개방의 일치성에서도 알 수 있듯이, 중국은 세계화의 수혜자임에 틀림없다. 중국 역시 이러한 결론을 부인할 수 없는 것은 사실이다.

경제 세계화란, 화물과 생산 요소의 전 세계적 자유 유통 정도가 높아지는 과정을 말한다. 그 과정은 수백 년 전부터 여러 방식으로 시작되었지만, 최근 20년 사이에 속도가 크게 빨라졌고, 특히 생산 요소의 유통 속도가 빨라졌다. 시진핑 총서기는 "전반적으로 말해서, 경제 세계화는 경제 법칙에 부합하고 각 방면의 이익에 부합된다"고 지적했다.[74] 중국은 개혁·개방에 힘입어 유례없는 고속 성장을 이룩했다. 게다가 글로벌 금융위기 이후 세계 경제가 '새로운 평범'이라는 시대에 진입한 상황에서도, 중국은 여전히 '뉴노멀'이라는 시대에 걸맞은 중·고속 성장을 유지하고 있다. 경제 성장도 전반적으로 광범한 인민 대중을 위한 '공유'의 성격을 띠고 있다.

시진핑 총서기는 경제 세계화가 크게 세 단계를 거쳤다고 지적했다. 첫째, 식민 확장과 세계 시장 형성 단계이다. 서양 국가들은 교묘한 수단으로 빼앗거나 강권 점령, 식민 확장 등 방식으로 제1차 세계대전 전까지 전

---

74 시진핑, 「파트너관계 심화와 발전동력 강화하다-APEC 경제정상회의에서의 기조강연에서 (深化夥伴關系, 增強發展動力一在亞太經合組織工商領導人峰會上的主旨演講)」, 「인민일보」, 2016년 11월 21일, 3면.

신시대 중국 특색 사회주의 정치경제학 구축

세계에 걸쳐 영토 분할을 했다. 이로 인해 세계 각 지역의 각 민족은 모두 자본주의 세계 체계 안에 편입되었다. 둘째, 두 개의 세계 시장이 병존하는 단계이다. 제2차 세계대전이 끝난 후, 사회주의 국가들이 탄생했고, 식민지·반(半)식민지 국가들이 잇달아 독립하여, 세계에는 사회주의와 자본주의 양대 진영이 형성됐다. 경제 영역에서 평행선을 달리는 두 개의 시장이 형성된 것이다. 셋째, 경제 세계화 단계이다. 냉전이 종식되면서 양대 진영의 대립 양상이 더 이상 존재하지 않게 되었다. 이에 따라 두 개의 평행선을 달리던 시장 역시 더는 존재하지 않았다. 이후, 각국 간 상호 의존이 크게 강화되고, 경제의 세계화가 급속히 진전되었다.

이에 대응해, 중국과 세계와의 관계 역시 세 단계를 거쳤다. 첫째, 쇄국에서부터 반(半)식민지·반(半)봉건에 이르는 단계이다. 아편전쟁 이전, 중국은 세계 시장 및 산업화 조류에서 격리되어 있었다. 그러나 아편전쟁과 이후 수차례 열강들의 침략 전쟁에서 연전 연패를 하게 되고, 가난하고 약한 국가가 되고 말았다. 둘째, '일변도(一边倒, 한쪽으로만 치우친다는 의미)'와 폐쇄·반(半)폐쇄의 단계다. 신중국 창건이래, 중국은 구 소련에 대한 '일변도' 정책을 취했고, 상대적으로 폐쇄적인 환경에서 구 소련을 본받아 힘겹게 사회주의 건설의 길을 모색했다. 그리고 '문화대혁명' 시기에 세계와 기본적으로 단절되어 있었다. 셋째, 전방위적 대외 개방 단계이다. 개혁·개방 이래, 중국은 경제 세계화가 가져온 기회를 충분히 활용하여, 대외 개방을 끊임없이 확대했고, 중국과 세계의 관계에 있어서 역사적인 변혁을 실현했다.

실천이 증명해주듯이, 발전하고 성장하기 위해서는 반드시 주동적으로 경제 세계화 조류에 순응해야 한다. 대외 개방을 견지하면, 인류 사회가 창조한 선진 과학기술의 성과와 유익한 관리 경험을 충분히 활용해야 한다. 개혁·개방 초기, 중국의 국력이 아직 약하고, 경험이 부족했을 때, 많은 중국인들은 '우세한 서양 국가들과 마주하여, 중국이 과연 대외 개방의 기회를 이용할 수 있을지, 기회를 이용하되 부식되거나 잠식당하지 않을 수 있을지'에 대해 의문을 품었다. 당시, 중국이 관세 및 무역에 관한 일반 협정(GATT) 의석 회복 담판과 세계무역기구(WTO) 가입 담판을 추진하는 과정에서 받은 압력은 상상을 초월했다. 오늘날 중국이 개방을 통해 대담하게 세계로 나아가는 것은 옳은 방향을 선택한 것임에 틀림없다.

20년 전, 심지어 15년 전만 해도, 경제 세계화의 주요 추진자는 미국을 비롯한 서방 국가들이었다. 현재는 오히려 중국이 세계에서 무역·투자의 자유화 및 편리화를 추진하는 최대의 기수(旗手)로 여겨지고 있다. 중국은 적극적이고 주동적으로 서양 국가들의 보호주의에 맞서 싸우고 있다. 주동적으로 세계의 발전 조류에 순응한다면, 중국은 자국을 발전시키고 성장시킬 뿐만 아니라, 세계의 발전을 선도할 수 있다.[75] 시진핑 총서기가 "중국은 개방한 문을 닫지 않을 것이며, 문은 더욱더 크게 열릴 수밖에 없다"라고 거듭 강조한 것도 바로 이 때문이다.[76]

---

75 시진핑, 「성부급 주요 지도자 간부를 대상으로 공산당 18기 5중전회 사상 학습·관철 특별 세미나에서의 연설(在省部級主要領導幹部學習貫徹黨的十八屆五中全會精神專題研討班上的講話)」, 『인민일보』, 2016년 5월 10일, 2면.

76 시진핑, 「하이난성 건립·경제특구 설치 30주년 경축대회에서의 연설(在慶祝海南建省辦經濟特區30周年大會上的講話)」, 『인민일보』, 2018년 4월 14일, 2면, 참조. 시진핑(习近平), 〈개방으로 번영을 공동 창조하고, 혁신으로 미래를 선도하다-보아오 아시아 포럼 2018년 연례회의 개막식에서의 기조연설(開放共創繁榮 創新引領未來—在博鰲亞洲論壇2018年年會開幕式上的主旨演講)〉, 『인민일보』, 2018년 4월 11일, 3면, 참조.

2. 개방발전의 새로운 단계

오늘날 중국이 개방발전의 길에서 직면한 국내외 정세는 이전과는 매우 다르다. 전반적으로 그 어느 때보다 유리한 요소가 많지만, 전례 없는 심층적 모순, 리스크, 게임(博弈, game)이 존재한다.

첫째, 국제적인 힘의 대비에 전례 없는 긍정적인 변화가 일어나고 있다. 신흥 시장 국가들과 개발도상국들의 집단적인 부상은 전 세계 정치 경제의 판도를 바꾸고 있고, 세계 다극화와 국제 관계의 민주화는 거스를 수 없는 대세로 부상하고 있다. 서양 국가가 주도하는 국제 거버넌스 체제에 변혁의 조짐이 나타나고 있는 것이다. 동시에, 국제 거버넌스와 국제 규범 제정에 있어 치열한 주도권 쟁탈전이 벌어지고 있다. 서구 선진국들이 경제, 과학기술, 정치, 군사적 우위를 차지하고 있는 구도에 큰 변화가 없는 상황 하에서, 보다 공정하고 합리적인 국제 정치·경제 질서를 이루기까지는 여전히 갈 길이 멀다고 할 수 있다.

예를 들어, 경제 총량으로 볼 때, 2015년 G7의 GDP 총량은 전 세계 GDP 총량의 46.56%를 차지했다. 또한, 지적재산권·과학기술 사업부와 중국과학원 문헌정보센터가 공동 발표한 〈2015 최신 연구(2015研究前沿)〉 보고서에 따르면, 전 세계에서 이슈가 된 100대 과학 연구의 최신 연구 성과 분야와 49개 신흥 최신 연구 분야를 합한 143개 분야에서 미국은 모두 핵심 논문을 발표했다. 108개에 달하는 최신 연구 분야에서 발표된 핵심 논문 수에서 미국은 세계 1위를 차지했다. 세계 과학 연구의 최신 성과 중에서 80% 이상을 미국이 주도한 것이다.

둘째, 세계 경제가 글로벌 금융 위기의 그늘에서 서서히 벗어나고 있다. 서방 국가들이 산업재생화(Re-industrialization)를 통해 총체적으로 회복세를 유지하면서, 국제 산업 분업 구도가 새롭게 변하고 있다. 그러나, 전 세계적으로 보호주의가 심해지고 있고, 국제 경제·무역 규칙의 제정이 정치화, 파편화의 조짐을 보이고 있다. 많은 신흥 시장 국가들과 개발도상국들의 경기 침체가 지속되고 있는 가운데, 세계 경제는 아직 본격적인 회복을 위한 새로운 엔진을 찾지 못하고 있다. 세계은행의 데이터에 따르면 2012년 전 세계 관세 세율은 6.8%였다. 그 중 고소득 국가는 3.91%, 중상위 소득 국가는 8.01%, 중하위 소득 국가는 8.41%, 저소득 국가는 11.51%에 달했다. 그림 4-2는 2000년 이래 브릭스 국가들의 GDP 증가 속도를 보여주고 있다. 여기에서 알 수 있듯이, 최근 몇 년간 각국은 정도의 차이는 있지만 GDP 증가 속도가 하락했다. 유일하게 인도가 2012년 이후 증가 속도가 다소 빨라지고 있지만, 여전히 국제 금융위기 이전 수준에는 미치지 못하고 있다.

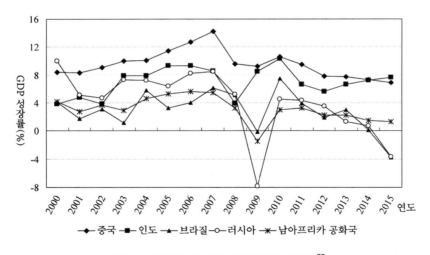

그림 4-2 2000년 이래 브릭스 국가들의 GDP성장률[77]

　　　　　　신시대 중국 특색 사회주의 정치경제학 구축

셋째, 세계 경제 및 글로벌 거버넌스에서 중국의 역할이 신속히 확대되고 있다. 중국은 세계 2위의 경제 대국이자 최대 화물 수출국, 세계 2위의 화물 수입국, 세계 2위의 대외 직접 투자국, 최대 외환 보유국, 최대 관광시장으로, 세계 정치·경제 판도 변화에 영향을 미치는 주요 요인이 되고 있다. 그러나, 중국 경제는 규모에 비해 영향력이 강하지 않은 점이 여전히 문제로 부각되고 있다. 더욱이 1인당 소득 및 인민의 생활 수준은 선진국과 큰 차이를 보이고 있기에, 중국 경제력이 국제 사회의 제도적 권력으로 전환되기까지는 여전히 노력이 필요하다.

넷째, 중국의 대외 개방은 '외자도입 정책(引進来)'과 '해외투자 정책(走出去)'이 더욱 균형을 이루는 단계로 진입했다. 중국의 대외 개방은 초기의 외자도입 정책 위주에서 '대진대출(大進大出: 원재료의 대량 수입과 제품의 대량수출 정책)'이라는 새로운 구도로 전환했다. 그러나, 이에 상응하는 법률, 자문, 금융, 인재, 리스크 관리, 안전 보장 장치 등 모든 면에서 현실적인 수요를 충족시키기 어려운 상황이다. 게다가 높은 수준의 개방과 대규모의 '해외투자 정책(走出去)'을 지탱할 수 있는 체제와 역량은 여전히 취약하다.

금융의 경우, 중국의 금융 기관들은 아직도 기업들의 해외 투자에 필요한 대출에 대해 신중한 태도로 대출의 양을 엄격히 통제하고 있다. 이는 중국 기업들의 대외 직접 투자를 크게 제약하고 있다. 중국수출입은행은 정책성 은행[78]으로, 어느 정도 대외 직접 투자를 지원해야 하는 책임이 있

---

77   자료 출처: 세계은행 데이터베이스.

78   옮긴이 주: 정책성 은행(policy lender/non-commercial bank)은 정부가 설립해 정부의 경제
      정책을 관철한다는 목표 하에 특정 분야의 금융업무를 다루는 비영리성 전문 금융기관을

다. 그러나 여전히 무역 관련 대출을 더 많이 하고 있고, 기업의 해외 직접 투자에 대한 대출은 상대적으로 많지 않다. 국가 발전 계획과 국익에 중요한 영향을 미치는 대외 직접 투자 항목에만 여러 단계의 자격 심사를 거쳐서 대출을 받을 수 있다. 이러한 이유로, 기업의 융자 비용은 매우 높고, 불필요한 에너지를 소모해야 했다.

그 밖에, 중국 기업의 해외 직접 투자를 위한 보험 상품이 적고, 보험료율이 높으며, 한도는 낮다. 지금까지 상업 보험 회사들은 대외 직접 투자 기업의 정치적 리스크에 대비하기 위한 보험 상품을 제공하지 않았다. 정책 기관들은 대형 기업의 대외 직접 투자 프로젝트에 더 많은 관련 서비스를 제공한다. 중국 수출신용보험회사는 원칙적으로 해외 투자 중국의 기업에게 리스크를 보장해주어야 한다. 그러나, 보험회사는 국가 중점사업에 더 많은 관심을 기울이고 있고, 기업의 대외직접투자에 대한 정치적 리스크 관련 업무는 매우 제한적이다.

3. 전면적 개방의 새로운 구도

공산당 19대 보고문은 중국 국내와 국제 양대 무대를 전부 아우르고, 이론과 실천적 관점을 전부 아우르는 시각에서 새로운 시대의 개방 구도에 대해 체계적으로 답변했다. 즉, '새로운 시대를 맞이하여 개방을 해야 하는지', '어떻게 개방해야 하는지', '어떻게 해야 개방을 더 잘 추진할

말한다. 중국은 정책성 금융과 상업성 금융을 분리 시행하고 있다.

신시대 중국 특색 사회주의 정치경제학 구축

수 있는지' 등의 중대한 명제들에 대한 답변이다. 보고문은 또한 전면적 개방이 내포하고 있는 내용이 풍부함을 지적했다. 즉, 전면적 개방은 개방의 '범위 확대, 영역 확장, 차원의 심화'를 포함하고 있다. 또한, 개방 '방식의 혁신, 배치의 최적화, 질적 향상'까지 포괄하고 있다. 이는 시진핑의 신시대 중국 특색 사회주의 사상 및 방략(方略, 계획과 책략)이다.

현재 중국의 대외 개방 정도는 전반적으로 보면 충분하지 않다. 중국은 국내외 두 시장과 두 가지 자원을 이용하는 능력이 아직 부족하다. 국제 무역 마찰에 대응하고, 국제 경제 발언권에 대처하는 능력 역시 아직 미약한 편이다. 이를 위해, 중국은 반드시 대외 개방이라는 기본 국책을 견지해야 한다. 또한, 중국 경제가 세계 경제의 흐름 속에 깊이 융합되고, 상호 이익을 얻을 수 있는 개방 전략을 시행해야 한다. 대외 개방의 지역적 구도, 대외 무역 및 투자 구도를 보완해야 한다. 전면적 개방의 새로운 구도를 형성하고, 보다 높은 수준의 개방형 경제 체계를 형성해야 한다. 이로부터, 혁신 구동, 개혁과 발전을 추진해야 한다. 동시에, 글로벌 경제 거버넌스 및 공공재 공급에 적극적으로 참여해야 한다. 글로벌 경제 거버넌스에서 중국이 갖는 제도적인 발언권을 제고해야 하고, 광범위한 인류 운명공동체를 구축해야 한다.

공산당 19대 보고문은 새로운 시대의 개방 이념, 개방 전략, 개방 목표, 개방 구도, 개방 동력, 개방 방식 등을 명확히 했다. 또한 향후 한동안의 대외 개방 로드맵을 기획했고, 일련의 새로운 임무와 새로운 조치들을 내놓았다. 다음 세 가지는 개방발전의 신 구도를 형성하는 데 중점이 되는 부분이다.

(1) 대외 개방의 전략적 구도를 보완하여 무역과 투자에 활력을 불어 넣는다

2012년부터 국제 무역의 증가 속도가 3년 연속 세계 경제의 증가 속도를 밑돌았고, 그 중 2014년 전 세계 외국인 직접투자액은 8%나 줄어들었다. 세계 경제를 사람의 신체에 비유한다면, 무역과 투자는 혈액이다. 어혈이 생겨 혈액 순환이 잘 되지 않는다면, 세계 경제는 건강한 발전을 이룰 수 없다. 따라서, 무역과 투자를 되살려, 세계 경제의 두 엔진이 다시 고속 회전을 회복하도록 하는 것이 개방발전 이념의 중점 중 하나이다. 개방발전은 중국 국내외로 양방향 개방을 추진함으로써, 중국 국내 및 국제 요소의 질서 있는 유동, 자원의 효율적 배치 및 시장의 심도 있는 융합을 촉진시킨다.

첫째, 지역적 개방 구도를 최적화해야 한다. 공산당 19대 보고문은 다음 세 가지 중요한 조치를 제기했다. 우선, 중국 서부지역 개방의 강도를 높이는 것이다. 개방으로 개발을 촉진한다는 사고의 맥락에서, 항구, 국제 운송을 보완하는 등 개방 인프라를 완비한다. 또한, 보다 유연한 정책을 실시하여, 자유무역 시범구, 국가급 개발구, 국경 경제 협력구, 국제 경제 협력구 등과 같은 개방 플랫폼을 잘 구축하는 것이다. 이로써 무역·투자 지역에 허브 도시들을 조성하고, 특색 있는 산업의 개방을 지원하여, 서부 지역에서 개방형 경제의 새로운 성장 거점을 형성하는 것이다. 다음으로, 자유무역 시범구에 보다 큰 개혁 자주권을 부여해야 한다. 2013년 이래 중국은 자유무역 시범구를 건설하는 과정에서, 다방면에 걸쳐 중대한 진전을 이루어 일련의 중요한 혁신적 성과를 거두었다. 다음 단계에서는 자유무역 시범구 건설의 질을 높이는 데에 중점을 두어야 한다. 국제 선진 규칙에 따라 개혁 조치의 시스템을 통합해야 한다. 뿐만 아니라, 지방 정부의 과감한 시도, 과감한 도전, 자주적 개혁을 장려하고, 보다 많은 제도적 혁신의 성과를 거두어야 한다. 전면적인 개혁 심화와 개방 확대를 위한 시범적 역할을 더욱 뚜렷하게 드러내야 한다. 마지막으로, 자유무역항 건설을 모색해야 한다. 자유항은 한 국가(또는 지역)의 '경내관외(境內關外)[79]'에 설치되어 있고, 화물, 자금, 인원이 자유롭게 출입할 수 있으며, 절대 다수의 상품이 관세를 면제받는 특정 지역이다. 현재 세계에서 개방 수준이 가장 높은 특수 경제 기능구이기도 하다. 홍콩, 싱가포르, 로테르담, 두바이 모두 전형적인 자유항에 속한다. 중국은 해안선이 길고 연안 섬 자원이 풍부하다. 중국 특색 자유무역항을 설치하는 길을 모색하여, 더욱 개방적이고, 비즈니스 환경이 더욱 좋고, 영향력이 더욱 강한 개방의 새로운 고지를 형성해야 한다. 이는 개방형 경제의 혁신적인 발전을 촉진하는 데에 있어 중요한 의미를 갖는다. 시진핑 총서기는 하이난(海南)성급 경제특구 설치 30주년 경축대회에서 "공산당 중앙위원회는 하이난이 중국 특색 자유무역항 건설의 길을 점차 모색하고, 안정적으로 추진하는 것을 지지하기로 결정했다. 절차와 단계를 나누어 자유무역항 정책과 제도 체계를 구축할 것이다"라고 정식으로 선포한 바 있다.[80]

둘째, 무역 강국 건설에 박차를 가해야 한다. 공산당 19대 보고문은 대외 무역을 확장하고 무역 강국 건설을 추진해야 한다고 지적했다. 이는

---

79 옮긴이 주: 경내관외(境內關外)란 중국 국내에 있는 지역이지만, 관세에 있어서는 외국으로 취급해 자유무역제도를 따르도록 하는 정책을 말한다.

80 시진핑, 「하이난 성 건립·경제특구 설치 30주년 경축대회에서의 연설(在慶祝海南建省辦經濟特區30周年大會上的講話)」, 『인민일보』, 2018년 4월 14일, 2면.

무역 발전 패러다임의 전환에 박차를 가해야 한다는 것이다. 화물 무역 위주에서 화물과 서비스 무역의 균형 발전으로 전환시켜야 한다. 모방과 따라하기에서 혁신에 의한 창조로 전환시켜야 한다. 방대한 양적 수출입에서 우수한 품질과 저렴한 가격의 수출입이라는 질적 수출입으로 전환시켜야 한다. 그러려면 첫째, 화물 무역의 최적화 및 업그레이드를 가속화해야 한다. 대외 무역 기지의 전환 및 업그레이드, 무역 플랫폼, 국제 판매 네트워크의 건설에 박차를 가해야 한다. 하이테크 기술, 장비 제조, 브랜드 제품 수출을 장려하고, 가공 무역의 전환 및 업그레이드를 이끌어야 한다. 둘째, 서비스 무역의 혁신적인 발전을 촉진해야 한다. 문화, 여행, 건축, 소프트웨어, 연구·개발 설계 등의 서비스 수출을 장려해야 한다. 서비스 아웃소싱을 크게 발전시키고, '중국 서비스'라는 국가 브랜드를 만들어야 한다. 셋째, 새로운 무역 경영 방식 및 무역 모델을 육성해야 한다. 혁신을 장려하고, '포용과 신중'의 원칙을 견지하며, 감독·관리 제도, 서비스 체계, 정책의 틀을 점차 보완해 나가야 한다. 국제 전자상거래, 시장 구매 무역, 대외 무역 종합서비스 등 분야의 건강한 발전을 지지하면서 무역의 새로운 성장 포인트를 만들어야 한다. 넷째, 보다 적극적인 수입 정책을 실시해야 한다. 선진 기술 설비, 핵심 부품과 양질의 소비재 등의 수입을 확대하고, 수출입의 균형 발전을 촉진해야 한다. 중국 국제 수입 박람회를 성공적으로 주최하고, 세계 각국에 보여줄 국가 이미지를 구축하며, 국제 무역을 진행하는 개방형 협력 플랫폼을 구축해야 한다.

셋째, 투자 구도를 보완하고, 적극적이고 효율적으로 해외 자금과 선진 기술을 도입해야 한다. 또한, 기업의 대외 투자 확대를 지원해야 한다. 장비, 기술, 표준, 서비스 등의 해외 진출을 촉진하고, 글로벌 산업 사슬, 가치 사슬, 물류 사슬이 깊이 융합되어야 한다. 상품의 해외 생산 기지를 건설하고, 다국적 기업을 육성해야 한다. 외자를 이용하여 경제 패러다임의 전환하고, 경제 구조의 조정과 긴밀히 결합시켜야 한다. 선진 기술, 관리 경험, 고급 인재 영입에 더욱 신경써야 한다.

(2) 제도 혁신을 동력으로 삼아 새로운 경쟁 우위를 육성하다

중국 국내외 두 개 시장과 두 가지 자원을 활용하는 능력을 향상시켜야 한다. 제도와 규칙 측면의 개혁을 동력으로 삼아, 내외통주(內外統籌)[81]와 파립결합(破立結合)[82]의 원칙을 견지해야 한다. 즉, 대외 개방을 저해하는 모든 체제 메커니즘의 장벽을 허물고, 새로운 비교 우위와 경쟁 우위를 육성하는 데 유리한 제도적 구도를 만들어야 한다. 시장 투자 접근의 완화, 자유무역구 건설의 가속화, 내륙 연안지역 개방 확대 등을 포함한 체제 메커니즘의 개혁을 추진해야 한다. 시장 접근과 규제, 재산권 보호, 신용 체계 등에 관한 법률 제도를 보완해야 한다. 이로써 제도적 혁신이 개방발전을 추진하고, 경쟁 우위를 구축하는 데에 있어 강력한 동력이 되도록 해야 한다.

그러려면, 첫째, 법치화되고 국제화된 편리한 비즈니스 환경을 구축해야 한다. 현재 전 세계 투자 유치 경쟁은 갈수록 치열해지고 있다. 적지 않은 나라들의 생산성 요소 원가가 중국보다 낮으며, 정책 혜택도 중국보다 많다. 투자 유치 경쟁 속에서 새로운 우위를 육성한다는 것은 무턱대고

---

81 옮긴이 주: 내부(국내)와 외부(국제) 두 시장과 두 자원을 총체적으로 관리함을 뜻한다.

82 옮긴이 주: '파(破)'는 훼손 혹은 없애거나 제거하다는 뜻이고, '립(立)'은 창조를 뜻한다. 즉, '파립결합(破立結合)'은 장애와 저해 요소를 없애거나 제거하는 동시에 마땅히 도움이 되는 새로운 사물을 창조해내야 한다는 것을 의미한다.

우대 조치만을 서로 비교하는 것이 아니다. 공정하고 평등하며 투명하고 법치화된 예측 가능한 비즈니즈 환경을 조성해야 한다. 그 중점은 상생협력에 유리하고, 국제 무역 투자 규칙에 부응하는 체제 메커니즘을 완비하는 것이다. 내자와 외자에 대한 법률·법규를 통일시켜야 한다. 또한, 안정적이고, 투명하고, 예측 가능한 외자 정책을 실행해야 한다. 자금 유입 이전에 내인민 대우 원칙(national treatment principle)과 네커티브리스트 관리 제도를 전면적으로 실행해야 한다. 내자와 외자 기업이 차별을 당하지 않는 공정하고 평등한 경쟁을 이루도록 촉진해야 한다.

둘째, 투자 접근 제도를 완화시키고, 역외 투자 관리를 보완해야 한다. 최근 10년 간 중국의 대외 투자 연평균 성장 속도는 27.2%로, 대외 투자 대국의 반열에 올랐다. 그러나 총체적으로 보면, 기업의 해외 진출은 여전히 초보적인 단계에 머물러 있다. 중국은 국내외 두 개 시장과 두 가지 자원을 활용하는 능력이 부족하며, 비이성적인 투자와 부실 경영 등 문제도 부각되고 있다. 그 때문에 일부 분야에 잠재적 리스크가 도사리고 있다. 대외 투자는 장려해야 할 뿐만 아니라 잘 인도해 나가야 할 대상이기도 하다. 공산당 19대 보고문은 대외 투자 방식을 혁신해 전 세계를 향한 무역, 투자·융자, 생산, 서비스 네트워크를 형성할 것을 요구했다. 구체적으로는 금융, 교육, 문화, 의료 등 서비스업 분야의 외자 유입 제한을 순차적으로 개방해야 한다. 더 나아가 일반 제조업을 더욱 개방해야 한다. 또한, 대외투자 촉진 정책과 서비스 체계를 완비해야 한다. 해외 투자 심사·승인 체제를 개혁하고, 기업 및 개인이 자신의 강점을 살려 국외로 나가 투자 협력을 펼칠 수 있도록 해야 한다. 자체적으로 리스크를 부담하면서, 각국, 각 지역에 진출하여 자유롭게 건축 공사 프로젝트와 노동 협력 프로젝트를 수주할 수 있도록 해야 한다. 또한, 혁신적인 방식으로 해외에 진출해서, 녹지 투자, 인수합병 투자, 증권 투자, 공동 투자 등을 전개하도록 허용해야 한다. 더욱 많은 국가와 높은 표준의 양자 투자 협정을 체결하고, 투자 협력 공간을 확대해야 한다.

셋째, 금융업의 양방향 개방을 확대해야 한다. 위안화 자본 항목 태환 가능성을 순차적으로 실현해야 한다. 위안화를 태환이 가능하고 자유롭게 사용할 수 있는 화폐로 만들어야 한다. 외환 관리 및 외환 사용 방식을 전환하여 포지티브 리스트에서 네거티브 리스트로 전환해야 한다. 역외 투자 환 규제는 완화하고, 기업 및 개인에 대한 외화 관리 요구를 풀어주며, 다국적기업의 역외 자금 유통 제한을 풀어주어야 한다. 국제 수지 모니터링을 강화하여 국제 수지의 기본 균형을 유지해야 한다. 자본시장의 양방향 개방을 추진하면서 역외 투자액 제한을 점차 풀어주고, 심지어 점진적으로는 폐지해야 한다.

넷째, 높은 수준의 무역·투자 자유화, 편리화 정책을 실시해야 한다. 세계 무역 체제 규칙을 견지하고, 양자간, 다자간, 지역과 서브지역(sub-region)간 개방 협력을 견지해야 한다. 각국 및 각 지역의 이익의 교차점을 확대해야 한다. 주변 상황에 입각하여, '일대일로' 프로젝트를 확산하고 세계로 나아가는 높은 수준의 자유무역구 네트워크를 점진적으로 구축해야 한다. 서비스업 개방을 적극적으로 확대하고, 환경 보호, 투자 보호, 정부 조달, 전자상거래 등 새로운 의제에 대한 담판에 박차를 가해야 한다. 정부 관리 기능 전환에 박차를 가하고, 시장 접근, 세관 규제, 검역 등 관리 체제를 개혁해야 한다.

(3) 글로벌 경제 거버넌스에 적극 참여하여 적극적으로 국제적 책임과 의무를 부담하다

중국은 '일대일로' 건설과 아시아인프라투자은행(AIIB) 설립을 제안했다. 이는 중국이 더 많은 국제적 책임을 부담하겠다는 것이다. 중국은 기존 국제 경제 시스템의 보완을 추진하고 국제 공공재를 제공하겠다는 적극적인 행동을 취할 것이다. 이는 각 측의 상생 협력을 촉진하는 데에 유리하다.

실크로드 경제벨트와 21세기 해상 실크로드 건설은 개방 확대를 위한 중대한 조치이자 경제 외교의 정층 설계이다. 이러한 이니셔티브는 시대적 요구와 각국의 발전을 가속화에 대한 염원에 부응한 것이다. 또한, 깊은 역사적 연원과 인문교류 기반을 갖춘 포용력 있는 성장 플랫폼을 제공함으로써, 빠르게 발전하는 중국 경제와 일대일로 주변 국가들의 이익과 결합시킬 수 있다. '친성혜용(親誠惠容)'[83]이라는 주변외교 이념을 견지하고, '호혜와 상생'의 원칙에 입각해 일대일로 주변국가들과 협력해야 한다. 주변국들이 중국의 발전에서 이익을 얻도록 함으로써, 중국에 더욱 공감하고, 더욱 친근하며, 중국을 더욱 지지할 수 있도록 해야 한다. 이렇듯, '일대일로' 이니셔티브는 중국 대외 개방을 확대하는 중대한 조치이자, 향후 한동안 대외 개방 업무의 중점이다. 이러한 각 측의 공동 노력 하에, '일대일로' 이니셔티브는 점차 이념에서 행동으로 전환되고, 비전에서 현실로 점차 바뀌어 가고 있다.

---

83 옮긴이 주: 시진핑 시기의 주변국에 대한 외교 노선으로, 친밀하게(親), 성심껏(誠), 서로 혜택을 주며(惠), 포용하겠다(容)는 의미를 담고 있다.

신시대 중국 특색 사회주의 정치경제학 구축

세계은행(WB)과 아시아개발은행(ADB)의 추산에 의하면, 2010~2020년 매년 아시아 지역 인프라 구축의 자금 부족액은 8000억 달러에 이른다. 아시아인프라투자은행(AIIB) 설립은 아시아 지역 인프라 구축의 수요와 아시아 각국의 심층적인 협력을 촉진하려는 염원을 만족시키기 위한 것이다. AIIB의 공식 출범은 '일대일로'와 관련된 주변 국가들의 인프라 건설에 자금 지원을 제공할 수 있게 해준다. 여러 통로로 다양한 자원을 동원하고, 특히 민간 부문 자금을 인프라 건설 분야에 투입해야 한다. AIIB의 공식 출범은 또한 지역간 상호 연결과 경제 일체화를 촉진할 수 있다. 그 밖에, 아시아 개발도상회원국(DMC)의 투자 환경을 개선하는 데 유리하다. 고용 기회를 창출하고, 중·장기 발전 잠재력을 제고할 수 있다. 아시아는 물론, 심지어 세계 경제 성장에 긍정적인 역할을 발휘할 수 있다.

글로벌 거버넌스의 본질은 대국 및 주요 국가와 비(非)국가 행위체 간의 협력이다. 이러한 협력을 통해 글로벌 문제를 해결하기 위한 국제 공공재를 국제 사회에 제공한다. 글로벌 거버넌스에서 대국이 국제 사회에 공공재를 제공하는 능력은 종합 국력의 강약에 달려있다. 이는 국제적 위상과 발언권을 결정한다. 그 동안 공공재를 주로 제공했던 미국과 서양 국가들은 점차 쇠퇴하였고, 국제 공공재를 계속 제공할 의사와 능력이 현저히 줄어들었다. 미국과 유럽이 공공재 공급을 줄일 때가 바로 중국이 평화적 굴기와 더불어 공공재 공급을 늘리는 시기이다. 한 쪽에서는 줄이고, 한 쪽에서는 늘리는 이러한 현상은 권력 구도의 변화를 상징한다. 이는 리더십의 증가와 감소를 보여주고 있다. 이 역시 중국에게 국제적 리더십을 보여줄 수 있는 역사적 계기를 마련해주었다. 중국은 최근 수년간 자체적 발전과 경제 전환 및 업그레이드에 대한 필요에 따라 국제 경제 전략을 끊임없이 조정했다. 그리고 국제 경제·금융의 새로운 질서 구축에 대한 참여도와 참여 능력을 향상시켰다. 동시에, 글로벌 경제 거버넌스 구조 개혁을 촉진하는 데 있어 일련의 적극적인 조치들을 취했다.

첫째, 위안화 국제화를 추진해 국제 통화 체계를 최적화하는 데 긍정적인 영향을 미쳤다. 중국은 해외 위안화 국제결제센터 건립, 위안화 국제 지불 시스템 가동 등에 주력하고 있다. 이런 중국의 조치들은 위안화 국제화가 점진적으로 추진되는 추세를 보여준다. 위안화의 특별인출권(SDR) 통화 바스켓 편입은 위안화의 국제화 진전에서 상징적인 사건이다. 이는 국제 통화 체계를 더욱 최적화하고, 글로벌 금융 질서 재편에서 신흥경제권의 영향력을 증대시킬 것이다.

둘째, 아시아인프라투자은행, 브릭스 신개발은행 등 메커니즘 구축을 통해 기존의 다자간 개발성 금융체계의 능력 부족을 보완할 수 있는 새로운 기회를 마련했다. 기존의 글로벌 또는 지역 개발성 금융 분야에서는 다자간 국제금융기구가 시종일관 중요한 역할을 하며 주요한 융자 플랫폼이 되어왔다. 그러나 세계은행, 아시아개발은행 등 다자간 금융기관들은 빈곤 해소 및 지원에 치중하고 있고, 막대한 자금 부족을 메워줄 자금 조달 규모는 턱없이 부족하다.

중국이 주창하여 설립한 아시아인프라투자은행과 브릭스 신개발은행 등 다자간 개발성 금융 기관은, 인프라를 중점 투자 분야로 삼고 있다. 그들의 자금력 또한 막강한 편이다. 이는 금융 질서 재편에 대해 신흥 경제권이 갖는 영향력과 발언권을 높이는 데에 도움이 될 뿐더러, 다자간 금융 체계가 더욱 광범위한 대표성을 갖도록 한다. 또한, 다자간 개발성 금융 체계의 융자 능력을 향상시키는 데에도 도움이 된다. 이는 많은 개발도상국에서 끊임없이 증가하고 있는 인프라 건설 자금 수요를 충족시킬 수 있다. AIIB와 기존 다자간 기구 사이는 대체 관계가 아닌 보완 관계이다. 현재 AIIB와 세계은행, 아시아개발은행은 일부 구체적인 프로젝트에서 협력을 강화하고 있다. 이는 새로운 메커니즘의 개방성과 협력 정신을 더욱 잘 보여주고 있고, 글로벌 경제 연동과 포용적 성장이라는 절실한 수요에 부합된다.

셋째, '일대일로' 이니셔티브를 통해 새로운 시기의 글로벌 호혜와 상생을 위한 협력 체계 건설의 명확한 방향을 제시했다. 중국의 발전은 국제 사회에 힘 입어 이루어진 것이고, 중국 또한 국제 사회에 더욱 많은 공공재를 제공하길 원한다. 중국이 '일대일로' 이니셔티브를 제기한 주요 취지는 중국의 발전 기회를 일대일로 연선(沿线)국가들과 공유하고, 공동 번영을 촉진하려는 것이다. 협력 목표에서 보면, 참여 각 측의 호혜와 상생, 지역의 녹색발전, 각 인민의 민심 소통을 실현하는 것이다. 중국의 역할에서 보면, 대국적 책임을 더 잘 이행하고, 육상과 해상을 통일적으로 기획하며, 동서 양방향으로 개방을 촉진하는 것이다. 이러한 이념과 조치들은 국제 및 지역 경제 발전과 거버넌스 개혁의 새로운 요구에 부응하는 것이다. 또한, 이는 중국이 주창하는 '공상(共商)·공건(共建)·공향(共享)'[84] 지역 협력 모델의 중대한 실천으로, 참여 각국의 '운명공동체' 건설이라는 목표를 실현하는 데 중요한 영향을 미친다.

시진핑 총서기는 공산당 19대 보고문에서, '함께 논의하고 건설하며

---

84   옮긴이 주: '공동 협상, 공동 건설, 공동 향유'를 말한다. 함께 논의하고, 함께 구축하고, 함께 누린다는 일대일로 추진의 세 가지 원칙이다.

공유한다(共商共建共享)'는 원칙을 따르고, '일대일로' 국제 협력을 적극적으로 추진해야 한다고 언급했다. 보고문은 '정책 소통(溝通), 시설 연통(聯通), 무역 순통(順通), 자금 융통(融通), 민심 상통(相通)'의 새로운 국제협력 플랫폼을 마련하여, 동반 성장의 새로운 동력을 더하고자 노력해야 한다고 강조했다. 이를 위해 아래 다섯 가지 측면의 문제를 잘 처리해야 한다. 첫 번째로, 연선(沿线) 국가들의 발전 전략과의 접목을 강화해야 한다. 전략적 상호 신뢰 증진, 협력을 위한 '최대 공약수'를 모색하여, '일대일로'를 평화의 길로 만들어야 한다. 두 번째로, 발전이라는 근본에서 출발하고, '육랑육로(六廊六路)·다국다항(多國多港)'[85]을 골자로 하는 상호 연결, 상호 소통과 산업 협력을 대대적으로 추진해야 한다. 금융 협력 공간을 넓히고, '일대일로'를 번영의 길로 만들어야 한다. 세 번째로, 무역·투자 자유화와 편리화 수준을 제고해야 한다. 특혜 무역 구도와 투자 보호 협정 등을 관련국들과 협의하여 세관, 검증·검역, 운송, 물류, 전자상거래 등 분야에서 협력을 전면적으로 강화함으로써, 일대일로를 개방의 길로 만들어야 한다. 네 번째로, 새로운 시기 과학기술 혁명과 산업 변혁의 기회를 잘 잡아야 한다. 혁

---

85 옮긴이 주: '육랑(六廊)'은 6대 국제경제협력 회랑의 상호연결을 뜻한다. 6대 경제협력 회랑에는 신유라시아 대륙교량(New Eurasian Land Bridge), 중국–몽고–러시아, 중국–중앙아시아–서아시아, 중국–중남반도, 중국–브라질, 방글라데시–중국–인도–미얀마 경제회랑이 속한다. '육로(六路)'는 6대 도로망(路網)의 상호 연결을 뜻한다. 6대 도로망에는 철로(鐵路), 공로(公路), 수로(水路), 공로(空路), 관로(管路), 정보고속로(信息高速路)가 속한다. '다국(多國)'은 몇몇 거점 국가들의 육성을 뜻한다. '일대일로' 건설 추진의 수요에 따라 연선국가들의 적극성과 접목하여, 중앙아시아, 동남아시아, 남아시아, 서아시아, 유럽, 아프리카 등지에서 '일대일로' 거점 국가를 공동 구축하는 것이다. '다항(多港)'은 몇몇 해상 거점 항구를 구축하는 것이다. 중국은 21세기 해상 실크로드 건설을 둘러싸고, 다양한 방식을 통해 위치적 우위를 부각시켜 역할이 뚜렷한 거점 항구를 건설하고자 한다.

신시대 중국 특색 사회주의 정치경제학 구축

신 능력의 개방적 협력을 강화하여 '일대일로'를 혁신의 길로 만들어야 한다. 다섯 번째로, 다차원적 인문 교류 협력 체제를 구축해야 한다. 교육, 과학기술, 문화, 체육, 위생, 청년, 언론, 싱크탱크 등 분야에서 협력을 추진하고, 민심 기반을 단단히 다져, 일대일로를 문명의 길로 만들어야 한다.

넷째, G20 자체적인 메커니즘 개혁을 적극적으로 추진했다. G20은 이미 글로벌 경제 거버넌스에서 가장 중요한 플랫폼이자, 동서양이 공동으로 글로벌 거버넌스를 함께 모색하는 새로운 국제 모델로 자리잡았다. 현재 G20 메커니즘은 집행력, 협조력, 리더십의 세 가지 측면에서 결함이 존재한다. 중국에게 있어 이는 도전이자 기회이다. 중국은 이 플랫폼을 활용해 더 이상 위기 비상 관리 메커니즘이 아니라, 세계 질서가 대폭 조정됨에 따라, 상시적인 글로벌 거버넌스 메커니즘으로 전환시켜야 한다.

이러한 전환을 추진하는 과정에서 중국이 적극적인 리더십을 발휘해야 함에는 의심할 여지가 없다. 글로벌 거버넌스의 기초는 대국간 공감대와 협력이며, 더욱이 G20 체제 개혁의 토대이기도 하다. 중국은 G20 국가들 간의 정치적 협력을 주창하고, 협력의 장을 마련하고, 혁신 메커니즘을 구축하는 데에 주력해왔다. 이는 G20을 '위기대응'에서 '장기적이고 효과적인 거버넌스 메커니즘'으로 전환시키기 위함이다. 이를 통해, 경제 성장과 번영, 글로벌 경제 거버넌스를 위해 새로운 비전을 제시하고, 새로운 동력을 제공할 것이다. 또한, 이러한 플랫폼을 통해 중국은 현재 G20을 '위기대응'에서 '장기적이고 효과적인 거버넌스 메커니즘'으로, '공리공담(空理空談)'에서 '행동'으로 전환하는 것을 추진하고 있다. 세계 각국, 특히 개발도상국들의 목소리에 더 귀를 기울이며, 운명을 함께 한다는 자세로 호혜와 상생에 착안점을 두어야 한다.

G20의 발전 노정에서, 2016년 9월에 개최된 G20 항저우 정상회의는 세계와 중국에게 있어서 모두 의미가 큰 중요한 사건이다. 세계적으로 보면, 당시 글로벌 금융위기가 시작된 지 8년이 지났지만, 세계 경제는 여전히 정상 궤도로 복귀하지 못했고, 오랜 문제가 해결되지 않았다. 오히려 새로운 도전들이 끊임없이 쏟아져 나왔다. 중국의 입장에서 보면, 항저우 정상회의가 열린 시기가 마침 중국이 새로운 발전 역사의 출발점에 서게 된 '13.5' 규획을 실시하는 원년이었다. 또한, 개혁의 전면적인 심화라는 관건적인 시기와 맞물렸다. 다수의 국가들이 경제 침체라는 늪에서 헤어나지 못하고 있을 때, 중국은 자신의 지혜와 노력으로 세계 경제를 안정시키는 중책을 맡았다. 그 뿐만 아니라 글로벌 거버넌스에 '혁신과 구조 개혁 강화'가 특징적인 '중국 방안'을 제시했고, 이는 매우 중요한 가치를 지니고 있다.

이러한 이념은 중국의 자체적인 발전 이념과 경험에 기초한 것이다. 정상회의 주제는 중국의 5대 발전 이념과 일맥상통하며, 이는 중국의 개혁발전 이념이 성공적으로 '세계화'되고 있음을 의미한다. 그 밖에, 항저우 정상회의는 G20이 더 나아가 '위기 대응'에서 '장기적이고 효과적인 거버넌스 메커니즘'으로, '단기 정책에 치중하는 것'에서 '단·중·장기 정책 병행'으로의 전환이 필요하다는 것을 언급했다. 이는 G20 메커니즘의 개혁이 더 깊은 단계를 향해 추진되고 있음을 의미한다.

앞으로 중국은 또한 적당한 시기에 G20 메커니즘의 '상설화'라는 해결 방안을 제기할 수 있다. 이 같은 해결 방안을 통해 앞서 서술한 글로벌 거버넌스 권력 구조의 불균형에 대한 개혁을 구현해야 한다. 기구 설치에 있어 투명성, 전문성, 공정성을 구현하고, 청렴한 자세와 효율성을 추구해야 한다. 미래에는, G20은 제3자 감독·평가 방식을 더 많이 사용해야 한다. 전문가 또는 국제 기구를 초빙해 어떤 문제의 이행 상황과 각국에 대한 평가를 진행하도록 하고, 이를 기초로 각 측의 확실한 이행을 약속하고 촉구해야 한다.

제6절 공유발전

공유발전 이념은 사회 공정, 평등, 정의 문제를 해결하는 데 중점을 두고 있다. 그 실질은 바로 인민 중심의 발전 사상을 견지하는 것이다. 이는 또한, 점진적으로 공동부유를 실현해야 한다는 요구를 구현했다. 이는 인민의 주체적 지위를 견지해야 한다는 내재적 요구를 반영한 것이고, 인민지상의 가치적 지향을 드러낸 것이다.

1. 중국 특색 사회주의의 본질적 요구

'공동부유'는 예로부터 중국 인민의 꿈이었다. 공자는 "불환과이환불균 (不患寡而患不均)'[86], 불환빈이환불안(不患貧而患不安)[87]"이라고 말했다. 또한, 맹자는 "노오노이급인지노(老吾老以及人之老), 유오유이급인지유(幼吾幼

---

86   옮긴이 주: "적게 나눠 갖는 것이 걱정이 아니라, 평등하게 나눠 갖지 못하는 것이 걱정이다"라는 의미이다.

87   옮긴이 주: "가난한 것이 걱정이 아니라, 평안하지 못한 것이 걱정이다"라는 의미이다.

以及人之幼)"[88]라고 말했다. 그 밖에, 『예기(禮記)·예운(禮運)』은 '샤오캉(小康) 사회'와 '대동(大同)사회'[89]의 형태를 구체적이고 생생하게 그려냈다. 덩샤오핑은 옛 사람들의 '샤오캉사회' 관념을 참고한 것이다. 공산당 18대가 제시한 샤오캉사회의 전면적인 건설이라는 목표에는 논리적으로 이미 '공유발전'이라는 요구를 담고 있었다.

'공동부유'는 사회주의의 기본 목표이기도 하다. 17~18세기, 자본주의 제도는 유럽에서 급속도로 발전했다. 이는 마치 '마법을 쓴 것처럼, 사회 노동 속에 잠자고 있던 생산력을 깨워낸 것'[90]과 같이, 서양 세계의 기술 혁신과 경제 발전을 크게 촉진했다. 그러나 자본주의의 발전 역시 대립되는 두 계층을 양산했다. 즉, 생산재 전체를 소유한 자본가와 아무것도 가진 것이 없는 노동자 사이에 양극화가 발생한 것이다. 사회주의자들의 주장은 자본주의 사회의 각종 불공평하고 불공정한 현상에 대한 기층 민중들의 항쟁과 '아름다운 사회'에 대한 그들의 열망을 집중적으로 반영했다. 처음부터 사회주의적 이상의 본질은 모든 사람의 권리평등, 공동부유, 사회 공정을 실현하는 것이었다.

인민 군중을 사회 생산, 사회 생활, 사회 역사의 주체로 보는 것은 마

---

88 옮긴이 주: "내 집 노인을 노인으로 공경하여 그 마음이 다른 노인에게 미치게 하고, 내 집 어린이를 어린이로 사랑하여 그 마음이 남의 어린이에게 미치게 하면 천하를 손바닥 위에서 움직일 수 있다"라는 뜻이다.

89 옮긴이 주: 중국 사회 발전의 마지막 단계로, 이는 현실적인 목표라기 보다는 추구해야 하는 이상으로서 의미를 가진다. 등소평은 『예기(禮記)』의 대동사회를 인용하며 "타인의 부모를 자신의 부모와 같이 생각하며, 도둑이나 불량배가 없고, 모든 집이 문단속을 하지 않아도 되는 사회"를 대동사회라고 설명했다.

90 마르크스·엥겔스, 『공산당 선언』, 중공중앙 마르크스·엥겔스·레닌·스탈린 저작물 편역국 역(著作編譯局 譯), 인민출판사, 1997년판, 32면.

르크스주의 유물사관의 기본적인 관점이다. 마르크스와 엥겔스가 보기에, 자본주의 사회의 양극화는 경제·사회 발전의 성과를 인민 군중이 공평하게 향유할 수 없게 만들었다. 이는 생산의 사회화와 생산수단의 사유제 사이의 기본적 모순에 의해 초래된 현상이다. 사회주의 경제가 '자산 계급이 장악한 사회화된 생산수단을 공공 재산으로 바꾸려는 것'[91]이 바로 이 때문이다. 따라서, 자유인들의 연합체를 통해 공유 재산을 조직적으로 생산하는 것이 바로 사회주의 경제 시스템이다. 이러한 사회에서는 계급간, 도농간, 정신 노동과 육체 노동 간의 대립과 차별이 철저히 해소되고, 국가라는 조직은 완전히 폐기될 것이다. 그 대신 각자가 능력대로 자신의 능력을 다하고, 수요에 따라 분배하는 정책이 실시된다. 이로부터, 계급간, 도농간, 정신 노동과 육체 노동 간의 대립과 차별은 완전히 해소될 것이다. 그 후 사회적 공유가 실현되고, 모든 사람의 자유롭고 전면적인 발전을 진정으로 실현된다.

레닌은 사회주의 경제를 '국가 신디케이트(syndicate)', 즉 국가가 독점 경영하는 큰 회사에 비유했다. 이러한 체제 하에서 국가라는 조직은 사회주의 경제의 조직자가 되고, 국가소유제는 사회주의의 유일한 경제 기반이 된다. 스탈린은 '국가 신디케이트' 이론을 일종의 현실적인 경제 모델로 전환했다. 스탈린의 지시로 집필된 구소련의 『정치경제학 교과서』는 국가소유제와 국가 기관에 의해 조직되고 실시된 계획경제를 사회주의 제도의 중요한 두 가지 특징으로 보았다.

---

91 「사회주의, 공상에서 과학적 발전까지(社會主義從空想到科學的發展)」, 『마르크스·엥겔스 선집(選集)』, 제3권, 인민출판사, 2013년판, 437면.

구소련식 사회주의 경제의 정의는 한때 주요 사회주의 국가에서 권위적인 지위를 차지했었다. 그러나, 국유화와 계획경제의 실천은, 효과적인 인센티브 메커니즘과 자원배치 메커니즘의 결여로, 공동부유라는 목표를 달성하지 못했다. 오히려 비효율적 자원 배치, 왜곡된 경제 구조, 인민 생활 수준이 더디게 향상되는 등 일련의 문제들을 초래했다. 이는 소련식 계획경제의 실천이 결국 사회의 공평·공정과 공동부유라는 사회주의적 이상에서 벗어났음을 보여준다.

중국 공산당은 사회주의 건설의 탐색 노정에서 줄곧 사회의 공평·공정과 공동부유를 실현하는 데 주력해왔다. 신중국 수립 초기, 마오쩌둥은 "지금 우리가 이러한 제도와 계획을 시행하는 것은 해를 거듭하며 더욱 부유하고 더욱 강해지기 위해서다. 해를 거듭할수록 더욱 부유하고 강해질 수 있을 것이다. 여기서 말하는 부유함은 공동의 부유함이고, 여기서 말하는 강함은 공동의 강함이다. 모든 사람에게 각자의 몫이 다 있다"라고 전했다.[92]

1980년대에 이르러, 덩샤오핑은 개혁·개방 이전의 곡절과 실수는 결국 사회주의가 무엇인지에 대해 "완전히 밝혀내지 못했기 때문이다"[93]라고 언급했다. 또한, "소련의 사회주의 모델을 그대로 답습했기 때문이다[94]"라고 날카롭게 지적했다. 덩샤오핑은 사회주의의 본래 함의에 따라, "사회

---

92 「자본주의 공상업에 대한 사회주의 개조 문제 좌담회에서의 연설(在資本主義工商業社會主義改造問題座談會上的講話)」, 『마오쩌둥문선』, 제6권, 인민출판사, 1999년판, 495-496면.

93 「개혁은 중국 생산력 발전을 위해 반드시 가야 하는 길(改革是中國發展生産力的必由之路)」, 『덩샤오핑문선(鄧小平文選)』, 제3권, 인민출판사, 1993년판, 137면.

94 「사상 해방, 독립 사고(解放思想, 獨立思考)」, 『덩샤오핑문선』, 제3권, 인민출판사, 1993년판, 261면.

　　　　　　　　　신시대 중국 특색 사회주의 정치경제학 구축

주의의 본질은 생산력을 해방시키고, 생산력을 발전시키며, 착취를 없애고, 양극화를 해소하고, 결국 공동 부유에 도달하는 것이다"[95] 라고 했으며, 사회주의의 원칙은 "첫째는 생산을 발전시키는 것이고, 둘째는 공동부유에 이르는 것이다"[96]라고 언급했다.

이후 장쩌민은 "공동부유의 실현은 사회주의의 근본 원칙이자 본질적인 특징으로, 결코 흔들려서는 안 된다"[97]고 강조했다. 후진타오는 "전체 인민이 개혁발전의 성과를 공유하고, 전체 인민이 공동부유를 향해 점진적이고 안정적으로 나아갈 수 있도록 해야 한다"[98]고 요구했다. 상술한 전략적 사상의 지도 하에, 중국 공산당은 전심전력으로 인민을 위해 봉사한다는 근본 취지와 인민을 위한 발전, 인민에 의한 발전, 성과를 인민과 공유하는 발전이라는 집권 요구를 공산당 규약에 명확하게 기입했다.

만약 "생산력을 발전시켜, 점진적으로 공동부유를 실현한다"는 사회주의 관념을 이론의 주춧돌로 삼는다면, 사회주의 시장경제의 기본 함의는 바로 생산력의 발전과 점진적 공동부유를 목표로 하는 시장경제이다. 따라서, 공동 부유는 중국 사회주의 경제 건설과 개혁의 가장 근본적인 목

---

95 「우창, 선전, 주하이, 상하이 등지에서의 담화 요점(在武昌、深圳、珠海、上海等地的談話要點)」 1992년 1월 18일부터 2월 21일까지), 『덩샤오핑문선』, 제3권, 인민출판사, 1993년판, 373면.

96 「미국 기자 마이클 월리스와의 문답(答美國記者邁克·華萊士問)」, 『덩샤오핑문선』 제3권, 인민출판사, 1993년판, 172면.

97 「사회주의 현대화 건설 중 일부 중대 관계에 대한 정확한 처리(正確處理社會主義現代化建設中的若幹重大關系)」, 『장쩌민 문선(江澤民文選)』, 제1권, 인민출판사, 2006년판, 466면.

98 후진타오(胡錦濤), 「성부급 주요 지도자 간부를 대상으로 사회주의 조화로운 사회의 건설 능력을 제고하자 특별 세미나에서의 연설(在省部級主要領導幹部提高構建社會主義和諧社會能力專題研討班上的講話)」, 『인민일보』, 2005년 6월 27일, 1면.

표가 되었고, 공유발전의 이념은 중국 특색 사회주의 정치경제학 이론 체계에 자연스럽게 깊이 뿌리를 내리게 되었다.

공산당 18기 중앙정치국 상무위원들과 중국 국내 및 외신 기자들과 만나는 자리에서, 시진핑 총서기는 공산당 중앙위원회를 대표하여 "우리의 책임은 전체 공산당과 중국 전역 각 민족을 단결시키고 이끌어 나가는 것이다. 사상을 계속 해방시키고, 개혁·개방을 견지하며, 끊임없이 사회 생산력을 해방하고 발전시켜야 한다. 인민 군중의 생산과 생활의 어려움을 해결하기 위해 노력하고, 확고부동하게 공동부유의 길을 걸어야 한다"[99]라고 약속했다. 이후 2015년 가을, 중국 공산당 18기 5중전회에서 시진핑을 중심으로 하는 공산당 중앙위원회는 중국 국내외 발전 대세에 대한 깊이 있는 분석을 토대로, 최초로 공유발전 이념을 명확히 제시했다. 시진핑 총서기에 따르면, 공유 이념의 실질은 인민 중심의 발전 사상을 견지하는 것이며, 점진적으로 공동부유를 실현해야 한다는 요구를 구현하는 것이다. 사람들의 적극성, 주동성, 창조성을 전면적으로 동원해 대다수 인민 군중이 개혁 발전의 성과를 공유하는 것이다. 이것이 바로 사회주의의 본질적 요구이다. 또한, 이는 공산당이 전심전력으로 인민을 위해 봉사한다는 근본 취지와 인민이 발전을 추진하는 근본 역량이라는 유물사관을 구현한 것이기도 하다.[100]

---

99 「시진핑, 18기 중공중앙 정치국 상무위원들과 중국 국내 및 외신 기자들과 만나 "아름다운 생활에 대한 인민의 추구가 곧 우리의 분투목표"라고 강조(習近平在十八屆中共中央政治局常委 同中外記者見面時 強調人民對美好生活的嚮往就是我們的奮鬥目標)」, 『인민일보』, 2012년 11월 16일, 4면.

100 시진핑, 「공산당 18기 5중전회 제2차 전체회의에서의 연설(在黨的十八屆五中全會第二次全體會議上的講話)」, 구시, 2016년 1호.

공산당 18기 5중전회에서 제시한 공유발전 이념은 다음 네 가지 함의를 갖고 있다. 첫째, 공유는 전체 인민의 공유이다. 이는 공유의 적용 범위에 대한 것이다. 공유 발전은 모든 사람이 향유하고, 각자가 원하는 것을 얻는 것이며, 소수의 사람들이 공유하거나 일부 사람들이 공유하는 것이 아니다. 둘째, 공유는 전면적인 공유이다. 이는 공유의 내용에 대한 것이다. 공유발전은 중국 경제, 정치, 문화, 사회, 생태 각 영역에서 건설 성과를 공유하는 것이다. 각 영역에서 인민의 합법적인 권익을 전면적으로 보장해야 한다. 셋째, 공유는 공동 건설과 공동 향유이다. 이는 공유의 실천 경로에 대한 것이다. 공동으로 건설해야만, 공동으로 향유할 수 있고, 공동 건설 과정이 곧 공동 향유의 과정이기도 하다. 민주적 역량을 충분히 발휘하고, 인민의 지혜를 널리 집결시켜, 인민의 힘을 최대치로 북돋아야 한다. 이로부터, 모든 사람이 참여하고, 모든 사람이 힘을 다하고, 모든 사람이 성취감을 느끼는 생동감이 넘치는 국면을 형성해야 한다. 넷째, 공유는 점진적인 공유이다. 이는 공유발전의 추진 과정에 대한 것이다. 공유발전은 첫 술에 배부를 수 없다. 반드시 낮은 수준에서 높은 수준으로, 불균형에서 균형으로 나아가는 과정이 필요하다. 설령 높은 수준의 공유에 도달한다고 해도 차별이 발생할 수밖에 없다. 중국의 국정과 경제·사회 발전 수준에 입각하여 공유 정책을 사고하고 기획해야 한다. 과족부전(裹足不前, 우물쭈물하면서 앞으로 나아가지 못하는 것을 말한다)하지 말고, 주시양교(銖施兩較, 하나하나 극도로 따지고 비교하는 것을 말한다)하지 말아야 한다. 지불해야 할 비용은 흔쾌히 지불하고, 비현실적으로 이상만 높거나, 예산을 미리 당겨쓰거나, 말로만 약속하고 실행에 옮기지 않아서는 안 된다. 위의 네 가지 함의는 상호 연관되어 있기 때문에, 전체적으로 이해하고 파악할 필요가 있다.

시진핑 총서기는 공산당 19대 보고문에서 "공산당 전체는 반드시 왜 사람에 관한 문제가 하나의 정당과 하나의 정권의 성격을 검증하는 시금석인지를 명심해야 한다"고 강조했다. 인민이 '아름다운 생활'을 창조할 수 있도록 이끄는 것은 시종일관 변함없는 공산당의 목표이다. 시종일관 인민의 이익을 최우선적인 지위에 놓아야 한다. 개혁 발전의 성과가 더 풍성하고, 더 공평하게 전체 인민에게 혜택으로 돌아가도록, 전체 인민의 '공동부유'라는 목표를 실현하기 위해 끊임없이 매진해야 한다.

2. 공유발전의 성과와 도전

공유 발전의 실현 측면에서 보면, 중국에는 성취와 도전이 모두 병존한다. 경제의 고속 성장에 따라 인민의 생활 수준은 현저히 향상되었다. 도시 주민의 가처분 소득은 1978년 343위안에서 2015년 3만 1195위안으로 증가했고, 농촌 주민의 1인당 순소득은 1978년 134위안에서 2015년 1만 1422위안으로 증가했다. 1인당 소득의 급속한 증가로 7억 명 이상의 중국인이 극빈 상태에서 벗어났다. 세계은행의 빈곤 퇴치 통계자료에 따르면, 1981~2011년 세계 빈곤 탈출 인구 중 81%가 중국에서 기인하는 것으로 나타났다.

동시에, 개혁·개방 이래로 상당히 긴 시간 동안, 도농간, 지역간, 주민간 소득 격차와 기본 공공서비스 향유의 불균형 정도가 다소 높아졌다. 소득 격차만 해도 노동간 주민 소득 격차는 1978년 2.56배에서 2007년 3.33배로 확대되었다. 게다가, 업종간, 지역간 소득 격차의 확대로 중국의 전체 지니계수는 계속 상승하면서, 2008년 지니계수는 국제 경계선인 0.4를 넘어 0.491에 달하며 정점을 찍었다.

한편으로 보면, 소득 격차의 지속적인 확대 추세 중 상당 부분 중국이 처한 특정 발전 단계에서 기인한다. 노벨 경제학상 수상자인 쿠즈네츠는 선진 경제권들의 역사 데이터를 체계적으로 발굴하고 분석한 결과, 각 선진 경제권에는 소득 구조상의 불평등을 특징으로 하는 역 'U'자형 곡선이 존재한다는 것을 발견하였다. 각 선진경제권은 전(前) 산업 문명에서 산업 문명으로 이행하는 초기 단계에 불평등 정도가 확대됐고, 그 후 한동안 안정을 유지하다가, 산업화 후기에 이르러서야 불평등 정도가 점차 축소됐다.[101] 중국은 산업화 과정이 아직 끝나지 않은 데다가, 농촌 인구가 매우 많고, 이원 구조가 특히 두드러져, 노동력이 농업·농촌에서 산업·도시로의 이전하는 과정이 필연적으로 길수밖에 없다. 따라서 소득 격차의 지속적 확대는 중국 경제 발전이 반드시 거쳐야 할 역사적 단계다. 이러한 추세를 반전시키기 위한 근본적인 활로는 산업화를 가속화하고, 고속 경제 성장을 지속하여, 새로운 일자리를 계속 창출하는 것이다. 결국 끊임없는 생산력 발전을 통해 공동부유를 실현해야 한다.

다른 한편으로 보면, 소득 격차가 계속 확대되는 양상은 시장화 개혁의 부진과 정부의 '지나친 개입, 직접적 개입, 관리 부족'과도 관계가 있다. 자원 에너지 가격의 왜곡, 불명확한 자원 생산권, 그리고 업계 독과점의 존재는 업계간 소득 격차의 확대를 촉진한다. 행정 권력은 미시적 경제 활동

---

101 Kuznets, Simon, "Economic Growth and Income Inequality", *American Economic Review*, Vol 5, 1955.

에 대해 지나게 간섭을 하고 있고, 사회 자원 또한 독점하고 있다. 이로 인해 지대 추구와 부패 현상은 점점 더 근절되기 어려워 지고 있다. 또한, 정부는 기초 교육, 공공 위생, 사회 보장 등에 대한 투자가 부족하다. 이러한 부족은 개혁의 정체를 가져오고, 기회 균등의 실현을 저해한다. 이러한 각종 요인들이 소득 격차의 불균형 등의 문제를 심화 시켰다. 이러한 문제는, 지속적인 시장화 개혁과 정부의 관리 기능 전환을 통해 해결할 수 있다.

이렇듯, 중국이 공동부유의 길에서 직면한 소득 격차 확대 문제는 발전과 개혁의 특정 단계에서 나타나는 현상이다. 근본적으로 발전을 가속하고 개혁을 한층 더 추진해야 해결할 수 있는 문제이다. 생산력의 발전은 공동부유를 실현하는 물질적 기초이다. 완전한 사회주의 시장경제 체제는 기회의 균등과 과정의 공정함을 보장하고, 전체 인민의 기본적인 삶을 보장해준다. 시진핑 총서기는 이에 대해 "공유발전 이념의 실행은 두 가지 차원으로 종합할 수 있다. 첫째, 인민 군중의 적극성, 주동성, 창조성을 충분히 동원해야 한다. 전체 인민의 힘으로 중국 특색 사회주의 사업을 추진하여, '케이크'를 끊임없이 크게 만들어야 한다. 둘째, '케이크'를 잘 나누어 사회주의 제도의 우월성을 충분히 드러내고, 이를 통해 인민 군중이 더욱 큰 성취감을 느낄 수 있도록 해야 한다" [102]라고 상세하고 명확하게 묘사했다.

이러한 정책적 발상에 따라, 공산당 18대 이래로 인민 중심의 발전 사상은 중국 발전의 실천 과정에서 더욱 확실하게 관철되고 시행되었다.

---

102 시진핑, 「성부급 주요 지도자 간부를 대상으로 공산당 18기 5중전회 사상 학습·관철 특별 세미나에서의 연설(在省部級主要領導幹部學習貫徹黨的十八屆五中全會精神專題研討班上的講話)」, 『인민일보』, 2016년 5월 10일, 2면.

신시대 중국 특색 사회주의 정치경제학 구축

그리고 이를 통해 중국의 경제 성장은 더 큰 공유성과 포용성을 지니게 됐다. 첫째, '12.5' 시기 도시와 농촌 주민의 1인당 소득 성장은 전반적으로 GDP 대비 증가 속도를 훌쩍 넘어섰다. 둘째, 도시와 농촌 주민 소득 격차와 지니계수가 동반 하락했다. 전자는 2007년 3.33배에서 2015년 2.73배로 하락했고, 후자는 2008년 0.491에서 2015년 0.462로 하락했다. 셋째, 고용이 안정적으로 유지되고 확대됐다. 넷째, 사회보장 정도와 보장 범위가 지속적으로 확대되었고, 도시와 농촌의 통합 수준이 새로운 단계에 올랐다. 중국이 공동부유의 실현을 향해 나아가는 길에서 굳건한 발걸음을 내딛었다고 할 수 있다.

중국에는 여전히 도시와 농촌 지역의 불균형 발전, 상당히 큰 소득 격차, 기본 공공서비스 공급의 부족, 빈곤퇴치 임무의 난항 등의 문제점들이 존재한다. 샤오캉 사회의 전면적인 건설에 있어, 반드시 전체 인민이 함께 샤오캉 사회에 진입하는 것을 근본 지표로 삼아야 함에는 의심할 여지가 없다. 마지막 5년은 '결승' 단계에서는, 발전을 통해 케이크를 크게 만들기도 하고, 개혁을 통해 더 공유적인 케이크 분배 메커니즘도 구축해야 한다. 인민 중심의 발전 사상은 최종적으로 공유발전 이념 및 그 조치에 입각하여 구체적으로 '보편적 혜택, 기본적 보장, 균등화, 지속 가능성' 등의 방향을 견지해야 한다. 인민이 가장 관심을 가지고 있는 직접적이고, 현실적인 이익 문제를 해결하는 것에서부터 시작하여, 더욱 충분하고 더욱 균등한 공공서비스를 제공해야 한다.

3. 공유발전 이념의 견지와 실천

시진핑 총서기는 "인민 중심의 발전 사상은 추상적이거나 심오한 개념이 아니다. 단지 말에만 그치거나 사상적 단계에 머물러서는 안된다. 이는 경제·사회 발전의 모든 단계에서 구현되어야 한다"[103]라고 지적했다. 목표 지향성과 문제 지향성의 상호 통일을 견지하는 것은 공유발전 이념을 실천하는 것이다. 이는 인민 중심의 발전 사상을 관철하고 실행하는 데 있어 중요한 구성요소이고, 전면적인 샤오캉 사회 건설에서의 각종 정책 결정과 배치에 충분히 구현되어야 한다. 목표 지향성과 문제 지향성의 상호 통일을 일관되게 견지해야만, 발전 성과를 더욱 공평하게 전체 인민에게 돌아가도록 할 수 있다. 이러한 방법론에 근거하여 공유발전 이념이 관철된 중점 영역을 다음 네 가지로 요약할 수 있다.

첫째, '두 배로 늘리겠다'라는 목표[104]와 경제의 중·고속 성장을 유지해야 한다. 공산당18대는 2020년까지 국내총생산(GDP)과 도시와 농촌 주민의 1인당 소득을 모두 2010년보다 두 배로 늘리겠다는 목표를 제시했다. 이를 위해서는 경제가 중·고속 성장을 유지하고, 도시와 농촌 주민의 소득이 경제 성장과 동반 성장해야 한다. 2010년 중국 국내총생산(GDP)은 40조 9000억 위안이었다. 고정가로 계산하면 2015년에는 이미 59조 6000억 위

---

103 시진핑, 「성부급 주요 지도자 간부를 대상으로 공산당 18기 5중전회 사상 학습·관철 특별 세미나에서의 연설(在省部級主要領導幹部學習貫徹黨的十八屆五中全會精神專題研討班上的講話)」, 『인민일보』, 2016년 5월 10일, 2면.

104 옮긴이 주: 공산당 18대는 보고문을 통해 "국내총생산(GDP)과 도시와 농촌 주민의 1인당 평균 소득을 2010년에 비해 두 배로 늘리겠다(兩個翻番)"는 내용을 골자로 하는 새로운 목표를 최초로 제시했다.

안으로 증가한 것을 알 수 있다. 샤오캉 사회의 전면적인 건설 요구에 따라, 2020년까지 중국 국내총생산(GDP)은 81조 8000억 위안을 달성해야 한다. 목표 지향성에 따라 역추론을 하면, '13.5' 시기 중국 경제의 연평균 성장률은 6.53%에 달해야 한다. 중국의 경제 발전이 뉴노멀로 진입하는 상황 하에, 자원 요소 투입에 의해 구동되는 성장은 이 같은 성장 속도를 감당할 수 없다. 따라서 새로운 성장 원천 혹은 동력을 발굴해야만 한다. 즉, 총요소 생산성을 높임으로써 혁신 구동 성장을 실현해야 한다. 문제 지향성에 따른 추론을 통해서 보면, 공급측 구조 개혁을 서둘러야 새로운 성장 원천을 얻을 수 있다. 그래야만 개혁 보너스를 더 많이 창출할 수 있고, 잠재성장률을 높이며, '케이크'의 지속적인 확대를 확실하게 보장할 수 있다.

둘째, 전체 인민이 더 많은 성취감을 느끼게 하고, 소득 격차를 뚜렷하게 축소 시켜야 한다. 샤오캉 사회의 전면적인 건설을 위해서는 인민 생활의 수준과 질을 보편적으로 향상시켜야 한다. 전체 인민이 공동 건설과 성과의 공동 향유 과정에서 더욱 많은 성취감을 느끼도록 해야 한다. 즉, 양적으로 경제총량과 도시와 농촌 주민의 소득을 두 배로 늘린다고 해서, 그것이 샤오캉 사회 전면적인 건설을 의미하는 것은 아니다. 반드시 도농 간, 지역간, 사회 계층간 소득 격차를 현저히 줄여야 한다. 소득 격차를 축소하려면, 기본 공공서비스 공급을 확대하고, 균등화 수준을 높여서 '케이크'를 크게 만들면서도, 잘 나누어야 한다.

사회 보장 체계의 건설과 노동력 시장이 발달함에 따라, 기본적인 공공서비스 균등화와 소득 격차 해소라는 정책적 노력은 이미 뚜렷한 효과를 거두었다. 그러나, 2020년까지 더 큰 성취감을 위한 전면적인 샤오캉의 목표를 달성하기 위해서는 재분배의 강도를 높여야 한다. 소득 격차가 적은 선진국들의 경험에 비춰볼 때, 재분배 정책은 1차 분배에 존재하는 지니계수를 36.2%까지 더 낮출 수 있다. 이는 노동력 시장의 메커니즘을 파괴하지 않으면서, 재정·조세, 빈곤 구제 업무, 사회보장 등 기본적인 공공 서비스 공급에 있어 정부가 재분배 역할을 발휘할 수 있는 공간이 여전히 크다는 점을 보여주고 있다.

셋째, 전면적인 샤오캉사회 건설을 위해 농촌 빈곤인구의 빈곤탈출을 실현해야 한다. 2020년까지 수천만 농촌 빈곤 인구가 빈곤에서 벗어나지 못한다면, 전면적인 샤오캉 사회를 건설했다고 말할 수 없다. 따라서 '13.5' 규획 강령은 명확한 목표와 요구를 제기해야 한다. 즉, 2020년까지 중국의 현행 기준에 따라 농촌 빈곤 인구를 빈곤에서 탈출하게 해야 한다. 또한, '빈곤 지역'으로 잘 알려진 빈곤현(縣 : 중국 행정단위 중 하나)들을 전부 빈곤에서 탈출하게 함으로써, 지역적인 빈곤 문제를 해결해야 한다. 공산당 중앙위원회는 빈곤 퇴치를 위한 공방전을 하고 있다. 대상을 정밀하고 정확하게 겨냥한 빈곤 지원(精準扶貧) 정밀화, 빈곤 탈출(精準脫貧) 정밀화라는 정책의 배치를 실시했다. 빈곤 지원(精準扶貧) 및 빈곤 탈출(精準脫貧) 정밀화는 각기 다른 지역과 각기 다른 대상에 따라, 각지의 실정에 맞는 정책을 실시하는 것을 강조한다. 분류하여 빈곤 가정을 지원해야 하며, 산업 지원, 취업 이동, 타향 이주 등의 조치를 통해 빈곤 인구의 빈곤 퇴치 문제를 해소해야 한다. 또한, 완전히 또는 부분적으로 노동력을 상실한 빈곤 인구를 최저 생활보장 대상에 포함시킨다. 즉, 사회보장 정책을 통해 가장 기본적인 생활 보장을 제공함으로써, 빈곤 퇴치를 실현하는 것이다. 이러한 혁신성을 지닌 과학적인 빈곤 퇴치 계획들은 목표 지향성과 문제 지향성이 상호 통일되고, 전략성과 실행 가능성이 상호 결합되어 있는 방법론을 충

            신시대 중국 특색 사회주의 정치경제학 구축

분히 구현하고 있다.

넷째, 공급측 구조 개혁 및 보장성 사회 정책 영역이다. 현재의 경제 업무를 제대로 시행하려면 공급측에서 뉴노멀 시대를 인식하고 이에 적응해야 하며, 공급측 구조 개혁으로 뉴노멀 시대를 이끌어 가야 한다. 시진핑 총서기는 뉴노멀 시대 중국 경제 발전의 주요 특징을 다음과 같이 요약했다. 성장 속도가 고속에서 중·고속으로 전환되고, 발전 패러다임은 규모·속도형에서 품질·효율형으로 전환된다. 경제 구도 조정이 증분·에너지 확대 위주에서 재고량 조정·증분 최적화의 병행으로 전환되며, 발전 동력은 자원·저비용 노동력 등에 주로 의존했던 데에서 혁신 구동으로 전환된다. 이 같은 내용은 중국이 달성하고자 하는 목표를 규정하고 있으며, 목표의 달성에 필요한 공급측 구조 개혁을 어떤 측면에서 추진해야 하는지를 제시한다. 공급측 구조 개혁은 잠재성장률을 높이고, 이를 통해 경제의 중·고속 성장을 유지할 수 있다.

그러나 산업 구도 조정, 과잉 생산력 해소, 좀비기업 청산 등 영역의 개혁은, 일부 전통 산업과 기업 근로자의 이직으로 이어질 수밖에 없다. 따라서, 구조 조정 개혁과 산업 조정에 영향을 받는 근로자들에 주목해야 한다. 생산성 과잉 업종의 근로자, 동북(東北)지역과 같은 오래된 공업 단지의 근로자와 도시로 진출한 농민공들이 여기에 포함된다. 사회 정책을 통해 이들의 기본적인 생활을 보장해주어야 하고, 교육, 일자리 소개 등 공공 서비스를 강화해야 한다. 이를 통해, 이들이 최대한 조속히 이직하여 고용 및 창업을 할 수 있도록 도와주어야 한다.

4. 민생 보장과 개선

공유발전 이념의 관철이라는 시각에서 보면, 샤오캉 사회의 전면적인 건설이라는 목표를 실현하려면, 다음 두 가지 키워드를 제대로 파악해야 한다. 첫째, '샤오캉'이라는 것은 발전 수준에 대한 요구이다. 둘째, '전면적'이라는 것은 전체 인민이 혜택을 보고, 균형적이고 조화로운 지속 가능한 발전을 의미한다. 시진핑 총서기는 "샤오캉이 실현되었는지 여부를 판단하는 관건은, 동향 사람들의 의견에 달려있다"라고 거듭 강조한 바 있다. 그의 이러한 발언은 두 키워드 사이의 논리적 관계를 고도로 개괄하고 생생히 드러낸 것이다.

심층적인 차원에서, 민생 복지 증진은 발전의 근본적인 목표이다. 시진핑 총서기는 공산당 19대 보고문을 통해 반드시 민생에 유리한 일을 최대한 도모하고, 민생에 불리한 우환을 최대한 해결해야 한다고 요구했다. 발전 속에서 민생의 가장 취약한 부분을 보완하고, 사회의 공평정의를 촉진해야 한다. 어린이가 있으면 보육원을(幼有所育), 배우고자 하면 학교를(学有所教), 일하고자 하면 일자리를(劳有所得), 병이 나면 의료를(病有所医), 늙으면 돌봄을(老有所养), 거주하고자 하면 살 곳을(住有所居), 쇠약하다면 도와주는 곳을(弱有所扶) 제공하도록 끊임없이 새로운 진전을 거두어야 한다. 그는 또한 빈곤퇴치 공방전을 심도 있게 전개해야 한다고 요구했다. 전체 인민이 함께 건설하고 공유 발전을 하는 가운데, 더 많은 성취감을 느끼도록 보장하고, 사람들의 전면적인 발전과 전체 인민의 공동부유를 끊임없이 촉진해야 한다.

주목할 점은 2035년 사회주의 현대화를 기본적으로 실현하고, 2050

신시대 중국 특색 사회주의 정치경제학 구축

년 사회주의 현대화 강국을 건설한다는 목표에 대하여, 공산당 19대 보고문에서는 GDP 성장 목표 또는 '두 배로 늘리겠다'는 것과 유사한 목표를 제시하지 않았다. 이는 중국의 경제 발전이 이미 뉴노멀 시대에 진입했고, 경제의 고속 성장이 더 이상 중국 경제의 특징적인 현실이 아니라는 것을 반영한다. 이는 또한 단편적으로 경제 성장 속도만을 추구하는 성과주의적 가치관을 변화시켜야 한다는 요구를 강조한 것이다. 더 중요한 것은, 이렇게 함으로써 거창한 목표를 발전 목표 그 자체를 향해 더욱 직접적이고 명확하게 지향할 수 있는 점이다. 인민 소득 증가 및 인민 생활 수준 향상을 더욱 두드러지게 하고, 발전 과정에서 민생을 보장하고 개선하게 해준다. 개혁의 발전 성과를 더 많이, 더 공평하게 전체 인민에게 돌아갈 수 있도록 하는 것은 근본적인 출발점이자 지향점으로 삼아야 한다. 그래야만, 샤오캉 사회의 전면적인 건설이 인민에게 공감을 얻고, 역사적인 검증을 받을 수 있을 것이다.

시진핑 총서기는 공산당 19대 보고문에서 더 나아가 다음과 같이 지적했다. 민생을 보장하고 개선하려면, 인민이 가장 직접적이고 가장 현실적으로 관심을 갖고 있는 이익 문제를 제대로 파악해야 한다. 또한, 전심전력으로 하되, 자신의 역량에 따라 실행해야 한다. 하나씩 하나씩, 한 해 한 해 일을 처리해야 한다. 모든 사람이 책임을 다하고, 모든 사람이 향유해야 한다. 마지노선을 사수하고, 중점을 부각시키고, 제도를 보완하면서 예상 목표치로 이끌어 가야 한다. 공공 서비스 체계를 완비해야 하고, 대중의 기본적인 생활을 보장해야 한다. '아름다운 생활'에 대해 날로 늘어나는 인민의 수요를 끊임없이 충족시켜야 하며, 사회 공평정의를 끊임없이 촉진해야 하며, 효과적인 사회 관리, 양호한 사회 질서를 형성해야 한다. 이로부터, 인민이 성취감, 행복감, 안전감을 더욱 충분하고 지속적으로 느낄 수 있도록 보장해야 한다.

그러려면 첫째, 고용 창출을 최대의 민생 사업으로 삼고 추진해야 한다. 좀 더 충분한 고용기회를 창출해야만, 개개인 모두가 근면한 노동을 통해 스스로를 발전시킬 수 있는 기회를 가질 수 있고, 이를 통해 소득 수준을 높일 수 있다. 경제 발전이 뉴노멀 시대로 진입하면서 고용 문제와 같은 새로운 특징들 역시 뚜렷해지고 있다. 총량적 성격의 고용 모순이 완화되는 추세를 보이는 동시에, 마찰적이고 구조적인 고용 모순이 점차 부각되고 있다. 즉, 고용의 질적 향상이라는 과제도 큰 도전이 될 수밖에 없다. 마찰적인 고용 모순을 해결하는 관건은, 노동력 시장 메커니즘을 보완하고, 노동력 공급과 수요 양쪽의 정합성을 강화하는 것이다. 구조적인 고용 모순을 해결하는 관건은, 근로자의 기술력을 개선하고, 인적 자본의 자질을 향상시키고, 경제 패러다임을 전환하며, 산업 구도 최적화 및 업그레이드에 대한 적응성을 강화하는 것이다. 고용의 질을 높이는 관건은, 노동력 시장 제도의 수립과 보완, 그리고 조화로운 노동 관계를 형성하는 데 있다. 정부는 경제 성장 촉진과 일자리 창출 위주의 정책 수단에서, 노동력 시장의 정합수준과 고용의 질을 높이는 것으로 초점을 옮겨야 한다. 이를 통해, 전방위적인 취업 관련 공공 서비스 수준을 제고해야 한다.

둘째, 노동생산성 제고를 소득 증가의 근본적인 수단으로 삼아야 한다. 경제 이론 및 발전 경험이 증명해주듯이, 노동자 임금의 증가로 인해 주민들의 소득 수준이 높아졌고, 그 기초와 원천은 노동생산성의 장기적이고 지속적인 향상에 있다. 중국은 도시 및 농촌 주민의 소득 증가가 노동생산성 증가 속도를 역전하는 '보충 수업' 단계를 거쳤다. 그 후, 임금 상

신시대 중국 특색 사회주의 정치경제학 구축

승이 노동생산성의 지탱 수준을 넘어서면서, 지난 1~2년 사이에 상승 속도가 약간 줄어들었다. 2020년 '두 배로 늘리겠다'는 목표의 달성과 장기적이고 지속 가능한 소득 제고라는 요구의 실현을 위해서는 반드시 노동생산성 향상을 위한 노력을 더욱 확대해야 한다. 노동생산성 향상에는 통상적으로 세 가지 경로가 있다. 첫 번째는 자본으로 노동을 대체하는 것이다. 즉, 사람이 하는 일을 기계나 로봇으로 대체하는 것이다. 이 과정은 노동자의 자질 향상과 서로 속도를 맞춰가며 진행되어야 한다. 그렇지 않으면 자본 임금이 감소하고 일자리를 배제하는 악재를 초래할 수 있다. 두 번째는 노동생산성의 구성 부분인 총요소 생산성을 높이는 것이다. 공산당 19대는 보고문을 통해 총요소 생산성 향상의 요구를 제기했다. 이는 공산당 대표대회 보고문에서 최초로 언급된 것으로 그 중요성을 충분히 알 수 있다. 세 번째는 인적 자본 수준을 높이는 것이다. 자본은 노동을 대체하고 총요소 생산성을 향상시키는 전제 조건이자 중요한 보장이다.

셋째, 중위소득 계층 확대를 인민의 소득을 높이는 주요 수단으로 삼아야 한다. 지니계수는 소득 분배의 균등화 정도를 가늠하는 지표 중 하나로 알려져 있다. 정의에 따르면, 지니계수는 얼마나 많은 비중의 인구가 균등한 분배에서 동떨어져 있는가를 관측한다. 따라서 중위소득 집단의 규모 및 비중 확대는 소득 분배를 개선하는 지표라고 할 수 있다. 이는 또한 불평등을 개선하고, 전반적인 소득 수준을 제고하는 방법이기도 하다. 2020년에 농촌 빈곤 인구가 전부 빈곤에서 벗어나려면, 이들 집단의 소득이 지속적으로 상승될 수 있는지가 관건이다. 즉, 빈곤에서 벗어난 후에도 그들의 소득이 계속 상승세를 유지할 수 있냐는 것이다. 공산당 19대는 보고문을 통해 노동력과 인재의 사회적 유동을 방해하는 체제 메커니즘의 폐단을 없애자는 주장이 처음으로 제기됐다. 이러한 주장은 다음 세 가지 함의를 나타낸다. 첫 번째는 노동자의 횡적인 유동 추세를 유지하는 것이다. 낮은 생산성에서 높은 생산성으로의 순서에 따라, 지역과 도시, 산업, 기업 간의 유동이 발생한다. 그 과정에서 미시적으로는 개인과 가정의 소득이 증가하고, 거시적으로는 노동 생산성이 향상된다. 두 번째는 정부가 양호한 정책 환경과 공공 서비스 플랫폼을 창조하여, 노동자의 종적인 유동을 실현하도록 촉진하고, 개개인 모두가 노동을 통해 스스로의 발전 기회를 실현할 수 있도록 하는 것이다. 이를 통해, 사회적 신분의 고착화를 타파하고 빈곤의 대물림을 단절시킬 수 있다. 세 번째는 관련 분야의 개혁을 심화하여, 노동자의 종적 및 횡적 유동을 방해하는 체제적인 장애물을 제거해야 한다.

넷째, 빈곤 지역과 빈곤 계층을 낙오되게 해서는 안 된다. 전면적인 샤오캉은 전체 인민의 전면적인 샤오캉이다. 반드시 빈곤 지역 및 빈곤 인구의 빈곤 탈출이라는 취약한 영역을 보완하는 데 중점을 두어야 하고, 대상을 정확하게 겨냥하여 빈곤에서 구제하고, 정확하게 빈곤에서 탈출하게 해야 한다. 중국 경제·사회 발전은 여전히 불균형하고, 여러 가지 요인으로 인해 여전히 빈곤 현상이 존재한다. 집단이라는 관점에서 보면, 농촌 빈곤 인구 및 노인, 장애인, 생계를 위해 가장이 도시로 떠난 뒤 농촌에 남겨진 아동과 부녀자 등 특수 빈곤 계층에 특히 관심을 기울여야 한다. 지역적인 관점에서 보면, 농촌, 변방 지역, 옛 혁명 근거지(革命老區), 민족 지역, 빈곤 지역은 전면적인 샤오캉 사회 건설의 난점이자 중점이다. 공공재 및 서비스 공급 강화함으로써, 빈곤 지역과 빈곤 계층의 발전 능력 육성, 발전 기회의 균등화 촉진, 인프라 완비 등을 거쳐야만 전체 인민이 공동으로 전면적인 샤오캉 사회로 진입할 수 있다.

다섯째, 모든 사람이 참여하고, 모든 사람이 최선을 다하며, 모든 사람이 누릴 수 있어야 한다. 발전 성과를 인민이 공유하도록 하기 위해서는, 정부가 충분한 공공재와 서비스를 제공하기 위해 노력해야 할 뿐만 아니라, 인센티브 메커니즘을 구축해야만 한다. 인민의 지혜를 최대한 광범위하게 결집시키고, 인민의 능력을 최대한 끌어내서, 전체 인민이 공동으로 건설하고 공동으로 누리도록 해야 한다. 인민복지의 끊임없는 확대와 전면적인 샤오캉 사회의 표준 도달은, 시장 제품과 공공재(서비스)의 끊임없는 증가와 공정하고 평등한 향유에 달려 있다.

시장 상품 공급 분야에서, 시장 메커니즘이 자원을 배치하고 인센티브 신호를 제공한다는 원칙을 견지하여, 많은 인민 대중이 자신의 지혜와 노동에 의지해 부를 쌓을 수 있도록 해야 한다. 이런 점에서 공유경제의 발전은 전망이 매우 밝다. 공유경제란 정보화 기술을 매개로, 시장을 자원 배치 메커니즘으로 삼아, 개인 소비자 간의 공유, 교환, 대차, 임대 등의 협력 행위를 통해 소유자가 일시적으로 사용권을 양도해 소득을 얻는 경제 형태를 말한다. 이론적으로 보면, 인터넷 기술의 발전은, 거래 주체들 간의 정보 비대칭으로 인해 야기되는 각종 거래 원가를 크게 감소시킨다. 그리고 효율적인 공급을 증가시키고, 자원 이용 효율을 높이며, 신용결핍 문제도 완화시킨다. 또한, 공유경제는 업무 종사자의 자유도를 높이고 일반인들의 발언권을 높이며, 사회화 대생산에 따른 이질화 문제도 어느 정도 완화시킨다. 시장 경쟁을 장려하고, 업무 종사자의 사회 안전망을 구축하며, 소비자 권익 보호 제도를 보완하는 것은 정부가 공유경제를 발전시키는 데 있어서 마땅히 제공해야 하는 공공재이다.

공공 서비스 공급 분야에서도, 정부는 책임을 져야할 뿐만 아니라, 상황을 잘 살피고 해야 할 일인지 여부를 잘 파악해야 한다. 즉, '보편적 특혜, 기초적 보장, 균등화, 지속 가능'이라는 방향을 견지하고, 기본적인 공공 서비스 공급을 확보해야 한다. 동시에 공공 서비스를 제공하는 방식을 혁신하고, 사회 자본의 참여를 광범위하게 유치해야 한다. 일반 공공재와 공공 서비스의 공동 건설 능력을 강화하고, 공급 수량을 확대하며, 공급 유형을 확대하고, 공급의 질과 효율을 제고해야 한다.

　　여섯째, 최선을 다하고, 능력에 맞게 해야 하며, 복지 향상이 단계를 뛰어 넘어서는 안 된다. 공유발전과 공동부유는 점진적인 과정이며, 발전과 사회적 부의 확대를 전제로 한다. 따라서 '케이크'를 크게 만드는 것과 '케이크'를 잘 나누는 것 사이의 관계를 잘 처리해야 한다. '케이크'를 크게 만들려면 공평하게 분배해야 하고, 공평한 분배의 전제는 '케이크'를 계속 크게 만드는 것이다. 이 때문에 시진핑 총서기는 공산당 19대 보고문을 통해 "경제 성장과 '동시에' 주민 소득을 '동반' 성장시키고, 노동생산성과 향상과 '동시에' 임금을 '동반' 증가시켜야 한다"고 밝혔다. '동시에'와 '동반'의 언급을 통해 공산당 19대 보고문은 이전 '2개 동반'의 함의를 더욱 풍성하게 했다. 이는 소득 증가가 경제 성장을 따라가지 못하고, 노동 임금의 인상이 노동생산성 제고에 비해 지연되는 상황을 방지해야 한다고 명확하게 강조한 것이다. 그리고 이와 반대로, 소득 증가가 경제 성장을 넘어서거나, 노동 임금 인상이 노동생산성 제고를 이탈하는 상황도 피해야 한다고 강조했다. 즉, 소득 증가와 노동 임금 인상이 원천이 없는 물(無源之水)이 되거나, 쌀이 없어 밥을 못 짓게 되거나(無米之炊), 지속 가능성의 결핍에 이르게까지 해서는 안 된다.

　　　신시대 중국 특색 사회주의 정치경제학 구축

중국은 이미 1인당 국내총생산이 8000달러를 넘어 세계은행이 정의하는 중상위소득 국가 대열에 진입했다. 그러나 장기간 사회주의 초급 단계에 처해 있을 것이라는 기본 국정에는 아직도 변함 없다. 또한, '아름다운 생활'에 대한 날로 늘어가는 인민의 수요와 불균형적이고 불충분한 발전 사이에 여전히 모순이 존재한다. 사회 건설을 강화하든 민생을 개선하든, 이러한 기본 국정에서 출발하여 최선을 다하고, 능력에 맞게 행동하며, 단계를 뛰어 넘는 목표와 요구를 제시해서는 안된다. 현재 중국은 경제 하방 압력의 증가, 재정 수입 증가세의 둔화, 인구 고령화 진전의 가속화 등 심각한 도전에 직면해 있다. 발전이 중국의 모든 문제를 해결하는 관건임을 명심하고, 경제 건설이라는 중심이 흔들리지 않도록 해야 한다. 끊임없이 생산력을 해방하고 발전시킴으로써, 전국 각 민족이 행복하고 편안하게 살 수 있도록 물질적 기반을 다져야 한다.

제 5 장

현대적 경제체계의 구축

제1절 현대적 경제 체계 구축의 필요성

시진핑 총서기는 공산당 19대 보고문을 통해 중국 경제가 '고속 성장' 단계에서 '질적 성장' 단계로 전환하고 있다고 전했다. 중국은 현재 발전 패러다임의 전환, 경제 구조의 최적화, 성장 동력의 전환이라는 힘든 고비를 넘기는 중요한 시기에 있다. 보고문에 따르면, 현대적 경제 체계를 구축하는 것은 이 고비를 넘기기 위한 절실한 요구이자, 중국 발전의 전략적 목표이다.

개혁·개방 40년 동안, 중국 경제는 연평균 10%에 가까운 고도 성장을 유지했다. 이는 인류 역사상 유례없는 인구 대국이 경제의 장기적인 고도 성장을 이룬 기적이라고 할 수 있다. 물론, 이러한 성장은 불가피하게 양적 규모의 빠른 확장이라는 특징을 보이며, 불균형, 부조화, 지속 불가능이라는 갈등과 문제를 수반하기도 했다.

공산당 18대 이래로, 당 중앙은 새로운 상황과 문제에 직면하여, 중국의 경제 발전이 뉴노멀 시대에 진입했다는 중대한 판단을 내렸다. 중국의 경제 성장을 지탱하는 요인과 여건들은 현재 중요한 변화들을 겪고 있다. 노동력 저비용 우위의 약화, 기술상의 후발 우위 감소, 생태환경 압력의 지속적 확대, 생산능력의 과잉과 제품 재고의 과다 등 문제들이 부각되고 있다. 또한, 일부 분야의 레버리지율이 지나치게 높고, 경제 성장 효율이 저하되는 양상을 보이고 있다. 이러한 변화에 따라 중국의 경제 구조는 중대한 전환을 보이고 있다. 경제 성장은 소비와 서비스업, 국내 수요에 더욱 많이 의존하게 되고, 노동자의 자질 향상, 기술 진보와 총요소 생산성 개선에 더욱 의존하게 되었다. 이에 따라 경제 발전 단계도 전환하기 시작했다. 즉, 과거의 '고속 성장' 단계에서 '질적 발전' 단계로 전환한 것이다. 이는 맹목적으로 속도를 추구하고 규모에 치중하는 발전 패러다임은 더 이상 지속될 수 없음을 의미한다. '질적 성장'이 이루어져야만 경제 건설을 새로운 단계로 재 도약시킬 수 있으며, 아름다운 생활에 대해 날로 늘어나는 인민의 수요를 충족시킬 수 있다.

현대적 경제 체계를 건설하려면, 스스로 변화를 추구하고, 변화 속에서 새로운 것을 찾고, 변화 속에서 진전을 추구하고, 변화 속에서 돌파구를 찾아야 한다. 신발전이념의 지도 하에, 경제 발전 패러다임의 전환을 가속화하고, 중국 경제의 질과 효율의 증대, 업그레이드를 촉진해야 한다. 또한, 패러다임 전환, 구조 최적화, 동력 전환이라는 힘든 고비를 넘기며, 소비·투자의 선순환, 도시와 농촌의 지역간 조화로운 발전, 인간과 자연의 화합과 상생, 중국 국내외 두 개 시장의 긍정적 상호 작용, 경제·사회의 조화로운 동반성장을 실현하고자 노력해야 한다. 이로부터, 균형잡힌 충분한 발전을 이루고, 새로운 시대 사회주의 주요 모순을 해결하는 데 필요한 여건을 조성한다. 다시 말해, 만약 현대적 경제 체계를 구축하지 않으면, 경제 패러다임의 전환은 최종적으로 불가능해지고, 경제 구조 역시 최적화될 수 없다. 이와 동시에 사회·경제 역시 높은 질과 효율의 지속적이고 안

신시대 중국 특색 사회주의 정치경제학 구축

정적인 발전을 이룰 수 없게 된다.

　　현대적 경제 체계를 건설하기 위한 중요한 시점은, 초보적으로 발전 패러다임의 전환, 경제 구조의 최적화, 성장 동력의 전환을 실현하고, 초보적으로 현대적 경제 체계를 구축하는 2020년이다. 이 시기가 갖는 의미는 다음 두 가지로 요약해 볼 수 있다. 우선, 공산당 19~20대는 첫 번째 '100년 목표'와 두 번째 '100년 목표'가 교차하는 역사적인 시기로, 이 시기에 중국은 새로운 사회주의 현대화 국가 건설이라는 새로운 여정을 시작해야 한다. 사회주의 현대화 국가 건설은 기본적으로 현대적 경제 체계를 기초로 이를 뒷받침하고 의존해야 한다. 따라서 2020년을 전후로 현대적 경제 체계를 초보적으로 수립하는 것은 첫 번째 '100년 목표'에서 두 번째 '100년 목표'로의 이행을 보장하는 중요한 전제 조건이 된다. 다음으로, 공산당 18기 3중전회는 전면적인 개혁심화를 통해 2020년까지 각 영역의 제도가 보다 성숙하고 정형화되어야 한다고 지적한 바 있다. 이에 대응해 현대적 경제 체계에 걸맞는 체제 및 정책 환경 역시 2020년 전후에 조성되어야 하며, 현대적 경제 체계의 기본 프레임도 이 시점을 전후로 하여 구축되어야 한다.

　　2020년이라는 시점에 서서 미래를 내다보고 현대적 경제 체계를 건설하는 일은 새로운 여정과 새로운 목표를 달성하기 위해 반드시 거쳐야 하는 길이다. 샤오캉 사회의 전면적인 건설에서부터 현대화를 기본적으로 실현하는 것에 이르기까지, 여기서 다시 사회주의 현대화 강국의 전면적인 건설에 이르는 것 까지는 신시대 중국 특색 사회주의 발전의 전략적 배치이다. 이를 실현하려면 반드시 발전을 공산당의 집정흥국(執政興國)의 최우선 과제로 삼아야 한다. 또한, 사회 생산력의 해방과 발전을 견지하고, 경제의 지속적이고 건전한 발전을 추진해야 한다. 국제적으로 보면, 글로벌 금융위기의 심층적인 영향이 계속 나타나고 있고, 세계 경제의 회복의 길은 여전히 굴곡이 많다. 중국 경제는 '질적 성장'을 실현해야만, 치열한 국제 경쟁에서 주도권을 잡을 수 있다. 현대적 경제 체계의 건설을 돌파구로 삼고, 세계 과학 기술 및 경제의 경쟁 속에서 고지를 선점하여, 과학기술 진보와 산업 최적화 및 업그레이드를 추진해야 한다. 이를 통해, 국제분업에서 중국의 위상을 높이고, 국제 경쟁에서 새로운 우위를 부각시키며, 중국 경제의 국제적 영향력을 확대함으로써, '두 개의 단계'의 새로운 목표를 실현하기 위한 토대를 마련해야 한다.

시진핑 총서기는 공산당 19대 보고문을 통해 현대적 경제 체계는 반드시 질과 효율을 최우선으로 삼아야 한다고 지적했다. 공급측 구조 개혁을 베이스로, 경제 발전의 질적 변혁, 효율적 변혁, 동력 변혁을 추진하여 총요소 생산성을 향상시켜야 한다. 또한, 실물경제, 과학 기술 혁신, 현대적 금융, 인적 자원의 협동 발전을 가속화하는 산업 체계의 구축에 박차를 가해야 한다. 또한, 시장 메커니즘이 효율적이고, 미시적 주체들이 활력 넘치며, 거시적으로 조정을 하는 경제 체제를 구축하는 데 힘써야 한다. 그밖에도, 중국 경제의 혁신 능력과 경쟁력을 끊임없이 강화해야 한다.

국제적 경험이 증명해주듯이, 경제 후발국들은 산업화 초기 단계에서 고속 성장을 하기가 상대적으로 쉽다. 반면, 중위소득 단계에서 고소득 단계로의 이행에는 발전의 난이도가 현저히 높아진다. 2차 세계대전 이후 많은 나라가 산업화되면서 중위소득 단계에 이르렀지만, 결국 고소득 단계로 진입한 경제권은 13개에 불과했다. 일부 국가는 '중진국 함정'에 빠져 성장이 둔화되거나 심지어 후퇴하기도 했다. 고도 성장 단계에서 양적 확장이 효과적이라면, 단기간에 눈에 띄는 발전을 이룰 수 있다. 그러나 질적 성장 단계에서는, 질적 효율을 높이며 새로운 단계에 이르는 데 상당한 시간이 걸린다. 따라서, 현대적 경제 체계를 구축하는 일은 결코 하루 아침에 이룰 수 있는 일이 아니다. 향후 일찍이 만나보지 못했던 도전들에 직면하게 될 것이다. 새로운 갈등과 문제에 직면하여 이를 해결하려면, 반드시 공급측 구조 개혁을 더욱 심화하여, 현대적 경제 체계에 걸맞은 체제 및 정책 환경을 조성해야 한다.

이를 토대로, 질적 변화, 효율 변화, 동력 변화를 추진해야 한다. 그리고 이를 발전 패러다임의 전환, 경제 구도의 최적화, 성장 동력의 전환이라는 힘든 고비를 넘는 '과도기'의 중요한 내용으로 삼아야 한다. 총요소 생산성을 지속적으로 향상시켜야 하며, 실물경제, 과학기술 혁신, 현대적 금융, 인력 자원 등이 협동 발전하는 산업 체계를 구축해야 한다. 동시에, 효율적 시장 메커니즘, 활력이 넘치는 미시 주체, 적절한 거시적 조정을 특징으로 하는 경제 체제 구축을 통해 뉴노멀 시대를 이끌어야 한다. 질과 효익이 뚜렷이 향상되고, 안정성과 지속 가능성이 현저하게 증대되는 새로운 발전 국면을 열어야 한다. 이로부터, 중국 경제의 혁신 능력과 경쟁력의 끊임없는 강화라는 목적을 달성해야 한다.

시진핑 총서기는 현대적 경제 체제의 구축이라는 전략적 목표와 실천 경로를 둘러싸고, 공산당 19대 보고문을 통해 '공급측 구조 개혁의 심화', '혁신적 국가 건설의 가속화', '농촌 진흥 전략 추진', '지역 균형발전 전략 실시', '사회주의 시장경제 체계 완비의 가속화', 개방의 전면적인 신구도 형성 추진' 등 6대 주요 과제를 전했다.

제2절 공급측 구조 개혁의 추진

1. 공급측 구조 개혁의 이론적 근거

2015년 중앙경제업무회의에서 시진핑 총서기는 공급측 구조 개혁을 특히 강조했고, 이는 열띤 토론과 적극적인 호응을 불러일으켰다. 이러한 경제 업무에 따른 임무를 잘 관철하고 실천하려면, 시진핑 총서기의 연설에서 드러난 정신에 따라, 중국 특색 사회주의 경제학 이론 체계에 입각하여, 경제 발전의 뉴노멀 시대를 이해해야 한다. 뉴노멀 시대를 맞이한 중국의 특수한 시대적 배경과 언어적 문맥에 따라, '공급측', '구조', '개혁' 등의 중요한 개념을 정확하게 이해해야 한다. 이는 실천적 의미에서 이러한 임무가 제기된 뉴노멀이라는 시대적 배경을 이해해야할 뿐만 아니라, 이론적으로 서양 경제학의 공급학파와 서양 국가들이 주창하는 구조 개혁을 서로 구분해야 한다.

경제학파 중 하나인 서양 경제학의 공급학파는 케인스주의에 대한 반성으로부터 시작되어, 신자유주의 경제학의 한 구성 부분으로 발전하였다. 이에 따라, 이 학설에서 파생된 정책 주장은 신자유주의 경제학의 정책적 주장과 근원적으로 같고, 심지어 서로 구분하기 어려울 정도가 되었다. 따라서, 중국 경제 발전의 뉴노멀 시대에서 공급측 구조 개혁을 추진하는 것이 서양 국가의 공급측 경제학 및 구조 개혁과는 본질적으로 구별된다는 점을 명확하게 확정해야 한다. 그러기 위해서는 별도로 후자의 이론적인 연원을 살펴보아야 하고, 정책 주장 및 실행 효과를 평가하여 그 이론

신시대 중국 특색 사회주의 정치경제학 구축

적, 실천적 폐해를 제기해야 한다.

(1) 경제학의 공급학파는 어떻게 형성된 것인가?

'공급측', '구조', '개혁'이라는 중요한 개념과 그 상호 논리적인 관계에 대해, 사회적 인식하지 못하는 부분이 있을 뿐만 아니라, 경제학자들 사이에서도 견해 차이가 있다. 경제 현상을 묘사하고, 경제 대세를 예측하며, 경제 정책에 대해 논의할 때 종종 이견이 적고 공감대가 큰 경제 학술 용어를 사용한다. 그 자체는 중국과 서양 경제학의 차이를 이루는 필연적인 문제가 되지 않는다. 그러나, 이러한 전문적인 학술 용어들과 그 조합이 형성한 개념과 범주는, 서로 다른 문맥 안에서 완전히 다른 함의를 가질 수 있다. 이는 서양 경제학과 중국 특색 사회주의 경제학 사이의 본질적인 차이를 보여준다. 시진핑 총서기는 '중국이 말하는 공급측 구조 개혁은 서양 경제학의 공급학파의 주장과는 별개의 문제이다'라고 지적했다. 이 말을 이해하려면, 먼저 '서양 경제학의 공급학파는 어떻게 형성된 것인가'에 대한 정리가 필요하다.

정부 개입과 수요 관리에 대한 영국 경제학자 케인스의 적극적인 주장에 대해, 루스벨트 전 미국 대통령이 실시한 일련의 수요부양책이 비교적 좋은 효과를 거두자, 케인스주의 경제학설과 그 정책 주장이 2차 세계대전 이후 널리 유행했다. 1970년대까지만 해도 미국 경제는 인플레이션과 실업이라는 이중고에 시달렸다. 필립스 곡선이 단언한 인플레이션과 실업률 사이의 '한 쪽이 감소하면 다른 한 쪽이 증가하는' 대체 관계가 이론적으로 타파되면서, 서양 경제학은 케인스주의를 대체할 새로운 이론을 모색하기 시작했다. 뒤늦게 이름이 지어진 공급측 경제학은 바로 이러한 시대 배경 하에서 탄생한 것이다.

　당시만해도, 이 경제학 유파는 치밀한 논리도, 엄격한 학파도 형성하지 못했다. 단지, 감세를 핵심 주장으로 하는 일부 경제학자, 기자, 정치인의 열정적인 토론과 로비 활동의 형태로만 존재했다. 그 이론과 정책 주장은 단편적이고 독단적이었으며, 경제 활동의 공급측 요소와 수요측 요소를 단호히 잘라내 후자의 역할을 부정했다. 냅킨에 '래퍼 곡선'(또는 '감세곡선')을 그린 것으로 유명한 경제학 교수 아서 래퍼도 교과서나 경제학설사에서 그의 명성에 걸맞은 학문적 지위를 차지하지 못했다.

　'래퍼 곡선'은 가로로 누운 포물선으로, 조세 총량과 세율 사이의 관계를 나타낸다. 조세 총량은 세율이 높아짐에 따라 끊임없이 증가하는 것이 아니라, 세율이 일정한 수치를 넘으면 조세가 늘기는 고사하고 줄어들기 시작한다는 것이다. 따라서 감세가 공급을 대폭 늘릴 수 있고, 경제 활동을 자극해 활성화시키며, 결과적으로 소비자에게 이익을 가져올 수 있다는 주장이다. 이를 둘러싸고 형성된 경제학파를 '경제학의 공급학파' 또는 '공급측 경제학'이라고 한다. 예를 들어, 노벨 경제학상 수상자인 루카스에 따르면 '공급측 경제학'은 미국에서 탄생했고, 과대 조세 구조가 자본축적에 미치는 영향을 중심으로 한 일련의 논의의 산물이라고 진단했다.[1] 서양 경제학계에는 이 학파의 이론과 정책을 전면적으로 비판하는 많은 문헌들이 존재하고 있다.

　다음으로, 감세라는 정책 주장에서 출발하여, 서양 경제학계의 자체

1　Lucas, Robert Jr., "Supply-Side Economics: An Analytical Review", *Oxford Economic Papers*, 1990.

　신시대 중국 특색 사회주의 정치경제학 구축

연구 결과를 활용해 서양의 공급측 경제학의 단편성, 한계성, 결함을 살펴보고자 한다. 더 나아가 그것이 중국 경제가 풀어야 할 문제, 그리고 중국의 공급측 구조 개혁과는 별개의 문제라는 것을 밝혀내고자 한다. 더 중요한 것은 공급학파가 신자유주의 경제학의 구성 부분 중 하나라는 점이다. 공급학파가 전 세계적으로 영향을 미쳤고, 특히 각국의 개혁에 큰 영향을 미친 만큼, 공급학파가 도대체 어떻게 형성된 것인지를 명확히 밝혀내야 한다. 그래야만, 공급측 구조 개혁에 대한 오해와 이를 빌어 신자유주의 경제학을 선양하는 것을 방지하는 데 도움이 될 것이다.

루카스가 보기에 이 학파가 조세 구조의 역할을 과대 혹은 과도하게 권유한 이유는, 그의 실증연구를 통해 명확히 알 수 있다. 비록 자본 수입에 대한 과세를 없애면 자본저량(capital stock)의 증가율은 현저히 높일 수 있지만, 복지에 미치는 총체적인 영향을 살펴보면, 효과는 오히려 반감된다. 자본이익 체감효과의 존재로 인해, 장기적으로 높은 자본저량 증가율은 낮은 소비 증가율로만 전환할 수 있으며, 자본 확장도 일정한 기간 동안 소비 성장을 억제할 수 있다.[2] 그 결과 자본 수입에 대한 과세를 없애는 총체적 복지 효과는 미국 전체 소비의 1%에 불과하다. 다시 말해, 이러한 정책 실시의 효과는 기껏해야 자본 수입자에게나 직접적 혜택이 이루어질 뿐, 총체적인 복지 개선으로 이어지지는 않는다. 정책의 결과 중 하나는 자본 수입의 증가가 경제 성장과 근로소득의 증가보다 더 빠르게 증가함에 따라, 소득 분배 격차가 확대되는 결과를 초래한 것이다. 따라서, 감세 정책

---

2   Lucas, Robert Jr., "Supply-Side Economics: Any Analytical Review", *Oxford Economic Papers*, 1990.

은 대다수 중·저소득자의 이익에 부합되지 않는다고 할 수 있다.

미국 정부의 정책적 요소의 변화를 되돌아보는 미국 학자들, 심지어 정치인들도 지난 20~30년 동안 미국 사회가 가난한 사람이나 중산층이 아닌 부자에게 유리한 방향으로 변화했다는 결론을 도출해냈다. 예를 들어, 길링스 등은 1981~2002년 1779건의 소득에 영향을 미친 정책을 대상으로 계량 분석을 진행했다. 분석 결과, 경제 분야 엘리트와 재계를 대표하는 이익집단이 미국 정부 정책에 중요한 영향을 미치는 반면, 일반 유권자와 대중 단체가 정책에 미치는 영향력은 미미한 것으로 나타났다. 자본 감세 정책이 바로 그 대표적인 현상이다. 당연히 치러야 할 민생의 대가는 소득 격차의 확대이다.

미국 민주당과 공화당의 정권 교체 역사를 회고하면서, 노벨 경제학상을 수상한 크루그먼은 "소득 분배를 대처하는 각기 다른 태도에 따라, 서로 다른 사회 정책이 채택되고, 그로 인해 완전히 다른 소득 분배 결과가 나타난다. 그 자신은 물론이고 다른 경제학자들도 미국 경제·사회 정책이 갈수록 부자 편을 드는 경향이 있다고 생각한다. 그 때문에, 미국은 선진국 중 소득 격차가 가장 큰 나라가 되었다"고 지적했다. 예를 들어, 스티글리츠 등은 현재 미국에서 상위 1%에 달하는 부자가, 미국 전체 소득의 1/4과 부의 40%를 점유하고 있다고 지적했다. 또한, 피케티는 『21세기 자본론』에서 "자본소득 증가가 노동소득 증가를 초월했기 때문에, 민생을 대가로 한 자본소득 감세는 필연적으로 소득 격차가 확대되는 결과를 초래했다"고 밝혔다.

신시대 중국 특색 사회주의 정치경제학 구축

(2) 신 자유주의 프레임 하에서의 '구조 개혁'

공급학파의 경제학 이념과도 무관하지 않고, 당시 시대상과도 맞아 떨어지는, 일종의 세계적인 경제 정책이 1970년대에 시작됐다. 바로, 국제 통화기금(IMF)과 세계은행이 개도국에서 주도해온 '구조 조정'과 서양 산업화 국가 정부가 시행한 구조적 개혁이다.

앞서 서술한 두 종류의 브레튼 우즈 기관의 대출 정책과 그 실시는 오랫동안 신 자유주의 경제학 사조의 영향과 지배를 받아왔다. 오랜 기간 동안, 개발도상국과 전환기 국가들의 빈곤 지원성 대출과 구제성 대출에는 종종 특수한 부가 조건이 뒤따랐다. 대출국들에게 은행 경제학자들에 의해 고안된 포괄 정책, 즉 구조 조정 프로젝트라고 불리는 것을 실시하도록 요구되었다. 이 같은 정책의 직접적인 목적은 대출 상환을 보장하는 것이고, 이상적 목표는 대출국의 경제를 '워싱턴 컨센서스'를 표준으로 삼는 길로 인도하는 것이다. 이로부터 그들은 자유시장 제도 구축, 정부 규제 철폐, 국유 산업 및 자원의 사유화 추진, 재정 긴축 정책으로 예산 균형 실현, 무역장벽 감소 등을 포함하여, 대출국들의 대내외 경제 체제의 전환을 기대한다.

이처럼 한 나라의 실정이나 구체적인 경제 상황을 고려하지 않는 구조 조정은, 일부 개발도상국이나 전환기 국가들이 빈곤 탈출이 필요하거나, 급한 위기에 대응하기 위한 자금 수요가 있을 때, 강제로 대출 조건 따르도록 요구한다. 그리고, 이런 조건이 제대로 시행되지 못할 경우 재무적 징계도 뒤따른다. 어느 국제적인 비평가의 표현처럼 이는 일종의 '협박'이라고 할 수 있다. 수십 년 간의 실천 결과를 종합해 보면, 그러한 프로젝트들은 많은 국가로부터 비난을 받아왔다. 예를 들어, 그러한 프로젝트들은 국가의 경제 주권을 위협하고 심각한 채무 문제를 초래했다. 또한, 사유화로 인해 국유 자산과 자원이 개인에게 흘러가 공공의 재산이 사적으로 이용되기도 했다. 또한, 재정 긴축은 교육, 공공 위생 등 사회보장 프로그램을 대가로 했다. 일부 학자들은 이러한 구조적 조정에 대해 "그렇지 않아도 가난한 나라가 계속해서 빈곤해지는 원인"이라고 주장하고 있다.

동시에, 이러한 구조 조정 프로젝트를 이론적으로 뒷받침하는 '워싱턴 컨센서스'와 신자유주의 이념 역시 세계 각지 및 기구들로부터 내외적으로 광범위한 비판을 받았다. 그 대표적인 사례로는 1994년 멕시코 페소화 위기, 1997년 아시아 금융위기, 1998년 러시아 금융위기, 노벨경제학상 수상자인 스티글리츠의 '반역'(세계은행 수석 이코노미스트직 사임) 등이 있다. 이런 사례는 구조 조정 프로젝트의 '파산 선고'라고 말할 수 있다.

외부의 힘이 강하게 가해졌던 개발도상국의 구조 조정과는 달리, 1980년대 초부터 시작한 많은 선진국들의 구조 개혁은 모두 신자유주의 경제학이라는 동일한 사조의 영향 하에서 자발적으로 추진된 것이다. 요컨대, 이러한 구조 개혁은 정부 규제를 줄이는 데 초점을 맞추고 있다. 즉, 경쟁 장려와 가격 유연성 정책을 통해 시장 메커니즘의 역할을 강화하겠다는 것이다. 그럼에도 불구하고, 각국의 정책적 시행은 신자유주의 경제학의 기준처럼 그렇게 획일적이지 않았다. 종합해보면, 각국의 개혁 역점, 추진 방식 및 추진력에 따라 개혁의 효과도 크게 달랐다. 이러한 개혁은 일반적으로 금융 부처, 노동력 시장, 제품 시장, 조세 제도, 무역 체제에 관계되어 있다. 각국이 자국 실정에 따라 우선 순위를 정하고 또 각자 난이도의 제약을 받았기 때문에, 심도 있게 개혁을 추진하거나 개혁하지 않는 분야도 국가마다 달랐다. 또한, 비교적 효과적인 개혁의 결과를 거둔 국가가 있

신시대 중국 특색 사회주의 정치경제학 구축

고, 완전히 실패한 국가도 있었다.

실제 사실이 증명하듯이, 선진국의 경제학자와 정책 결정자들은 개발도상국에 '워싱턴 컨센서스'를 주입하는 데 열중하지만, 자국의 개혁에는 그렇게 많은 '컨센서스'가 존재하지는 않는다. 개혁에 관한 정책 결정은 정치적 수익의 극대화라는 목표에 근거하여 실시되었다. 당시 융커 룩셈부르크 총리는 다음과 같이 말했다. "우리 모두는 무엇을 해야 할지는 잘 알고 있다. 그러나 하고 나서 어떻게 연임할 수 있을지는 모른다." 같은 논리로 구조 개혁은 분리되거나 혹은 동시에 양 극단으로 갈 수도 있다.

첫째, 정책은 점점 더 부자에게 유리해지고, 가난한 사람들과 중·저 소득 계층을 희생시키는 쪽으로 나아가고 있으며, 실제로 경제 성장을 방해하고 있다. 국제통화기금(IMF)의 경제학자인 오스트리 등은 산업화 국가의 개혁을 지배하는 신자유주의를 되돌아보면서, 그가 주장한 자본 프로젝트의 자유화와 재정 긴축이라는 두 가지 정책에 대해 평가를 진행했다. 그는 "산업화 국가의 개혁으로 인한 소득 불평등의 대가는 막대하다. 소득 격차의 확대는 역으로 경제 성장 수준과 장기적인 지속 가능성을 파괴할 것이다"[3]라고 지적했다.

둘째, 정치 제도에 얽매여, 투표를 통해 집권 기회의 극대화를 추구한다. 국가의 장기적인 이익과 민생 목표에 가장 유리한 것에 입각한 것이 아니기에, 많은 국가들의 정책을 포퓰리즘으로 이끌어가게 된다. 이런 현상들은 다른 나라의 발전을 억제하기 위한 것도 있다. 특히 신흥경제권의

---

3   Ostry, Jonathan D, Prakash Lounani and Davide Furceri, "Neoliberalism: Oversold?", *Finance Development*, Vol 53, No.2, 2016.

경쟁을 억제하기 위해, 자신들이 외친 자유무역 등 원칙을 완전히 포기하고 보호주의로 돌아서는 것이 그 대표적인 예다. 사람들은 미국 공화당 대선 후보였던 트럼프를 포퓰리즘 현상의 상징으로 삼았다. 그러나, 미국 경제학자들은 이미 이론적으로 그 기초를 다진지 오래다. 예를 들어, 노벨 경제학상 수상자인 새뮤얼슨은 비교우위 학설을 일관되게 내세웠고, 또 다른 수상자인 크루그먼은 심지어 "나는 자유무역을 믿는다"라고 경제학자로서의 신조를 선언했다. 그러나, 미국이 더 이상 세계화의 절대적 수혜자가 아니게 되자, 그들의 정책 주장은 변화하게 되었고, 심지어 경제 이론을 고쳐 쓰려는 시도를 하고 있다.

(3) 중국 특색의 공급측 구조 개혁

'뉴노멀', '공급측', '구조 개혁'과 같은 용어들은 많은 공감대를 형성하고, 널리 사용되는 일련의 중요한 개념들이다. 이러한 개념들은 중국의 경제 발전이라는 특수한 언어적 맥락 하에서의 발전 단계의 변화, 직면하고 있는 중대한 도전, 현재 경제 문제의 주요 원인과 그 해결 방식을 정확하게 개괄한 것이다. 이러한 개념들은 서양 경제학에서 사용하는 많은 용어들과 비교했을 때 문자상으로는 매우 흡사하지만, 그 함의는 현저한 차이를 보인다.

시진핑 총서기가 내린 뉴노멀에 대한 중요한 판단과 요약은, 논리와 역사를 통일하여, 중국 경제 발전의 추세 변화와 발전 방향을 제시한 것이다. 동시에 이는 뉴노멀의 기본 특징의 명확한 서술이다. 즉, 성장 속도가 고속에서 중·고속으로 전환하고, 경제 발전 패러다임이 규모·속도형에서 품질·효율형으로 변화하는 것이다. 또한, 경제 구조가 양적 증가와 에너지 확대 위주에서 저량(stock) 조정과 질 높은 증량(increment)이 병행하는 심도 있는 조정으로 변화함으로써, 발전 동력이 기존의 성장점에서 새로운 성장점으로 전환하는 것이다. 문제 지향성과 목표 지향성의 통일이라는 방법론으로부터, 중국 경제가 직면한 주요 문제가 근본적으로 공급측 구조적 요인에 있다는 것을 인식해야 한다. 따라서, 뉴노멀 시대에 적응하고 이끌어 나가기 위해서는, 반드시 구조 개혁을 해야 한다.

성장 속도의 하락 추세는 주로 중국 경제가 처한 새로운 발전 단계에서 일련의 공급측 요소들이 작용한 결과이다. 예컨대 1인당 국내총생산을 기준으로 중상위소득 단계로 진입한 상황에서, 인구 보너스는 급속히 사라졌고, 노동력 부족은 임금 상승 속도를 촉진했다. 심지어 노동생산성 속도보다 빠른 속도로 단위 노동 원가가 높아지면서, 제조업 비교우위와 경쟁력이 떨어졌다. 새롭게 성장한 노동력 총량의 감소는 또한 인적 자본 개선 속도를 둔화시켰고, 기계가 인력을 대체하는 속도가 빨라지면서 자본 노동 비율이 높아져 자본 수익률이 하락했다. 농촌 노동력의 이전 속도가 감소하며 자원 재배치 공간을 축소시켰으며, 총요소 생산성의 향상 속도도 둔화되었다. 이러한 공급측 요인들의 변화는 잠재성장률 하락으로 나타났다. 이는 경제의 중·고속 성장을 유지하는 관건이 공급측에서 착수하여, 전통적인 성장 동력의 잠재력을 발굴하고, 혁신적인 발전을 통해 새로운 성장 원천을 얻는 데에 있다는 것을 의미한다.

경제의 하락세가 주기적인 것이 아니고, 주요 원인이 수요측에 있는 것이 아니라면, 과도하게 수요를 자극하는 방법을 채택해 'V'자형 반전을 추구해서는 안 된다. 과거 조방형 경제 발전 패러다임 하에서, 공급 측면은 생산 요소 축적과 투입 구동의 성장에 지나치게 의존했다. 동시에 수요 측면에서 투자가 이끄는 경제 성장에 과도하게 의존했다. 특히, 글로벌 금융 위기에 대처하기 위해 강도 높은 부양책을 사용했기 때문에, 많은 정책적 결과가 누적되어 아직까지 소화되지 않았다. 게다가 새로운 상황은 생산 능력 과잉, 재고량 과잉, 레버리지 과다 및 원가 상승이라는 구조적 문제를 야기했다. 이는 중국 경제가 새로운 패러다임으로 전환하는 것을 방해하고, 경제 구조의 업그레이드 및 최적화를 둔화시켰으며, 새로운 성장 동력의 획득을 지연시켰다.

뉴노멀이라는 중국 경제 발전의 대논리로 경제 업무를 이끌어가려면, 공급과 수요의 관계를 변증적으로 인식해야 한다. 주로 공급측 요인에서 착안하여, 총요소 생산성의 향상을 통해 경제의 중·고속 성장을 유지해야 한다. 또한, 구조적인 문제에서 착수하여 발전 중 존재하는 불균형, 부조화, 지속 불가능한 요인을 제거해야 한다. 마지막으로, 개혁을 근본적인 수단으로 삼고, 생산 요소의 공급 및 합리적인 배치에 불리한 체제적 장애를 제거하며, 기존 성장 동력의 잠재력을 발굴해내고, 지속 가능한 새 성장 동력을 육성해내야 한다. 공급측 구조 개혁은 하나의 완전한 개념과 업무 지침이다. 장기 목표는 혁신발전, 균형발전, 녹색발전, 개방발전, 공유발전을 실현하는 것이며, 단기적 목표는 생산 능력 제거, 재고 제거, 레버리지 제거, 원가 절감, 취약 분야 보완하는 것이다. 장기적인 목표와 단기적 목표 모두 중국이 처한 특수한 시대적 배경 하에 제기된 것으로, 양자는 논리적으로 완전히 일치한다.

이렇듯, 중국의 공급측 구조 개혁은 경제 업무에 따른 표현으로서, 중국 경제가 당면한 문제의 원인과 직면한 도전적 상황을 정확히 밝혀내고 있고, 문제 해결의 근본적 경로도 제시하고 있다. 이는 시진핑의 신시대 중국 특색 사회주의 경제 사상의 중요한 구성 부분이다. 게다가 서양 경제학의 공급측 경제학 및 그 정책 주장, 신자유주의 경제학 사조에서 비롯된 구조 조정 및 구조 개혁 등과 본질적으로 다르다.

그러나, 이러한 차이는 전문 용어나 표현 방식의 차이에 있는 것이 아니다. 구체적인 개혁 분야나 조치의 차이에 있는 것도 아니다. 그 차이는 바로 개혁의 근본적인 출발점, 문제의 지향점, 생산의 시대적 배경, 예상되는 최종 목표에 있다.

이러한 점에 착안하여 중국은 '구조적 감세'를 말하며, 그것을 적극적인 재정 정책의 중요한 내용으로 삼고 있다. 그러나 이는 서양 경제학 공급학파의 감세 주장과는 다르다. 중국은 "횡적으로 광범위하고, 종적으로 심도 있는 시장화 개혁을 추진한다. 정부의 직접적인 자원 배치를 줄이고, 미시적 경제 활동에 대한 정부의 직접적인 개입을 감소시켜야 한다. 즉, 시장 메커니즘이 효과적으로 조절할 수 있는 경제 활동은 시장에 넘겨주는 것"이다. 이는 신자유주의 경제학이 철저하게 시장화를 추진하는 주장과는 현저한 차이를 이룬다. "제도적 교역 비용 감소, 정부 관리 기능 전환, 정부 기구 간소화 및 하부 기관으로의 권한 이양" 역시 정부의 규제를 해소하고 정부의 역할을 제한하자는 서양 경제학의 주장과도 크게 다르다. 중국은 비공유제 경제 발전을 장려하고, 지지하고, 유도한다. 비공유제 경제 발전을 위해 좋은 환경을 조성하고, 더 많은 기회를 제공하겠다는 방침과 정책은, 신자유주의의 사유화 추진의 사조와는 거리가 멀다.

시진핑의 신시대 중국 특색 사회주의 사상의 핵심을 깊이 이해하려면, 반드시 인민 중심의 발전 사상을 확실하게 파악해야 한다. 그래야만 비로소 중국 특색 사회주의 경제학의 본질을 서양 경제학, 특히 신자유주의 경제학과 구분할 수 있을 것이다. 따라서 일부 용어상의 유사성이 인식의 혼란으로 이어져, 중국 경제 발전의 뉴노멀 시대 하에 공급측 구조 개혁을 추진하는 데 방해가 되지 않도록 미리 방지해야 한다.

2. 뉴노멀 시대의 공급측 시각

(1) 뉴노멀 시대의 경제 성장 변화

경제 성장 둔화는 이미 전 세계적인 현상으로, 이는 재계, 언론계의 제일 큰 화두이자, 경제학계에서도 제일 흥미 있는 연구 과제가 되었다. 둔화 현상과 그 학리(學理)적 해설을 중위소득 단계에 있는 국가에 적용하면, 이 이슈와 과제는 또 다른 명제인 '중진국 함정'으로 넘어간다. 성장 둔화는 보편적인 현상이지만, 각국의 성장 둔화는 서로 다른 원인을 가지고 있으며, 서로 다른 형태로 나타난다. 따라서 서로 다르거나 심지어 완전히 상반된 분석적 시각에서 출발하여, 거기에 맞는 분석틀을 적용해야만, 각각의 구체적인 둔화 추세의 본질을 인식할 수 있고, 정확하고 효과적인 정책적 건의를 제시할 수 있다. 그러나, 글로벌 경기 둔화의 원인과 대응책, 그리고 세계 경제의 미래에 대한 영향력에 대해 중국 및 외국 학자들은 서로 다른 의견을 내놓고 있다. 비록 이 의견들은 각각 장점을 가지고 있으나, 일치된 결론을 내리기 어렵다. 구체적으로 단일한 어느 국가의 경제 성장의 둔화 문제를 인식하는 데에 있어서는 더욱 그러하다.

중국 경제가 2012년부터 둔화세를 보인 원인에 대해서는 중국 국내외 언론계, 경제학계, 심지어 정책 결정 부서 간에서도 견해에 차이를 보이거나 심지어 현격히 다르다. 형세를 잘못 인식하고 성장 둔화 원인을 잘못 판단한다면, 중국 경제를 비관적으로만 인식하게 된다. 따라서 각종 '비방'이나 '붕괴론'뿐만 아니라, 중국이 세계 경제 성장의 둔화에 대해 책임져야 한다는 등의 논조도 성행하게 할 것이다. 더욱이, 중국 스스로 정책 선택을 잘못하여 대응책이 의도와 완전히 반대되는 상황을 초래할 것이다.

최근 중국 경제 성장의 하락세가 비교적 큰 폭을 보이고, 장기적이고 지속적인 추세를 보이고 있다는 점을 감안하면, 이를 어떻게 정확히 인식하고, 성공적으로 대응할 것인가가 매우 중요함을 알 수 있다. 이는 중국이 '중진국 함정'에 빠지지 않고 샤오캉 사회의 전면적인 건설이라는 목표를 달성할 수 있는지 여부와 관련된 문제이다. 또한, 이는 세계 경제의 자신감과 향후 행방에도 영향을 미친다. 중국이 40년 동안 지속적으로 이뤄 온 고도의 경제 성장과 빈곤 해소를 위한 성공적인 실천은, 개발도상국들에게 중요한 시사점을 주고 있다. 오직 성장 둔화라는 이 고비를 넘어야만, 비로소 '중국 기적'이 완벽하고 원만하게 이루어졌다고 할 수 있다. 그래야만 비로소 중국의 경험이 납득할 수 있으며, 본보기로서의 의의를 가질 것이다. 중국 경제의 성장 둔화는 실존하는 문제이기에, 주류 경제학에서 논의될 만한 중요한 의제임에도 틀림없다.

1970년대 말 개혁·개방 정책이 실시된 이래, 중국 경제는 1978~2011년까지 40년간 연평균 9.9%의 고속 성장을 이룩했다. 그 동안 수 차례의 경제 파동이 있었고, 성장 속도가 바닥을 친 경우도 여러 번 있었다. 예를 들어, 1982년 경제 성장률이 9%를 넘어선 이후, 1989년과 1990년에는 8%를 밑돌았다. 그러나, 절대 다수의 해와 총체적으로 보면, 이 시기는 역사상 유래 없는 고도 성장에 속한다. 중국 정부는 시종일관 8%대 경제성장률을 유지했고, 이를 실질적인 성장 목표의 마지노선으로 삼아왔다.[4] 이 때문에, 중국은 8% 미만의 경제성장률이 지속되기 시작한 첫 해인 2012년을 현저한 경제 성장 둔화의 전환점으로 삼았다. 중국의 경제성장은 2012년과 2013년에 7.7%로 떨어진 뒤, 2014년 7.3%, 2015년 6.9%로 더 떨어졌다.

한편, 총체적 둔화와 함께 경제 성장 구도에 긍정적인 변화가 일어났다. 예를 들어, 산업 최적화 및 업그레이드 추세는 이미 나타나고 있고, 현재의 성장 속도에는 이미 새로운 동력이 반영되어 있다. 뉴노멀 시대의 새로운 성장 속도는 신구 성장 동력의 전환 속에서 이루어진다. 또한, 뉴노멀 시대를 인도하는 효과는 전통적인 동력의 쇠퇴가 초래하는 성장속도 하락 추세를 새로운 동력이 합리적으로 완화할 수 있는지를 분석함으로써 평가해야 한다.

우선, 1, 2, 3차 산업들 사이, 특히 2차 산업과 3차 산업 간의 성장 관계가 발전 법칙에 더욱 부합되어야 한다. 총체적으로 보면, 개혁·개방 이후 2차 산업은 3차 산업에 비해 빠르게 성장했지만, 경제 성장이 둔화 배경 하에서는 3차 산업보다 2차 산업의 둔화 폭이 훨씬 크다. 2014년에 이르러 3차 산업 성장의 GDP에 대한 기여율은 처음으로 50%를 넘어섰다. 이는3차 산업이 경제 성장의 주요 동력이 되었다는 것을 말해준다.

다음으로, 지역간, 특히 동부·중부·서부 세 지역의 성장이 더욱 균형

---

4   5개년 규획 및 연도별 계획에서 모두 경제 성장률 목표는 종종 8%를 밑돌았다. 예를 들어, '12.5' 규획과 '13.5' 규획이 확정한 성장률 목표치는 각각 7.5%와 7%였다. 그러나, 실제 시행에 있어서 실질적으로는 8%대를 유지하는 것을 마지노선으로 삼았다. 예를 들어, 1990년대 말 아시아 금융위기와 2008~2009년 세계 금융위기가 발생했을 때 모두 중국 중앙 정부는 성장률을 8%대로 유지할 것을 제기했다.

신시대 중국 특색 사회주의 정치경제학 구축

적인 추세를 보이고 있다는 점이다. 지역별 성장률의 GDP에 대한 기여도를 분석해보면, 중국의 경제 성장률 통계는 시종일관 중국 전국 수치보다 성(省)별 수치가 더 큰 문제를 안고 있다. 따라서 지역별 수치로 분석할 때, 중국 전국의 연간 성장률은 각 성의 GDP를 합산했기에, 국가통계국이 발표한 전국의 성장률보다 현저히 높았다. 이렇게 처리한 이유는 데이터의 유효성 때문이며, 서로 다른 데이터의 정확성에 대한 판단을 의미하는 것은 아니다. 그림 5-1에서 볼 수 있듯이, 동부 지역은 성장 둔화가 일찍이 발생했고, 성장 둔화 추세가 줄곧 지속되고 있다. 이와 더불어 국가가 일련의 지역 발전 전략을 시행한 덕에, 중서부 지역의 성장 속도와 기여도가 2000년 이래 지속적으로 향상되었고 지역별 격차가 축소되고 있는 추세다. 그러나 중서부 지역에서 2012년 부터 성장 둔화가 나타나면서 전체 성장률은 8% 아래로 떨어졌다.

지적할 만한 것은 중국 경제의 성장 둔화가 글로벌 금융위기 발생 이후 세계 경제의 전반적인 하락세라는 시대적 배경과도 맞물린다는 것이다. 세계은행 데이터베이스에 따르면, 2005년 달러 기반 글로벌 GDP성장률은 2008년에는 1.5%로, 2009년에는 -2.1%까지 크게 떨어졌다. 이후 2010년에는 4.1%로 반짝 회복했지만, 다시 크게 하락했다. 2011~2015년 세계 경제성장률은 각각 2.8%, 2.3%, 2.4%, 2.5%, 2.4%로 줄곧 금융위기 이전 수준까지 회복하지 못했다.

2014년 세계은행이 정한 저소득국가(1인당 총소득 또는 GNI가 1035달러 이하인 국가)의 GDP 평균 증가율은 6.3%에 달했다. 중하위소득 국가(1인당 GNI가 1035~4086달러인 국가)는 5.7%, 중상위소득 국가(1인당 GNI가 4086~1만 2616달러인 국가)는 4.6%, 고소득국가(1인당 GNI가 1만2616달러 이상인 국가)는

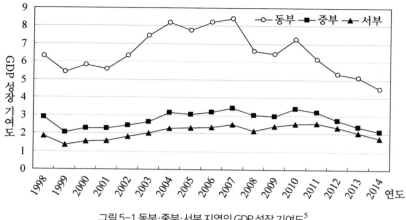

그림 5-1 동부·중부·서부 지역의 GDP 성장 기여도[5]

1.7%에 불과했다. 이러한 수치들은 적어도 다음 세 가지를 설명해주고 있다. 첫째, 각기 다른 발전 단계에 있는 국가들은 성장 원천 및 잠재력이 완전히 다르다. 따라서 성장 속도에도 큰 차이를 보인다. 둘째, 2014년 중국 경제성장률은 7.3%로, 동등한 발전 단계인 국가의 성장률 평균치인4.6%보다 현저하게 높았다. 저소득 국가의 평균 성장률인 6.3%보다도 높았다. 셋째, 중국 경제 성장률의 증가세에 변화가 발생한 것은 중국이 이미 중상위소득 국가에서 고소득 국가로 가는 과도기에 진입했다는 상징이다.

중국 경제의 성장 둔화는 세계 경제의 성장 둔화의 구성 부분이라는 것은 두말할 나위가 없다. 그러나 이와 같은 비교가 여전히 미흡하다면, 뒤에 이어지는 분석은 중국 경제 발전의 뉴노멀과 세계 경제 성장의 '새로운 평범' 사이에 존재하는 문제의 표현, 문제의 발생 원인, 문제의 해결 방법

---

5   자료 출처: 국가통계국(역년).

신시대 중국 특색 사회주의 정치경제학 구축

이 모두 다르다는 것을 밝혀줄 것이다. 다년간 중국 경제 붕괴론은 끊임없이 제기되어왔고, 일부 저자들은 중국 경제에 대해 '늑대가 온다'는 예언도 서슴지 않았으나 매번 예측은 빗나갔다. 그러나, 최근 중국 경제가 정말 성장세 둔화를 보이자, 그들이 예측은 뜻밖에 정확해 보인다. 동시에 일부 관찰자나 투자자(투기꾼)들도 중국 경제의 성장 둔화세를 보고, 중국을 비방(공매도)하는 진영에 합류했다.

다만, 이러한 '관찰'과 '소란 피우기'는 방법론적으로 분명한 결함이 존재한다는 것을 감안하고, 논의의 대상으로 삼지 말아야 한다. 그리고 경제학적 방법론에 따르는 연구를 대상으로 선정하여, 중국 경제의 성장 둔화에 대한 오해를 밝혀내야 한다. 이로써, 중국 경제의 기적이 여기서 끝나지 않았음을 증명해야 한다.

(2) 공급측에서 성장 속도를 인식하다

시진핑 총서기는 공급측 요인으로부터 뉴노멀 시대의 특징인 경제 성장 속도의 하락세를 해석했다. 그는 "경제 발전이 직면한 성장 속도의 변속은, 마치 한 사람의 키가 10~18세 사이에 급격하게 크고, 18세 이후 그 속도가 점차 줄어다는 것과 같다. 이러한 중요한 판단에 따라 『인민일보』가 인터뷰한 권위있는 인사는 종합적으로 판단을 해보면, 중국 경제 운행은 'U'자형일 수 없고, 'V'자형은 더더욱 불가능하며, 'L'자형의 흐름일 것이다"[6]라고 말했다.

---

6 「새 국면('13.5')의 초기에 대세를 묻다-권위 인사, 현재 중국 경제를 말하다(開局首季問大勢─權威人士談當前中國經濟)」, 『인민일보』, 2016년 5월 9일, 1면.

중국 경제의 성장 둔화에 관한 가장 흔한 해석은 '수요부족설'이다. 이 같은 시각은 금융위기 이후 순수출이 크게 줄어든 수요측의 원인(따라서 주기성 요인이기도 하다)으로부터, 중국 경제의 성장 둔화를 해석한 것이다. 물론, 이는 수요의 한계를 타파하고, 투자 자극을 더욱 강화한다면, 이러한 주기는 지나갈 수 있고, 중국 경제는 여전히 원래의 궤도로 돌아가 8%와 같은 높은 성장 속도를 회복할 수 있다는 주장이다. 이러한 주장은 중국 국내외 경제학자들 사이에서 보편적으로 존재한다.

린이푸(林毅夫) 교수는 중국의 1인당 GDP를 미국과 비교하여 그 비율을 발전 단계를 판단하는 기준으로 삼았다. 즉, 중국의 1인당 GDP가 미국의 20%에 해당한다는 것이다. 이러한 발전 단계는 일본의 1951년, 싱가포르의 1967년, 대만의 1975년, 한국의 1977년의 발전 수준에 해당한다. 데이터에 따르면, 이 경제국들은 이러한 변속점에 도달한 후 20년 동안 각각 9.2%, 8.6%, 8.3%, 7.6%라는 경제성장률을 달성했다. 이로부터, 중국은 여전히 고속 성장 잠재력을 가지고 있다는 결론을 내릴 수 있다.[7]

그러나, 경제 발전 단계를 비교하는 이러한 방법은 경제 성장에 대한 인구 요인의 역할 및 중국의 '미부선로(未富先老)'[8] 의 특징을 간과한 것이다. 경제사에서 알 수 있듯이, 인구 변화가 노동 연령 인구가 지속적으로 증가하고 인구 부양 비율이 상대적으로 낮은 단계에 있을 때, 인구 요인은 비교적 빠른 성장 속도를 달성하는 데 유리하고, 이때문에 인구보너스가

---

7 Lin, Justin Yifu, "China and the Global Economy", *China Economic Journal*, Vol. 4, No.1, 2011, pp.1-14.

8 옮긴이 주: "부유해지기 전에 먼저 늙는다"는 뜻으로, 중국의 인구 고령화는 가속화되는 데 그에 따른 사회적 제도가 부족한 실정을 이르는 말이다.

나타난다. 첫째, 가장 큰 기여 요인은 자본 축적에 있다. 이는 인구와 관련된 두 가지 요인의 덕분이다. 즉, 부양 비율 하락이 높은 저축률 형성에 유리하다는 조건과, 노동력의 무한한 공급이라는 특징에 의해 유지되는 비교적 높은 자본의 한계이익율(marginal income ratio) 때문이다. 둘째, 노동력 투입량과 근로자의 교육 수준 향상(인력 자본)은 경제 성장에 도움이 된다. 셋째, 총요소 생산성 향상 요인 중 절반에 가까운 기여는 노동력이 농업에서 비농산업으로 이동함에 따른 자원 재배치 효율에서 비롯되었다. 이렇듯, 예전의 경제 성장은 거의 대부분 유리한 인구 요인과 연관되어 있음을 알 수 있다.

따라서, 발전 단계에 대해 판단하고 경제 성장 속도의 추세를 예측함에 있어, 인구 변화의 단계적 특성은 무시할 수 없는 요인이다. 이를 고려하는지에 따라 종종 다른 결론을 얻게 된다. 만약 노동 연령 인구의 성장 변화 추세에 따라 판단한다면, 1인당 GDP 기준으로 판단하는 것과는 다른 결론을 도출하게 된다. 물론, 중국 경제에는 여전히 아직 발굴되지 않은 성장잠재력이 존재한다는 데 동의한다. 그러나 그 잠재력은 전통적인 동력에서 기인하는 것도 아니다. 이는 주로 수요의 확대가 아닌 공급측 잠재 성장률의 제고에서 기인하게 된다.

구체적으로, 중국의 15~59세 노동 연령 인구가 정점에 도달한 시기(그 직후 마이너스성장에 진입한 시기)를 비교 기준으로 삼으면, 2010년 중국의 발전 단계는 사실상 일본의 1990~1995년, 한국의 2010~2015년 및 싱가포르의 2015~2020년에 해당한다. 인구보너스를 대신하여 인구부양 비율(14세 이하 및 60세 이상 인구와 15~19세 인구의 비율)을 지표로 삼는다면, 일본, 한국, 싱가포르의 부양 비율이 현격히 상승한 시점은, 그 나라의 1인당 GDP

수준으로 보는 발전 단계의 시점보다 훨씬 늦게 나타났다. 예를 들면, 일본의 부양 비율은 1970년에 이르러 최저점으로 떨어졌지만, 1990년대를 기점으로 현저한 상승세를 보였다. 한국과 싱가포르는 인구부양 비율이 상승 시기는 대체로 중국과 비슷하다.[9]

즉, 1인당 GDP 수준에 상응하는 중국의 인구 변화 속도는 유난히 빨라, 인구보너스가 소실되는 전환점도 더욱 일찍 다가왔다. 지난 40년간의 고속 경제 성장이 인구보너스에 대한 높은 의존성 때문이었다는 점과 인구보너스가 조기에 빠른 속도로 사라진 점을 감안하면, 중국 경제의 잠재성장률을 다른 방식으로 추산해야 한다. 이 때문에, 앞에서 서술한 연구와 비교했을 때 예측이 어긋날 수밖에 없어, 완전히 다른 정책적 함의를 이끌어내게 된다.

차이팡(蔡昉)과 루양(陸暘)은 인구변화의 추이에 근거하여, 생산 요소 공급과 총요소 생산성에 미치는 영향에 따라, 1979~2020년 중국 GDP의 잠재성장률을 추정했다. 각 기간별 평균 수치를 보면, 1979~1994년에는 9.66%, 1995~2010년에는 10.34%, 2011~2015년에는 7.55%라는 결과를 도출했다. 이에 따라 2016-2020년에는 6.20%로 더 떨어질 것으로 예상했다.[10]

실제 성장률을 추산된 잠재성장률에서 상쇄시키면, 연도별 성장률 갭(그림 5-2 참조)을 얻을 수 있다. 그리고 이를 토대로 개혁·개방 이후의 거

9   United Nations, Department of Economic and Social Affairs, Population Division, *World Population Prospects: The 2010 Revision*, CD - ROM Edition, 2011.

10   Cai Fang, Lu Yang, "The End of China's Demographic Dividend: The Perspective of Potential GDP Growth", in Garnaut, Ross, Cai Fang and Song Ligang (ds), *China: A New Model for Growth and Development*, ANUE Press, Canberra, 2013.

신시대 중국 특색 사회주의 정치경제학 구축

시경제 파동의 역사를 되돌아볼 수 있다. 그림에서는 실제 성장률이 잠재 성장률을 웃도는 상황은 인플레이션 갭으로 나타나고, 실제성장률이 잠재 성장률을 밑도는 상황은 디플레이션 갭으로 나타난다.

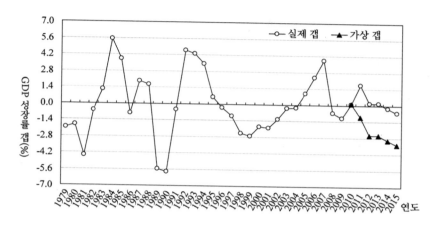

그림 5-2 실제 및 가상 GDP 성장률 갭[11]

그림 5-2에서 볼 수 있듯이, 비교적 큰 디플레이션 갭이 나타난 해는 중국이 일찍이 관심을 갖고 대처했던 거시경제의 침체 시기와 맞물린다. 만약 잠재성장률을 경제 발전의 특정 단계에서 생산 요소의 자질과 총요소 생산성 향상 잠재력이 뒷받침할 수 있는 경제성장의 안정적인 상태로 본다면, 디플레이션 갭은 통상적으로 수요 측에서 나타나는 주기성 교란 현상이다. 그러므로, 실제 성장률이 잠재성장률에 못 미칠 경우, 생산 요소와 생산 능력의 불충분한 활용 문제가 나타나게 된다. 예를 들면, 주기적 실업 현상이 그러하다. 논리는 같지만 결과는 상반되는 것은 실제 성장

---

11   자료출처 : Cai&Lu(2013)의 데이터 수치를 근거로 추산했음.

률이 잠재성장률을 넘어서면서 생긴 인플레이션 갭이다. 대응되는 상황은 통상적으로 인플레이션이나 경제 거품으로 나타나는 경기 과열 상황이다.

앞선 서술에 근거하여 추산한 1979~1994년과 1995~2010년의 잠재성장률에 따르면, 두 기간의 연도별 성장률 갭은 해당 연도의 실제 성장률에서 각각 두 기간의 평균 잠재성장률을 뺀 것에 해당한다. 이렇듯, 그 기간 동안 경제 성장은 대체로 세 개의 파동 주기가 존재했는데, 각각 1981년, 1990년, 1999년과 2009년에 형성된 네 개의 파곡이다. 그리고 주기의 길이는 일반적으로 잘 알려진 주글라 파동(Juglar Cycle)에 잘 들어 맞는다.

만약 잠재성장률 하락을 인식하지 못하고, 습관적으로 중국 경제가 기존 수준으로 성장할 것이라고 인식한다면, 성장률 갭이 발생할 것으로 오판할 수 있다. 예를 들어 1995~2010년의 10.34%를 기준으로 하면, 그림 5-2의 삼각형들로 만들어진 곡선이 나타내는 결과를 도출해낼 것이다. 그러나 경제 발전의 단계적 변화 결과로서 평균 잠재성장률은 2011~2015년과 2016~2020년에 각각 7.55%와 6.20%로 하락했다. 이와 같은 방법으로 계산하면, 그림 5-2의 작은 원들로 만들어진 곡선의 추세와 같이 성장률 갭이 거의 존재하지 않는다. 따라서, 경제 성장 속도의 'V'자형 반등을 기대해서는 안 된다.

성장률 갭이 생긴 것은 중국에만 존재하는 특수한 현상이 아니라, 거시 경제학의 연구 대상이자, 거시 경제 정책이 대응해야 하는 국면이다. 선진시장경제국들은 경제 성장이 정상적인 상황에서 신고전적 유형의 안정적인 상태에 있다. 그러므로, 장기적인 성장 추세를 잠재성장률로 간주해도 무방하며, 이를 둘러싸고 발생하는 빠르거나 느린 실제 성장률은 그만큼의 성장률 갭을 발생시키고, 이는 경제 사이클로 표현된다. 이렇듯, 사람

신시대 중국 특색 사회주의 정치경제학 구축

들의 경험상 흔히 볼 수 있는 경제 성장 속도의 파동은 주기적 현상이며, 디플레이션 갭이 나타나면 자연적으로 수요 측에서 원인과 출로를 찾게 된다. 거시경제학파들이 즐비한 것이 현실이지만, 경기가 침체될 때마다 각국 정부와 중앙은행은 학파 싸움을 넘어 문호(門戶)의 경계를 허물고 대응책을 찾고자 한다. 주로 재정 정책에 의존하거나, 통화 정책에 치중하거나, 동시에 두 가지 정책 수단을 동원하여, 주기성 문제에 대항하고 주기성 문제를 해소하고자 한다.

물론, 거시경제학에서의 실물경기변동이론(Real Business Cycle Theory)이 주기와 성장 사이의 경계를 허물고 생산성 충격이 잠재성장률의 '노멀'을 변화시킬 수 있다는 점을 인정하려고 시도했다. 그러나, 이 학파는 수요측 충격에 의한 주기적 문제를 부인하는 데 중점을 두고 있지, 주기적인 현상과 성장의 단계적 변화를 정확하게 구분하는 것은 아니다. 그렇지만, 이론에 주안점을 두든, 실천에서 출발하든, 여전히 성장 둔화를 주기성과 단계성 두 유형에 따라 분류할 필요가 있다. 다만, 이 이론에 관심을 두고 참고해야 할 점은 주기성 문제와 성장형 문제가 상호 전환이 가능하고, 상호간 인과 관계로 얽혀 있다는 점이다.

2012년 이래 중국 경제의 성장 둔화는 잠재성장률 하락과 인구 변화 단계가 바뀌어 경제 발전 단계가 변화한 결과이지만, 디플레이션 갭은 나타나지 않았다. 이러한 성장 둔화는 주기적인 실업을 초래하지 않았을 뿐만 아니라, 중국 경제는 여전히 노동력 부족이라는 혼란스러운 상황에 직면해 있다.[12] 어떤 발전 단계와 어떤 시기에서도 거시경제에 대한 수요측

---

12   Cai Fang, "From Quantitative Issues to Structural Ones: An Interpretation of

교란 현상은 일어나기 마련이다. 그러나 경제 발전의 뉴노멀을 단기적 충격 요인과 구별하여, 주로 수요측보다는 공급측에서 중국 경제의 성장 둔화를 인식해야 한다. 이는 방법론적 차원에서 확실하게 파악해야 한다.

구체적으로 말하자면, 중국 경제의 장기적이고 지속 가능한 성장 문제를 생각해볼 때, 잠시 인민경제 항등식 $Y=C+I+G+(E-M)$, 또는 속칭 트로이카라는 분석 방법을 사용하는 것을 포기해야 한다. $Y=A*F(K, L)=K\alpha*(AL)1-\alpha$ 라는 생산 함수의 분석 방법에 더욱더 의존해야 한다. 후자의 시각에서 살펴보면, 중국 경제의 성장 둔화를 초래하는 장기적인 공급측 요인(이는 동시에 성장 둔화를 억제하거나 또는 지연시키는 작용점의 존재와 관련이 있다)은 다음 네 가지로 표현된다.

첫째, 지속적으로 발생하는 심각한 노동력 부족은 임금 증가로 이어지고, 이는 노동 생산성을 초월하는 결과를 낳았다. 이를 통해 단위 노동 원가가 빠르고 현저하게 상승하는 현상이 나타났다. 2004~2015년 일반 노동자의 대표적 집단인 농민공들의 실제 임금은 연평균 증가율 10.7%에 달했다. 이와 동시에, 노동력 부족 현상에 직면하여, 자본이 노동을 대체하거나 기계(로봇)가 노동자를 대체하는 속도가 빨라졌다. 이는 자본과 노동 비율의 신속한 향상을 초래하였고, 자본보수율은 하락했으며, 노동 생산성은 동반 상승하지 못했다. 그로 인해 2004년부터 2013년까지 중국 제조업의 단위 노동 원가는 독일, 일본(2011년 데이터), 한국, 미국에 비해 그 비중이 각각 19.9%에서 29.7%로, 24.8%에서39.5%로, 25.8%에서 36.7%로, 24.5%에서 38.7%로 높아졌다.

China's Labor Market", *China Economist*, Vol.11, No.1, 2016.

신시대 중국 특색 사회주의 정치경제학 구축

둘째, 새로운 성장 노동력이 매년 감소하여, 노동자의 인적 자본을 개선하는 속도가 떨어졌다. 중국 노동연령 인구의 교육 수준의 분포는 나이가 들수록 교육 수준이 낮은 특징을 보인다. 이는 새로운 성장 노동력이 노동자 전체 인적 자본을 개선하는 주요 요인으로 작용한다는 의미이다. 이 때문에 새로운 성장 노동력이 감소하면 인적 자본의 새로운 증가분이 줄어든다. 한편, 대략적으로 각급 교육 단계의 미진학(또는 중퇴한) 졸업자 수의 총합을 매년 새로운 성장 노동력으로 간주해 볼 수 있다. 그에 따라 예측한 바에 따르면, 새로운 성장 노동력은 2011~2020년 사이 연평균 1.1%씩 감소한 것으로 나타났다. 또한, 각급 교육 단계의 인원 수에 교육 햇수를 곱하면, 매년 새로 추가되는 인적 자본의 총량을 얻을 수 있다. 예측에 따르면, 이 역시 2011~2020년에 연평균 1.0%씩 감소한 것으로 나타났다.

셋째, 자본 보수 체감(遞減) 법칙이 효력을 발휘하기 시작하면서, 투자수익률이 현저하게 하락했다. 이원 경제 발전 조건 하에서, 노동력 무한 공급이라는 특징은, 중국 경제가 지난 40년간의 고도 성장 과정에서 높은 자본 수익률을 유지할 수 있는 메커니즘적인 보장이었다. 중국이 2004년에 루이스 전환점을 넘어서고, 이런 특징이 점차 사라지면서 자본 노동 비율의 신속한 향상으로 이어졌다. 이는 자본 보수의 필연적인 감소를 발생하게 했고, 그만큼 자본수익률도 떨어졌다. 바이중언(白重恩) 등의 추산에 의하면, 중국 자본 수익률은 2004년 24.3%에서 2013년에 14.7%로 낮아졌고, 그 기간 동안 연평균 하락율은 5.7%를 기록했다.[13]

---

13 바이중언(白重恩)·장치웅(張瓊), 「중국의 자본 회수율 및 그 영향 요인 분석(中國的資本回報率

넷째, 자원 재배치에 따라 공간이 축소되었고, 총요소 생산성이 높아지는 속도도 그만큼 느려졌다. 개혁·개방 시기에는 총요소 생산성 향상이 중국 경제 성장에 중요한 기여를 하였다. 일련의 연구에 따르면, 아시아 경제권 산업구조 변화의 전형적인 특징은 노동력이 낮은 생산성 부문에서 높은 생산성 부문으로 이전하여, 자원 재배치 효율성을 창출하고 총요소 생산성 향상의 주요한 구성 부분이 되었다는 것이다.[14] 중국의 지난 40년간 경제 성장과 구조 변화는, 이러한 연구를 완벽히 새롭게 해석할 수 있었다. 그러나 총요소 생산성 둔화가 세계적인 현상일지라도 중국의 인구 구조 변화는 중국만의 독특한 국가적 요소이다. 그로 인해 현재 자원 재배치 잠재력은 고갈되고 있고, 총요소 생산성이 둔화되고 있다.[15]

인구 데이터 분석에 따르면, 2014년, 상주인구로 보든, 호적인구로 보든, 농촌의 16~19세 인구는 모두 정점을 찍은 직후, 마이너스 성장 단계로 들어섰다. 이 연령대의 인구가 전부 농촌 출신 노동자는 아니지만, 최소한 절대 다수가 이들로 구성되었기 때문에, 이러한 인구 변화 추세는 필연적으로 농업 노동력의 이전 속도를 떨어뜨린다. 사실상, 국가통계국의 데이터에 따르면, 2005~2010년 사이에, 도시로 나간 농민공은 매년 4%씩 증가했고, 이 증가율은 2014년 1.3%로 떨어졌으며, 2015년에 0.3%로 더 떨어졌다. 호적제도의 제약으로 인해 농촌 노동력의 이전은 아직 영구적인 추세

及其影響因素分析)」, 세계경제, 2014년 10호.

14 McMillan, Margaret S. and Dani Rodrik, "Globalization, Structural Change and Productivity Growth", *NBER Working paper*, No17143, 2011.

15 Eichengreen, Barry, Donghyun Park and Kwanho Shin, "The Global Productivity Slump: Common and Country-specific Factors", *NBER Working Paper*, No.21556, 2015.

를 이루지는 못하고 있고, 노동력의 유입과 유출이 반복되는 패턴으로 나타나고 있다. 매년 신규로 증가하는 농촌 출신 노동자 수가 귀향을 선택하는 노동자 수보다 적을 경우, '역(逆) 쿠즈네츠 커브' 현상이 나타나, 총요소 생산성 향상을 더욱 저해할 수 있다.

(3) 공급측 구조 개혁을 추진하고, 개혁 보너스를 획득하다

정치경제학적 관점에서 볼 때, 공급측 구조 개혁의 근본은 날로 늘어나는 인민의 수요를 더욱 잘 만족시키기 위해 공급 능력을 향상시키는 것이다. 즉, 부단히 업그레이드되고 특화된 물질 문화와 생태 환경적 수요를 잘 충족시킴으로써 사회주의 생산목적을 달성하는 것이다. 국제적 경험으로 볼 때, 한 나라의 발전은 근본적으로 공급측에 의해 추진되어야 한다. 과학기술과 산업혁명은 생산성 향상으로 이어져 상상을 초월하는 공급 능력을 창출하고 있다. 현 시대에 사회화 대량생산의 두드러지는 특징은, 공급측에서 파격적인 혁신이 성공적으로 이루어지면, 시장은 대규모적인 거래를 형성하여 호응한다는 것이다. 시진핑 총서기는 "공급측 구조 개혁의 중점은 사회 생산력을 해방하고 발전시키는 것이다. 개혁이라는 방법으로 구조 조정을 하고, 효율이 낮고, 수준 낮은 공급은 감소시키는 것이다. 또한, 효율이 높고, 수준 높은 공급은 확대하고, 수요 변화에 따른 공급 구조의 적응성과 유연성을 강화하는 것이다. 이를 통해 총요소 생산성을 제고해야 한다"[16]라고 강조했다.

---

16 시진핑, 「성부급 주요 지도자 간부를 대상으로 공산당 18기 5중전회 사상 학습·관철 특별 세미나에서의 연설(在省部級主要領導幹部學習貫徹黨的十八屆五中全會精神專題研討班上的講話)」, 『인민일보』, 2016년 5월 10일, 2면.

공급측 구조 개혁 추진에서 가장 시급한 것은 바로 생산 측에서 착수해야 한다는 것이다. 과잉 생산 능력을 효과적으로 해소하는 것을 중점적으로 추진하고, 산업의 최적화 재편을 촉진해야 한다. 또한, 기업 원가를 낮추고, 전략적 신흥 산업과 현대적 서비스업을 발전시키며, 공공재와 서비스 공급을 늘리고, 수요 변화에 대한 공급 구조의 적응성과 유연성을 높여야 한다. 요약하자면, 생산 능력·재고·레버리지 제거, 원가 절감, 취약 분야 보완에 중점을 두어야 한다.[17]

공산당 18기 3중 전회부터 2016년 12월 30일까지, 시진핑 총서기는 31차례의 전면적 개혁심화 지도소조 회의를 주최하며, 핵심 분야의 개혁을 전면적으로 배치했다. '온갖 난관을 뚫고 혁명에 매진하는 정신'으로 감독·추진했으며, 주요 골자가 되는 개혁 조치들을 모두 출범시켰다.

공산당 18대, 특히 공산당 18기 3중전회, 5중전회에서 전면적으로 배치한 경제 체제 개혁의 임무는 이미 뚜렷한 진전을 보이고 있다. 동시에, 일부 개혁 분야는 추진했으나 아직 획기적인 진전을 이루지는 못하고 있고, 심지어 일부 분야에서는 개혁이 추진되지 않고 있다. '13.5' 규획이 마무리되는 2020년까지는 각 분야의 제도가 더욱 성숙해지고 더욱 정형화되어야 한다는 5중전회의 요구와는 상당한 격차가 존재한다. 공감대를 형성하고 정책적 배치까지 한 개혁 임무가 왜 아직까지 미흡한 것일까? 공급측 구조 개혁을 실질적으로 추진하기 위해 아래 세가지 측면을 중점적으로 살펴보고자 한다. 여기에는, 어떤 영역에서 인식을 더욱 명확하게 해야 하

---

17 시진핑, 「성부급 주요 지도자 간부를 대상으로 공산당 18기 5중전회 사상 학습·관철 특별 세미나에서의 연설(在省部級主要領導幹部學習貫徹黨的十八屆五中全會精神專題硏討班上的講話)」, 『인민일보』, 2016년 5월 10일, 2면.

고, 어떤 장애들을 시급히 극복해야 하는지, 어떠한 상황을 반드시 피해야 하는지 등 문제들이 포함된다.

첫째, 구조 개혁은 경제 성장의 대체물이 아니라 실질적인 개혁 보너스를 얻을 수 있다는 이치이다. 아직까지 보편적으로 인식된 것이 아니기에 개혁에 동기 부여가 불충분한 것은 사실이다. 오랜 시간 동안 중국 국내외적으로 개혁과 성장 사이의 관계가 이쪽이 내려가면 저쪽이 올라간다는 관점이 존재했다. 비교적 낙관적인 인식도 개혁이 돌파구를 찾으려면, 어느 정도 경제 성장을 희생해야 한다고 여기고 있었다. 이에 따라, 경제 성장 속도에 관심이 높은 정부 부처나 지방 정부로서는 수요측 자극 정책을 통상적인 실시 수단으로 사용할 수밖에 없다. 이는 실시 효과도 신속하고 시기적절 할 수 있으며, 정책 수단에 대한 대응성도 있었다. 반면, 공급측 구조 개혁은 정책 수단에 있어 확실한 형태가 없기에 종잡을 수 없으며, 정책 수단과 효과 사이에 명확하고 확실한 일대일 대응 관계가 존재하지 않는다.

둘째, 적절한 기준에 따라 각급 정부의 개혁 책임이 정해지지 않았다. 그로 인해 합리적인 개혁 비용 분담 메커니즘과 개혁 보너스 공유의 예상목표가 구축되지 못했다. 이는 개혁의 인센티브가 서로 부응하지 않는 상황을 초래했다. 개혁 당사자들은 개혁이 막대한 금전적 이익을 가져다준다는 사실을 잘 알고 있다. 그러나 개혁 비용을 부담하는 주체와 개혁 보너스를 누리는 주체가 일치하지 않기 때문에, 비용 분담과 수익 분배분의 비대칭적 분포로, 일부 부처와 지방에서는 관망하는 자세 및 행위가 종종 나타난다. 어느 나라에서든 구조 개혁을 추진하려면, 인센티브의 실현을 위해 설득 작업과 특정한 제도적 장치가 필요하기 마련이다.[18] 현재 중국의 호적제도 개혁 등과 같은 일부 개혁 영역에서는, 개혁 당사자들에게 개혁 보너스의 객관적인 존재를 제시함으로써, 그들이 개혁 비용 분담과 개혁 보너스의 공유가 합리적으로 이루어질 것으로 기대되고 있다. 이것이 바로 개혁을 적시 추진해야 하는 결정적인 이유다.

셋째, 앞서 말한 두 가지 인식 장애가 존재하는 상황 하에, 일부 분야의 개혁 조치는 회피되고, 지연되고, 원래의 모습을 잃거나 또는 변형될 수 있다. 이로 인해, 중앙 정부 정층 설계의 최초의 취지, 시간표, 로드맵에서 다소 벗어나게 된다. 이는 아래의 세 가지를 포함한다. 우선, 공급측 구조 개혁 방안과 수요측 자극 방안 사이에서 쉽게 착수할 수 있는 후자를 선택하는 경향이 존재한다. 심지어 자극 정책에 의존하여 개혁을 지연시킨다. 둘째, 단지 목표 완수를 지향할 뿐이지, 체제 메커니즘의 조정과 보완에 입각하여 개혁 업무를 추진하지 않는다. 그렇게 하면 결과적으로 오래된 재고량 문제가 어느 정도로 해결된다 하더라도, 체제 메커니즘은 여전히 새로운 문제의 증분을 초래할 것이다. 이는 표면만 해결하고 근본은 해결하지 못하는 것과 마찬가지다. 마지막으로, 개혁 과정에서 어려운 일은 피하고 쉬운 일만 하려는 경향을 보여서는 안 된다. 심지어 보편적이고 관례적인 관리 업무를 개혁 조치로 여겨서는 안 된다. 그렇게 되면 결국, 기득권자 이익 재편을 회피하고, 원래의 구도를 유지함으로써 근본적인 체제 및 메커니즘의 전환을 실현할 수 없게 된다.

---

18   [인도] 라구람·라잔(Raghuram Rajan), 「구조 개혁은 왜 그렇게 어려운가?」, 비교, 2016년 2호.

신시대 중국 특색 사회주의 정치경제학 구축

수요 측에서 중국 경제의 성장 둔화를 인식하면, 결론적으로 정책은 자극적인 거시경제 정책과 산업 정책을 실시하는 데 주안점을 두게 된다. 반면, 중국 경제의 성장 둔화 요인이 공급 측에 있다는 점을 인식하게 되면, 위의 방법은 실제 성장률을 잠재성장률 이상으로 끌어올릴 수밖에 없기에, 정책결과가 정책 취지와 맞지 않는 현상이 나타나게 된다. 공급 측의 정책적 노력은 반대로 잠재성장률을 높이는 데 초점을 두고 있는 것이다.

2016년 중앙경제업무회의는 노동 생산성 향상, 총요소 생산성 향상, 잠재성장률 제고를 명확하게 강조했다. 앞서 나온 분석은 중국 경제의 잠재성장률을 높이는 데 두 가지 원천이 있음을 보여주고 있다. 우선, 전통적인 성장 동력을 유지하는 것이다. 이는 전통적인 요소 투입 구동형 경제 발전 패러다임을 유지하는 것이 아니다. 이는 생산 요소, 특히 노동력 공급 잠재력을 발굴하고 인구보너스를 연장하는 데 주력한다는 의미다. 다음으로는 새로운 성장 동력을 가동하는 것이다. 이는 인적 자본 축적의 강도를 높이고 총요소 생산성 성장률 및 경제 성장 기여율을 높이는 데 주안점을 두고 있다. 이 두 경제 성장의 원천은, 구체적으로 다음 네 가지 측면에서 구현된다. 이는 모두 공급측 구조 개혁으로부터 개발을 추진할 필요가 있다.

첫째, 높은 생산성 부문에서 노동자의 참여율을 높인다. 중국 경제의 잠재성장률 하락을 초래하는 거의 모든 요인은 결국 노동력의 무한 공급이라는 특징이 소멸되는 것과 관련된다. 따라서, 노동력의 공급을 증가시키면, 잠재성장률 하락을 현저히 지연시킬 수 있다. 인구연령 구조 변화로, 15~59세 노동연령 인구는 이미 마이너스 성장을 하고 있고, 현행 노동 참여율을 감안하더라도 15~59세 경제활동 인구는 2017년 이후 마이너스로 돌아설 것으로 예상됐다. 따라서 총 노동력에서는 더 이상 성장 잠재력이 존재하지 않는다. 노동력 공급 잠재력을 발굴하는 유일한 길은 노동 참여율을 높이는 데 있다. 중국의 노동연령 인구 총량은 워낙 커서 1%p의 노동 참여율은 2015년의 경우 900여 만 명의 경제활동 인구에 해당한다.

정책 시뮬레이션에 따르면, 2011~2022년 비농산업의 노동참여율이 매년 1%p씩 높아지면, 0.88%p의 추가 잠재성장률을 얻을 수 있다.[19] 노동 참여율을 높이는 가장 큰 잠재력은 호적제도를 개혁하고, 호적인구의 도시화율을 높여, 도시 경제와 비농산업에 종사하는 농민공의 취업을 안정시키는 것이다.

둘째, 합계출산율을 높여 미래의 인구 연령 구조를 균형 있게 한다. 시진핑 총서기는 중국인들에게 "중화민족의 장기 발전 전략에 입각해 인구 균형 발전을 고도로 추진할 것"을 요구했다. 중국의 국내 및 국제적 경험에 따르면, 출산율 하락은 경제·사회 발전의 결과이며, 출산 정책 자체가 할 수 있는 역할은 제한적이다. 그러나 중국이 1980년부터 35년간 '한 자녀' 위주의 계획 출산 정책을 펴온 점을 감안하면, '둘째 아이' 출산 허용 개혁으로 인해 한동안은 출산율이 높아지는 효과를 기대할 수 있다. 일반적으로, 중국의 합계출산율은 1.5이고, 출산 정책 조정은 정도의 차이는 있지만, 출산율이 2.1의 대용치에 가까워질 것으로 예상된다.

정책 시뮬레이션은 합계 출산율이 1.8에 가까울 정도로 높이면 합계출산율 1.6에 비해, 2036~2040년 잠재성장률을 0.2%p 높일 수 있다는 것을

19　Cai Fang, Lu Yang, "The End of China's Demographic Dividend: The Perspective of Potential GDP Growth", in Garnaut, Ross, Cai Fang and Song Ligang (eds.), *China: A New Model for Growth and Development*, ANUE Press, Canberra, 2013.

보여준다.[20] 반드시 지적해야 할 점은 인구 균형 발전을 위한 개혁은 단지 출산 정책 조정에 그쳐서는 안 된다는 것이다. 반드시 기타 공공 서비스 및 공급 체계의 보완이 포함되어야 한다. 가계의 양육 비용을 낮춰주거나 정책적 요구 및 개인 의사에 따라, 자녀 수를 결정할 수 있도록 해야 한다.

셋째, 인적 자본 축적 속도를 유지한다. 경제학자들은 동아시아의 발전 경험을 통해, 어떤 나라나 지역에서 구조 조정을 특징으로 하는 경제 발전 단계를 거치고 나면, 반드시 인적 자본으로 구동하는 경제 발전 단계를 겪는다는 사실을 발견했다.

한 시뮬레이션에 따르면, 교육과 양성의 발전에 대해 합리적인 가설을 세우고, 전체 인적 자본 수준이 어느 정도 향상될 것으로 예상되는 상황을 전제로 하면, 미래 잠재성장률은 약 0.1%p 높아질 것으로 나타났다.[21] 이와 같은 개혁보너스는 중국이 중·고속 성장을 유지하기 위한 것이고, 중국이 너무 일찍 중간 속도 또는 심지어 중·저속 성장에 빠지지 않도록 노력한 것이다. 이는 중국 경제 발전의 뉴노멀 시대에 있어서 무시할 수 없는 숫자이다. 이 시뮬레이션은 인적 자본의 양적인 부분만을 고려했을 뿐이다. 교육의 질을 고려하면 경제 성장에 대한 인적 자본의 역할이 더욱 뚜렷하게 향상되어, 생산성에 대한 기여도보다 훨씬 더 부각될 것이다.[22]

---

20   Cai Fang, Lu Yang, "Take-off, Persistence, and Sustainability: Demographic Factor of the Chinese Growth", *Asia & the Pacific Policy Studies*, September / October, 2016.

21   Cai Fang, Lu Yang," Take-off, Persistence, and Sustain-ability: Demographic Factor of the Chinese Growth," *Asia & the Pacific Policy Studies*, September / October, 2016.

22   Manuelli, Rodolfo and Ananth Seshadri, "Human Capital and the Wealth of

넷째, 총요소 생산성을 높여, 보다 지속 가능한 성장의 원천을 얻는다. 이론적으로 예측 가능하고 계량적 분석에서도 알 수 있듯이, 노동 참여율의 향상은 잠재성장률을 높이는 데 도움이 되겠지만, 시간이 지날수록 이러한 효과는 점차 약화되는 추세를 보인다.[23] 총요소 생산성 향상의 잠재성장에 대한 촉진작용은, 즉각적일 뿐만 아니라 영구적이다. 신고전적 성장 단계에 접어들면서, 중국 경제는 점점 더 과학기술 혁신에 의존해 경제성장의 지속 가능성을 유지하고 있다. 동시에, 체제적 장애를 제거함으로써 자원 재배치의 효율성을 확보할 수 있는 공간은 여전히 거대하다. 시뮬레이션에 따르면, 2011~2022년 총요소 생산성의 연평균 성장률이 1%p 높아지면, 잠재성장률을 0.99%p 높일 수 있다.[24]

먼저, 호적제도 개혁, 교육·양성 제도 개혁, 국유화 기업 개혁 등이 노동 참여율, 인적 자본, 총요소 생산성에 미치는 기여 효과를 가정했다. 그리고 각기 다른 정도의 출산 정책 조정(그로 인한 각기 다른 출산율 상황)과 조합해, 향후 이루어지는 개혁 보너스의 각기 다른 상황을 시뮬레이션 해보았다. 그 결과, 개혁의 여부와 개혁 정도의 차이가 장·단기적으로 잠재성장률에 뚜렷한 차이를 가져올 수 있다는 점이 드러났다(그림 5-3 참조).

Nations," *The American Economic Review*, Vol.104, No.9, 2014.

23 Cai Fang, Lu Yang, "Take-off, Persistence, and Sustainability: Demographic Factor of the Chinese Growth", *Asia & the Pacific Policy Studies*, September/October, 2016.

24 Cai Fang, Lu Yang, "The End of China's Demographic Dividend: The Perspective of Potential GDP Growth", in Garnaut, Ross, Cai Fang and Song Ligang (eds.), *China: A New Model for Growth and Development*, ANUE Press, Canberra, 2013.

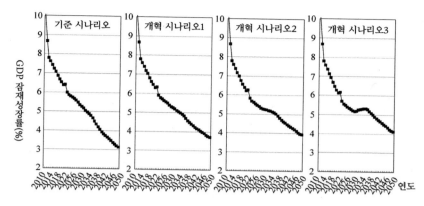

그림 5-3 공급측 구조 개혁 보너스 시뮬레이션[25]

　　그림 5-3는 공급측 요인으로 중국 경제의 장기 성장 추세를 나타내고 있다. 주기적인 요인과 관련된 'V'자형 회복을 기대할 수도 없고, 각기 다른 개혁의 강도와 효과를 가정한 상황에서 공급측 구조 개혁에 따른 보너스에도 차이가 존재한다. 왼쪽에서 오른쪽으로 관찰해보면, 눈에 띄는 개혁 조치가 없는 '기준 시나리오'에 비해, 심도 있는 개혁일수록 보너스의 발생이 눈에 띄며, 그럴수록 향후 잠재성장률 변화 궤적은 'L'자형에 가깝다.

(4) 수요와 공급 관계의 새로운 동적 균형을 실현하다

　　시진핑 총서기는 "공급과 수요는 시장경제의 내재적 관계라는 두 가지 기본적인 측면이다. 즉, 대립적이면서도 통일적인 변증 관계이며, 양자는 서로 불가분적이며, 상호 의존적이고 상호 조건이 되는 관계이다. 수요가 없으면 공급이 이루어질 수 없고, 새로운 수요는 새로운 공급의 탄생을

25　자료 출처: Cai&Lu(2016).

촉진한다. 공급이 없으면 수요가 충족되지 않고, 새로운 공급은 수요를 창출한다”고 설명했다. 그는 이러한 변증 관계에 입각하여 “공급측 관리와 수요측 관리는 거시경제를 조정하는 두 가지 기본적 수단이다. 수요측 관리는 총량적 문제를 해결하는 것과 단기적 조정에 중점을 둔다. 주로 조세 조정, 재정 지출, 화폐 신용대출 등의 수요를 자극하거나 억제해서 경제 성장을 부추기는 것이다. 공급측 관리는 구조적인 문제를 해결하는 데 중점을 두고, 성장 동력을 자극하는 것을 중시한다. 주로 요소의 최적화 배치와 생산 구조 조정을 통해 공급 체계의 질과 효율을 높임으로써, 경제 성장을 촉진하는 것이다”라고 설명했다.[26]

2016년 중앙경제업무회의에서도 중국 경제가 안고 있는 두드러지는 모순과 문제점이 거듭 지적됐다. 비록 주기적 특징이 있고, 총량적 요인도 있지만, 그 근원은 심각한 구조적 불균형으로 인해 경기 순환이 원활하지 못한 것이고, 따라서 공급측 구조 개혁에서 방법을 강구하여, 수급 관계의 새로운 동태적 균형을 형성하도록 노력해야 한다고 지적했다.

2012년부터 나타난 중국의 성장 둔화는 인구 변화 단계와 경제 발전 단계의 변화와 함께 형성된 뉴노멀 시대의 특징이기도 하다. 그것이 주된 원인이든 아니면 표현 형식이든 상관없이, 이는 수요측 충격에 따른 기존의 주기적 현상과는 확연히 다르다. 따라서 대응 정책의 착안점, 우선 순위, 구체적인 정책 도구의 선택에 있어 모두 크게 달라야 한다.

미국 경제학자 제임스 토빈(James Tobin)은 ‘하버거 삼각형’이 있어야

---

26 시진핑, 「성부급 주요 지도자 간부를 대상으로 공산당 18기 5중전회 사상 학습·관철 특별 세미나에서의 연설(在省部級主要領導幹部學習貫徹黨的十八屆五中全會精神專題研討班上的講話)」, 『인민일보』, 2016년 5월 10일, 2면.

신시대 중국 특색 사회주의 정치경제학 구축

비로소 '오쿤 갭'을 채울 수 있다고 말했다. 이는 그가 언급한 두 가지 경제학적 개념 중 전자는 독점, 가격 왜곡 등 체제적 요인에 따른 복지 손실을 가리킨다. 후자는 실제 경제 성장이 잠재 성장 능력보다 낮다는 것을 가리킨다. 이는 모두 사회총생산액(GDP)의 특정 폭의 감소로 나타난다. 연구 자원과 정책 자원은 모두 희소 자원이기 때문에 어느 분야에 배치될지는 수익 극대화 원칙을 따라야 한다. 따라서 토빈의 이러한 언급은 공리주의 차원에서 체제적 문제보다 거시경제 문제에 관심을 두는 것이 더 의미가 있다는 점을 일깨워준다. 또한, 수요측 요인에 따른 '오쿤 갭'을 좁히려는 정책 자원의 노력이 뒷받침돼야 한다는 의미다.

문제는 중국 경제의 성장 둔화 원인은 잠재성장률의 하락이지, 실제 성장률이 잠재성장률을 밑도는 것 때문이 아니다. 그렇기 때문에 성장률 하락에 있어 뚜렷한 '오쿤 갭'은 존재하지 않는다. 반대로 생각해보면, 중국 경제가 장기적으로 지속 가능한 성장을 모색하는 데 있어 관건은 거시경제학에서 흔히 쓰는 수요측 자극 수단이 아니다. 오히려 공급측에서 구조 개혁을 추진하여 체제 잠재력을 방출하고 잠재성장률을 높이겠다는 목표를 달성해야 한다. 이에 따라 공급 측에서 생산 요소 공급 물량과 품질을 늘려 생산 원가를 낮추고, 정부 관리 기능을 전환해 거래 비용을 낮추어야 한다. 또한, 총요소 생산성을 높여 산업과 기업의 비교우위를 유지하는 정책 조정과 체제 개혁을 추진해야 한다. 이러한 것들 모두 구조 개혁의 범주에 포함되며, 잠재성장률의 기대 효과를 제고하는 데 도움이 된다. 그에 따라 우선 순위와 추진 역량을 잘 배치하여 정책을 제정해야 한다.

중국 경제는 여러 가지 심각한 도전에 직면해 있다. 현재 중국은 예정된 목표에 따라 샤오캉 사회를 전면적으로 건설하고, 중위소득 단계를 넘어야 하는 중요한 시점에 있다. 이러한 시기에 리스크는 증가 속도의 저하가 아니라 오판과 부적절한 대응 조치에서 비롯된다. 경제의 중·고속 성장을 유지하기 위해, 성장의 질, 효율, 균형성, 조화성, 지속 가능성에 대한 희생을 대가로 해서는 안 된다. 잠재성장률을 뛰어넘는 성장 목표를 추구하는 대신, 총요소 생산성을 높이는 데에 중점을 두고, 잠재성장률을 높인다는 성장목표에 초점을 맞춰야 한다. 당 중앙 국정운영의 기본 원칙에 입각하여, 뉴노멀이라는 시대 발전의 대논리에 따라 전략적 신념과 역사적 인내심을 유지해야만 '온중구진'을 이룰 수 있다.

3. 공급측 구조 개혁의 실천

'실물 경제'의 함의는 매우 풍부하다. 요소 측면에서 보면, 물자 자원, 인구, 제품, 노무, 노동 생산성, 기술 등의 '실물' 요소를 포함한다. 산업 발전 측면에서 보면, 농업, 제조업, 서비스업을 포함해 1, 2, 3차 산업을 망라한다. 실물 경제는 물질적 부를 창출하는 사회 생산력의 직접적 구현이다. 따라서 한 나라의 경제 발전의 근본이라고도 할 수 있다. 실물 경제와 상응하는 것은 화폐·신용 등에 기초하는, 실물 경제와 서로 관련 있는 가상 경제나 기호 경제 체계이다. 물물 교환은 화폐 수요를 발생시키고, 파동의 안정은 신용 체계를 발생시킨다. 그리고 자원 배치는 주식 등 금융 도구와 같은 미래 권리증을 취득하게 해준다. 이와 같은 기호 체계는 경제 발전을 촉진하는 중요한 역할을 한다.

현대적 경제 운영의 한 가지 두드러진 특징은, 농업, 공업 등 실물경제 발전의 기초 위에 화폐금융 체제가 급속히 팽창하여, 경제 전체가 점차 금융화 된다는 점이다. 금융 활동이 다양해지면서 화폐금융과 실물경제의 경계가 모호해졌기 때문이다. 특히 최근 몇 십 년 동안, 끊임없는 금융 혁신과 지속적인 금융 자유화를 통해, 실물경제는 이미 '금융화'되거나 '준 금융화'되고 있다. 이는 일부 국가 실물경제에 공심화(空心化: 한 부분이 비는 현상)를 초래했고, 가상 경제와 실물 경제의 '가분수'적인 불안정한 구조를 형성했다.

최근 중국 경제도 과도한 금융화의 조짐을 보이고 있다. 일례로, 은행과 주식시장을 통해 민간에서 자금을 조달해 기업의 무분별한 확장을 지원하고, 일부 기업은 금융 투자와 부동산 투자 등 비주력적 투자를 통해 이익을 챙겼다. 사회적 자원이 갈수록 가상경제 분야로 흘러가면서, 자산의 금융화와 자산 가격의 거품현상이 나타나고 있다. 이에 따라 사회적 투기 분위기가 농후해지고 '하루 아침에 벼락부자가 된다'는 자본 신화는 부러움을 한 몸에 살 정도의 부의 영웅을 만들어냈다. 반면, 실물산업 발전은 오히려 갈수록 탄탄한 기초와 강한 인내심을 잃어가고 있다.

더 나아가, 3차 산업의 구성 부분으로서 금융업의 발전은 서비스 실물경제의 합리적인 한도 내에서 실제적인 성장이라는 의미를 지닌다. 그것이 제공하는 서비스는 실물경제의 성장을 촉진하는 데 도움이 된다. 그러나 일정 한도를 넘어 금융업이 스스로 확장하고 파생 팽창해 실물경제의 제품과 자산을 과도하게 금융화 하게 되면, 막대한 가상경제 거품이 형성되어 사회 자원을 빨아들이는 인력(gravitation)의 '블랙홀'이 된다. 이로써, 자원 배치의 효율성을 떨어뜨리고, 실물경제의 정상적 운행을 위협하고 거대한 금융 리스크를 초래할 수 있다. 이 같은 어지러운 현상들은 금융과 실물경제 사이에, 그리고 실물경제 내부에서 중대한 구조적 불균형을 발생시키고, 경제 순환이 원활하지 못한 근원이 되고 있다.

2016년 중앙경제업무회의는 상술한 문제들을 겨냥해 해결 방안을 제시했다. 즉, 반드시 공급측 구조 개혁으로부터 방법을 강구하여 수요와 공급 관계의 새로운 동적 균형을 이루도록 노력해야 한다는 것이다. 그 중 한 가지 중요한 방침은 실물경제를 활성화하는 것이다. 이를 위해 품질을 향상시키고 핵심 경쟁력을 제고해야 한다. 또한, 혁신 구동을 발전시키고, 고품질의 제품과 서비스 공급을 확대해야 한다. 이는 공급측 구조 개혁의 중요한 부분이다.

시진핑 총서기는 공산당 19대 보고문에서 실물경제 발전의 중요한 의미에 대해 다음과 같이 상세하게 논술했다. 그는 현대화된 경제 체계를 건설하려면 반드시 경제 발전의 역점을 실물경제에 두고, 공급 체계의 질적 향상을 중점으로 삼아 중국 경제의 질적 우위를 현저히 높여야 한다고 지적했다. 그의 이러한 논술은 현대적 경제 체계 구축, 실물경제 발전과 질적 변혁, 효율적 변혁, 동력 변혁 추진의 관계를 분명히 밝힌 것이다.

실물경제 발전이라는 중점을 둘러싸고, 시진핑 총서기는 공산당 19대 보고문에서 7가지 중점 과제를 제시했다. 첫째, 제조 강국 건설을 가속화하고, 선진 제조업을 가속화하는 것이다. 즉, 인터넷, 빅데이터, 인공지능과 실물경제의 심도 있는 융합을 추진해야 한다. 또한, 중·고가 제품 소비, 혁신 창출, 녹색 저탄소, 공유경제, 현대적 공급망, 인적 자본 서비스 등 분야에서 새로운 성장점을 육성하고, 새로운 에너지를 형성해야 한다. 둘째, 전통적인 산업 최적화 및 업그레이드를 지원하는 것이다. 현대적 서비스업의 발전을 가속화하고, 국제 표준에 맞추어 수준을 높여야 한다. 셋째,

신시대 중국 특색 사회주의 정치경제학 구축

중국 산업을 글로벌 가치사슬의 상위 단계로 도약시키는 것이다. 세계적 수준의 선진 제조업 클러스터를 육성해야 한다. 넷째, 수리(水利), 철도, 도로, 수운, 항공, 파이프라인, 전력망, 정보, 물류 등 인프라 네트워크의 건설을 강화하는 것이다. 다섯째, 생산 능력 제거, 재고 제거, 레버리지 제거, 원가 절감, 취약 분야 보완 등을 견지하는 것이다. 재고 자원의 배치를 최적화하고, 양질의 증량 공급(increased supply)을 확대하여, 수요와 공급의 동적인 균형을 실현해야 한다. 여섯째, 기업가 정신을 이끌어내고, 보호하는 것이다. 더 많은 사회 주체들이 혁신과 창업에 뛰어들도록 장려해야 한다. 일곱째, 지식형, 기능형, 혁신형 노동자 계층을 형성하는 것이다. '모범 노동자' 정신과 장인정신을 고취하고, 노동이 자랑스럽게 여겨지는 사회 풍토와 정익구정(精益求精)[27]의 업무 수행 풍조를 조성해야 한다.

상술한 업무는 질적 제고와 핵심 경쟁력의 향상을 중심으로 추진되어야 한다. 혁신 구동의 발전을 견지하고, 높은 품질의 제품·서비스 공급을 확대해야 한다. 품질이 제일이라는 강한 의식을 확립하고, 품질을 향상시키기 위한 행동을 전개해야 한다. 품질 표준을 높이고, 전반적인 품질 관리를 강화해야 한다. 또한, 기업들이 자신만의 비교우위를 형성하도록 유도하고, '장인정신'을 발휘하도록 인도해야 한다. 브랜드 건설을 강화하고, '백년노점(百年老店)'을 더 많이 육성하여 제품 경쟁력을 향상시켜야 한다.

위의 전략적 배치에서 알 수 있듯이, 중국 실물경제의 발전은 어느 한 산업 분야의 변혁에만 국한된 것이 아니라, 전방위적 산업 현대화이고, 체제, 메커니즘, 환경의 심각한 변혁이기도 하다. 고·중·저급 산업의 균형

---

27 옮긴이 주: 훌륭하지만 더 훌륭하고자 애쓰다. 더 깊이 연마한다는 의미이다.

적인 발전만이 고용 상황의 지속적인 개선을 이룩할 수 있고, 산업 경쟁력의 전면적 향상을 실현할 수 있다. 그로부터, 공급의 질적 향상, 성장 동력의 전환, 새로운 동적 균형 등 근본적인 목적에 도달할 수 있다.

제3절 사회주의 시장경제 메커니즘의 완비

공산당 19대 보고문은 사회주의 시장경제 체제의 보완에 박차를 가하는 것을 현대적 경제 체계 건설의 중요한 임무 중 하나로 삼고, 그 전략적 의미와 주력 방향에 대해 간결하게 논술했다. 시장 메커니즘이 유효하고, 미시적 주체가 역동적이며, 거시적 통제가 가능한 경제 체제를 구축하는 것이 향후 한동안 개혁 업무의 중점이 될 것이다. 다음으로, 공산당 19대 보고문에 드러난 정신에 따라 몇 가지 개혁 중점 분야와 중점 과제를 살펴보고자 한다.

1. 사회주의 기본 경제 제도의 완비

사회주의와 시장경제 사이의 객관적인 관계를 밝힌 것은 덩샤오핑 이론의 가장 큰 공헌이다. 1979년 덩샤오핑은 "시장경제는 자본주의 사회에만 있고, 오직 자본주의 시장경제만이 존재한다고 말하는 것은 정확하지 않다. 왜 사회주의는 시장경제를 다루면 안 되는 것인가? 이는 자본주

신시대 중국 특색 사회주의 정치경제학 구축

의라고 할 수 없다"라고 말했다.[28] 1992년 남방에서의 담화 때 덩샤오핑은 "계획경제가 곧 사회주의인 것이 아니고, 자본주의도 계획이 있다. 시장경제가 곧 자본주의인 것이 아니고, 사회주의도 시장이 있다"는 주장을 더욱 분명히 했다. 최종적으로 공산당 14대는 '사회주의 시장경제'라는 개혁 목표를 공식적으로 확립했다. 시장화 개혁을 끊임없이 추진함과 동시에 중국 경제는 빠른 속도로 성장해서, 1979~2015년 연평균 9.6%의 경제 성장을 기록했다. 이는 인류 사회·경제 성장의 새로운 기적을 낳았다. 실천이 증명하듯이, 중국의 실정에 근거하여 사회주의 시장경제를 발전시킨 것은 정확하고 효과적인 것이었다.

1997년에 개최된 공산당 15대는 중국 개혁과 발전의 실천 속에서 이같은 기본적인 경험을 초보적으로 정리했다. 즉 공유제를 주체로 하는 다양한 소유제 경제의 공동 발전이 중국 사회주의 초급 단계의 기본 경제 제도임을 강조했다. 세기가 바뀌면서, 각종 경제 요소들은 모두 이 기본 경제 제도의 틀 안에서 근본적인 개혁을 진행했다. 대형 국유기업은 점차 전략적 의의를 가진 고점에 집중하여, "재산권이 명확하고, 권리와 책임이 분명하며, 정부와 기업이 분리되고, 과학적인 관리를 한다"를 목표로 하여 현대적 기업 제도가 광범위하게 추진됐다. 또한, 수많은 중소형 국유기업이 대대적으로 개편되고, 향진(鄕鎭)기업의 민영화가 대규모로 진행되었으며, 연해지역 개인 사영기업의 발전이 가속화됐다. 이러한 개혁 조치의 추진은 기업 재산권을 명확하게 했고, 인센티브 메커니즘을 보완했으며, 생

---

28 「사회주의도 시장경제를 다룰 수 있다(社會主義也可以搞市場經濟)」, 『덩샤오핑문선』, 제2권, 인민출판사, 1994, 236면.

산성을 향상시켰다. 이로부터, 중국 경제의 고속 성장을 위한 양호한 제도적 기반이 마련되었다.

이에 근거해, '공유제를 주체로 하는 다양한 소유제 경제의 공동 발전+시장경제'는 중국 특색 사회주의 시장경제의 기본 특성이 되었다. 따라서, 이 기본적 경제 제도를 견지하고 보완하는 것은 사회주의 시장경제를 발전시키는 데 있어서 당연한 일이다. 바로 이 때문에 2013년 열린 중국 18기 3중전회는 '공유제를 주체로 하는 다양한 소유제 경제의 공동 발전'이라는 기본 경제 제도가 중국 특색 사회주의 제도의 중요한 버팀목이자 사회주의 시장경제 체제의 근간임을 분명히 했다. 공유제 경제와 비공유제 경제는 모두 사회주의 시장경제의 중요한 구성 요소이며, 중국의 경제·사회 발전을 위한 중요한 기반이다. 공유제 경제를 확고히 다지고 발전시키며, 공유제 주체적 지위를 견지해야 한다. 국유경제의 주도적 역할을 발휘시키고, 국유경제의 활력, 통제력, 영향력을 끊임없이 증대시킨다. 비공유제 경제의 발전을 흔들림 없이 장려하며, 지지하고, 이끌어 비공유제 경제의 역동성과 창조력을 이끌어내야 한다.

시진핑 총서기가 지적한 대로 중국 특색 사회주의 정치경제학을 풍부하게 하고 발전시키려면, 중국 발전의 실천 과정에서 나타난 법칙적 성과들을 도출하고 총화해야 한다. 그로부터 실천적 경험을 체계화된 경제 학설로 승화시켜야 한다.[29] 사회주의 시장경제 이론에 대해서도 예외가 아니다. 사회주의 시장경제가 자본주의 시장경제에 비해 어떠한 독특성이

---

29 중공중앙 선전부, 『시진핑 총서기 시리즈 중요 연설문 독본(習近平總書記系列重要講話讀本) 2016년판』, 학습출판사·인민출판사, 2016년판, 37면.

신시대 중국 특색 사회주의 정치경제학 구축

있는지에 대해 좀 더 구체적으로 논하려면, 중국의 성공적인 실천 과정을 정리해보면 된다. 정부와 시장의 독특한 관계, 자본의 간섭을 받지 않는 정치체계, 중국 특색 사회주의 문화 등은 모두 사회주의 시장경제를 제도적으로 뒷받침할 수 있는 요소이다. 단, 사회주의 시장경제에서는 공유제 경제가 상대적으로 주체적 위치에 있으며, 이는 중국 시장경제의 사회주의적 성격의 가장 중요한 부분을 더욱 확실하게 보장한다.

공유제 경제는 시장경제 국가에서 보편적으로 존재하는 개념이다. OECD는 심지어 회원국의 국유기업에 대한 회사 경영 관리 가이드를 편집한 적도 있다. 그러나 공유제 경제는 자본주의 시장경제보다 사회주의 시장경제에서 더 중요한 역할을 한다. 경제적 관점에서 볼 때, 중국의 공유제 경제, 특히 국유기업은 기본적으로 경제 체계의 상위에 있기 때문에, 시장경제의 사회주의적 성격을 보장하는 데 매우 중요한 역할을 한다. 첫째, 기업 차원에서 보면, 국유기업은 생산재와 생산자의 직접 결합 및 노동에 따른 배분의 주체이다. 이는 향후 이질화를 철저하게 없애고 사람들의 자유롭고 전면적인 발전을 실현하기 위한 미시적 제도 기반을 마련했다. 둘째, 업계 차원에서 보면, 국유기업의 업계 영향력은 일정한 정도에서 시장의 자발성, 맹목성, 투기성, 단기성, 정체성 등의 약점을 극복할 수 있다. 이를 통해, 관련 업계 및 업스트림(up-stream)과 다운스트림(downstream) 산업의 건강한 발전을 보장할 수 있다. 셋째, 국가 차원에서 보면, 국유기업의 주체적 지위는 사적 자본이 국가 위에 군림하는 것을 방지하고, 사회주의 상부구조의 건립과 원활한 운영을 보장하는 물질적 기반이 된다. 동시에, 이는 국가 전략의 가장 강력한 관철자로서, 힘을 모아 큰일을 할 수 있는 사회주의의 우위를 실현했다.

시진핑 총서기는 공산당 19대 보고문에서 국유 경제의 배치에 관한 조정과 국유 기업 개혁의 임무에 대해 다음과 같이 명확히 논술했다. 그는 "각종 국유 자산 관리 체제를 보완하여, 국유 자본의 권한 위임 경영 체제를 개혁한다. 국유 경제의 최적화 배치, 구조 조정, 전략적 재편성을 가속화한다. 국유 자산의 가치 유지와 증식을 촉진하며, 국유 자본의 강력화, 최적화와 최대화를 촉진한다. 국유자산 유실을 효과적으로 방지한다. 국유 기업 개혁을 심화하고 혼합소유제 경제를 발전시키며, 국제경쟁력을 지닌 세계 일류 기업을 육성한다"라고 언급했다.

이 같은 정신에 따라 앞으로도 공유제 경제는 흔들림 없이 더욱 공고하게 발전시켜야 한다. 국유기업 개혁은 개혁을 더욱 심화시키는 중점 분야 중 하나다. 첫째, 기업 차원에서 보면, 국유기업의 특수성은 필연적으로 사기업의 관리 메커니즘을 그대로 답습할 수 없게 한다. 따라서 국유기업에 적합한 현대적 기업 제도를 모색해야 한다. 기업의 시장 주체적 지위와 사회주의적 성격을 유기적으로 결합시켜야 한다. 그로부터, 국유기업의 다양한 인재들로부터 적극성, 주동성, 창조성을 이끌어내고, 각종 요소에 활력을 불어넣어야 한다.

둘째, 업계 차원에서 보면, 경제 체계의 상부에 위치한다고 해서 국유기업이 행정적 독점 지위를 차지하는 것은 아니다. 인민경제에 대한 국유경제의 주도적 역할은 주로 통제력에서 나타난다. 국유기업은 시장 경쟁 우위를 바탕으로, 산업의 건전한 발전을 적극적으로 유도해야 한다. 또한, 혼합 소유제 경제를 적극적으로 발전시켜 국유자본의 기능을 확대하고 국유경제의 영향력을 강화해야 한다.

셋째, 국가 차원에서 보면, 국유기업은 전 인민의 소유로, 국가 현대화를 추진하고 인민의 공동 이익을 보장하는 중요한 역량이다. 그러므로, 한편으로 내부 인원에 대한 통제에 신중을 가해야 하며, 국유자산 관리 체제를 보완해야 한다. 동시에, 국유자본 배치를 전략적으로 조정해야 한다. 국유자본이 국가 안전, 인민 경제 명맥에 관계되는 중요한 업계와 핵심 영역에 보다 많이 투입되도록 유도해야 한다. 이로써, 국가 전략 목표를 달성하는 데 더욱 도움이 되도록 해야 한다.

종합적으로 보면, 공유제 경제를 공고히 발전시키고, 국유기업의 개혁을 확고히 함으로써, 중국 시장경제의 사회주의적 성격을 보장하고, 사회주의와 시장경제라는 양자적 우위를 유기적으로 잘 결합시켜야 한다.

2. 소유권 제도의 완비

2013년 11월 공산당 18기 3중전회가 채택한 〈전면적 개혁심화에 대한 몇 가지 중대한 문제에 관한 중공 중앙의 결정〉에서는 재산권 보호 제도의 완비를 기본 경제 제도의 최우선 과제로 삼고, 이것이 소유제의 핵심이라는 점을 강조했다. 2016년 11월에 발부된 〈재산권 보호 제도 완비 및 의법(依法) 재산권 보호에 관한 중공 중앙 국무원의 의견〉에서는 단도직입적으로 재산권 제도가 사회주의 시장경제의 근간이며, 재산권 보호는 사회주의 기본 경제 제도를 견지하는 데 필수적이라고 명시했다. 유항산자 유항심(有恒産者有恒心)[30]이라고 했다. 경제 주체의 재산권을 효과적으로 보

---

30   옮긴이 주: "일정한 생산이 있으면 마음이 변치 않는다"는 뜻으로, 일정한 직업과 재산을

장하고 실현하는 것은 경제·사회의 지속적이고 건전한 발전의 기초가 된다. 시진핑 총서기는 공산당 19대 보고문에서 "경제 체제 개혁은 반드시 재산권 제도의 완비와 요소 시장화 배치에 중점을 둬야 한다"며 "재산권의 효율적 인센티브, 요소의 자유로운 이동, 가격반응의 유연성, 경쟁의 공평성, 기업의 우승열태를 실현해야 한다"라고 재차 강조했다.

중공 중앙의 일련의 논술은 사회주의 시장경제 체제를 건설하고 경제를 지속적이고 건강하게 발전시킬 수 있는 토대 역할을 함으로써, 기본 경제제도에서 재산권 제도의 중요한 위치를 분명히 했다. 이론적으로 볼 때, 재산권 제도는 다양한 시장 참여자에 대한 장려 역할을 결정했다. 소유권이 명확하고, 권리와 책임이 분명하며, 보호가 엄격하고, 원활하게 유통되는 재산권 제도는 포용적인 시장 제도를 창출할 수 있다. 나아가 대다수의 사람들이 공정하게 경제 활동에 참여할 수 있도록 허용하고, 장려하고, 보호할 수 있다. 사람들이 개인의 자질을 활용하여 자유롭게 선택하고, 최대한 혁신적 창업 재능을 발휘하며, '창조적 파괴'를 특징으로 하는 경제 발전의 프로세스를 시작함으로써, 기술 진보, 생산성 제고, 경제 발전 및 공동부유를 촉진할 수 있다.

중국은 40년 동안 재산권 제도 개혁에서 이룬 성과가 적지 않다. 그러나 아직 개혁이 끝나지 않은 만큼, 재산권 범위 설정과 보호에 있어서의 문제점과 도전은 결코 과소평가할 수 없다. 첫 번째로, 국유재산권 보호에 있어, 국유재산권은 소유자와 대리인의 관계가 명확하지 않아, 내부인 통제, 관련 거래 등으로 인해 국유자산이 유실되는 문제가 존재한다. 두 번째

가진 자는 마음에 그만큼 여유가 있어 쉽게 동요되지 않음을 이르는 말이다.

로, 사유재산권 보호 면에 있어, 공권력을 이용한 사유재산권 침해, 민영기업 재산에 대한 불법 봉인, 차압, 동결 등 현상이 때때로 발생한다. 세 번째로, 지적재산권 보호에 있어, 보호가 제대로 이루어지지 않아, 침해 현상이 쉽게, 많이 발생한다.

이 난국을 타개할 근본적인 출로는 법치를 시행하는 것이다. '재산권 보호 제도 완비 및 의법(依法) 재산권 보호에 관한 중공 중앙 국무원의 의견'은 "재산권 보호를 강화하는 근본적인 대책은 의법치국을 전면적으로 추진하는 것"이라며 "현대 재산권제도를 한층 더 보호하고, 재산권보호 법치화를 더욱 추진하고, 재산권 보호와 관련된 입법, 집행, 사법, 준법 등 각 방면에서 법치 이념을 잘 구현해야 한다"고 명시했다.

구체적으로 보면, 분야별 재산권 범위 설정과 보호 업무는 각자 뚜렷한 특징이 있다. 첫째, 공유재산권의 범위 설정과 보호이다. 중국의 기본 경제 제도는 공유제를 주체로 하여 다양한 소유제 경제가 더불어 발전하는 것이다. 따라서 공유 재산권 보호는 중국 특색을 지닌 기초 공정이다.

농지제도의 경우, 농가가 모두 현재 종사하는 농업 경영을 꼭 원하지 않을 수도, 혹은 능숙하지 않은 것일 수도 있다. 그렇기에 소유권은 계속 세분화되어야 하고 공공자원 이용률을 더욱 높여야 한다. 이에 따라 농지 소유권에서 청부권을 분리한 뒤, 경영권도 분리해야 한다. 즉 소유권, 청부권, 경영권의 3권 분리를 추진해야 한다. 농촌택지의 경우에도 저당, 양도처분과 수익권을 갖도록 재산권 세분화를 시행해야 한다. 그로부터 농촌 토지 요소 시장의 발달을 촉진하고 자발적 거래를 장려하여, 농민의 재산 소득을 높이고, 토지 자원의 배치 효율을 높여야 한다. 현재 업무의 중점은 농지가 비농지로 전환하는 과정에서, 토지를 징수·징용에 적용되는 공공

이익의 범위를 합리적으로 설정하는 문제이다. 공공 이익을 확대하지 않으면서, 징수·징용의 법정 권한과 절차를 세분화하여, 농민의 토지에 대한 수익권과 유통권을 확실하게 보장하는 것이 급선무다. 이와 함께, 개혁 시범 사업의 경험을 총괄하고, 농촌의 집단 경영적 건설용지가 시장에 참여하는 규모를 확대해야 한다. 농촌 집단 경제 단체가 계획에 부합한다는 전제 하에 토지 개발에 직접 참여하도록 장려해야 한다. 또한, 공동 경영, 공동 건설, 주식 구매 등 다양한 형태로 남아 있는 건설 용지에 대한 개발사업에 참여하여, 농민들이 토지의 부가가치 수익을 더 많이 나눌 수 있도록 장려해야 한다. 물론 이 과정에서 규범화된 농촌 재산권 유출 거래에 주의하고, 집단 경제 단체 내 소수인들의 소유권 침해, 집단 자산의 불법 처분, 외부 자본의 침범, 집단 자산의 불법적 통제를 확실하게 막아야 한다.

국유기업 개혁의 경우, 국유기업을 현대적 기업 제도로 보완해야 한다. 국유자산 관리 체제를 '기업 관리'에서 '자본 관리'로 전환해, 국유기업을 규범화된 기업으로 만들어야 한다. 혼합 소유제와 민간 경제의 융합을 통해 효율성을 높이고, 소유제의 신분 차별을 없애야 한다. 효율 개선을 통해 국유자본의 가치 유지와 증식을 실현하고, '자본 관리'를 통해 국가의 전략적 의도를 드러내, 공유제 경제의 통제력을 부각시킬 수 있다. 또한, 공정 경쟁과 상호 융합을 통해 다양한 소유제 경제의 동반성장을 추진한다. '공유제를 주체로 하는 다양한 소유제 경제를 공동으로 발전시킨다'는 것은 기본 경제제도의 본질적 특징이다. 그 외에 혼합소유제 경제를 발전시킬 경우, 공유재산권의 특성을 충분히 고려해야 한다. 이익 주체간 충돌을 줄이기 위해, 재산권을 최대한 세분화하고, 재산권 내부의 각기 다른 사용자 간의 관계를 최대한 명확하게 설정해야 한다.

신시대 중국 특색 사회주의 정치경제학 구축

둘째, 비공유 재산권의 범위 설정과 보호이다. 무엇보다 사상을 더욱 해방시키고, '공유제냐? 사유제냐?(姓公姓私)'의 사상적 족쇄를 허물고, 소유제의 신분 차별을 타파해야 한다. 또한, 각종 소유제 경제 단체와 자연인의 재산권에 대한 평등한 보호를 강화해야 한다.

무엇보다 시급한 것은 '역사적으로 형성된 재산권 안건의 적절한 처리에 관한 중앙정부의 정신'을 조속히 실천하는 것이다. 형법 불소급의 원칙, 죄형 법정주의, 무죄추정의 원칙 등에 따라야 한다. 잘못이 있으면 반드시 추궁한다는 원칙에 따르고, 신·구 형법 사이에서 비(非)범죄화나 약화된 처벌 또는 행위자에게 유리한 규정 외에는 형법이 소급 적용되지 않는다는 원칙에 근거하여 엄격하게 준수해야 한다. 개혁·개방 이래의 각종 기업, 특히 민영 기업의 경영 과정에 존재하는 비규범적인 문제들에 대하여, 역사와 발전의 안목과 객관적 시각으로 그 문제들을 바라보고 적절히 처리해야 한다. 그로부터, 비공유제 기업의 기대감을 안정시키고, 발전 자신감과 재산의 부에 대한 안전감을 높이고, 기업가의 혁신 정신을 유발시켜야 한다.

동시에, 독과점을 타파하고, 진입 제한을 완화하며, 민간 자본의 철도, 도시행정, 금융, 에너지, 통신, 교육, 의료 분야 진출을 고무·격려해, 보다 공정한 경쟁 환경을 만들어야 한다. 더 보편적인 의미에서, 비공유제 경제에 대한 각종 형태의 불합리한 규정을 폐지하고, 각종 보이지 않는 장벽을 제거해야 한다. 또한, 각종 소유제 경제가 생산 요소를 법에 따라 평등하게 사용하도록 보장해야 한다. 그 밖에, 공개적이고, 공평하고, 공정한 시장 경쟁 참여와 동등한 법적 보호를 보장해야 함과 동시에 사회적 책임을 함께 이행하도록 요구해야 한다.

셋째, 지적재산권 보호다. 지적재산권 보호 역량을 강화하는 것은 이미 피할 수 없다. 첫 번째로, 지적재산권 보호에 관한 법률·법규를 더욱 보완해야 한다. 합리적으로 유죄의 기준을 낮추어야 한다. 특히 지적재산권 침해에 대한 징벌적 배상 메커니즘을 단계적으로 확립함으로써, 잠재적인 침해 행위에 대한 억제와 억지를 조성해야 한다. 권리 침해 명령, 손해 배상, 화물 폐기 등의 제도를 지적재산권 침해 이후의 강제적인 구제 조치에 포함해야 한다. 두 번째로, 지적재산권을 보호하는 법을 집행하는 강도를 높여야 한다. 지적재산권을 보호하는 법 집행의 강도를 높여야 하므로, 관련 법 집행 부처는 더욱 투명한 업무 절차와 업무 규범을 세워 규칙을 세분화하고, 법 집행의 임의성과 선택성을 엄격히 단속해야 한다. 세 번째로, 정부가 기술 혁신 추진하는 호의로 특허 등을 단순화하려는 개입을 최소화하거나, 특정 산업 정책이나 인재 정책과 연계해야 한다. 또한, 시장화에 대한 인센티브 조치를 점진적으로 보완해, 특허의 양적·질적 향상의 주요 추진력으로 삼아야 한다. 네 번째로, 메커니즘 내부의 과학 기술 인력의 인적 자본 재산권 범위 설정과 보호 문제를 연구해야 한다. 혁신발전 및 국가 경쟁력 상승에 유리하다는 시각에서 출발하여 적절한 관련 법규 및 제도를 제정하고, 과학 연구 인력의 혁신 활동을 이끌어내야 한다.

요소 시장화 배치는, 사실상 시장이 자원 배치에서 결정적인 역할을 한다는 것의 또 다른 견해이다. 자원 배치가 곧 요소 배치이고, 그 중에서도 가장 중요한 것은 자본 배치이기 때문이다. 요소 시장화 배치의 전제는 소유권의 명확한 범위 설정, 강력한 보호 및 원활한 자금 유통이다.

3. 거시적 조정의 혁신과 완비

공산당 19대 보고문은 거시적 조정에 대해 다음 두 가지 요점을 강조했다. 첫째, 국가 발전 계획의 전략적 가이드 역할을 하여, 재정, 통화, 산업, 지역 등 경제 정책의 조정 메커니즘을 건전히 해야 한다. 둘째, 소비 촉진을 위한 체제 메커니즘을 보완하고, 경제 발전에 대한 소비의 기초적 역할을 강화해야 한다. 투자·융자 체제 개혁을 심화하여 투자가 공급구조를 최적화하는 데 핵심적인 역할을 해야 한다.

수십 년의 탐색을 통해 중국의 거시적 조정은 독특한 특색을 지니게 되었다. 한편으로, 경제구조의 문제를 중시하여 총량 지표와 구조적 지표를 모두 거시적 조정의 목표 체계에 포함시켰다. 이는 구조적이고 장기적이며 전략적인 각종 중대한 경제 문제를 해결하는 데 착안한 것이다. 또한, 주기적인 파동을 안정시키고, 구조 조정을 가속화하며, 발전 패러다임을 전환하고, 체제 개혁을 추진하며, 민생을 개선한다는 등의 정책 목표와 긴밀히 결합했다. 이는 서양 자본주의 국가 거시경제 정책의 목표에 비해 훨씬 더 풍부한 것이다. 다른 한편으로, 시장화 조정 도구와 행정 조정 도구를 병용하여, 계획, 재정, 금융이 삼위일체가 되는 거시적 조정 체계를 구성했다. 여기서 국가 발전 계획의 전략적 방향성은 매우 중요하다. 중국에서 국가발전개혁위원회는 거시적 조정에서 일거수일투족이 전체에 매우 중요한 영향을 미친다. 국가발전개혁위원회의 거시적 조정 정책은 시장화 조정과 행정적인 조정의 결합을 구현하여 중국 거시적 조정의 독특한 특징을 형성했다. 국가발전개혁위원회, 재정부, 중앙은행, 중국은행업감독관리위원회 등 조정 당국이 실시하는 산업 정책, 자본 통제, 금융 규제부터

'투자 철회', '프로젝트 철회' 등 선진 경제국에서 잘 사용하지 않는 비주류 조정 수단이 중국 내에서는 오히려 매우 뚜렷한 효력을 갖는다.

중국은 이러한 기본적인 경험을 살려, 국가 발전 계획의 전략적 가이드 역할을 중시하고, 재정, 통화, 산업, 지역 등 경제 정책의 조정 메커니즘을 건전히 해야 한다. 이를 기초로, 개혁과 거시적 조정을 유기적으로 결합하고, 단기적 조정 정책과 장기적인 발전 정책을 결합하며, 안정적 성장과 구조 조정을 결합시켜야 한다. 이를 통해, 심층적인 구조적 문제를 해결하고, 중국 경제의 건전하고 균형적인 발전을 촉진해야 한다.

소비 촉진의 경우, 소비율 향상은 단순히 총수요 관리 정책에만 의존할 것이 아니라, 경제 발전의 변화 추세에 발맞춰, 장점과 단점을 결합시키고, 수요와 공급을 똑같이 중시해야 한다. 중국 주민 소득이 안정적으로 증가하고, 소비 능력이 강화되는 배경에는, 혁신적인 공급을 통한 소비 수요의 활성화, 즉 체제 개혁과 구조 조정을 통한 창업과 혁신 원가 절감이 있다. 이를 통해, 기업가의 혁신적 활력을 북돋우고, 소비자의 욕구와 수요를 만족시킬 수 있는 새로운 제품, 새로운 서비스를 만들거나 제공할 수 있도록 추진해야 한다. 소비자들의 한계소비 경향의 제고를 유도하고, 소비율을 안정적으로 향상시켜야 한다.

특히, 주민소득 증가는 주민의 '소비 능력' 문제만 해결하는 것이지, 직접적으로 소비율을 높일 수 없다는 점에 주의해야 한다. 소득 증대를 전제로, 소비 경향을 제고하는 것이야 말로 주민 소비율을 제고하는 관건이다. 사회 보장, 소비자 권익 보호 등의 제도 개혁을 통해 미흡한 제도, 비교적 큰 불확실성 등의 문제를 해결해야 한다. 이를 통해 주민들의 소비를 꺼리는 문제를 해소하고, 체제 메커니즘의 변혁을 통해 소비자가 소비를 원하도록 변화시켜야 한다. 이것이 바로 향후 소비 경향을 향상시키는 주된 노력의 방향이 될 것이다.

투자 최적화의 경우, 공급 구조를 최적화하는 데에 있어 투자의 역할을 명확히 해야 한다. 중국은 단지 수요의 관점에만 입각해서 투자를 다룰 수 없다. 투자는 중기적으로 새로운 생산능력을 형성해, 공급에 영향을 미치게 되기 때문이다. 향후 투자 방향은 주로 중기적으로 공급 효율성을 높이고, 기업의 창의력을 강화할 수 있는 분야에 집중된다. 구체적으로는, 적어도 다음 두 가지 방향을 주목할 만하다.

첫째, 서비스 소비 확대와 관련된 교육, 의료, 건강, 양로, 문화적 아이디어 등 분야에 대한 인프라 투자이다. 이런 분야의 투자는 주민들의 장기적 지출 전망을 낮추고, 예방적 저축을 감소시킬 수 있다. 또한, 주민의 소비 성향을 높이는 동시에 서비스 공급을 늘려, 서비스업이 경제 성장에 있어 견인 작용을 하는 데 도움이 된다. 장기적 성장 측면에서 보면, 교육, 의료, 건강 등 분야에 대한 투자는 인적 자본의 비축량을 늘리고 인적 자본의 질을 높여 총요소 생산성을 높이는 데에도 도움이 된다.

둘째, 기업의 혁신과 산업 경쟁력 향상에 관련된 투자를 확대하는 것이다. 단기적으로는 투자가 내수를 늘리고 경제를 안정시키는 주도적 힘이다. 그러나 중·장기적으로 투자는 생산능력을 형성해 공급에 영향을 미친다. 따라서 앞으로 기업의 기술 수준을 높이고, 공급 효율을 높이는 분야에 투자하면, 중국 기업의 경쟁력 강화에 도움이 될 것이다.

중국은 오늘날 세계에서 드물게 저축률이 높은 나라이기 때문에 결코 투자 자금원이 부족하지 않다. 투자 분야에서 중·장기적으로 문제가 있는 것은, 장기적인 자본 동원, 조달 메커니즘의 부재와 '만기불일치(maturity mismatc)'를 해결하기 위한 효과적인 메커니즘의 부재이다. 중국 금융시스템은 간접 금융 위주로 운영되고 있는데, 이러한 금융 구조는 부채 의존도가 높은 폐해를 초래하고 있다. 개혁의 방향은 주로 다음 네 가지로 요약된다. 첫 번째는, '다차원 자본 시장의 발전'에 대해 확실한 조치를 취하는 것이다. 두 번째는, 신용에 대한 국가의 규제를 풀어 자본 형성에 유리한 메커니즘을 구축하는 것이다. 특히, 사회 자본이 다양한 투자 분야에 진출하도록 장려해야 한다. 세 번째는, 각종 채무성 자금을 지분성 자금으로 전환하는 금융 혁신을 장려하는 것이다. 네 번째는, 국가개발은행 등 장기 신용기구의 역할을 충분히 발휘하는 것이다. 동시에, 상업은행이 점차 투자의 권리를 갖게 하고, 채무 융자 비중이 지나치게 높은 기반을 근본적으로 없애야 한다.

4. 현대적 재정 제도 수립과 금융 메커니즘의 완비

공산당 19대 보고문은 현대적 재정 제도의 구축을 가속화할 것을 요구했다. 권리와 책임이 분명하고, 재력이 조화를 이루며, 지역간 균형을 이루는 중앙과 지방 간의 재정 관계를 구축해야 한다는 것이다. 규범이 투명하고, 기준이 과학적이고, 강한 구속력을 가진 예산 제도를 수립하고, 전면적으로 성과를 관리해야 한다. 그 밖에 조세 제도 개혁을 심화시켜, 지방세 체계를 건전히 해야 한다.

즉, 재정·세무 체제 개혁을 심화시키는 것은, 통일되고 완전하며, 법치 규범에 따르고, 투명하고, 공개적이며, 효율적으로 운영되는 현대적 재정 제도를 수립하는 것이다. 이는 또한 자원 배치의 최적화와 시장 통일을 유지하고, 사회의 공정·평등을 촉진하는 데 유리해야 한다. 동시에, 국가가 장기적으로 지속 가능한 현대적 재정 제도를 구축하겠다는 목표이기도 하다. 이를 실현하기 위해 현재 당면한 중점은 다음 세 가지이다.

첫째, 직권과 지출 책임을 구분해 중앙과 지방정부 간의 재정 관계를 조정하는 것이다. 개혁을 통해, 직권과 지출 책임에 상응하는 제도를 보완하고, 기존의 중앙과 지방의 재정 구도를 총체적으로 안정시키는 것이다. 중앙과 지방의 소득구조를 점진적으로 조정하여, 각자 지위와 책임을 다하고, 상하 간에 협력하여 정부 관리의 총체적인 효능의 최대화를 추진해야 한다. 중앙과 지방의 적극성을 모두 동원시킨다는 요구에 따라, 국세와 지방세를 분리하는 '분세제(分稅制)'를 견지하는 토대에서, 안정적인 중앙과 지방 재정 관계를 구축해야 한다.

둘째, 예산 공개를 추진해 재정 지출을 규범화 하는 것이다. 예산제도 개혁은 통일적인 예산 관리 강화, 예산 투명도 개선, 예산 편성 기술의 혁신, 인민대표대회의 감독·관리 강화 등 영역에서 힘을 쏟아야 한다.

셋째, 조세제도 개혁을 추진하여 정부의 소득 체계를 보완하는 것이다. 조세제도 개혁을 심화하여, 조세 구도를 최적화하고, 조세 기능을 보완하며, 거시적인 세금 부담을 안정시키고, 법에 의해 조세를 다루어야 한다. 과학발전, 사회공평, 시장통합에 유리한 조세 제도 체계를 수립하고, 조세의 재정 수입 조달, 분배 조절, 구조 최적화를 촉진하는 기능을 충분히 발휘해야 한다. 정부의 수입 체계 구축은 정부가 주로 기업 소득에서부터 개인과 가계소득으로 전환하는 현실적인 추세에 부응해야 한다.

시진핑 총서기는 공산당 19대 보고문에서 금융 체제 개혁을 심화하고 금융 서비스의 실물경제능력을 강화할 것을 요구했다. 또한 직접 융자 비중을 높여 다차원 자본 시장의 건전한 발전을 촉진할 것을 요구했다. 통화정책과 거시건전성 정책이라는 양대 핵심 조정 프레임을 건전히 하고, 금리 및 환율 시장화 개혁을 심화해야 한다. 이는 금융 감독 시스템을 건전히 하여, 체계적인 금융 리스크가 발생하지 않는 마지노선을 지켜야 한다.

이를 위해 첫 번째로, 다차원 자본 시장을 한층 더 발전시켜야 한다. 기관 위주로 공개적으로 매각되는 중소기업 지분 시장의 보완을 가속화해야 한다. 마켓메이커(Market Maker), 제3자 배정 방식의 유상증자, 인수합병·재편 등 제도적 배치를 건전히 해야 한다. 사모 지분 투자 펀드, 벤처 펀드의 건전한 발전을 유도하고, 혁신형·성장형 기업이 공모와 사모 방식으로 증권 융자를 할 수 있도록 지원해야 한다. 즉, 각기 다른 차원의 시장 사이에 차별화된 제도적 배치와 통일적인 등기 결산 플랫폼을 구축하고 건전히 해야 한다.

두 번째로, 통화정책과 거시건전성 정책이라는 양대 핵심 조정 프레임을 완비해야 한다. 특히 거시건전성 평가 체계를 완비하여, 더 많은 금융 활동과 금융 행위를 관리 대상에 포함시키고, 역주기 조정을 실시해야 한다. 또한, 국제 자본 유동을 거시건전성 평가 체계에 포함시키고, 국제 자본 유동을 안정시켜야 한다. 그 밖에, 도시별로 차별화된 정책, 차별화된 주택 대출 정책을 주요 내용으로 하는 주택금융 거시건전성 관리 프레임을 형성해야 한다.

세 번째로, 금리와 환율의 시장화 개혁을 심화해야 한다. 시장의 수급에 의해 이자율이 결정되는 건전한 메커니즘을 수립하여, 금리의 수준과 그 리스크 구조, 기한 구조는 자금 수급 쌍방이 시장에서 반복적으로 거래되는 경쟁에 의해 결정되어야 한다. 외환 시장을 대대적으로 발전시켜 외환 시장 참여자들을 확대해야 한다. 위안화 환율의 변동 공간을 순차적으로 확대해, 환율 형성 메커니즘을 보완해야 한다. 등기, 신탁, 거래, 청산, 결산 등 금융 인프라의 구축을 강화해야 한다.

네 번째로, 금융 감독·관리 체계를 건전히 해야 한다. 금융 감독·관리 체제의 개혁을 중국의 실정에 맞추어 추진해야 한다. 금융 감독·관리 조정의 권위성과 유효성을 강화하고, 금융 감독·관리의 전문성, 통일성, 침투성을 강화해야 한다. 모든 금융 업무를 감독·관리 대상에 포함시켜서, 적시에 효과적으로 리스크를 식별하고 해소해야 한다. 중앙 정부는 통일적인 규칙을 견지해야 하며, 지방 정부가 감독·관리 책임을 실제로 이행하도록 감독하고, 금융 감독·관리 책임에 대한 추궁을 강화해야 한다.

제6장

'중국지혜'와 '중국방안'

시진핑 총서기는 공산당 19대 보고문에서 중국의 새로운 역사적 발전 방향을 제시했다. 즉, 중국 특색 사회주의가 새로운 시대로 진입했다는 것이다. 공산당 18대 이래로 시작된 이 새로운 시대는 19대 이후 샤오캉사회의 건설에 총력을 기울임과 동시에, 사회주의 현대화 강국 건설이라는 새로운 여정을 시작했다. 이 과정에서 중국은 갈수록 세계 무대의 중앙으로 다가서며 인류 전체에 더 많은 기여를 하고 있다. 이는 중국이 세계 평화의 건설자, 글로벌 발전의 기여자, 국제 질서의 수호자로서 글로벌 거버넌스 개혁과 건설에 적극 참여하여, 중국의 지혜와 역량에 기여하고 있음을 의미한다. 여기에는 글로벌 환경 거버넌스에 적극 참여하여, 글로벌 생태 안전에 공헌하는 것을 포함한다. 그 밖에, 중국은 개발도상국, 특히 최빈개도국들의 현대화에 대한 원조를 확대하고 있으며, 남북 발전의 격차를 줄이고자 노력하고 있다. 보다 근본적인 것은 인류 발전의 법칙에 대한 중국의 인식이 심화되면서, 개발도상국들의 현대화 경로가 넓어졌고, 전 세계의 발전과 독립성을 동시에 원하는 국가와 민족들에게 새로운 선택지를 제공하는 등 '중국 지혜'와 '중국 방안'이 인류 문제 해결에 기여하고 있다는 점이다.[1]

1. 글로벌 거버넌스의 빈곤과 국가의 빈곤

중국이 갈수록 세계 무대의 중앙으로 다가서자, 서양 학자들은 중국의 국제적 지위에 대해 몇 가지 추측들을 내놓았다. 이는 서구 학자들과 정치인들의 입장, 초조한 심리, 의도를 반영하고 있다. 첫째, 미국 학자 그레이엄 앨리슨이 제기한 이른바 '투키디데스 함정'이다. 이는 기존 패권국가(스파르타)와 그에 도전하는 국가(아테네) 간에는 반드시 패권다툼이 발생함을 의미한다. 이를 빌어 중미 양국 사이의 관계에 대한 우려를 드러낸 것이다. 둘째, 미국 학자 조지프 나이가 제시한 이른바 '킨들버거 함정'이다. 이는 20세기 초 영국과 미국의 패권교체시기에 전 세계 공공재 공급에 진공 상태가 발생했음을 의미한다. 이를 통해 중국이 전 세계로의 공공재 공급을 원치 않거나 또는 할 수 없는 데서 비롯되는 진공 상태의 발생을 우려하는 것이다.

투키디데스 함정이 혁신적으로 대국 관계를 처리해야 한다는 점을 제시하며 역사적 귀감이 되었던 것의 연장선으로, 킨들버거 함정 역시 참고할 가치가 있다. 그러나 이는 그저 그럴듯하고, 구체적이지 않으며, 보수적인 편견이 존재한다는 결점이 있다. 첫째, 패권국이 국가 내부에 제공하는 공공재는 글로벌 정부의 부재 하에서 전 세계에 공공재를 제공하는 것과 동일하게 논할 수 없다. 패권 국가는 유일하며, 이익에 의해 움직이기

---

1 시진핑, 「샤오캉사회 전면적 건설의 결승전, 신시대 중국 특색 사회주의 의 위대한 승리를 거두자-중국 공산당 제19차 전국대표대회 보고문(決勝全面建成小康社會, 奪取新時代中國特色社會主義偉大勝利—在中國共產黨第十九次全國代表大會上的報告)」, 「인민일보」, 2017년 10월 28일, 1면.

에, 결국 대다수 국가의 이익과 요구를 반영하지 못할 것이기 때문이다. 둘째, 인류 역사상 단일 패권국가가 글로벌 공공재를 효율적으로 제공한 시대는 없었다. 셋째, 신흥시장국과 개발도상국의 글로벌 경제 성장 기여율이 이미 80%에 이르는 상황에서, 패권국이 주도하는 전통적인 글로벌 거버넌스 모델은 갈수록 많은 문제에 부딪히게 되었다. 이는 공공재 공급이 수요를 벗어났음을 의미한다. 따라서 전통적인 글로벌 공공재 공급 모델의 개혁은 이미 현실적이고 시급한 과제가 되었다. 최근 몇 년 간, 양자간·다자간 정상회의의 개최 횟수도 과거 어느 때보다 많아졌지만, 세계는 여전히 불안정하다. 이것이 바로 글로벌 거버넌스 메커니즘이 효력을 상실했다는 증거다.

시 주석은 국제 행사에서 "중국 인민은 '자신이 싫어하는 것을 남에게 절대로 강요하지 않는다'는 정신을 숭상해왔다"고 수 차례 강조했다. 중국은 '국강필패론(國強必霸論)'을 인정하지 않으며, 중국인의 혈육에는 '칭왕칭패(稱王稱霸), 궁병독무(窮兵黷武)'의 DNA가 존재하지 않는다.[2] 시진핑의 신시대 중국 특색 사회주의 사상 및 그 기본 계획의 중요한 측면 중 하나는 인류 운명 공동체 구축을 꾸준히 견지하는 것이다. 이는 냉전적 사고와 패권적 사고, 강권 정치를 타파하는 것이다. 또한, 올바른 의리관(義利觀)을 견지하며 신형 국가 관계의 구축을 강조하는 것이다. 즉, 분쟁을 대화로 해결하고 의견 대립을 협상으로 해결하는 것을 강조하고 있다. 시진

---

2   「평화공존 5개 원칙 발표 60주년 기념대회 베이징에서 거행, 시진핑 기념대회에서 기조 강연 발표, "평화공존 5개 원칙 사상의 발양, 협력상생의 아름다운 세계 구축" 강조(和平共處五項原則發表 60周年紀念大會在北京舉行 習近平出席紀念大會並發表主旨講話 強調弘揚和平共處五項原則 建設合作共贏美好世界)」, 『인민일보』 2014년 6월 29일, 1면.

핑 주석은 "국제 사회는 갈수록 '이중유아(你中有我), 아중유니(我中有你)'[3]의 운명 공동체가 되어가고 있다"고 강조했다. 세계 경제의 복잡한 정세와 글로벌 문제에 직면하여 어느 나라도 자국만 생각할 수 없고, 혼자만 잘 될 수도 없다. 이는 각국이 한 배를 타고 함께 힘을 합쳐, 자국의 이익을 추구함과 동시에, 타국의 이익도 더불어 살펴야 함을 의미한다. 자국의 발전을 도모함과 동시에 각국의 동반성장을 촉진해야 한다. 더욱 평등하고 균형적인 신형 글로벌 발전 파트너십을 구축해야 한다. 이로써, 인류 공동의 이익을 증진하고, 함께 더 나은 지구촌을 건설해야 한다.[4]

공산당 18대 이래로 시진핑의 신시대 중국 특색 사회주의 사상의 지도 하에, 전방위 외교가 심도 있게 전개되며, 당과 국가 사업의 역사적인 변혁을 형성하는 중요한 부분이 되었다. 공산당 19대 보고문은 특히 중국 특색 사회주의 새로운 시대는 중국이 세계 무대의 중앙에 더욱 가까워지고 인류에게 끊임없이 더 큰 기여를 하는 시대라고 지적했다.

시진핑 주석은 세계경제포럼 2017년 총회 개막식의 기조 연설에서 다음과 같이 세계 경제 분야에서 두드러지는 모순들을 지적했다. 첫째, 글로벌 성장 동력이 부족하여 세계 경제의 지속적이고 안정적인 성장을 뒷받침해주기 어렵게 되었다. 둘째, 글로벌 경제 거버넌스의 침체로 인해 세계 경제의 새로운 변화에 적응하기 어렵게 되었다. 셋째, 전 세계 발전의

---

3   옮긴이 주: 직역하면 "네 안에 내가 있고, 내 안에 네가 있다"는 뜻으로, 그만큼 국제 사회가 상호의존적이라는 의미이다.

4   「시진핑, 외국 전문가 대표와 좌담회에서 "중국은 협력상생의 주창자이자 실행자"라고 강조(習近平同外國專家代表座談時強調 : 中國是合作共贏倡導者踐行者)」, 『인민일보』, 2012년 12월 6일, 1면.

신시대 중국 특색 사회주의 정치경제학 구축

불균형으로 '아름다운 생활'에 대한 사람들의 기대를 만족시키기 어렵게 되었다.[5] 오늘날 세계 경제의 이 세 가지 문제에서 앞의 두 가지 문제는 성장과 거버넌스 문제, 즉 포스트금융위기 시기의 세계 경제지형의 변화가 가져온 새로운 도전이라고 할 수 있다. 마지막 문제는 발전 혹은 빈곤의 문제로, 이는 글로벌 거버넌스에서 가장 오래된 문제이며 장기간의 역사를 가지고 있다. 이는 하나의 축소판으로서, 기존의 글로벌 공공재 공급 방식의 결함을 인식하는 데 도움이 될 뿐만 아니라, 향후 세계에 어떤 변혁을 기대해야 할 것인지를 인식하게 해준다.

경제학자들과 정책 제정자들은 경제 성장, 경제의 세계화 및 기술 진보가 모두 발전을 촉진하고 큰 케이크를 만드는 효과를 가지고 있다는 점에 동의한다. 그러나, 그로 인한 발전이 소위 '유수(涓流) 효과'를 낳을 지에 대해서는 인민들 각자의 생각은 서로 다르다. 다시 말해, 큰 케이크를 어떻게 합리적으로 분배하고, 발전 성과를 전 인민이 공유하는 문제는 전 세계 및 각국에서 해결책을 찾지 못한 문제이다. 1978~2015년 세계 경제가 2.9%로 성장하면서, 전 세계 GDP(국내총생산)는 1.87배 증가했지만, 선진국과 개도국 사이에, 그리고 일국 내에서 '빈익빈, 부익부'의 마태 효과(Matthews effect)는 근본적으로 억제되지 못했다. 이는 글로벌 경제 불균형의 가장 두드러진 표현이자 근본적인 원인이며, 구미의 여러 나라들이 정치적 극단으로 치닫는 유인 중 하나이기도 하다.

전 세계은행 경제학자 이스털린은 세계의 가난한 사람들이 두 가지

---

5   시진핑, 「시대적 책임을 공동 부담하고, 글로벌 발전을 공동 촉진하다(共担時代責任 共促全球发展—세계경제포럼 2017년 연례회의에서의 기조 연설에서 (共擔時代責任 共促全球發展—在世界經濟論壇2017年年會開幕式上的主旨演講)」, 『인민일보』, 2017년 1월 18일, 3면.

비극에 직면해 있다고 언급했다. 첫 번째 비극은 모두가 알다시피, 전 세계 수억 명의 사람들이 극심한 빈곤에 처해 있으며, 시급히 발전 원조를 받아야 하지만 많은 사람들이 이를 외면하고 있는 것이다. 두 번째 비극은 원조 국들이 수십 년간 수조 달러의 예산을 쏟아 부었지만, 효과가 미미했다는 점이다. 이 비극의 발생에는 다양한 해석이 존재하며, 다양한 해결책들이 시도되었다. 그러나 중국은 그 해법을 찾았고, 실천을 통해 그 효력을 증명 받았다. 이러한 '중국 방안'은 중국의 발전 사상과 발전 이념, 개혁·개방을 통한 경제 발전 촉진 및 성과 공유로부터 나왔다. 또한, 지역성 빈곤 및 빈곤퇴치 정밀화를 겨냥한 빈곤퇴치 전략의 실시로부터 나왔다. 중국은 개발도상국에서도 특히 최빈개도국에 대한 원조를 진행해왔다. '공동 건설', '공동 향유'라는 이념 하에 일대일로 건설을 추진하고, 각국 특히 다수의 개발도상국들이 중국 경제 발전에 편승하게 했다. 이러한 것들은 모두 '중국 지혜'와 '중국 방안'으로서, 인류에 대한 새로운 기여이자 중국 발전이 갖고 있는 세계적인 의의라고 할 수 있다.

2. '중국경험'과 '일대일로' 이니셔티브

위대한 실천은 위대한 이론을 낳는다. 중국의 개혁·개방의 발전과 성공적인 이행에 대한 이론을 공유하는 것은 시진핑의 신시대 중국 특색 사회주의 사상의 중요한 원천이다. 이는 중국의 샤오캉사회 건설의 성공을 판가름하며, 사회주의 현대화 국가 건설을 위한 새 여정을 시작하는 길이다. 그 뿐만 아니라, 인류 사회 발전 법칙에 대한 인식의 이론적 혁신의 성과로, 일련의 국제적 문제 특히 경제·사회 발전 문제의 해결을 위해 '중국 지혜'와 '중국 방안'을 통해 기여하는 것이기도 하다.

비록 전쟁, 충돌, 테러리즘, 경제 불안정은 저개발 및 빈곤 문제와 서로 인과관계가 있으나, 일반적으로 거론되는 글로벌 공공재의 주요 영역에서의 빈곤 문제는 평화 또는 거시 경제보다 더 심층적인 성격을 가지고 있다. 이와 같은 곤경에 빠진 미국 전직 대통령들조차 "극도로 가난한 사회는 질병과 테러, 충돌 문제에 가장 이상적인 '온상(溫床)'을 제공한다"[6]고 인정하지 않을 수 없었다. 직접적인 유인이 아니고, '온상'을 제공하는 차원에서라도, 글로벌 빈곤을 퇴치하는 것이 평화를 유지하고, 국제 거시 경제 거버넌스를 수호하는 것보다 더 시급하고, 근본적인 글로벌 공공재라는 것을 인식해야 한다.

중국은 40년간의 개혁·개방 및 발전을 통해 경제 발전, 소득 분배, 빈곤퇴치의 성공적 경험을 제공했다. 1978~2015년 중국 경제는 평균 9.7%에 달하는 실질성장률을 유지했고, 실질GDP 총량은 29배, 1인당 GDP는 20배로 증가했다. 동시에, 도시와 농촌 주민의 실질소비수준은 16배 증가해, 전체 기간 동안 평균적으로 노동생산성(노동력의 1인당 평균 GDP로 측정하면 해당 기간에 16.7배 향상)과 비슷한 양상을 보였다. 반면, 공산당 18대 이후 도시와 농촌 주민 소득은 GDP보다 빠르게 증가했고, 농민 소득 향상 속도는 도시 주민을 앞질렀다.

빈곤 해소 면에서도, 중국의 성과는 눈길을 끌었다. 1981~2013년 전

---

6   이는 오바마 전 미국 대통령의 발언이다. 그 이전의 조지 워커 부시 전 미국 대통령 역시 유사한 발언을 한 적이 있다. 출처: "Economic Focus: Exploding Misconceptions", *The Economist*, December 18, 2010, p.130.

세계 절대 빈곤 인구, 즉 하루 소득이 1.9달러(2011년 고정가) 미만인 인구는 18억 9300만 명에서 7억 6600만 명으로 크게 감소했다. 같은 기간 중국은 8억7800만 명에서 2517만 명으로 감소했다. 전 세계 빈곤퇴치에 대한 중국의 기여율이 75.7%라는 뜻이다. 공산당 18대 이래, 중국은 세계은행이 정의하는 것보다 더 높은 빈곤 기준으로, 6000만 명이 넘는 빈곤 인구의 안정적인 빈곤퇴치를 실현했으며, 빈곤 발생률을 10.2%에서 4% 이하로 감소시켰다. 당 중앙은 이미 2020년까지, 모든 농촌 빈곤 인구에 대해 현행 기준대로 빈곤퇴치를 시행하겠다고 천명했다.

중국 국내외의 빈곤퇴치 연구자와 실천가들은 모두 규칙성을 가진 빈곤퇴치에는 한계체감효과(Diminishing marginal effect)가 나타난다는 것을 잘 알고 있다. 빈곤이 비교적 보편적인 상황에서 올바른 정책은 빈곤을 대폭 줄일 수 있다. 예를 들어, 1978년 중국 농촌에서는 2억 5천만 명에 달하는 인구의 연간 소득이 100위안 미만이었다. 농촌 개혁은 즉각적인 빈곤퇴치 효과를 가져와, 1984년에는 빈곤 기준이 2배로 높아진 상황에서도 농촌 빈곤 인구는 1억2500만 명으로 감소되었다. 이러한 빈곤 구제 효과의 속도가 한동안 줄어들다가, 빈곤 인구가 생산 조건이 열악한 지역에 집중되고, 특히 인적 자본이 현저하게 열세에 있는 정황에 부딪히게 되자, 빈곤 구제의 난이도가 대폭 높아졌다. 중국은 공산당 18대 이래로 인민 중심의 발전 사상을 견지하며, 각별한 노력과 탄탄한 행보를 이어왔다. 이로써 중국은 빈곤퇴치 효과에 존재하는 '한계효용체감의 법칙'을 깨고 인류 역사 발전의 기적을 일궈냈다. 발전경제학의 관점과 글로벌 경험의 관점에서 볼 때, 이미 달성한 빈곤퇴치의 성과이든, 곧 이룰 새로운 성과이든, 모두 쉽지 않은 것이다. 중국은 인류 사회의 발전 법칙에 대한 인식을 심화 시켜, '중국 지혜'와 '중국 방안'을 통해 인류 문제의 해결에 기여했다.

시진핑 주석은 중국이 인류 평화 와 발전에 더 큰 기여를 해야 한다고 강조했다. 중국은 아시아와 아프리카의 개발도상국들이 발전을 가속화하고, 세계가 각종 인류의 도전에 대처하도록 아낌없는 노력을 하고 있다. 그 과정에서 중국은 자국 발전의 길을 유일한 기준으로 삼거나 남이 본받도록 강요하지도 않는다. 중국은 세계 경제와 개도국이 직면한 문제의 근원을 정확히 포착하고 이에 입각하여, 자국 발전의 기회를 세계 각국과 공유하고자 한다. 중국의 개혁·개방은 발전과 공유를 촉진했다. 지역 발전에서의 성공 경험과 진일보한 발전은 바로 중국이 세계 발전을 위해 제공하는 공공재이다. '일대일로' 이니셔티브를 통해 각국, 특히 개발도상국들이 중국 경제 발전에 편승할 수 있도록 하고자 한다. '일대일로' 이니셔티브를 추진하는 것은 국가 빈곤 문제를 해결하는 '중국 지혜'를 세계에 제공하기 위한 것이다.

더 나아가 전통적인 의미의 세계화는 선진경제권이 자국 국내의 체제, 메커니즘, 규칙, 심지어 문화와 이념을 세계의 기타 국가 및 지역에 강제로 주입시키는 과정이다. 즉, 선진경제권들이 자신들의 제도, 역사, 그리고 심지어 이데올로기에 기초한 일련의 규칙, 제도와 거버넌스 체계를 바탕으로, 개발도상국과 신흥경제권들이 이를 수용하고 집행할 것을 강요하고 있다. 중국의 '일대일로' 이니셔티브는 그렇지 않다. 이는 오래된 육상 및 해상 실크로드라는 용어를 단순히 차용한 것이 아니다. 여기에는 더 깊은 역사적 함의와 현실적인 의미를 포함하고 있다. 더 넓은 역사적 차원에서 보면, 이러한 용어는 전통적인 서구중심론에 대한 부정을 담고 있다. 이는 인류 발전의 역사에서 동서양 문명이 상호 소통하고, 배우고, 본받는 역할을 더욱 강조하는 것이다. 보다 넓은 역사적 시야에서, 이 용어는 전통적 패권 국가를 중심으로 하는 글로벌 공공재 공급의 내용과 모델을 어떻게 타파할 것인가에 대해 내포하고 있다. 이는 또한 모든 국가의 참여를 통해 글로벌 빈곤 퇴치의 새로운 이념을 수립하는 데 중점을 두고 있다.

'실크로드 경제벨트'와 '21세기 해상 실크로드'는 전적으로 연선국가 또는 관련국과의 경제 파트너십을 발전하는 데 초점을 맞추고 있다. 정치적 상호 신뢰, 경제적 통합, 문화적 포용을 내용으로 하는 공동체를 조성하고자 한다. 세계화의 내실을 구현함과 동시에, 대내외 연동에 주안점을 두고, 인프라 건설을 통해 실물경제와 생산능력의 협력을 추진하며, 투자와 무역 관계를 발전시키고자 한다. 또한, 기러기형 산업 이전 모델의 중국 국내 버전과 국제 버전의 연결을 실현하고자 한다. 연선 국가와 관련국의 대다수는 개발도상국이다. 그만큼 이러한 중요한 조치는 '중국 지혜'와 '중국 방안'을 이용해 개도국의 빈곤탈출을 돕는 중요한 매개체이자 방식이기도 하다.

물론 각 나라마다 결국 빈곤에서 벗어나 현대화로 나아가려면, 궁극적으로 자국 국정에 입각하고, 내적 결의와 노력을 해야 한다. 또한, 현재의 성장 동력과 제도적 환경에 존재하는 각종 장애를 제거해야 한다. 외부인들이 무언가 의미 있는 일을 할 수 있다면(글로벌 공공재 여부와 상관없이), 이는 유익한 지식을 제공하는 것이다. 즉, 다른 환경에서 성공을 거둔 경험과 교훈, 소프트웨어와 하드웨어 인프라 건설에 필요한 도움 및 손쉬운 투자 기회나 효율적인 시장 투자 기회 등이 이에 속한다. '일대일로'는 이처럼 각국의 수요, 노력과 병행하되 서로 충돌하지 않는 '공동 건설, 공동 향유'의 이니셔티브다.

우선, 인프라 건설을 추진하고 상호 연락·소통을 강화하며, 산업 투자 환경과 무역 환경을 개선해야 한다. 맥킨지의 보고서에 따르면, 지금과 같이 투자가 부족한 추세라면, 2016~2030년 글로벌 인프라 투자 부족분은 11%에 달할 것으로 예상하는데, 이는 주로 개발도상국에 존재한다. 만약 유엔의 지속가능발전목표 달성 요구(즉, 가난한 나라의 인프라 투자 수요를 더 많이 고려한다는 의미)를 감안하면, 2030년까지 누적 투자 부족액은 1/3에 이른다.[7] 거의 모든 '일대일로' 관련국들은 교통, 에너지 등 인프라가 취약하다는 핵심적인 문제를 안고 있다. 장기적으로는 투자 효율과 산업 발전을 제약하고 있으며, 많은 나라들이 경제 세계화의 보너스를 충분히 누리지 못하고 있다. 중국은 아시아인프라투자은행, 브릭스 개발은행, 실크로드 펀드 등 융자 기구의 도움을 빌어, 해당 국가 및 지역과 인프라 구축 능력 영역에서 협력하고 있다. 이는 중국의 서부 개발 전략에서 나타난 바와 같이, 개발도상국 인프라 여건의 대폭적인 개선을 기대할 수 있다.

다음으로, 산업 이전을 촉진하여 해당 국가들이 잠재적인 인구 보너스를 경제 성장으로 전환하도록 도와야 한다. 대부분의 개발 도상국들, 특히 동남아시아, 남아시아, 아프리카 등에서는, 인구 연령 중위수가 낮고 노동 연령 인구는 계속 증가하고 있다. 따라서, 유리한 인구 연령 구조를 가지고 있어 잠재적인 인구보너스의 수확기에 있다. 예컨대, 인구통계학적 특성 지표에 근거하여 판단하면, 세계은행과 국제통화기금(IMF)은 최근까지도 '인구학적 기회의 창(Demographic Window of Opportunity)'이 열려져 있는

---

7   McKinsey Global Institute, *Bridging Global Infrastructure Gaps*, McKinsey & Company, June, 2016.

나라는 62개국에 달하고, 앞으로 '인구학적 기회의 창'이 열릴 국가 및 지역은 37개국에 달하며, 양자의 합이 전체 국가(192개국) 중 51%를 차지하고 있다고 전했다.[8] 투자 환경과 무역 환경이 획기적으로 개선된다면, 중국 등 국가에서 비교 우위를 잃어가는 제조업은 그곳으로 이전할 수 있다. 이는 산업화와 고용 확대를 통해 현지 주민 소득을 증가시킬 수 있고, 보다 포용적인 경제 발전을 이룩할 수 있으며, 동시에 그 나라들과 경제 세계화 보너스를 함께 공유할 수 있다는 의미이다.

마지막으로, 보다 폭넓은 인문교류를 통해 민심이 서로 소통하도록 해야 한다. 경제 협력을 위한 사회 기반을 다지는 동시에, 관련 국가의 거버넌스 능력 건설에도 도움을 주어, 경제·사회의 지속 가능한 발전을 촉진할 수 있다. 지역 균형발전 전략과 빈곤퇴치 전략을 실시한 중국의 경험이 증명하듯이, 이는 '물고기를 잡아서 주는 것보다 물고기를 잡는 방법을 알려주는 것이 낫다(授人以魚不如授人以漁)'는 도리와 같다. 일대일로 연선국가와 관련국들은 청년 취업·창업 교육, 직업 기능 개발, 사회 보장 관리 서비스, 공공 행정 관리 및 과학기술, 문화, 교육, 위생 교류, 싱크탱크 교류 등 다양한 사회 및 인문 분야의 협력을 통해 해당 지역의 거버넌스 능력을 제고 시키고, 인적 자본의 자질을 개선해야 한다. 또, 해당 국가들의 실정에 잘 접목시켜 자국 정부와 인민의 노력으로 인프라 건설과 산업 투자가 가져온 성장의 기회를 장기적인 경제 성장 및 사회 발전 동력으로 전환시켜

---

8 The World Bank Group and the International Monetary Fund, *Global Monitoring Report* 2015/2016: *Development Goals in an Era of Demographic Change*, International Bank for Reconstruction and Development/ The World Bank 1818 H Street NW, Washington, DC 20433, 2016.

신시대 중국 특색 사회주의 정치경제학 구축

야 한다.

3. 중국 방안: 현대화로 나아가는 길

중국 개혁·개방의 실천은 인류 역사상 가장 규모가 크고, 가장 성공적인 제도 변혁이자 제도 혁신이다. 궁극적으로는 14억 인구로 '성(盛)'에서 '쇠(衰)'를 거쳐 다시 '성(盛)'으로 가는 완전한 역사의 변천을 이루어 냈고, 인류 사회 발전의 가장 위대한 기적을 이루게 될 것이다. 중국의 개혁·개방이 여러 영역에서 보편적인 의미의 제도적 변천이라는 점에는 의심의 여지가 없다. 이와 동시에, 중국의 개혁·개방은 뚜렷한 자기만의 특색을 지니고 있다. 중국은 경제 발전의 여러 유형과 단계를 거쳐 경제 발전의 당면한 문제를 순차적으로 해결한 모델이다. 중국은 개혁, 개방, 발전, 공유에 관한 경험의 보고(寶庫)가 되었다. 따라서 현대화를 위한 '중국 방안'을 총결산하는 것은, 다른 개발도상국들에게 중요한 귀감이 될 것이다.

중국은 지난 40년 동안 인센티브 메커니즘, 기업 관리구조, 가격 형성 메커니즘, 자원 배치 모델, 대외 개방 체제, 거시정책 환경 등 수많은 분야에서 개혁을 추진했다. 그리고 계획경제 시기에 생산 요소의 축적과 배치를 가로막던 체제적 장애를 점차 해소했다. 물적 자본, 인적 자본, 노동력과 같은 전통적인 생산 요소들의 신속한 축적과 더욱 효율적인 배치를 이루었다. 이는 개혁이 추진한 압축적인 경제성장이 요소 투입을 촉진했으며, 생산성의 대폭적 향상도 동반하고 있음을 의미한다.

'중국 이야기'는 전국적이자, 지역적이다. 역사적 요인으로 인한 지역 발전 격차로 인해 개혁·개방도 단계별 지역 격차를 보이고 있다. 상당한 기간 동안 경제 발전이 동부·중부·서부 지역 간에 격차를 보일 것이다. 이러한 문제의 해결을 위해 중국은 초기에 경제특구, 그 후에는 연안 지역에서 이뤄진 개혁·개방을 통해 발전을 촉진하고 경험을 공유하고자 했다. 또한, 그러한 것들을 중서부 지역의 발전에 창조적으로 복제하는 방법이다. 즉, 개혁·개방을 중서부 지역으로 점차 진행시키는 한편, 일부 성(省)의 부족한 인적 자본, 취약한 인프라, 단일한 산업 구조가 경제 발전 속도를 제약하는 문제를 해결해야 한다. 이에 대해 2000년대 초반부터 중국 중앙정부는 '서부 개발 전략'을 대대적으로 시행한 데 이어 '중부 굴기 전략'을 가동하였다. 중서부 지역에 대한 인프라 투자와 기본 공공서비스 투입을 확대하고 일련의 중대 건설프로젝트를 시행했다. 이러한 일련의 지역 발전 전략은 지금까지 뚜렷한 효과를 거두어 왔다. 중서부 지역의 교통 상황, 인프라 여건, 기본 공공 서비스 보장 능력과 인적 자본의 축적 수준은 개선되었다. 또한, 투자와 발전 환경이 현저하게 개선되었으며, 지역 노동자, 창업가, 기업가들이 지역 발전에 참여하는 적극성과 창조성을 불러 일으켰다.

21세기 첫 10년 동안, 중국의 경제 발전은 두 가지 중요한 전환점을 맞이했다. 이는 중국이 새로운 발전 단계로 진입했음을 보여주었다. 첫째, 루이스의 전환점을 넘어선 것이다. 이는 중국이 2004년 이래로 노동력 부족이 지속되면서 일반 노동자 임금이 급상승했기 때문이다. 둘째, 인구 보너스 상실의 전환점이다. 15~59세 노동연령 인구 증가 속도가 이미 둔화된 것으로 나타났고, 2010년에 정점에 도달했다. 인구 요소가 전반적으로 경제 성장에 불리한 상황으로 전환됐다.[9] 이 같은 전환점 효과는 연해 지역의 인건비 상승으로 제조업 비교우위가 약화되면서 경제 성장이 예전과 같은 속도를 유지하기 어렵다는 점을 보여준다. 해외의 발전 경험에만 근거한 다면, 소위 글로벌 산업 이전이라는 기러기모형을 따라, 중국의 제조업 비교 우위는 하락해 산업이 노동력 원가가 저렴한 국가로 대규모 이전되는 결과를 초래할 것이다.[10]

그러나 서부 개발과 중부 굴기 전략의 효과가 나타나고 있고, 이 지역들의 인건비가 여전히 저렴하다는 특징때문에, 연해 지역과 중서부 지역 사이에 산업 이전이 더욱 빈번히 발생했다. 따라서 국가 간의 기러기 모형은 중국 국내판으로 탈바꿈했다.[11] 노동집약형 제조업이 중서부 지역으로의 이동을 가속화하기 시작했고, 중서부성(省)에 대한 산업 투자가 성장을 이끌어, 이 지역들의 빠른 경제 성장을 촉진했다. 예를 들어, 일정 규모 이상의 공업 분야 기업의 고정 자산 증가속도는 중서부 지역이 2005년 이래로 동부 지역을 크게 앞질렀다. 이로 인해 지역 간 경제의 균형적인 발전 수준은 현저히 높아졌다. 그 뿐만 아니라, 중서부 지역의 전국 경제 성장에 대한 기여도가 높아지고 비교적 높은 성장 속도를 유지했기 때문에 중국

---

9   이 두 가지 전환점의 함의 및 도래 시기에 대한 판단은 다음 자료를 참조: Cai Fang, *China's Economic Growth Prospects: From Demographic Dividend to Reform Dividend*, Cheltenham, UK: Edward Elgar, 2016.

10 '기러기' 모형에 관해서는 다음 자료를 참조: Kiyoshi Kojima, "The 'Flying Geese' Model of Asian Economic Development: Origin, Theoretical Extensions, and Regional Policy Implications", *Journal of Asian Economics*, No. 11, 2000, pp.375-401.

11 Qu Yue, Cai Fang and Zhang Xiaobo, "Has the 'Flying Geese' Phenomenon in Industrial Transformation Occurred in China?" in Huw McKay and Song Ligang(eds.), *Rebalancing and Sustaining Growth in China*, Canberra: Australian National University E-Press, 2012, pp.93-109.

경제 성장의 둔화 속도를 수년 간 늦추었다. 2016년의 성(省)별 GDP 성장률을 보면, 서부 절반 이상의 성들이 성장 속도가 전국 중위수 이상에 달했다. 이는 중국이 경제 발전의 뉴노멀 시대에 중·고속 성장을 유지하는 데에 중서부가 매우 중요한 역할을 했음을 의미한다.

결론적으로, 중국의 40년 고도 성장의 성과는 개혁·개방이 특정 발전 단계의 요소들에 대해 우세한 점을 부각시킨 결과이다. 다시 말해, 중국은 미시적 인센티브 메커니즘을 통해 가격 신호를 교정하고 상품시장을 성장시켰다. 또한, 생산 요소 흐름의 체제적 장애를 제거하고, 정부의 경제 관리 기능을 전환시켰다. 동시에, 대외 개방으로 기술과 자금, 경쟁을 도입시켰으며, 글로벌 시장을 개척했다. 이를 통해, 이 발전 단계에서 인구보너스를 비교적 높은 잠재성장률로 전환했고, 실제로 압축적 경제 성장으로 전환했다. 바꿔 말하면, 개혁·개방에 따른 압축적 경제 성장은 곧 생산 요소 축적과 효율적 배치를 위해 지속적으로 체제 환경을 조성해, 인구보너스를 현실화하는 과정인 것이다. 지금까지, 인센티브 메커니즘, 기업 관리 구조, 가격 형성 메커니즘, 자원 배치 모델, 대외 개방 체제, 거시 정책 환경의 개혁은, 모두 일정한 경제 발전 단계의 특수한 제도적 수요에 순응하여 제기되고 추진된 것이다.

현재를 주시하고 미래를 내다본다면, 개혁의 중점, 난점, 추진 방식, 심지어 지향점 역시 발전 단계의 변화에 따라 조정되어야 한다. 중국은 중상위 소득에서 고소득 국가로 진입하는 단계로 접어들고 있다. 이에 따라 경제 성장 방식도 생산성 구동으로 전환되어야 한다. 한편, 사회주의 시장 경제 체제가 성숙되고 정형화된 단계에 가까워질수록, 개혁의 난이도는 점점 더 높아질 수밖에 없다.

우선, 개혁에 따른 이익 구조의 조정이 불가피한 상황에서, 기득권 세력의 반발과 방해를 받을 수 있다. 다음으로, 우승열태의 창조적 파괴로 인한 경쟁 환경 속에서, 일부 노동자와 경영자들이 실제적인 곤경에 빠질 수 있다. 마지막으로, 개혁의 비용 부담 주체가 개혁의 수익 획득 주체와 완벽하게 대응되지 않아, 인센티브가 생기지 않는 문제가 발생한다.

이러한 난점에 직면하여, 개혁 보너스를 활용해, 개혁이 '칼도어 개선'의 성격을 최대한 갖도록 해야 한다.[12] 새로운 체제 수립에 필요한 재정 지출의 책임을 재분배해야 한다. 또한, 피해를 입은 당사자에게 필요한 보상을 해야 한다. 특히, 노동자를 위한 사회 보장 정책을 실시해야 한다. 중국은 이러한 개혁을 추진고자 하는 정치적 결의를 다져야 함과 동시에 모순을 적절하게 해소하는 정치적 지혜도 발휘해야 한다. 중국은 개혁을 심화하는 과정에서, 시진핑의 신시대 중국 특색 사회주의 사상의 지도 하에, 전면적인 개혁 심화를 견지하고, 개혁의 정층 설계를 끊임없이 강화하며, 그에 상응하는 제도적 배치를 마련해야 한다. 당사자 간에 개혁 비용을 합리적으로 분담하고, 기대되는 개혁보너스를 함께 누리도록 해야 할 것이다. 또한, 개혁을 끝까지 진행하고, '온갖 난관을 뚫고 혁명에 매진하는 정신'으로 현대적 '중국 방안'을 실천에 옮김으로써, 최종적으로 사회주의 현대화 강국의 건설이라는 웅대한 목표를 실현해야 할 것이다.

---

12 칼도어 개선(kaldor improvement)은 일종의 총수익이 총비용보다 큰 체제 개혁 중 제도 배치를 통한 개혁 수익을 이용해 개혁 중의 잠재적 손실계층을 보상하고, 그로부터 개혁의 유인합치성(Incentive compatibility)을 형성하는 것을 뜻한다. 이에 관해 다음 자료를 참조: N Kaldor, "Welfare Propositions of Economics and Interpersonal Comparisons of Utility", *Economic Journal*, Vol.49, September 1939, pp.549-551.

마르크스주의 대표 저서 및 중국 국가 지도자 저작:

마르크스·엥겔스, 『공산당 선언』, 중공중앙 마르크스·엥겔스·레닌·스탈린 저작물 편역국 역(著作編譯局 譯), 인민출판사, 1997.

마르크스, 『자본론』, 제1권, 중공중앙 마르크스·엥겔스·레닌·스탈린 저작물 편역국 역(著作編譯局 譯), 인민출판사, 2004.

마르크스·엥겔스, 『자본론』, 제3권, 중공중앙 마르크스·엥겔스·레닌·스탈린 저작물 편역국 역(著作編譯局 譯), 인민출판사, 2004.

「사회주의, 공상에서 과학적 발전까지(社會主義從空想到科學的發展)」, 『마르크스·엥겔스 선집(選集)』, 제3권, 인민출판사, 2013.

마르크스, 『〈정치경제학비판〉 서문(政治經濟學批判序文)』, 인민출판사, 2009.

「러시아 전체 공병 대표 소비에트 제2차 대표대회 문헌(全俄工兵代表蘇維埃第二次代表大會文獻)」, 『레닌선집(列寧選集)』, 제3권, 중공중앙 마르크스·엥겔스·레닌·스탈린 저작물 편역국 역(著作編譯局 譯), 인민출판사, 2012.

「충칭 담판에 관하여(關於重慶談判)」, 『마오쩌둥 문선(文選)』, 제4권, 인민출판사, 1991.

「자본주의 공상업에 대한 사회주의 개조 문제 좌담회에서의 연설(在資本主義工商業社會主義改造問題座談會上的講話)」, 『마오쩌둥문선(文選)』, 제6권, 인민출판사, 1999.

「미국 기자 마이클 월리스와의 문답(答美國記者邁克·華萊士問)」, 『덩샤오핑 문선(文選)』, 제3권, 인민출판사, 1993.

「개혁은 중국 생산력 발전을 위해 반드시 가야 하는 길이다(改革是中國發展生產力的必由之路)」, 『덩샤오핑문선』, 제3권, 인민출판사, 1993.

신시대 중국 특색 사회주의 정치경제학 구축

『인민일보』, 2016년 1월 12일, 1면.

「시진핑, 중앙재경지도소조 제12차 회의 주최(習近平主持召開中央财经領導小組第十二次會議)」, 『신화사(新華社)』, 2016년 1월 26일.

「시진핑, 중공중앙 전면적 개혁심화 지도소조 제22차 회의에서 "초점을 정확히 맞추어, 협동하여 개혁 추진, 신발전이념을 실천하는 체제 메커니즘 형성할 것" 강조, 류윈산·장가오리 회의 참석(習近平主持召開中央全面深化改革領導小組第二十二次會議強調 推動改革舉措精準對焦協同發力 形成落實新發展理念的體制機制 劉雲山 張高麗出席)」, 『인민일보』, 2016년 3월 23일, 1면.

「시진핑, 농촌개혁좌담회에서 "새로운 추세하 농촌 개혁 역량을 확대, 농업 인프라구축 촉진, 농민이 편안하고 즐겁게 일할 수 있도록 할 것" 강조(習近平, 在農村改革座談會上強調加大推進新形勢下, 農村改革力度, 促進農業基礎穩固農民安居樂業)」, 『인민일보』, 2016년 4월 29일, 1면.

시진핑, 「시진핑 주최 경제추세 전문가좌담회에서 "자신감을 굳히고 정력을 높여 공급측구조개혁을 확고부동하게 추진할 것" 강조(習近平主持召開經濟形勢專家座談會強調 堅定信心增強定力 堅定不移推進供給側結構性改革)」, 『인민일보』, 2016년 7월 9일, 1면.

리펑, 「혁신발전은 세계 경제의 공통 주제다(創新發展是世界經濟的共同主題)」, 『학습시보』, 2016년 9월 8일, A2면.

어우양후이(欧陽輝), 「녹색발전, 대국의 책임감을 드러내다(綠色發展彰显大國擔當)」, 『인민일보』, 2015년 12월 22일, 7면.

장쥐위안(張卓元), 「사회주의와 시장경제의 유기적 결합 실현: 중국 특색 사회주의 정치경제학의 구축을 주선으로(建構中國特色社會主義政治經濟學的主線)」, 『인민일보』, 2016년 11월 21일, 7면.

「평화공존 5개 원칙 발표 60주년 기념대회 베이징에서 거행, 시진핑 기념대회에서 기조강연 발표, "평화공존 5개 원칙 사상의 발양, 협력상생의 아름다운 세계 구축" 강조(和平共處五項原則發表 60周年紀念大會在北京舉行 習近平出席紀念大會並發表主旨講話 強調弘揚和平共處五項原則 建設合作共贏美好世界)」, 『인민일보』 2014년 6월 29일, 1면.

「마르크스주의를 견지하고, 중국의 실천을 총화하다─리양 중국사회과학원 학부위원 겸 중국 국가금융·발전실험실 이사장 특별 인터뷰 (堅持馬克思主義總結中國實

踐——專訪中國社會科學院學部委員、國家金融與發展實驗室理事長李揚)」,『중국사회과학보』, 2016년 8월 30일, 1면.

「새 국면('13.5')의 초기에 대세를 묻다-권위 인사, 현재 중국 경제를 말하다(開局首季問大勢─權威人士談當前中國經濟)」,『인민일보』, 2016년 5월 9일, 1판.

「공급측 구조 개혁에 대한 7가지 질문 -권위 인사 '현재 경제를 어떻게 보고, 어떻게 대처하나' 말하다(七問供給側結構性改革─權威人士談當前經濟怎麼看怎麼幹)」,『인민일보』, 2016년 1월 4일, 2면.

「전국인민대표대회 상무위원회 분과, 환경보호법의 집행·검토 보고서 심의 "환경종합 관리의 추진 역량 강화할 것" 지적(全國人大常委會分組審議環境保護法執法檢查報告 委員指出要以更大力度推進環境綜合治理)」,『법제일보(法制日報)』, 2016년 11월 4일, 2면.

「중국경제에 대한 5가지 질문-권위 인사가 현재 경제 추세를 말하다(五問中國經濟─權威人士談當前經濟形勢)」,『인민일보』, 2015년 5월 25일, 2면.

「세계 녹색금융발전을 선도하다(引領全球綠色金融發展)」,『인민일보』, 2016년 9월 5일, 23면.

「경제 업무에 대한 의견·건의 수렴 중공중앙 당외인사 좌담회 개최, 시진핑 회의 주최 및 중요 연설문 발표, 원자바오 관련 상황 보고, 리커창·장더장·위정성·류윈산·왕치산·장가오리참석(征求對經濟工作的意見和建議中共中央召開黨外人士座談會習近平主持會議並發表重要講話溫家寶通報有關情況李克強張德江兪正聲劉雲山王岐山張高麗出席)」,『인민일보』, 2012년 12월 7일, 1면.

「경제 업무에 대한 의견 및 건의 수렴 중공중앙 당외인사 좌담회 개최, 시진핑 회의 주최 및 중요 연설문 발표, 리커창 관련 상황 보고, 위정성·류윈산·장가오리 참석(征求對經濟工作的意見和建議中共中央召開黨外人士座談會習近平主持並發表重要講話李克強通報有關情況兪正聲劉雲山張高麗出席)」,『인민일보』, 2014년 12월 6일, 1면.

「경제 업무에 대한 의견 및 건의 수렴 중공중앙 당외인사 좌담회 개최, 시진핑 회의 주최 및 중요 연설문 발표, 리커창 관련 상황 보고, 위정성·류윈산·장가오리 참석(征求對經濟工作的意見和建議 中共中央召開黨外人士座談會 習近平主持並發表重要講話 李克強通報有關情況兪正聲劉雲山張高麗出席)」,『인민일보』, 2015년 12월 15일, 1면.

「'전면적 개혁심화에 대한 몇 가지 중대한 문제에 관한 중공중앙의 결정'에 관한 설명
(關於〈中共中央關於全面深化改革若幹重大問題的決定〉的說明)」, 『인민일보』, 2013
년 11월 16일, 1면.

「인민 경제 및 사회 발전의 '13.5'규획 제정에 관한 중공중앙의 건의(中共中央關於制定國
民經濟和社會發展第十三個五年規劃的建議), 2015년10월 29일, 중국 공산당 제18
기 중앙위원회 제5차 전체회의에서 통과됨(2015年10月29日, 中國共產黨第十八屆
中央委員會第五次全體會議通過)」, 『인민일보』, 2015년 11월 4일, 1면.

「중공중앙 정치국회의에서 현재 경제 추세 및 경제 업무에 대하여 분석·연구, 시진핑
총서기 회의 주최(中共中央政治局召開會議分析研究當前經濟形勢和經濟工作中共
中央總書記習近平主持會議)」, 『인민일보』, 2016년 4월 30일, 1면.

「중앙당교 봄학기 제2기 수강생 개학식 거행, 시진핑 참석해 강연 전해(中央黨校舉行春季
學期第二批學員開學典禮習近平出席并講話)」, 『인민일보』, 2012 5월 17일, 1면.

「중앙경제업무회의 베이징에서 개최, 시진핑·리커창 중요 연설 발표 장더장·위정성·
류윈산·왕치산·장가오리 회의 참석(中央經濟工作會議在北京舉行 習近平李克強
作重要講話張德江俞正聲劉雲山王岐山張高麗出席會議)」, 『인민일보』, 2014년 12월
12일, 1면.

「중앙경제업무회의 베이징에서 개최, 시진핑·리커창 중요 연설 발표, 장더장·위정성·
류윈산·왕치산·장가오리 회의 참석(中央經濟工作會議在北京舉行 習近平李克強
作重要講話張德江俞正聲劉雲山王岐山張高麗出席會議)」, 『인민일보』, 2015년 12월
22일, 1면.

「중앙농촌업무회의 베이징에서 개최, 시진핑, 리커창 중요 연설 발표, 장더장, 위정성,
류윈산, 왕치산, 장가오리 회의 참석(中央農村工作會議在北京舉行 習近平李克強
作重要講話張德江俞正聲劉雲山王岐山張高麗出席會議)」, 『인민일보』, 2013년 12월
25일, 1면.

「중앙농촌업무회의 베이징에서 개최, 시진핑, '삼농' 업무 완수에 대한 중요 지시 제기,
리커창 서면 논평 전해(中央農村工作會議在京召開 習近平對做好"三農"工作作出
重要指示 李克強作出批示)」, 『인민일보』, 2015년 12월 26일, 1면.

영어 참고문헌:

Alex Macgillivray, *A Brief History of Globalization: The Untold Story of Our Incredible Shrinking Planet*, Little, Brown Book Group, 2006.

Aoki, M., "Five Phases of Economic Development and Institutional Evolution in China, Japan and Korea", Part I, in Aoki, M., T.Kuran and G.R.Roland (eds.), *Institutions and Comparative Economic Development*, Basingstoke: Palgrave Macmillan, 2012.

Barro, Robert J., "Economic Growth and Convergence, Applied Especially to China", *NBER Working Paper*, No.21872, 2016.

Barro, Robert and Xavier Sala-I-Martin, *Economic Growth*, New York: McGraw-Hill, 1995.

Benhabib J., Rustichini A., "Social Conflict and Growth", *Journal of Economic Growth*, 1(1), 1996.

Cai Fang, *Demystifying China's Economic Development*, Beijing, Berlin, Heidelberg: China Social Sciences Press and Springer-Verlag, 2015.

Cai Fang, *China's Economic Growth Prospects: From Demographic Dividend to Reform Dividend*, Cheltenham, UK·Northampton, M.A., USA: Edward Elgar Publishing Limited, 2016.

Cai Fang, "From Quantitative Issues to Structural Ones: An Interpretation of China's Labor Market", *China Economist*, Vol.11, No.1, 2016.

Cai Fang, Lu Yang, "The End of China's Demographic Dividend: The Perspective of Potential GDP Growth", in Garnaut, Ross, Cai Fang and Song Ligang (eds.), *China: A New Model for Growth and Development*, ANUE Press, Canberra, 2013.

Cai Fang, Lu Yang, "Take-off, Persistence, and Sustainability: Demographic Factor of the Chinese Growth", *Asia & the Pacific Policy Studies*, September / October, 2016.

Cai Fang, Zhao Wen, "When Demographic Dividend Disappears: Growth Sustainability of China", in Aoki, Masahiko and Wu Jinglian (eds.), *The Chinese Economy: A New Transition*, Palgrave Macmillan, Basingstoke, 2012.

Chang, Gordon, *The Coming Collapse of China*, New York: Random House, 2001.

Eichengreen, Barry, Donghyun Park and Kwanho Shin, "When Fast Growing Economies Slow

Down: International Evidence and Implications for China", *NBER Working Paper*, No.16919, 2011.

Eichengreen, Barry, Donghyun Park and Kwanho Shin, "Growth Slowdowns Redux: New Evidence on the Middle-income Trap", *NBER Working Paper*, No.18673, 2013.

Eichengreen, Barry, Donghyun Park and Kwanho Shin, "The Global Productivity Slump: Common and Country-specific Factors", *NBER Working Paper*, No.21556, 2015.

El-Erian, M.A., "Navigating the New Normal in Industrial Countries", *International Monetary Fund*, (Dec.15)2010.

El-Erian, M. A., "The New Normal has been Devastating for America", *Business Insider*, March 22, 2014.

Fan, Joseph, Randall Morck and Bernard Yeung, "Capitalizing China", *NBER Working Paper*, No. 17687, 2011.

Foda, Karim, "The Productivity Slump : A Summary of the Evidence", *Global Economy and Development at Brookings*, August, 2016.

Foster, Lucia, John Haltiwanger and Chad Syverson, "Reallocation, Firm Turnover and Efficiency : Selection on Productivity or Profitability?", *American Economic Review*, Vol.98, No.1, 2008.

Gilens, Martin and Benjamin I. Page, "Testing Theories of American Politics : Elites, Interest Groups, and Average Citizens", *Perspectives on Politics*, Vol.12, No.3, 2014.

Gordon, R.J., "Is U. S. Economic Growth Over? Faltering Innovation Confronts the Six Headwinds", *National Bureau of Economic Research*, No.18315, 2012.

Hayashi, Fumio and Edward C. Prescott, "The 1990s in Japan: A Lost Decade", *Review of Economic Dynamics*, Vol.5, Issue, 2002.

Heckman, James, "China's Human Capital Investment", *China Economic Review*, 16(1), 2005.

Kiyoshi Kojima, "The 'Flying Geese' Model of Asian Economic Development: Origin, Theoretical Extensions, and Regional Policy Implications", *Journal of Asian Economics*, No. 11, 2000.

Koo, Richard C., *The Holy Grail of Macroeconomics: Lessons from Japan's Great Recession*,

John Wiley & Sons, 2008.

Krugman, Paul, "The Myth of Asia's Miracle", *Foreign Affairs,* November/December, 1994.

Kuznets, Simon, "Economic Growth and Income Ineuality," *American Economic Review*, Vol 5, 1955.

Lin, Justin Yifu, "China and the Global Economy", *China Economic Journal*, Vol. 4, No.1, 2011.

Lipton, David and J. Sachs, "Privatization in Eastern Europe: The Case of Poland", *Brookings Papers on Economic Activities*, No.2, 1990.

Lucas, Robert Jr., "Supply-Side Economics: An Analytical Review", *Oxford Economic Papers*, 1990.

Maddison, Angus, *Contours of the World Economy, 1- 2030 AD, Essays in Macro-Economic History*, Oxford University Press, 2007.

Manuelli, Rodolfo and Ananth Seshadri, "Human Capital and the Wealth of Nations", *The American Economic Review*, Vol.104, No.9, 2014.

McMillan, Margaret S. and Dani Rodrik, " Globalization, Structural Change and Productivity Growth ", *NBER Working paper*, No17143, 2011.

MGI, *Capturing China's $ 5 Trillion Productivity Opportunity*, June, 2016.

MGI, *The China Effect on Global Innovation*, July, 2015.

Noonan, Laura, "Financial Theory Helps Fight Cancer and Climate Change", *Financial Time*, June 20, 2016.

Oi, Jean C., "Local State Corporatism", in Oi, Jean C. (eds.), *Rural China Takes off : Institutional Foundations of Economic Reform*, Berkeley: University of California Press, 1999.

Ostry, Jonathan D., Prakash Lounani and Davide Furceri, "Neoliberalism: Oversold?", *Finance and Development*, Vol 53, No.2, 2016.

Pash, C., "Use of the Label 'New Normal' on the Rise", *The Australian*, May 16, 2011.

Pritchett, Lant and Lawrence H.Summers, "Asiaphoria Meets Regression to the Mean", *NBER Working Paper*, No.20573, 2014.

프로젝트 승인과 집필에서부터 출판까지 이 책이 완성되는 데 3년이 넘는 시간이 걸렸다. 그 기간 동안 수차례의 토론과 수정을 거쳤고, 특히 시진핑 총서기의 최신 중요 연설에서 드러난 정신에 따라 상당 부분을 보완하고, 심지어는 책의 구성까지도 어느 정도 조정했다. 책이 만들어지는 과정은 저자가 시진핑의 신시대 중국 특색 사회주의 사상을 배우는 과정이었다. 그러므로 앞으로 끊임없이 수정하고 보완하는 과정 역시 필요할 것이다.

자료 수집과 관련해 고생해 준 둥윈(董昀) 부연구원, 리신(李鑫) 박사, 자펑(賈朋) 박사, 우허(吳詠)박사 등 동료들에게 진심으로 감사를 전한다. 특히, 과제팀 비서를 맡아 연락 조율과 문자 교정에 애써주신 것에 감사드린다. 원고에 대한 의견 수렴 과정에서 귀중한 의견을 주신 장줘위안(張卓元) 교수님을 비롯한 여러 교수님들께도 진심으로 감사의 인사를 드린다. 마지막으로 국가사회과학기금의 지원에 감사드리며, 함께 노력해주신 중국 사회과학출판사 자오젠잉(趙劍英) 사장님, 왕인(王茵) 총편집장님, 허우먀오먀오(侯苗苗) 편집장님께도 감사를 전한다. 이 책은 여전히 부족한 부분이 많다. 그 부분은 저자로서 스스로 짊어져야 할 몫일 것이다.

저자

2019년 2월

지은이 소개

차이팡(蔡昉) 중국사회과학원 전임 부원장, 중국사회과학원 학부주석단 비서장, 학부위원, 중국사회과학원 국가급 싱크탱크 핵심요원이자 수석 전문가, 중국인민은행 통화정책위원회 위원.
주요 연구분야: 노동경제학, 인구경제학, 경제성장, 소득분배, 중국경제개혁 등.
주요 저서:『중국 고도성장의 비밀』,『"일대일로" 책자』(주필),『중국의 지혜』(주필) 등.

장쇼우징(張曉晶) 중국사회과학원 금융연구소 소장, 연구원, 중국경제50인 포럼 구성원. 백천만우수인재공정 국가급 인선, 국무원 특수수당금 향유.
주요 연구분야: 개방 경제 거시경제학(open economy macro-economics), 증가이론과 발전 경제학, 중국 국가 자산 부채도표 주요 작성자.
주요 저서:『중국 경제 개혁의 대 논리』,『중국 국가 자산 부채표』 연구 시리즈(공동 집필) 등.

옮긴이 소개

김애화(金愛華) 베이징대학 박사학위 취득.(2016년)
현재 천진사범대학 조교수.

김민정(金敏貞) 베이징대학 박사학위 취득.(2017년)
현재 프리랜서 번역가.